RÖMISCH ROULETTE

Band 1 des Romans erzählt die historisch belegte spannende Baugeschichte des Petersdoms zu Rom, beginnend um das Jahr 1500 bis zur Grundsteinlegung am 18. April 1506. Luigi Piemonte, unauffällig lebender Stadtarchivar Roms, gerät in eine lebensbedrohliche Situation. Obwohl er nicht an Gott glaubt, gibt er ihm und dem Heiligen Petrus ein Gelübde, einen Dom von ungeheuren Ausmaßen zu errichten. Fortan ist sein Leben eng verknüpft mit seiner Höheren Aufgabe, dem Neubau des Petersdoms.

Domenico, Kölner Architekturstudent italienischer Abstammung, findet im Jahre 2011 im Petersdom Luigis Aufschreibungen. Während für ihn zwischen Idee und dem vollendeten Werk nur einige Buchseiten zu liegen scheinen, muss Luigi für die Realisierung seiner Höheren Aufgabe seine gesamte Lebenszeit in die Waagschale der Zeitgeschichte geben. Auf der unterhaltsamen Erlebnisreise durch die lebendige Glaubens- und Kulturgeschichte Europas erkennt der Leser, dass hinter zahlreichen Entscheidungen und Taten der historischen Protagonisten wie Cesare Borgia, Papst Julius II., Leonardo da Vinci, Michelangelo und Bramante meist Luigis Beweggründe stehen. Über die verschachtelte Erzählweise verknüpft der Roman die manchmal erstaunlich ähnlichen Zeitebenen Renaissance des Luigi Piemonte mit Domenicos Studentenleben im Jahr 2011. Auch dessen Leben verändert sich mit jeder Seite die er in Luigis Aufschreibung liest und mit jedem Tag und jeder Nacht in Rom.

www.FikTorie.de
....weil Zeit nicht nur vergeht!

JeAndré Jürgen Laue

Die Baugeschichte des Petersdoms zu Rom Roman zwischen
Fiktion und Historie

RÖMISCH ROULETTE
Band 1 – Die Höhere Aufgabe

Fiktorie
Vom Traum im März des Jahres 1503
bis zur Grundsteinlegung am 18. April 1506

JeAndré

Nicht jede Ähnlichkeit mit Personen oder tatsächlichen Gegebenheiten aus Vergangenheit, Gegenwart oder Zukunft ist Historie. In einigen Fällen wird dies tatsächlich reiner Zufall sein.

© 2012 Juergen Laue - Verlag Fiktorie, Bonn

Alle Rechte vorbehalten. Das Werk, einschließlich seiner Teile, ist urheberrechtlich geschützt. Jede Verwertung ist ohne Zustimmung des Verlages und des Autors unzulässig. Dies gilt insbesondere für die elektronische oder sonstige Vervielfältigung, Übersetzung, Verbreitung und öffentliche Zugänglichmachung.

Umschlagbilder:
Sibylle Oeler, Bonn
www.sibylle-oeler.de

Satz und Layout:
Volker Thehos
KreARTive Konzepte, Remagen
www.kreartive-konzepte.de

Druck und Weiterverarbeitung:
GrafikMedia Produktionsmanagement, Köln
www.grafikmediaproduktion.eu
Printed in the European Union

ISBN-978-3-9815378-0-2
20120824
www.Fiktorie.de

INHALTSVERZEICHNIS

ORTE UND PERSONEN DER HANDLUNGEN 9
PROLOG 13
ROM – EWIGE STADT 15
DIE GESCHICHTE DES LUIGI PIEMONTE 20
DER PETERSDOM – REALISIERTER TRAUM? 28
LUIGI AKZEPTIERT DIE HÖHERE AUFGABE 29
DIE FRESKEN VON SANTA TECLA 35
LUIGI ENTDECKT DIE KUNST 38
DIE ROSE DER LIEBE 42
DONNA ANNA DI CRISTOFORO FINI 44
JEDES HAUS HAT SEINE GESCHICHTE 53
DER MORGEN DES ERWACHENS 55
DOMENICOS LEBEN VERÄNDERT SICH 58
DAS GESPRÄCH DER BRÜDER 60
BASILIKA SAN CLEMENTE AL LATERANO 62
LUIGI GESTEHT SEINE LIEBE 63
EIN SONNTAG IN DER FAMILIE 67
DER NÄCHTLICHE ÜBERFALL 68
EIN SCHATTEN DER NACHT 77
CESARE BORGIA 78
EIN LIEBESPAAR IN ROM 85
ROMEO UND JULIA – KEINE EWIGE LIEBE? 86
DIE TRÄNEN VON MORGEN 101
WARTEN AUF HIERONYMUS 102
DOMENICOS ZIMMERSUCHE 106

EINE RÖMISCHE HOCHZEIT	107
DOMENICO WIRD TRAUZEUGE	116
EIN GEFÄHRLICHER PLAN	118
DIE APOSTOLISCHE BIBLIOTHEK	123
IM VATIKAN	125
ZWISCHEN TRAUM UND TAG	135
IN TIEFSTER DUNKELHEIT	136
DAS GEHEIMNIS DES BUCHES	139
DAS WORT	140
DER ATEM DER ZEIT	144
DER PLAN „HEILIGES ROM"	145
RUFE DES JUBELS UND DER RACHEWUT	149
EINE SCHWERE ENTSCHEIDUNG	150
GEGENWÄRTIGE VERGANGENHEIT	158
ZURÜCK NACH ROM	160
DOMENICOS DIPLOMARBEIT	171
IM PALAZZO DER CAETANI	173
ALS STUDENT IN ROM	179
IN ROVERES SCHLAFKAMMER	181
INTELLIGENZ AUS HEITEREM HIMMEL?	185
EL TORO – DER SPANIER	186
AKADEMISCHER FRUST	193
GELINGT DIE BEFREIUNG?	195
DOMENICOS ERSTER FLASHMOB	202
HABEMUS PAPAM	204
PAPST VULGUS I.	212
PAPST PIUS III. IST TOT	218

ARRIVEDERCI ROMA 225
NOS SUMUS PAPA – WIR SIND PAPST! 227
NOMEN EST OMEN 228
IN BESTER GESELLSCHAFT? 229
DOMENICO UND DER CONTE 239
DAS LEBEN – EIN BUNTER KREISEL? 242
DAS GESICHT EINER STADT 252
ALLEIN IN ROM 259
AUF DEM PETERSPLATZ 267
PLÖTZLICHES MISSTRAUEN 276
DOMENICO, FABRICIO UND BARBARA 288
BOCCA ROSSA 289
EINE NACHT WIE UNTER BRÜDERN 304
DEM TODE GEWEIHT 307
PIAZZA DEL POPOLO 310
DAS JULIUS-GRABMAL 314
AM ABGRUND DER VERSUCHUNG 322
DIE ZEIT REIßT DIE DINGE MIT SICH 324
DIE RÜCKKEHR 326
WEIL ZEIT NICHT NUR VERGEHT 332

ORTE UND PERSONEN DER HANDLUNGEN

Rom – Schon um das Jahr 1500 und 2011 immer noch **Ewige Stadt**. Daher Ort der Handlungen.
Erschaffe einen Ort – **Das Buch** voller Geheimnisse. Also unbedingt weiterlesen.
Luigi Piemonte – Unauffälliger, sich selbst unterschätzender Stadtarchivar Roms. Geboren am 18. April 1479, gestorben? Gute Frage. Frühzeitlicher Querdenker macht meistens Dinge, die sogar ihn überraschen. Würde auch heutzutage in keinerlei Klischee passen.
Gianni Piemonte – Luigis älterer Bruder. Mönch und Medicus im Benediktinerkloster. Mann Gottes, wie sein Bruder ihn manchmal genervt, meist jedoch ein wenig neidisch nennt. Er ist Luigis intellektuelles Gewissen, weil absolute Ausnahmeerscheinung in Rom: Zeitlos, uneigennützig, uneitel, weiß viel, kann zudem, bis auf die Liebe, alles erklären.
Domenico – Architekturstudent italienischer Abstammung aus Köln. Verliebt sich im Jahre 2011 nicht nur in Rom, sondern dort auch in seine Kindergarten- und Schulfreundin
Carlotta – Ging als junge Schülerin wieder zurück in ihre Geburtsstadt Rom. Mit ihren Eltern
Conte Enzo di Montorio – Carlottas Vater, Diplomat im Ruhestand, Ehefrau **Francesca**, Carlottas Mutter, ehemalige Opernsängerin. Beide lediglich beruflich verbunden mit
Abba – Legendäre Musikgruppe des vorigen Jahrhunderts. Ihr antiseptischer Euro-Pop im speziellen Musikrhythmus führte letztlich zum Fall des Eisernen Vorhangs. Wurden damit zum Waterloo der Stalinisten.
Donna Anna di Cristoforo Fini – Wunderschöne mandeläugige Tochter einer römischen Künstlerfamilie. Für Luigi mehr als eine Fremdenführerin durch Roms Welt der Kirchen und Künste. Gleicht nicht zufällig aufs Haar der **Heiligen Katharina** auf den Fresken der

Capella di Santa Caterina in der **Basilica San Clemente al Laterano** direkt gelegen neben der

Basilica Quattro Coronati – Frühchristliche Kirche. Besondere Bedeutung für die Liebe hat die im Kreuzgang aus einer Wand wachsende Rose der Liebe. Offenbar das gesamte Jahr über rot blühend. Besonders ihr Duft entfaltet eine besondere Wirkung. Wird auch deshalb in einem Atemzug mit der Liebe genannt, damit niemand ihre Dornen unterschätze.

Leonardo da Vinci – Kennt jeder. Schade nur, dass er sich nicht mit Luigi verstand. Dessen visuelle Vorstellungskraft verbunden mit Leonardos technischem Genie hätte schon Anfang des 16. Jahrhunderts zur Erfindung des Films geführt.

Michelangelo – Für ihn muss absolut dasselbe gesagt werden wie für o.g. Künstler. Alleine schon, um die Rivalität der beiden nicht auch auf dieses Buch auszudehnen.

Raffael – Eitler Weiberheld. Frisur und Kleidung wie Luigi. War da nicht noch mehr? Hierzu unbedingt Band 2 abwarten, bis dahin seine Stanzen im den Gemächern des Vatikanpalastes bewundern.

Donato Bramante – Ihn zu beschreiben, hieße Baumeister nach Rom schicken.

Flavio Bratoni – Einer seiner angestellten Architekten. Netter Ehemann von..? Wird nicht verraten.

Geraldo Franguinetti – Künstler, berühmt wegen **Ehefrau Franka** mit ihrem Mandelkuchen, zudem Ausbilder des aufstrebenden jungen Künstlers **Domenico di Giacomo di Pace Beccafumi**.

Cesare Borgia – Sohn von **Papst Alexander VI**. Unchristlicher Weiberheld. Brudermörder, Generalkapitän von Rom und Garant von Ruhe und Ordnung in dieser seiner Stadt.

Grappa – Vielleicht noch nicht erfunden zu jener Zeit, jedoch als hochprozentiger Trester bereits gerne getrunken.

Alberto – Capitano und Soldat Cesares. Obwohl nur mit Zeitvertrag ausgestattet (schon damals schlechter Brauch), von ihm und Frau Maria jedoch genutzt zu einer sogar für Rom erstaunlichen Karriere.

Julia – Ebenso nur Geliebte auf Zeit von....? Romeo natürlich! Werden sie überleben?

Bischof Giuliano della Rovere – Wurde (nicht nur) durch Simonie (Kauf oder Verkauf eines kirchlichen Amtes, von Pfründen, Sakramenten, Reliquien oder ähnlichem) einer der reichsten Bischöfe Roms um das Jahr 1500. Vom Onkel schon früh als Bischof vorbereitet auf den Berufswunsch:

Papst Julius II. – Wollten viele werden, aber nur für einen kann **weißer Rauch** aufsteigen. Für Cesare Borgia oder doch für Rovere? Knappes Finish!

Giovanni Almondo – Sein Primicerius (Bürovorsteher).

Ismail – Hüter der Katakomben des Vatikans. Wäre heutzutage Spitzenpolitiker: obwohl blind, entgeht ihm nichts, tappt immer im Dunkeln, hat alles im Griff und findet stets den kürzesten Weg.

Claudio Carminato – Apotheker und Mitglied der zwielichtigen Bruderschaft „Bund der Alten Pflichten".

Vanessa – Seine Nichte und bildschöne Apothekenhelferin.

Abt Basilius – Frommer, dennoch lebenszugeneigter Abt von Giannis Kloster.

Hieronymus – Unheiliger Klosterbruder, Bibliothekar, neben Neugier einigen anderen unchristlichen Leidenschaften frönend.

Luca Cordelo – Bankier und väterlicher Freund Luigis. Vielleicht mit dunklem Doppelleben? Darf man überhaupt einem Banker trauen?

Andrea Cordelo – Lucas Cousin, geschwätziger und sich übergewichtig gebärdender Bischof.

Giacomo genannt **Giaco Lotte** – Neffe von Andrea Cordelo, auf dessen Empfehlung der ehrgeizige junge Mann von Luca Cordelo als Sekretär eingestellt wurde.

Cesare Borgias Söldner: **El Toro** – der Spanier, Mann fürs Grobe; **Giovanni**, fetter und wollüstiger Gefängniswärter; **Piero**, beim Bischof Rovere eingeschleuster Schläfer.

Leonardo Da Silva aus Rio de Janeiro – Angehender Priester, der in Rom studiert. Vielleicht im Jahr 2060 auf acht Jahre gewählter **Papst Vulgus I.**, dann mit eigenen Kindern und Enkelkindern.

Haydi – Jung, theutsch, blond, langbeinig, Silberblick, goldherzig. Wird Luigis Liebe überdrüssig.

Tinnitus – Nennt sich selber Titus, heißt und ist der Bürgerliche Theo Meyer. Jene, die er für seine Freunde hält, nennen ihn Tinnitus, weil er plötzlich kommt und man ihn kaum mehr los wird.

Barbara de Byzanz – Bewegt nicht nur durch ihre Worte.

Karima – Studentin, dunkelhaarig, verführerisch. Nicht nur Geliebte von Domenicos Professor Fausto?

Fabricio Fabello – Steinreich, frisch verheiratet mit Barbara Martelli, Carlottas Freundin.

Ernesto Ferrari und **Riccardo Rocco** – Zwischenmännliche Symbiose aus Informatik und Kunsthistorie.

Die Zeit – Die eben nicht nur vergeht.

PROLOG

Erschaffe einen Ort. Und erst, wenn dieser Ort erschaffen ist, kann diese Geschichte ihr Ende finden. Wenn sie denn zu ihrem Ende gelangt sein wird, werde ich, Luigi Piemonte, nicht mehr auf dieser Welt verweilen. Lange genug schon war ich hier. Viel länger, als es Menschen von gewöhnlicher Geburt, wie auch ich es bin, vergönnt ist auf dieser Welt zu verweilen.

Diese Geschichte, die vom Bau des Petersdoms zu Rom erzählt, wird Piemonte nicht aus seiner persönlichen Sicht schreiben. Nicht nur, weil er weiß, dass das Ende der Geschichte auch sein eigenes Ende sein wird, sondern weil er selber sie kaum glauben kann. Luigi Piemonte soll der Mensch sein, der mit einer so großen Aufgabe betraut ward? Ein Mensch von kleinem Wuchs und eher schmächtigem Körper, mit Geistesgaben, die er selber nur als durchschnittlich bemaß, einem Gesicht, geprägt durch meist hängende Augenlider und eine etwas zu große Nase. Dieses Gesicht hat ihn schon in jungen Jahren nie jung aussehen lassen. Nicht dieser Luigi Piemonte wird seine Geschichte erzählen, sondern ein Erzähler der als guter Bekannter sein Leben bis zu seinem Ende begleiten durfte. Vielleicht wie ein Bruder? Wie unter Brüdern üblich, mit einer Vielzahl von Ähnlichkeiten und Unterschieden, was beide sowohl vereint als auch trennt.

Bedarf es nun überhaupt dieser Erläuterungen? Denn hierzu müsste die Absicht gewesen sein, diese Geschichte niederzuschreiben, um sie ausdrücklich Lesern zur Kenntnis zu bringen. Doch so verhält es sich nicht. Stattdessen ist diese Aufzeichnung eher ein Versuch, viele Unbegreiflichkeiten durch die geschriebene Form begreifbarer zu machen. Wenngleich, vielfältig genug scheinen die Zeiten, dass die Umstände es mit sich bringen, diese Aufschreibungen dereinst in fremden Händen zu finden.

ROM – EWIGE STADT

Nur mühsam gelang es Domenico, im Halbdunkel des Petersdoms die ersten Sätze des Buches zu entziffern. Die Seiten waren eng und mit sehr kleinen Buchstaben bedruckt. Domenico spürte eine starke Faszination, die von diesem abgegriffenen Buch ausging. Sie zog ihn regelrecht hinein, wollte ihn zwingen, weiter darin zu lesen. Nur mit Mühe konnte er es wieder schließen. Auf dem dunkelroten Ledereinband war der Satz ERSCHAFFE EINEN ORT geschrieben. In goldenen Lettern, die an einigen Stellen bereits abblätterten. War es das vermeintliche Alter, das die Faszination ausmachte? Er schätzte das Buch auf mehr als hundert Jahre. War es der modrig-staubige Geruch? Waren es die besonderen Umstände, unter denen es in seinen Besitz gelangt war? Oder war es dies alles zusammen, weil nichts davon in das Rom des Jahres 2011 passen wollte?

Domenico dreht sich um, schaute, ob er Carlotta noch sah, um ihr seinen Fund zu zeigen. Aber sie hatte den Petersdom bereits verlassen. Dabei spürte er sie noch so nah wie an ihrem gemeinsamen Vormittag hier im Petersdom, wenige Minuten, bevor er dieses Buch gefunden hatte.

„Mir gefällt deine Theorie, Domenico", hatte sie während ihrer gemeinsamen Besichtigung des Petersdoms gesagt.

„Nein, für eine Theorie ist die Idee viel zu verrückt", widerrief er sich selber.

„Dann ist es eben die verrückte Idee zu einer phantasievollen Geschichte", erwiderte nun Carlotta, halb im Ernst, halb erheitert. „Mir hat deine Phantasie schon damals im Kindergarten und in der Schule gefallen. Diese Geschichte passt zu dieser Stadt, zu Italien und ist ganz sicher ein Teil deiner italienischen Gene. Aber im Ernst."

Domenico sah in dem Sekundenbruchteil der kaum wahrnehmbaren Pause ihrer Worte direkt in Carlottas dunkelbraune Augen.

„Hast du einmal nachgerechnet, wie alt dein Baumeister geworden sein müsste, um die gesamte Bauzeit des Petersdoms zu begleiten?"

Domenico hatte nicht nachgerechnet. Er war nicht einmal mehr sicher, ob seine verrückte Theorie beziehungsweise seine phantasievolle Geschichte nicht nur ein Versuch war, wieder in die Nähe der Vertrautheit zu gelangen, in der sie vor zehn Jahren auseinander gegangen waren.

„Angenommen, dein Baumeister hätte in deinem Alter mit dem Bau begonnen. Also mit 27 Jahren hätte er den Auftrag bekommen, den Petersdom zu bauen. Begonnen wurde…"

„Begonnen wurde am 18. April 1506, mit der Grundsteinlegung von Papst Julius II." Zu Carlottas Vergnügen sprach Domenico diese Worte genau im Singsang eines Fremdenführers, der nicht weit von ihnen versuchte die Aufmerksamkeit einer Gruppe gelangweilter deutscher Schüler zu gewinnen. „Jedoch erst 120 Jahre und 16 Päpste später wurde die Basilika, wie Sie, Signori, sie heute sehen können, am 18. November 1626 von Papst Urban VIII. konsekriert – geweiht, wie man auch sagt."

„27 plus 120 Jahre, das macht immerhin 147 Lebensjahre", setzte Carlotta lachend die Berechnungen fort und ließ ihren Blick durch die Weiten des Petersdoms gleiten.

„Rechne noch bis zu drei Jahre für die Vorbereitung dazu, Carlotta. Das macht dann summa summarum 150 Jahre Lebenszeit, um die gesamte Bauzeit des Petersdoms zu begleiten. Gib mir die Zeit, und ich würde es machen. Für dich", setzte Domenico in seiner ihm eigenen Art zwischen ernstem Gesichtsausdruck und strahlendem Lächeln seiner Augen hinzu. Dabei suchte er den direkten Blickkontakt zu Carlotta. So, als würde er auf ihren Auftrag warten. Und da spürte er es. Nicht viel mehr als ein kurzes Aufblitzen. Das Gefühl von damals, das Gefühl von Nähe zwischen ihnen. Täuschte er sich, oder hatte er auch in Carlottas Augen ein ebenso kurzes Aufblitzen bemerkt, bevor sie ihren Blick senkte?

„Warum nicht, Domenico? Wie gesagt, mir gefällt deine Idee", erwiderte sie etwas verlegen.

„Nein, du hast natürlich Recht. Die Zahlen sprechen absolut dagegen. Eine verrückte Idee. Oder der Beginn einer phantasievollen Geschichte. Ganz wie du willst." Domenico war ein wenig geknickt. Denn der kurze Augenblick der Nähe war wieder verflogen. Irgendwohin, in die Zeit zwischen dem Jetzt hier in Rom und dem Damals in Köln. „Aber schau dir diese Stilvielfalt der drei Kunstepochen an", sprach er lebhaft weiter. „Renaissance, Manierismus und Barock. Und gleichzeitig diese Einheitlichkeit, die der Petersdom in sich darstellt."

„Und niemand hat je einen einheitlichen Bauplan erstellt?" fragte Carlotta verwundert.

„Nein. Niemand. Nessuno!" Domenico war nun richtig in seinem Element. Das erste Mal, seit er und Carlotta sich hier in Rom wieder getroffen hatten, sprach er Italienisch. Und Carlotta gefiel seine etwas unbeholfen und umständlich klingende Art, sich italienisch auszudrücken. So, stellte sie sich vor, hatte sicherlich auch sie gesprochen, als sie mit ihren Eltern vor mehr als zehn Jahren aus Deutschland nach Rom zurück gekehrt war.

„Kaum einer der Architekten wollte die Ideen und Pläne seines Vorgängers übernehmen. Hier in Rom wollte sich niemand beschränken lassen. Anders als in Florenz. Dort wurde für die Kirche Santa Maria del Fiore bereits 1368 ein verbindlicher Bauplan festgelegt, an den sich jeder zu halten hatte. Aber niemals hier in Rom, der Stadt voller verschiedener Einflüsse aus der frühchristlichen Antike. Daraus schöpften die Künstler ihre künstlerische Kraft der Renaissance. Fast jeder neue Baumeister brachte eigene Ideen mit. Die alten Pläne der Vorgänger wurden verworfen und ganz neue entwickelt. Nicht einmal über die Grundform der Kathedrale herrschte Einigkeit. Sogar einiges von dem, was die Vorgänger gebaut hatten, wurde einfach wieder abgerissen. Ratz, Fatz ging das." Domenico war in seiner Aufgeregtheit in die deutsche Sprache zurückgefallen. „Echt Wahnsinn, wie dennoch dieses Gesamtkunstwerk des heutigen Petersdoms daraus entstehen konnte."

Carlotta wusste, dass Domenicos Interesse auch vor seinem Architekturstudium immer den Bauten Roms gegolten hatte. Dennoch überraschte sie die anschauliche Lebhaftigkeit, mit der er ihr die Architektursprache des Domes übersetzte und die kaum sichtbaren Schnittstellen zwischen den verschiedenen Kunstepochen verdeutlichte.

„Mama Mia!" Carlotta fiel wieder in die italienische Sprache zurück. „Meine Mutter, wir sind verabredet. Und du willst wirklich nicht mit uns shoppen gehen?", fragte sie eher scherzhaft, bevor sie sich etwas überhastet von Domenico verabschiedete.

So blieb er alleine im Petersdom zurück mit seiner verrückten Idee, in der er mehr als 120 Jahre Bauzeit locker übersprungen hatte. Ebenso losgelöst vom Zeitgefüge waren mit jeder Minute ihrer Zeit im Dom die vergangenen zehn Jahre dahingeschmolzen. Aus seiner vierzehnjährigen Schulfreundin in Köln war die fünfundzwanzigjährige Römerin Carlotta geworden.

Obwohl ihre Verbindung nie abgebrochen war, hatten sie sich nach Carlottas Rückkehr mit ihren Eltern nach Rom nie wieder getroffen. Die ersten regelmäßigen Briefe wurden irgendwann immer seltener. Doch dann, vor nicht einmal fünf Wochen war klar, dass sie sich hier in Rom wiedersehen würden. Die spontane Idee, in Rom sein Architekturstudium abzuschließen, kam Domenico auf der Rückfahrt von der Beerdigung seines Vaters in Albissola bei Savona in Piemont. Unterstützung bekam er von seinem zukünftigen Arbeitgeber in Köln, einem europaweit tätigen Architekturbüro. Die römische Dependance hatte es kurzfristig ermöglicht, dass Domenico seine Diplomarbeit in Rom schreiben konnte. So war er wenige Wochen nach der Beerdigung seines Vaters nach Italien in das Land seiner Vorfahren zurückgekehrt. Zuerst fuhr er zu seiner Großmutter nach Albissola, Domenicos Geburtsort. Dort wollte er sie bei ihrem Umzug ins Altenheim begleiten und den Haushalt auflösen, in dem auch sein Vater seit dessen Pensionierung gelebt hatte. Kurz nach Domenicos Ankunft war auch die Großmutter plötzlich gestorben. Nach ihrer Beerdigung war er umgehend nach Rom aufgebrochen. Um die Auflösung des Haushalts wollte er sich später kümmern.

Gerade als er Carlotta nach ihrem Abschied im Petersdom ein letztes Mal nachgeschaut hatte und erfreut war, dass auch sie sich zu ihm umgedreht hatte, hatte Domenico diese seltsame Erscheinung bemerkt. Nicht weit von ihm, in einer dunklen Ecke. War es ein Mensch, tief in einen alten Umhang vermummt, oder war es nur ein Schatten? Jedenfalls schien es, als machte diese Erscheinung ihm

Zeichen, die auf einen Platz wiesen, nicht weit entfernt von dem, wo er mit Carlotta wenige Minuten vorher gesessen hatte. Dort hatte er dieses geheimnisvolle rote Buch gefunden, das er jetzt in seinen Händen hielt. Als er dorthin aufblickte, wo er zuvor diese Erscheinung zu sehen geglaubt hatte, war der Platz leer. Er hatte sich offensichtlich getäuscht und das Buch würde ein Gebetbuch sein, das jemand vergessen hatte. Doch mit dem Moment, als er es öffnete, hatte jene Faszination begonnen, die ihn nun erneut zwang, es zu öffnen, um tief darin zu versinken. In der außergewöhnlichen Lebensgeschichte des Luigi Piemonte.

DIE GESCHICHTE DES LUIGI PIEMONTE

Der Tag, der das Leben des Luigi Piemonte von Grund auf verändern sollte, war beinahe schon zu Ende. Es gehörte zu Luigis Aufgaben als verantwortlicher Archivar der Stadt Rom, die Arbeiten zu einer notwendig gewordenen Gebäudeaufstockung zu überwachen. An jenem Abend im März des Jahres 1502 war er mit dem Baufortschritt im Großen und Ganzen zufrieden. Da am Himmel starke Gewitterwolken aufzogen, machte er sich in Eile daran, an einem Seil vom obersten Stockwerk wieder runter zu klettern. Vielleicht war seine Eile in seiner Furcht vor dem aufziehenden Gewitter zu groß oder seine Gedanken zu nah an dem zu erwartenden Nachtmahl, das seine Wirtin ihm regelmäßig bereitete. Vielleicht war auch einfach nur die Dämmerung zu weit fortgeschritten. Gerade als er sich schon ein gutes Stück in die Tiefe hinab gelassen hatte, durchzuckte ihn gleichzeitig mit dem ersten grellen Blitz ein gewaltiger Schreck.

In seiner Eile hatte er nicht das Seil gegriffen, das bis zum tief unter ihm liegenden Boden führte. Vielmehr endete es plötzlich im dunklen Nichts unter ihm. Luigi versuchte das plötzlich aufgekommene Schwindelgefühl zu ignorieren. Doch da brach von weiteren Blitzen und Donnern begleitet ein heftiger Regen los. Voller Todesangst begann sein Herz wie rasend zu schlagen. Die Luft zum Atmen wurde ihm knapp. Er verfluchte die geniale Idee des Baumeisters. Anstatt wie üblich ein Haus nur in die Höhe zu bauen, hatte er zusätzlich vier Stockwerke in der Tiefe angefügt. Als stünde das Haus an einem Berg, addierte sich die Tiefe unter ihm auf sieben Stockwerke. Luigi zwang sich, einige Male tief durchzuatmen. „Jetzt nur die Ruhe bewahren und am Seil zurück nach oben klettern. Wenn nur dieses verdammte Gewitter aufhörte."

Es gelang ihm tatsächlich, Stück für Stück höher zu klettern, obwohl ihm der Regen heftig ins Gesicht peitschte. Die Atempausen ließen die Kräfte in seinen Armen schwinden, die Hände wurden vom Angstschweiß und Regen nass und rutschig. Dicht neben ihm schlug ein heftiger Blitz vom Himmel, gefolgt vom krachenden Donner. Die Gewitterwut entlud sich nun unmittelbar über ihm. Im taghellen Blitzlicht sah er, dass er die rettende Höhe nahezu erreicht hatte. Da er das Seil zum Abstieg nur mit einem kleinen Sprung erreicht hatte, konnte er das obere Stockwerk nur mit einem ebensolchen Sprung wieder erreichen. „Nicht nachdenken, weiter klettern", schimpfte Luigi mit sich. Tatsächlich konnte er nach zwei beherzten Zügen den rettenden Sprung zum Obergeschoss wagen. Die Atempause die er seinem schmerzenden Körper gewähren musste, gab ihm die Zeit, seinen Sprung zu planen.

Da er eher klein im Wuchse war, galt es einiges an Beines Länge auszugleichen. Bisher hatte Luigi niemals auch nur einen einzigen Gedanken über seine Gestalt verloren. So wie er niemals zuvor über sich und seine Lebensumstände nachgedacht hatte. Bislang hatte er die Dinge wie sie denn waren hingenommen. Gehörten sie doch so und nicht anders zu ihm. Was hätte er, Luigi Piemonte, in seinem Leben aus eigener Absicht auch verändern können?

Sich gegen seine Geburt dreiundzwanzig Jahre zuvor auflehnen? Unzufrieden sein mit der Stadt Albissola bei Savona in der Provinz Piemonte in der er am 18. April im Jahre 1479 das Licht der Welt erblickte? Mäkeln daran, dass seine Eltern die ihm und seinem zwei Jahre älteren Bruder Gianni das Leben geschenkt hatten unbedeutende Leute waren? Da Unzufriedenheit an all dem nichts geändert hätte, waren ihm diese Umstände auch nicht besonders beachtenswert. Hätte man ihm eine Möglichkeit gegeben etwas zu ändern, wäre dies sicher der frühe Tod seiner Mutter und wenige Zeit später der seines Vaters gewesen. Immerhin blieb dem Vater im Angesicht des eigenen Todes noch genügend Zeit, für den Verbleib von Luigi, damals 5 Jahre alt und seinen 7 Jahre alten Bruder Gianni zu sorgen. Um die beiden kümmerte sich fortan ihr kinderlos und unverheiratet gebliebener Onkel Frederico, der die Brüder ins ferne Rom holte.

Frederico hatte es als erfolgreicher Kaufmann zu beträchtlichem Vermögen, jedoch nicht ganz so hohem Ansehen gebracht. Dennoch nahm er die Jungen im Jahre 1484 bei sich auf und kümmerte sich in redlicher Weise um sie. Frederico, nicht gerade als gläubiger Christenmensch beleumdet, wollte dennoch Vorsorge treffen für sein weiteres Leben dem gegenwärtigen folgend. Zumal, wie von guten

Christen versichert, dieses sogar ewig dauern sollte. „So könnte es doch einiger Mühe wert sein, sich dahingehend abzusichern", befand der Onkel in einer der wenigen Momente, in denen er über die Begrenztheit seines irdischen Lebens nachdachte. Doch da Frederico auch den gegenwärtigen Lebensfreuden zugeneigt war, blieben die Spenden in ihrer Höhe eher eng bemessen. So schien es ihm höchst zweifelhaft, ob sie ausreichten, ihm ein Leben im Paradies zu garantieren. Diese Sorge führte indes nicht so weit, dass er sein diesseitiges Leben entsprechend einschränkte, um die Gaben aufzustocken. So gab der findige Frederico etwas ab, was ihm nicht allzu sehr fehlen würde.

Er beschloss die beiden ihm zur Sorge angetragen Jungen Gianni und Luigi für einen höheren und heiligen Zweck abzugeben, sobald sie alt genug für die Selbstständigkeit seien. Dieser Zeitpunkt war gekommen, als die Jungen im Alter von 13 und 15 im Jahre 1492 ihre bescheidene Schulbildung mit zufriedenstellendem Erfolg abschließen konnten. Es traf sich gut, dass zu dieser Zeit das nahe gelegene Benediktinerkloster Novizen suchte. Nach ihrem Grundsatz „Arbeit im Dienste Gottes ist schwerste Arbeit für den Menschen", nahmen sie jedoch nur den kräftigen Gianni als künftigen Diener Gottes auf. Dem schmächtigen Luigi verschaffte Frederico durch Vermittlung des Apothekers Carminato eine Anstellung als Gehilfe im Stadtarchiv von Silvio Berlino. Dass die beiden Männer der Bruderschaft ‚Bund der Alten Pflichten' vorstanden, störte weder Frederico noch Luigi.

Nach kurzer Zeit schon waren die Jungen in ihren Diensten ebenso zufrieden wie ihre Dienstherren über ihre gute und hilfreiche Arbeit. Somit gingen auch die vorausblickenden Dispositionen des Frederico auf. Wie vorausblickend diese Vorsehung bezüglich seiner Absicherung für das nächste Leben war, zeigte sich recht schnell. Denn nur etwas mehr als zwei Jahre nach dem Eintritt der Jungen in ihre Dienste, verstarb der Onkel. Die jungen Männer, inzwischen 15 und 17 Jahre alt, waren mehr von Dankbarkeit, als von großer Trauer ergriffen, als sie zuvorderst am Grabe des Onkels im Jahr 1494 standen. Fredericos finanzielle Hinterlassenschaft teilten sich die

Vertreter der Kirche und der Bund der Alten Pflichten. Dass Luigi und Gianni als einzig verbliebene Verwandte von Rechts wegen die Erben waren, berücksichtigte niemand. Die Jungen wussten es nicht und die von Rechts wegen die Interessen der beiden hätten wahrnehmen sollen, waren jeweils fest in den Gemeinschaften verankert, die das Vermögen unter sich aufteilten. Die großzügigen Herren sicherten den Brüdern immerhin zu, so lange in ihren Diensten zu bleiben, wie die jungen Männer selber dies wünschten. Und ein neues Wams, von ihnen am Sonntag und zu ihrer freien Zeit zu tragen, würde bei nächster Gelegenheit auch noch herausspringen. Ebenso erklärte man sich bereit, beiden den Weg des weiteren Aufstiegs in ihrem Berufsweg großzügig offen zu halten. Ganz nach ihren Fähigkeiten.

Diese Möglichkeit nutzte Gianni schon frühzeitig mit einer Ausbildung zum Priester. Bei der Geistlichkeit war er beliebt und durch seinen Ehrgeiz geachtet. Bald schon bekleidete er die Stellung des obersten Gehilfen des Medicus, im Hospital das dem Kloster angeschlossen war.

Luigi hatte keinen großen Drang des Fortkommens. Dennoch ging auch er seinen beruflichen Weg. Als vier Jahre später sein Dienstherr Silvio Berlino starb, übernahm er mit bemerkenswert unauffälliger Selbstverständlichkeit dessen Aufgabe als verantwortlicher Archivar. Dabei blieb er bescheiden im Hintergrund, wie in seinem bisherigen Leben auch. Dafür jedoch neigte er zu einer gewissen Hypochondrie. Schon vergleichsweise unbedeutende Gebrechen und Schmerzen ließen ihn regelmäßig ans Ende seines Lebens glauben. Bei keinem dieser zahlreichen Fälle soll erforscht werden, ob er der Schwelle zum Tode so nahe war wie an jenem Abend im März des Jahres 1502. Dem Tag also, an dem das bisherige von gleichgültiger Absichtslosigkeit geprägte Leben des Luigi Piemonte beendet sein sollte. Jedoch in einer völlig anderen Art und Weise, wie sich die Situation in diesem Moment für ihn, immer noch am Seile hängend, darstellte.

Luigi hatte wieder einigermaßen Kraft und Mut für den rettenden Sprung zum Obergeschoss geschöpft. Um dem Gebäude dafür nahe genug zu kommen, brachte er sich in immer größer werdende Schaukelbewegungen. Gerade als er so viel Schwung gewonnen hatte um mit der nächsten Bewegung zu springen, passierte es: Zeitgleich mit einem zuckenden Blitz, verlor das Seil seinen Halt. Es schien gerissen. Luigis gellender Schrei ging unter im unmittelbar folgenden Donner.

Nun sei erwähnt, dass dieses Seil, an dem sein Leben hing, an einem Kran befestigt war, den man auf der Baustelle für vertikale Hebevorgänge nutzte. Um zu verhindern, dass die Ladung rückwärts lief, verfügten sie über Bremsen und Sperrklinken. Ob diese zu schwach bemessen waren, sich durch Luigis ruckartige Kletterbewegungen gelöst hatten oder durch die Schaukelbewegung das Seil aus der Rollenführung gerutscht war, blieb für diesen Moment ungeklärt und ohne Bedeutung. In seiner Todesangst umklammerte Luigi das Seil als letzten Halt in seinem kurzen Leben nun umso fester.

Nach dem kurzen Moment des jähen Absackens, in dem sein gesamtes bisheriges Leben vor seinen Augen vorüber gelaufen war, stoppte die Abwärtsbewegung mit einem jähen Ruck. Das gänzliche Durchlaufen des Seiles wurde offenbar von einem letzten Knoten verhindert. Zwar lebte Luigi immer noch, doch seine Lage war nun völlig hoffnungslos. Für den nun wieder weiten Weg zurück zum Obergeschoss fehlten ihm Kraft und auch der Mut. Außerdem hatte sich das Seil durch den Ruck noch ein beträchtliches Stück weiter vom Haus entfernt. Doch in diesem Moment der größten Todesangst, beruhigte sich plötzlich alles. Das Gewitter und der Regen, der brennende Schmerz seiner Hände, die bleierne Schwere seiner Arme; alles war von einem Moment auf den anderen verschwunden. Luigi atmete wieder ruhig und normal. Es fehlte nicht viel und er hätte das Seil losgelassen, weil er glaubte zu schweben.

„So ist dies denn schon der Beginn meines Sterbens", erklärte er sich diesen Zustand. In dieser Klarheit schätzte er noch ein letztes Mal die Möglichkeiten ab, die ihm blieben: Der Weg zum Obergeschoss war in unerreichbare Ferne gerückt. „Nach Hilfe rufen, wird dir auch nichts nutzen. Du bist wie immer der letzte auf der Baustelle und bei diesem Wetter geht niemand freiwillig vor die Tür." Er wusste, dass sich in den umliegenden Gebäuden um diese Uhrzeit niemand mehr aufhielt. Und bis zur Straße würde sein Hilferuf nicht zu hören sein. Außerdem bliebe etwaigen Rettern zu wenig Zeit, ihn aus dieser Situation rechtzeitig zu befreien. So schien dies denn nun das Ende seines Lebens zu sein. „Wärest du wenigstens an der Stelle deines Bruders, dem Mann Gottes", haderte er nun doch mit seinem Schicksal. Sicher hätte der dank seiner Körperkraft längst das Obergeschoss erreicht. Viel wichtiger jedoch erschien ihm, dass Gianni der Trost auf ein nächstes Leben bliebe. Er selbst hatte nie zuvor einen Gedanken daran verschwendet. Ein weiteres Leben nach diesem? Hierfür ist sein diesseitiges und bisheriges viel zu unbedeutend. Wer sollte sich die Mühe machen, einen Plan für ein neues Leben für ihn zu entwerfen? Dieses würde ganz sicher ebenso unbedeutend bleiben wie sein jetziges. Plötzlich erinnerte sich Luigi, die Zeit schien regelrecht still zustehen, an ein Gespräch mit seinem Bruder. Sie hatten es erst kürzlich geführt. Und dennoch konnte er sich nicht mehr an den genauen Inhalt des Gesprächs erinnern. Aber er war sich ganz sicher, dass es irgendwie zu seiner jetzigen Situation gepasst hatte.

„Wenn mir zumindest der Sinn dieses Gesprächs einfiele. So bliebe mir dies als Letztes in meinem Leben", so seine Gedanken, als er mit seinen feuchten Händen wieder ein Stück mehr nach unten gerutscht war. „Jedes Leben das Gott einem Menschen schenkt, hat einen Sinn." Das waren genau die Worte seines Bruders, bei diesem Gespräch. „Aber wie sollen diese Worte das Seil und somit mein Leben verlängern?", fragte Luigi sich verzweifelt, als er erneut ein Stück weiter nach unten gerutscht war. Doch plötzlich sah er in den Worten tatsächlich einen letzten Ausweg. Er fasste noch einmal mit aller Kraft das Seil und seine Gedanken zusammen. „Mein Bruder spricht immer so fest von seinem Gott, dass es für ihn diesen Gott wirklich geben muss. Wenn nun", so seine, für diese Situation eigentlich viel zu komplizierten Gedanken, „Wenn nun ich, Luigi Piemonte, Giannis Gott verspreche noch etwas Wichtiges zu leisten. Etwas, was nur ich leisten kann. Damit bekommt mein unbedeutendes Leben den Sinn, von dem Gianni gesprochen hat. Vielleicht ist dann sein Gott bereit, dieses Leben noch ein wenig zu verlängern."

Wie bereits erwähnt, waren diese Gedanken für seine Situation viel zu kompliziert. Dennoch würde Luigi viel dafür geben, seinen Bruder jetzt hierzu befragen zu dürfen. „Hätte ich doch wenigstens einmal mit ihm darüber gesprochen, wie er mit seinem Gott ein Gespräch führt", haderte Luigi. Die wenigen Gebete die er kannte, würden hierzu sicher nicht ausreichen. Außerdem, soviel zumindest wusste er vom Beten, müsste er Gelegenheit finden seine Hände zu falten. Doch dies nun würde seinen sofortigen Sturz in die Tiefe und damit das Ende aller Verhandlung bedeuten, noch bevor sie überhaupt begonnen hatten. Er war kurz davor das Seil los zulassen, um zumindest ein, wenn auch nur kurzes Gebet zu wagen. Da sah er es:

Im Licht der letzten Blitze des abgezogenen Gewitters erkannte er das Seil, an dem er empor geklettert war. Auch wenn es für einen Sprung schon fast zu weit entfernt war, musste er ihn als letzte Chance wagen. Dabei sah er sogar noch eine allerletzte Möglichkeit: „Falls ich es nicht erreiche, bleibt mir im letzten Moment bis zum Aufprall, meine Hände zu einem letzten Gebet zu Giannis Gott zu falten."

Was bleibt zu berichten? Beim nächsten Blitz erreichte er tatsächlich mit seinem kühnen Sprung das Seil. Ohne die Hände zum letzten Gebete zu falten. Stattdessen gelangte er mit allerletzter Kraft wohlbehalten zu Boden. Dieses Ereignis nun brachte in das Leben des Luigi Piemonte eine große Veränderung. Viel größer als er selber sich dies vorstellen konnte. Zuerst jedenfalls war der Moment zu dem er diese Welt verlassen sollte, verschoben. Dass der Zeitpunkt seines Todes sich sehr lange hinaus zögern sollte, kann jetzt noch nicht glaubhaft erklärt werden. Denn der damit zusammenhängende, sehr komplizierte Sachverhalt, erschließt sich erst im weiteren Verlauf der Geschichte, bei deren Schilderung wir noch ganz am Anfang stehen.

Luigi war durch die Anstrengungen derartig tief erschöpft, dass er nicht bemerkte, dass der rettende Boden ein Regenloch voller Schlamm war, stark gewürzt von im Regenwasser aufgelöstem Dung der Arbeitspferde. In dem tiefen, todesähnlichen Schlaf, in den er augenblicklich versank, erschien ihm Petrus, als irdischer Vertreter von

Giannis Gott. Voll der Ehrfurcht versprach Luigi ihm etwas Große, Übermächtiges zu bauen. Dafür, dass ihm das Leben neu geschenkt wurde.

Eigentlich hätte die Erleichterung dass er noch lebte überwiegen müssen. Doch aus seinem schweren Traum brachte er eine Furcht mit, vor etwas Unerklärlichem, tief in seinem Inneren. Eingebettet zwischen seinem bisherigen Leben in unverbindlicher Unwichtigkeit, seiner Rettung und seinem Versprechen. Er hatte von einer riesigen Kirche geträumt. Im Fundament tief geerdet, zum Himmel hoch sich reckend.

DER PETERSDOM – REALISIERTER TRAUM?

Domenico ließ das Buch sinken. Sein Blick verirrte sich in den Weiten des Petersdoms und der majestätisch anmutenden Kuppel. Die Geschichte hatte ihn derart gefangen, dass er für einen kurzen Augenblick nicht mehr wusste, ob das, was er vor sich sah, real existierte oder nur ein Fake, eine Illusion, der Traum des Luigi Piemonte war.

„Nur in der Phantasie liegen Idee und das vollendete Werk derart nah beieinander. In der Wirklichkeit liegen dazwischen Kraft und Zeit."

Damit brachte Domenico seine Gedanken zurück in die augenblickliche Realität, zusammen mit einem Blick auf die Uhr. In nicht einmal einer Stunde musste er in der Uni sein, zum ersten Gespräch mit seinem Professor. Was sollte er mit dem Buch machen? Es dorthin zurücklegen wo er es gefunden hatte? Es abgeben? Domenico beschloss, es zu behalten. Er war viel zu neugierig, wie die Geschichte des Luigi Piemonte weiterging. Außerdem wollte er es bei nächster Gelegenheit Carlotta zeigen.

LUIGI AKZEPTIERT
DIE HÖHERE AUFGABE

„Luigi, Luigi, komm zurück ins Leben", versuchte Gianni seinen völlig abwesend vor sich hin starrenden Bruder zu wecken, der in seiner bescheidenen Kammer im Benediktinerkloster saß. Tatsächlich fühlte Luigi sich, als wäre er in der Tiefe zerschellt. Sein Bruder hatte sich nicht schlecht gewundert, als ein Ordensbruder ihn völlig durchnässt, stark nach Pferdedung riechend und kreidebleich hereingeführt hatte. Zu so früher Stunde, nach Laudes, dem Morgenlob, zum Anbruch des Morgengrauens, hatte er ihn noch nie aufgesucht. Ordensbruder Angelo hatte wortlos einen heißen Morgentrank und frisches Brot auf den kleinen Tisch gestellt und nach Giannis stummen Blick des Dankes die Kammer verlassen.

„Komm, kleiner Bruder. Trink und iss erst einmal, damit du wieder zu Kräften kommst." Auch Gianni griff erst einmal kräftig zu, hocherfreut, dass Angelo die Portion großzügig bemessen hatte. Soeben hatte Luigi seine stockend und bisweilen wirr dar gebrachte Schilderung beendet. Dabei hatte Gianni seinen Bruder immer wieder mit Nachfragen unterbrochen. Zu unglaublich klangen die Schilderungen seiner religiösen Erscheinung. Dass gerade seinem Bruder diese Geschichte widerfahren war, machte den großen Teil seiner Skepsis aus. Warum ausgerechnet ihm? Sein Bruder stand religiösen Angelegenheiten immer völlig gleichgültig gegenüber. Doch jetzt erfreute es erst einmal Gianni, wie nach dem zweiten Becher des heißen Getränks und einigen kräftigen Bissen die Starre Stück für Stück von Luigi wich. Nun sollte man sich nicht vorstellen, dass allzu viel Leben sich seines Körpers bemächtigte. Denn gerade das macht die für ihn typische Unscheinbarkeit aus. Nur eben so viel Leben, wie es braucht, um bei Atem zu bleiben.

„Und du hast in deinem Traum eine Kirche gesehen?", fragte Gianni nochmals nach.

„Ja, ja, ich glaube, dass es eine war. Dennoch schien es mir für eine Kirche viel zu groß", antwortete Luigi unsicher.

„Kann es auch ein anderes Bauwerk gewesen sein. Ein Palast vielleicht?"

„Nein. Ich erinnere mich an ein Kreuz. Es war eine Kirche, so hoch wie ein Berg", versuchte Luigi seine eigenen Zweifel zu zerstreuen.

„Vielleicht stand sie auf einem Berg und schien dir deshalb so groß", versuchte Gianni seinem Bruder zu helfen.

Auch wenn er sich tatsächlich an einen Berg in seinem Traum erinnern konnte, wurde im weiteren Gespräch klar, dass er wirklich von einer riesigen Kirche geträumt hatte. Gianni, ein Mann des christlichen Glaubens, hatte von glaubhaften Schilderungen religiöser Träume und Erscheinungen gehört. Aber hätte nicht ihm das Recht darauf zugestanden? Ja, er musste sich eine gewisse Eifersucht zugestehen. Darüber, dass ausgerechnet seinem Bruder der heilige Petrus erschienen war. Denn auch daran blieb kein Zweifel, weil Luigi ihn auf den schnell herbeigeschafften Darstellungen eindeutig erkannt hatte. Trotz großer Mühen gelang es ihm nicht, die geträumte Kirche auf ein Stück Schiefer zu zeichnen. Nicht an zeichnerischen Fähigkeiten mangelte es, sondern an der bildhaften Erinnerung seines Traums.

„Also hast du dem heiligen Petrus versprochen, ihm auf einem Berg eine Kirche zu bauen", fasste er zusammen, was Luigi mit einer hilflosen Bewegung zwischen Achselzucken und Kopfnicken bestätigte.

„Habe ich jetzt ein Gelübde geleistet?" Luigis Frage war kaum hörbar.

„Ja, mein lieber Bruder", bestätigte Gianni nach einer längeren Pause. „Du hast dem heiligen Petrus und damit Gott ein Gelübde geleistet."

„Ein gültiges Gelübde?", fragte Luigi nach, wobei er dem Wort ‚gültiges' eine längere Pause voranstellte und dieses Wort für seine sonst nicht sehr deutliche Ausdrucksweise nach besonders stark betonte.

„Ja. Alles deutet darauf hin, dass es ein", auch Gianni dehnte die Pause, bevor er fortfuhr, „gültiges Gelübde war. Und dafür wurde dir das Leben geschenkt."

Luigi nahm einen tiefen Zug aus seinem Becher, den sein Bruder ihm wieder gefüllt hatte. „Und wenn ich es nicht einhalte?", murmelte er mutlos vor sich hin. Gerade so, als wollte er eine Antwort darauf nicht wirklich hören. „Wie kann einer wie ich eine Kirche von diesen Ausmaßen bauen? Ich bin kein Baumeister, ich bin kein Steinmetz, ja nicht einmal geschickt mit meinen Händen. Wie also kann mir so etwas Großes gelingen? Ich werde mein Gelübde widerrufen und dann alsbald doch lieber sterben. Diese Aufgabe ist zu groß für mich. Wie diese Kleidung", schloss Luigi seine Überlegungen ab. Ungläubig schaute er auf die viel zu großen Schuhe und die an seinem schmächtigen Körper schlabbernd herabhängenden Kleider, die er von seinem Bruder bekommen hatte. Seine eigenen hatten so stark nach Pferdedung gerochen, dass Gianni sie erst einmal einer ausgiebigen Wäsche unterzogen und sie danach zum Trocknen ans Feuer gehängt hatte. Als sein Bruder ihm tröstend über die von Müdigkeit welke Wange strich, seufzte Luigi tief: „Warum habe ich dieses Seil nicht einfach losgelassen? Ja, ich hätte es besser losgelassen!"

Gianni sah den hilflosen Blick seines Bruders und mit einem Mal wurde ihm klar, wie sehr er sich seinem Bruder verbunden fühlte. Ja, dieser unscheinbare Luigi war der menschliche Mittelpunkt in seinem Leben. „Du hast es losgelassen. Aber dann hast du beherzt nach dem anderen gegriffen und damit nach dem neuen Leben. Auch dieses wird einmal zu Ende sein. Neu ist, jetzt hast du ein Ziel. Um Großes zu gestalten, muss man nicht alles selber machen. Schau dir unseren Abt Basilius an. Glaubst du, er könnte selber die Mauern im Kloster ausbessern, die Klosterbibliothek leiten, das Essen bereiten? Basilius kann dieses Kloster nur leiten, weil jeder von uns Klosterbrüdern besondere Fähigkeiten hat und damit zur Gemeinschaftsleistung beiträgt. Mach es wie er. Führe die Menschen zusammen, die du brauchst, um diese Kirche zu bauen. Dies erfordert Kraft, Mut und Zeit. Darum musst du Gott bitten, denn nur er kann es dir geben. Doch was er dir heute schenkt, fordert er irgendwann wieder zurück. Vor allem die Spanne Zeit, die er dir gibt, musst du nutzen. Für deine Arbeit, dein Ziel, dein Leben."

„Der Gott, von dem du sprichst, ist dein Gott, Gianni. Doch es ist mein Gelübde, und es ist von nun an mein Wille, und meine Taten werden dem folgen. Denn das Ziel hat mich gefunden", erneuerte Luigi vor seinem Bruder sein Gelübde in diesem Moment der besonderen Entschlossenheit.

„So gefällst du mir. Du warst mit deinen 23 Jahren zu jung zum Sterben und ich mit 25 zu jung, ohne meinen Bruder auf dieser Welt zu verbleiben. Du hast genau richtig gehandelt. Selbst wenn es dir so ergeht wie dem heiligen Bischof Aubert von Avranches."

„Was ist ihm passiert?", verfiel Luigi in helle Aufregung, so dass sein Bruder ihn mühsam beschwichtigen musste.

Gianni erzählte die Sage, wie der Erzengel Michael den Bischof im Jahre 708 mit dem Bau einer Kirche zu seinen Ehren auf einer Felseninsel beauftragte. Er erzählte auch, wie dieser mit der Kirche Mont-Saint-Michel in der Normandie seinen Auftrag mit Bravour erledigt hatte. Er erzählte nicht, dass der Erzengel den Bischof mehrmals an seinen Auftrag erinnern musste. So erfuhr Luigi nicht, dass der Engel mit seinem Finger ein Loch in den Schädel des Bischofs gebrannt hatte. Gianni versprach seinem wieder lebensgegenwärtig gewordenen Bruder Hilfe bei der Erfüllung seines Gelübdes. Beruhigt durch diese Zusage, verließ Luigi das Kloster in einem seltsam leichten Schwebezustand.

Giannis eindringliche Warnung, Stillschweigen über die Höhere Aufgabe zu bewahren, wie Luigi sein Gelübde bei einer ihrer jetzt häufigen Treffen getauft hatte, fiel dem zurückgezogen lebenden Luigi wesentlich leichter als Gianni selbst. Vor allem die Neugier seiner Klosterbrüder in ihren Schranken zu halten, kostete ihn einiges an Mühe. Denn ihrer Aufmerksamkeit blieben die nun häufigen Treffen der Brüder und die offensichtliche Bedeutung für beide nicht verborgen. „Mein bedauernswerter Bruder befindet sich in einer schweren Lebenskrise und ist auf dem Weg seinen Gott zu finden." Besonders Bruder Hieronymus zeigte hierfür ehrfürchtiges Verständnis.

Die Wahrheit ist für Gianni ein sorgsam gepflegtes Gut. Wie schwierig indes der Umgang mit ihr sein kann, mag eine kurze Betrachtung über den Wahrheitsgehalt der Aussage über die Gottessuche seines Bruders zeigen. Dabei werden wir verschiedene Blickwinkel einnehmen. Die Klosterbrüder hatten keinen Grund zu zweifeln. Nicht nur weil die unbedingte Gläubigkeit wichtiger Teil ihres täglichen Lebens war, sondern weil es keinen Grund gab zu zweifeln. Gianni dagegen wusste, dass seine Aussage zum ausgesprochenen Zeitpunkt in ihrer Nähe zur Wahrheit nicht ganz dem Maßstab entsprach, den er sonst anlegte. Anders gesagt, er hatte die Klosterbrüder über den genauen Stand der Dinge bewusst im Unklaren gelassen. Und dennoch hatte er mehr als ein Gespür, dass die Gottessuche sich seines Bruders mehr bemächtigt hatte, als zum damaligen Zeitpunkt deutlich war.

Am wenigsten war dies Luigi bewusst. Daher wird bei dieser kurzen Betrachtung sein Blickwinkel vernachlässigt. Wie lang und steinig indes für ihn dieser Weg dereinst gewesen sein wird, ist erst begreiflich, wenn alles andere erzählt ist.

Die interessanteste Perspektive ist zugleich die schwierigste. Es ist die des Gottes, zu dem dieser Weg nach Giannis Aussage erst noch führen soll. Doch wie kann dieser Gott überhaupt befragt werden? Zudem noch nicht einmal sicher ist, ob er von Luigi überhaupt gefunden wird. Schließlich kann diesbezüglich, wie bereits bemerkt, der Geschichte hier nicht vorgegriffen werden. Somit gleicht diese Betrachtung dem Spiel einer Katze, die versucht den eigenen Schweif zu fangen. Ehe nun die Geschichte sich in gedanklichen Spielen und Spitzfindigkeiten festbeißt, sollen die Betrachtungen über die Wahrheiten und über Luigis Weg zu Gott beendet werden, um stattdessen deren Fortgang in den Blick zu nehmen.

Um nun doch ein wenig vorzugreifen, sei erwähnt, dass sich erst am Ende von Luigis langem, ereignisreichen Leben für ihn diese Frage beantworten wird.

Gianni begann mit seinem Bruder die Höhere Aufgabe in erste Überlegungen und Abwägungen einzufassen. Diese gingen anfangs mehr von ihm aus. Als ein Mann der Besonnenheit im Geiste bezog er seinen Bruder jedoch immer stärker darin ein, sodass Luigi immer mehr die Initiative übernahm. Dennoch fiel es Gianni zu Anfang sehr schwer, seinen starken Ehrgeiz zu zügeln. „Du solltest dir erst einmal in Erinnerung rufen, wie diese Kirche in deinem Traum ausgesehen hat", so die erste Aufgabe an Luigi. „Vielleicht versuchst du die Bilder aus deinem Traum zu zeichnen."

„Du weißt, dass ich es bereits versucht habe. Außer ein paar unbedeutender Zeichenstriche ist nichts dabei heraus gekommen."

Gianni wollte den Einwand seines Bruders nicht gelten lassen. „Du konntest in der Schule immer sehr gut zeichnen. Diese Geschicklichkeit kann nicht einfach im Winde verweht sein." Sobald er diese Worte gesprochen hatte, bereute er sie schon. Zum Glück hatte er eine Idee, die seinen Bruder davor bewahrte, in seine frühere Verzagtheit zurückzufallen. Er holte von seinem Abt Basilius die Erlaubnis ein, die umfangreichen Bücher mit Bildern und Plänen von Kirchen einzusehen. „Wohlan mit deiner weisen Idee. Der Weg deines Bruders zu Gott kann nur über die Kirche führen", kommentierte Bibliothekar Hieronymus die Erlaubnis des Abtes.

Fortan verbrachte Luigi viel Zeit mit umfangreichen Studien zahlreicher Bücher aus der Bibliothek des Klosters. Besonders Gianni war über diesen großen Eifer erstaunt und erfreut. Aber auch die Neugier des Bibliothekars Hieronymus nahm wieder zu. Daher drängte Gianni seinen Bruder, die Studien zu Ende zu bringen. Man kam überein, dass Luigi genügend Darstellungen und Pläne gesehen hatte, um sich in Ruhe ans Zeichnen zu geben. Dies traf zeitlich zusammen mit Giannis erster Wallfahrt zum Benediktinerkloster Weingarten im fernen Bayern. Die Brüder verabschiedeten sich am Tag nach Himmelfahrt voneinander. Hoch zu Ross zum Blutritt brach er mit vielen Gläubigen auf, um die Heilig-Blut-Reliquie der Kirche des Klosters zu ehren.

DIE FRESKEN VON SANTA TECLA

Das erste Gespräch mit seinem Professor Fausto verlief äußerst frustrierend und dauerte nur wenige Minuten. Domenico hatte erwartet, sofort mit ihm das Thema seiner Diplomarbeit festzulegen. Doch der Professor hatte es offensichtlich eilig. Bis zum nächsten Termin, an dem man dann auch über die Arbeit sprechen würde, solle er die Uni erkunden und Rom auf sich wirken lassen. Roms Seele erforschen, nannte Professor Fausto dies. So wurde aus dem deutschen Touristen der römische Student Domenico.

Da auch Carlotta kurz vor ihrem Jura-Examen stand, trafen sie sich meist erst am Abend. Für heute hatte sie eine besondere Überraschung angekündigt. Zwei Minuten vor der verabredeten Zeit stand Domenico vor seinem Studentenwohnheim. Aus seinen Überlegungen, womit sie ihn wohl überraschen würde, riss ihn lautes Hupen. Carlotta winkte ihm fröhlich aus einem Mini Cabriolet zu, dem Auto ihrer Mutter, wie er später erfuhr. „Wow, Mini steht Dir gut." Erst nachdem er die Worte gesagt hatte, bemerkte er den Doppelsinn. Sie trug einen flotten Minirock. Doch seine Bemerkung ging unter im zweiten, wesentlich lauteren Hupen von dem Autobus, an dessen Haltestelle sie gestoppt hatte. Außer dass sie in den Süden Roms fuhren, wollte sie immer noch nicht das Ziel preisgeben. Von der warmen Abendsonne, dem kühlenden Fahrtwind und Carlottas Nähe umschmeichelt, fühlte Domenico sich so wohl, dass er sogar ein wenig enttäuscht war, als sie ihr Ziel erreicht hatten. Dort erwartete sie eine junge Frau, die ungefähr in Carlottas Alter sein mochte.

„Barbara Martelli, die Tochter einer Freundin meiner Mutter. Und das ist Domenico, mein Kindergartenfreund. Ich hatte dir von ihm erzählt", stellte Carlotta die beiden einander vor.

Domenico war tatsächlich überrascht, als Barbara sie in die Katakomben von Santa Tecla führte. Sie leitete dort die Restaurierung von Fresken, die Archäologen vor zwei Jahren unter einem Haus aus dem 20. Jahrhundert entdeckt hatten. „Erst jetzt sind wir sicher, dass diese vier Bildnisse die Apostel Paulus, Petrus, Andreas und Johannes darstellen. Sie stammen aus frühchristlicher Zeit, aus dem 5. Jahrhundert."

Auch Carlotta hatte es die Sprache verschlagen, als sie die Fresken sah. Vor allem, als sie erfuhr, dass Barbara sie ihnen zeigte, noch bevor sie am nächsten Tag der internationalen Presse präsentiert werden.

„Die insgesamt vier Bildnisse zieren die Decke der Grabkammer einer edlen Dame aus dem späten Römischen Reich. Es sind die bisher ältesten Einzeldarstellungen der Apostel. Wir hatten Glück, dass sie noch so gut erhalten sind. Das Haus darüber war errichtet worden, ohne dass die Katakomben beschädigt wurden." In aller Ausführlichkeit erklärte Barbara, wie sie die Fresken in mühevoller Kleinarbeit mit einem hochmodernen Speziallaser freilegen mussten. „Besonders schwierig ist die Arbeit, weil die Kunstwerke zum Teil von einer dicken Lehmschicht bedeckt waren und darunter zusätzlich von einer dünnen Kalkschicht. Hätte man sie vor der Entwicklung dieses Speziallasers entdeckt, wer weiß, ob man sie dann so hätte retten können", schloss Barbara ihren fesselnden Vortrag ab.

Im Anschluss fuhren sie noch zu Barbara Martelli nach Hause. Sie macht die beste Pastasauce von Rom, waren sich ihre Gäste nach dem Essen einig. Dazu und zur Gastgeberin passte hervorragend eine der Flaschen Wein, den Carlotta eigentlich für ihren Vater gekauft hatte; ein Barbera aus dem Piemont. Am Ende des Abends erinnerte Barbara Carlotta nochmals daran, dass sie Samstag in einer Woche zu ihrer Hochzeit eingeladen war. Selbstverständlich mit Domenico. Auf der Heimfahrt erfuhr er mehr über dieses Ereignis. Barbara würde ihren Jugendfreund Fabricio Fabello heiraten, der kürzlich von einem zweijährigen Arbeitsaufenthalt aus Abu Dhabi zurückgekehrt war. „Vornehme und reiche Familie, die Fabellos", ergänzte sie.

„So wie deine Familie?"

Sie setzte sich ein Stück aufrechter und sprach übertrieben gekünstelt weiter. „Noch vornehmer. Über ein paar Ecken mit den Agnellis verwandt. Nicht nur richtig reich, mit Immobilien in der ganzen Welt ohne Ende, sondern Reichtum mit Stil und Geschmack. Du weißt, was das für dich bedeutet?"

„Für mich?", fragte Domenico in die Dunkelheit der nächtlichen Straße.

„Kleidungsmäßig. Aber das wird sich finden."

Am späten Abend, nachdem sie ihn an seinem Wohnheim abgesetzt hatte, vertiefte Domenico sich wieder in sein Buch. Wieder schien es, als setzte es die Zeit außer Kraft. Obwohl er glaubte, nicht allzu lange gelesen zu haben, dämmerte es schon, als er es müde zur Seite legte.

LUIGI ENTDECKT DIE KUNST

Noch am Abend der Abreise seines Bruders gab Luigi sich reich an Zuversicht daran, die Kirche zu zeichnen. Doch die Begeisterung verflog allzu rasch. Das Bild des geträumten Bauwerks blieb verschollen. Durch Giannis Abwesenheit auf sich allein gestellt, fasste er einen Entschluss: „Dann mache ich mich auf den Weg und verschaffe mir ein direktes Bild von den Kirchen Roms."

Davon gab es in Rom sehr viele, die sich zudem über sämtliche sieben Hügel verteilten. Daher zogen sich diese Entdeckungsreisen über eine längere Zeit hin und dauerten bisweilen sogar bis in die Nacht. Diese Streifzüge waren für ihn nicht einmal völlig neu. In ihren ersten Jahren in Rom hatte er seinen immer schon für diese große Stadt schwärmenden Bruder oft begleitet. Luigi konnte dessen Leidenschaft nie nachempfinden. Dies lag nicht einmal daran, dass Rom damals weitestgehend zerstört war und ein wenig attraktives Bild abgab. Der Grund für sein fehlendes Interesse war, dass es für ihn einfach keine Notwendigkeit gab, sich besonders mit seiner unmittelbaren Umgebung zu befassen. Denn er war seinem bescheidenen Leben immer dorthin nachgefolgt, wohin es ihn wie an einer unsichtbaren Hand geführt hatte. Die Stadt, ihre Straßen und Gassen, ihre Felder und Weinberge, die Kirchen und Gebäude nahm er lediglich in ihren Funktionen wahr.

Vor vielen Jahren – die beiden Jungen gingen noch zur Schule – waren sie vor einem Haus stehen geblieben, an dem sie vorher viele Male achtlos vorüber gegangen waren. Vielleicht, weil es eher unscheinbar und wie alle Gebäude in dieser Straße unansehnlich und heruntergekommen war. Die Straße war schmutzig und viele Pflastersteine herausgerissen. In den Löchern hatten sich übel riechende Pfützen gebildet. Nachdem Gianni sich kurz nach links und rechts umgeschaut hatte, öffnete er die schwere und reich verzierte Tür und zog seinen Bruder hastig in den Hausflur, bevor er den Eingang wieder schloss. Luigi konnte sich auch Jahre später noch an den schweren Duft nach Holz und Wachs erinnern. Der Geruch passte in seiner Schwere zu dem langen, dunklen Hausflur, und zu der breiten Treppe, die er erkennen konnte, nachdem sich seine Augen an die Dunkelheit gewöhnt hatten. Doch schon zog sein ungeduldiger Bruder ihn weiter in die dunkle Tiefe des Flurs. Sie stoppten vor einer anderen, sehr viel kleineren Tür. Luigi schloss auf Giannis Geheiß seine Augen. In den wenigen Sekunden atmete er den schweren Geruch des Gebäudes tief in sich ein und hielt seine Augen weiterhin fest verschlossen. Als er sie wieder öffnen durfte, lag ein großer, lichtdurchfluteter Innenhof vor ihnen. Mit einem Garten voller duftender Blumen und Sträucher und prächtiger Skulpturen. Gianni wollte seinen Bruder in den Hof ziehen. Doch diese helle, unbekannte Welt flößte ihm Angst ein. Anders als Gianni, dessen Gesicht vor Aufregung glühte, zog es ihn zurück in den dunklen Hausflur. Niemals zuvor und niemals nachher hatte er sich seinem Bruder so fern und fremd gefühlt. Beide waren zutiefst verstört, als sie wieder auf der Straße standen. Da sie nie mehr darüber gesprochen hatten, blieb dieses Erlebnis in ihrer Erinnerung wie ein dunkler Traum. Aus diesem Traum nun fühlte Luigi sich plötzlich erwacht und die Tür zu dem hellen Hof hatte sich für ihn ein zweites Mal geöffnet. Doch anders als damals konnte er jetzt die Schönheit und das Licht dieser neuen Welt genießen.

Nach diesem Erlebnis kam es ihm vor, als ginge er durch eine andere Stadt. Er sah die Schönheit einiger Kirchen, Gebäude und Paläste, die der langjährigen Zerstörung und dem Verfall Roms der vergangenen Jahre standgehalten hatten oder wieder renoviert worden waren. Als sie vor achtzehn Jahren in diese Stadt gekommen waren, befanden sich die meisten Gebäude und die Straßen der Stadt in einem erbärmlichen Zustand. Erst jetzt fiel ihm auf, dass man ganze Häuser oder zumindest Teile davon abgerissen hatte, um sich so das Material für Neubauten oder für Ausbesserungen zu verschaffen. Im Laufe der Zeit kam so das Stadtbild in einigen Straßen wieder zu Glanz und Ansehen, während an anderen Stellen hässliche Ruinen in schmutzigen und übel riechenden Gassen vor sich hin faulten. Die Stadt erwachte mühsam zu einem neuen Geist. Doch geht die Vermutung fehl, darin die Ursache für Luigis neue wache Wahrnehmung zu sehen. Vielmehr hatte sich durch seine Höhere Aufgabe sein Blick auf die Dinge in seiner Umgebung geändert. Sein Leben verband sich mit der Architektur dieser Stadt. Jetzt erst erkannte er die Gebäude und Kirchen in ihrer Bauweise, der Größe und in ihren Proportionen. Jetzt sah er die Art und Farbe der Fassaden, die Verzierungen, die Fenster und alles, was ihre Erscheinung ausmachte. Ebenso faszinierten ihn die Pracht und blühende Weitläufigkeit einiger Gärten, die er durch die Fenster und Hauseingänge sehen konnte.

„Und nun diese Farben! Wie ist es möglich, dass ein und dieselbe Farbe einer Fassade sich völlig anders darstellt, je nachdem, wie üppig und zu welcher Tageszeit das Licht sie erhellt? Es ist, als hätte jemand die Dinge um mich herum in wache Farben getaucht und ihnen frische Formen gegeben", entdeckte Luigi die Farben in seinem Leben. „Wie kommt es, dass ich erst jetzt die Dinge sehe, die immer schon da waren?", fragte er Gianni nach dessen Rückkehr von der Wallfahrt über seine neuen Eindrücke.

„Gehen ist Denken, und beides zusammen bedeutet Wahrnehmen. Durch deine Spaziergänge hast du Gottes Welt entdeckt. Die Formen, Farben, Perspektiven und Proportionen. Alles, was wir Menschen von Gott bekommen und womit wir unser Lebensumfeld mitgestalten dürfen. Es ist so, als hättest du in einem großen Zimmer gelebt, in dem die schweren Vorhänge zugezogen waren. Die Möbel, die Bilder und alle Gegenstände hast du bislang lediglich in ihren Umrissen und als Schatten wahrgenommen. Jetzt hat jemand diese Vorhänge zurückgezogen und den Raum von Licht durchfluten lassen. Dadurch, dass die Dinge getränkt sind in Licht, zeigen sie sich in ihren Farben und ihrer räumlichen Tiefe. Ein grauer Schleier vor deinen Augen wurde weggerissen."

Hatte Gianni mit seinen oft ausschweifenden Erklärungen bisher die Dinge eher verkompliziert, vereinfachten diese Worte Luigis Leben wieder. Gleichzeitig nahmen sie dem neuen Erleben aber auch ein wenig von seinem Zauber. Doch das geträumte Bild der Kirche in seiner Erinnerung war immer noch nicht zurückgekehrt. „Die Form wird sich bilden, sobald die Zeit dafür reif ist", beruhigte Gianni seinen Bruder.

Von einem ganz neuen Zauber, der bald schon über Luigi hereinbrechen wird, ahnten beide zu dieser Zeit noch nichts. Etwas, was sein Leben ein weiteres Mal vollständig verändern und ihn in die Welt der tiefsten Gefühle führen wird.

Gianni musste nach seiner langen Wallfahrt viel Zeit im Kloster und im Hospital verbringen. So ging Luigi weiter auf Entdeckungsreise und konnte sich ohne Last an den neu entdeckten Schönheiten erfreuen. Dabei führte ihn sein Weg immer wieder zur Basilika San Clemente al Laterano, einer alten Pilgerkirche in der Nähe des Kolosseums. Besonders in den Fresken der angebauten Capella di Santa Caterina, die das Martyrium der heiligen Katharina darstellten, konnte er tief versinken. Als er wieder einmal daraus auftauchte, traute er seinen Augen nicht: Neben ihm stand die auf den Bildern dargestellte Heilige in eigener Person. Luigi erkannte die wunderschöne Frau an ihrem langen, gelockten, brünettem Haar, das unter ihrem Kopftuch hervorfloss und ihr junges Gesicht umrahmte. Er sah den feinen Mund, die wohlgeformte Nase und, als sie ihm leicht das Gesicht zuwandte, den warmen Blick aus ihren mandelförmigen braunen Augen.

Er war so fasziniert, dass er nicht darüber nachdachte, ob die geheimnisvolle Schöne bemerkt hatte, dass er ihr auch in die benachbarte Basilika Quattro Coronati gefolgt war. Dort blieb die Heilige Katharina plötzlich im Kreuzgang stehen. In seinem naiven Glauben dadurch nicht als Verfolger aufzufallen, hielt auch er inne. In seiner Verlegenheit drückte er sich dicht an eine Mauer. Dabei sog er tief den süßen Duft einer wild aus der Mauer wachsenden Rose ein. Bevor er, wie die Frau auch, die Kirche verließ, brach er vorsichtig einen Zweig mit einer roten Blüte ab. In einem, wie er glaubte, sicheren Abstand folgte er ihr durch Felder und Weinberge. Als sie nach einer Weile die engen Straßen des Laterans erreichten, schien er sie verloren zu haben. Doch dann stand sie plötzlich unmittelbar vor ihm, nachdem er atemlos um eine Ecke gebogen war. Sie war vor der Tür eines prächtigen und frisch restaurierten Palazzos stehen geblieben, hatte sie bereits einen kleinen Spalt geöffnet und drehte sich zu ihm um. Ohne Strenge fragte sie: „Kennen wir uns?"

DIE ROSE DER LIEBE

„Du musst eines deiner früheren Leben in Rom verbracht haben." Mit dieser Bemerkung erkannte Carlotta Domenicos erstaunliche Sicherheit an, mit der er sie durch die Stadt führte. Am Abend, als sie vom Kolosseum auf dem Weg in ihr Lieblingsrestaurant waren, hatte ausnahmsweise sie die Führung übernommen. Plötzlich war sie stehen geblieben und Domenico musste seine Augen schließen. Sein kurzer Moment der Unsicherheit wurde augenblicklich belohnt, als er ihre warme Hand spürte. Auch vorher hatten sie sich einige Male, scheinbar beiläufig, an die Hand genommen. Doch jetzt fühlte er wie die Wärme ihrer Hand sich in seinem gesamten Körper verteilte, als sie ihn ins Unsichtbare führte.

In der Basilika San Clemente vor den Fresken der Heiligen Katharina durfte er seine Augen wieder öffnen. Nach Momenten der stillen Andacht verließen sie Hand in Hand die Kirche, in der Carlotta mit ihren Eltern regelmäßig den Sonntagsgottesdienst besucht. Die Basilika Quattro Coronati, zu der nun wieder Domenico sie führte, kannte Carlotta nur von außen. Was umso erstaunlicher war, weil sie nur wenige Schritte von San Clemente entfernt lag. Der Weg dorthin führte sie entlang der Klostermauer, die rechts der leicht ansteigenden gepflasterten schmalen Via die S.S. Quattro Coronati emporwuchs. Domenico war aus dem Buch Erschaffe einen Ort auf die Kirche aufmerksam geworden. Daraufhin hatte er darüber gelesen und im Internet einen virtuellen Rundgang bei YouTube gefunden. Die beiden gingen auf eine Zeitreise durch das Kalendarium dieser Basilika, erzählt mit der Bildersprache ihrer Architektur:

Die Erzählung beginnt auf dem kleinen Platz vor dem Eingang unter dem mehrfach restaurierten Glockenturm. Der Weg durch die beiden Vorhöfe führt vorbei an den verschiedensten Kalenderblättern: den Bogengängen, den Rundbogen der Arkaden, den Fresken, den Inschriften, den Mauerresten der Zinnen der ehemaligen Wehrgänge. Jedes dieser Blätter erzählt einen Lebensabschnitt dieser Kirche.

Beginnend mit der Entstehung des ersten Kirchenbaus im 4. Jahrhundert zu Ehren von vier Märtyrern. Ob dies vier Soldaten waren, die nicht die Statue des Äskulap verehren wollten, oder vier Bildhauer, die keine heidnischen Gottheiten herstellen wollten, verliert sich in der Verwirrung und den Verwechselungen der Kalenderjahrhunderte. Sicher sei indes, dass man die vier ermordete, indem man sie mit gezackten Eisenkronen (Corona) gewaltsam krönte. Dem Kalenderjahr 1084, nach der Zerstörung durch die Normannen, folgte die Zeit des Wiederaufbaus, den Papst Paschalis II. um 1100 anordnete. Im Innenraum der Kirche setzen die stumm-beredten Zeugen die Erzählung über die Zeiten fort. Im Langhaus mit den Mosaiken auf dem Fußboden im Cosmaten-Stil, die vermutlich aus dem 12. Jahrhundert stammten und der Holzdecke aus dem Jahre 1580. Die Apsis erzählt mit den zwei Zyklen der Fresken, dem Altar, dem Marmorgeländer mit den Alabasterpfeilern und dem Bischofsstuhl als Adaption aus dem 17. Jahrhundert. Die Kapellen der heiligen St. Barbara und des Heiligen Silvester führen durch ihre Stilrichtungen, die Bauelemente und die Fresken die Zeit wieder weit zurück. Vermutlich bis in die römische Antike.

Eine eher unscheinbare Tür im linken Seitenschiff führte Domenico und Carlotta zum Kreuzgang des Klosters. Die Arkaden aus schlanken Doppelsäulen und Rundbogen, der romanische Brunnen Kantharos in der Mitte stammten aus dem 13. Jahrhundert. Die friedliche Stimmung, das Licht, das beruhigende Plätschern des Brunnens umrahmten Vergangenheit und Gegenwart zugleich. Als hätte der Duft des rot blühenden Rosenbuschs im Kreuzgang die Dinge bestimmt, war nichts selbstverständlicher, als dass Domenico Carlotta in den Arm nahm und sie küsste.

DONNA ANNA DI CRISTOFORO FINI

Noch bevor der Blick dieser geheimnisvollen Frau auf seine Augen traf, hatte Luigi seinen Blick schamhaft gesenkt. So, als suchte er ein Loch, in dem er augenblicklich versinken konnte.

„Ja. Vielmehr, nein. Wir kennen uns nicht", stotterte er. Ihre Stimme schien aus einer anderen Welt zu kommen. Erst wie nach einer Ewigkeit presste er weitere Worte heraus. „Doch mir ist, als kenne ich Euch. Dennoch sah ich Euch heute in der Kirche zum ersten Mal."

Gerade als Luigi sich voller Scham entfernen wollte, hielt ihn die junge Frau mit einem anmutigen Lachen zurück.

„Nein, so verwirrt kann ich Euch nicht ziehen lassen. Sagt Ihr mir Euren Namen?"

„Piemonte, Luigi Piemonte", erwiderte er mit einer für seine Verlegenheit wieder überraschend klaren Stimme.

„Ich bin Donna Anna di Cristoforo Fini. Warum Ihr glaubt, mich schon länger zu kennen, dafür gibt es eine einfache Erklärung. Doch diese Geschichte erzähle ich Euch besser ein anderes Mal."

Donna Anna hatte inzwischen die Tür ganz geöffnet und wandte sich noch einmal Luigi zu. Und wieder reichte der Bruchteil eines Augenblicks aus ihren tiefbraunen Augen, Luigis Blick zu senken. Von weit hörte er ihre Worte.

„Wenn Ihr diese Geschichte denn hören wollt."

„Ja. Ja, natürlich", sprudelte es aus ihm hervor, beseelt von der Angst, diese Frau würde für immer hinter dieser Tür und aus seinem Leben verschwinden. Wie in einem Traum gab er ihr den Zweig mit der roten Rosenblüte.

„Vielen Dank, Luigi Piemonte, dann also bis zum morgigen Abend. Zur gleichen Stunde in der Capella di Santa Catarina. Ihr kennt ja den Weg dorthin."

Mit diesen Worten ließ sie den vor Erregung Glühenden zurück. Er blieb noch einige Zeit wie benommen vor dem Palazzo stehen. „Es muss denn doch die Erscheinung der heiligen Katharina gewesen sein. Denn dies ist wahrscheinlicher, als dass eine so schöne junge

Frau mich wiederzusehen wünscht", versuchte Luigi seine Gedanken zu sammeln.

Erst jetzt begann er darüber nachzudenken, wo er sich befand. Nie zuvor hatten seine Wege durch den Lateran ihn hierher geführt. Es war eine der wenigen Straßen, in der Rom schon zu jener Zeit in einem Gleichgewicht der Erhabenheit und Schönheit erstrahlte, für dessen Entstehung er einige Jahre später Zeuge werden sollte. Leider auch verbunden mit einer neuen schmerzhaften Zerstörung dieser Stadt, sehr viele Jahre später. Eine Katastrophe, die zudem mit dem Leben dieser Frau und seinem eigenen Schicksal eng verknüpft sein wird.

Nach einer von lebhaften Träumen durchtränkten Nacht und einem Tag, an dem er nur wenig an andere Dinge denken konnte, hatte er seine Gedanken bis zum Nachmittag wieder einigermaßen geordnet. „Erscheint sie zum Treffen, kommt sie als Mensch. Erscheint sie nicht, ist es gleich, ob sie eine Erscheinung war", fasste er diese Ordnung auf dem Weg zur Kirche zusammen. Dort angekommen, war alles mühsam Geordnete sogleich von einer erneuten hellen Aufregung verschüttet. Als zur verabredeten Stunde Donna Anna hinzukam, glaubte er sich doch wieder einer Heiligen nahe. Bevor Luigi seinem kuriosen Drang nachkommen konnte, vor ihr niederzuknien, führte sie ihn mit einer kaum spürbaren Berührung am Arm zum Altar der Capella di Santa Caterina, wo sie nebeneinander niederknieten. Nie zuvor hatte er den Gedanken geführt, in den heiligen Stand der Ehe zu treten. Doch würde jetzt ein Priester vor sie treten und ihn fragen, ob er, Luigi Piemonte, bereit wäre, dieser Jungfrau Katharina Donna Anna die eheliche Treue zu schwören, „Bis dass der Tod euch scheidet", er hätte sein freudiges „Ja" in die Stille der Kapelle gerufen. Sehr viel später, soviel später, wie er es sich zu diesem Zeitpunkt nicht vorstellen konnte, wird er sich an diesen besonderen Moment zurückerinnern.

Doch jetzt, nach einer andächtigen Zeit der Besinnung führte sie ihn zurück in die Gegenwärtigkeit, als sie sich neben ihm erhob. Dicht nebeneinander stehend, schauten sie zu den Fresken empor.

Erneut verwirrt von der Ähnlichkeit, fiel es Luigi schwer zu unterscheiden, wer ihm diese Geschichte leise erzählte:

„Dies ist die Heilige Katharina, eine Königstochter aus Zypern. Sie hat sich als geweihte Jungfrau Christus versprochen, nachdem ein Eremit sie zum christlichen Glauben geführt hatte. Im ägyptischen Alexandrien wurde sie vom römischen Kaiser Maxentius mit anderen Christen zum Märtyrertod verurteilt."

Luigi war nicht sehr bewandert in religiösen Geschichten. Doch bevor er zu dem heutigen Treffen geeilt war, hatte er sich von dem verwunderten Gianni diese Geschichte erzählen lassen. Doch um wie viel schöner klang sie aus ihrer Erzählung, getragen vom Wohlklang ihrer Stimme.

„Katharina fragte den Kaiser, ob er nicht lieber zum Christentum übertreten wolle, anstatt von ihr ein wertloses Götzenopfer zu verlangen. Daraufhin bot er zu einer öffentlichen Diskussion fünfzig seiner besten Philosophen und Gelehrten auf, sie von ihrem Christenglauben abzubringen. Dabei waren jedoch Katharinas Darlegungen über ihren Glauben den weisen Herren so einleuchtend, dass sich alle durch sie zum Christentum bekehren ließen. Aus Wut, weil sie es nicht vermocht hatten, mich von meinem Glauben abzubringen", Donna Anna hatte in verstärkter Dramatik beim Erzählen Katharinas Identität eingenommen und durch diese zupackende Schilderung Luigi wieder tief in die Fresken gestoßen. „Aus dieser Wut wollte der Kaiser mit mir auch seine Gelehrten auf dem Scheiterhaufen verbrennen. Als Ausweg bot er mir an, als gewaltige und hoch gezierte Königin an seiner Seite zu herrschen. Doch dies musste ich ablehnen, denn nur an der Seite eines weisen und reifen Mannes will ich mein Leben beschließen."

Luigi war aus der Geschichte der Heiligen aufgetaucht und seine Aufmerksamkeit galt wieder der realen Donna Anna. Sie hatten die stille Kapelle verlassen um sich im kühlen Schatten des Säulengangs auf einer Steinbank niederzulassen. Dort führte nun er die Geschichte der Heiligen Katharina fort und war erstaunt über die Leichtigkeit in seiner Stimme. „So habt Ihr, Heilige Katharina, es vorgezogen, gegeißelt zu werden und ohne Nahrung zwölf Tage lang in einem finsteren Verlies eingekerkert zu sein. Nur um Euer Leben nicht an der Seite des falschen Mannes zu verbringen. Ihr seid eine stolze Frau."

„Ich bin vor allem eine Frau, die weiß, was sie will."

Inzwischen waren sie wieder auf den Straßen des Laterans angelangt. Die angenehme Kühle des Säulengangs lag noch in Donna Annas Stimme. In der abendlichen Wärme klang sie wie stiller Trotz, der sich ebenso auf ihr Gesicht gelegt hatte. Luigi unterbrach das Schweigen, in dem sie eine Zeit nebeneinander her gegangen waren.

„Und dafür hat man Euch auf mit spitzen Nägeln gesäumten Rädern gefoltert und letztendlich enthauptet", nahm nun Luigi den Faden der Geschichte wieder auf. „Und wie kommt es, dass Ihr jetzt als die schöne Donna Anna vor mir steht, die aussieht wie die Heilige Katharina auf den Fresken? Sicher wollt Ihr mir nicht erzählen, Ihr seid von den Toten wieder auferstanden?"

Luigi nahm nun allen Mut zusammen und suchte den direkten Blickkontakt zu Donna Anna. In ihrem vom sanften Licht der Abendsonne umschmeichelten Gesicht spürte er zum ersten Mal bei ihr eine gewisse Verlegenheit. Was auch ihm sogleich seine zuvor allzu kecke Sicherheit nahm. Bevor ihre Blicke sich berühren konnten, senkte er seine Augen.

„Dieses Geheimnis ist nun leicht zu entschlüsseln", kehrte sie allmählich in ihre Unbekümmertheit zurück. „Mein Ur-Ur-Ur-Großvater, Tommaso di Cristoforo Fini, eher bekannt als Maler Masolino da Panicale, hat diese Fresken gemalt. Als Modell wählte er meine Ur-Ur-Ur-Großmutter. Offensichtlich sehe ich ihr sehr ähnlich. Was im Übrigen neben Euch bisher nur meinem Vater aufgefallen war. Wie er sagte, verbinde mich mit der Heiligen Katharina zudem mein schnelles Mundwerk."

„Euer Vater scheint mir ein kluger Mann, der zudem gut beobachtet", nahm Luigi schnell ihren Gedanken auf. Denn schon wieder waren sie vor dem Palazzo angekommen, in dem Donna Anna mit ihren Eltern und Geschwistern lebte, wie er später erfuhr.

„Wenn Ihr wollt, erzähle ich Euch morgen, was mir mein Vater über den Künstler, seine Art zu arbeiten und über die Fresken beigebracht hat, für die Ihr Euch so interessiert." Mit diesen Worten verabredeten sie sich erneut.

So standen sie am frühen Abend des nächsten Tages wieder in der Kapelle vor den Fresken. Von nun an galt Luigis Aufmerksamkeit endgültig der realen Donna Anna und ihren anschaulichen Erzählungen über eine neue Technik, die ihr Vorfahr bei seiner Darstellung der Katharina erstmals in der römischen Malerei eingeführt hatte. Es ist das Prinzip der zentralen Perspektive, das in Florenz Masolino da Panicales Lehrer Masaccio gemeinsam mit Filippo Brunelleschi entwickelt hatten. Später wird Luigi sich noch oft an ihre Ausführungen erinnern, dass diese Technik fortan von allen bedeutenden Malern übernommen wurde. Für den Augenblick musste er viel Mühe aufbringen, den ausführlichen Erläuterungen der klugen Donna Anna zu folgen. Geduldig erklärte sie ihm, dass durch diese Technik dem Auge des Beobachters die Dreidimensionalität, also die räumliche Weite und Tiefe des gemalten oder gezeichneten Objekts lediglich vorgegaukelt wird. Denn ein Gemälde oder eine Zeichnung kann in ihrer flächenartigen Darstellung, anders als eine Statue, nicht wahrhaftig die Tiefe eines Raumes wiedergeben. Erst gedachte Linien, von der errechneten Stelle des Betrachters weitergeführt, suggerieren die Illusion der vorhandenen Tiefenräumlichkeit des Bildes. Die dabei von ihr verwendeten Begriffe wie Sehpyramide, Sehkegel, Querschnitt der Sichtachse, Projektionsfläche und Perspektive waren ihm bislang völlig unbekannt und verwirrten ihn für diesen Moment mehr, als dass sie die Ausführungen verdeutlichten.

Mit diesen anschaulichen Schilderungen rückte Donna Anna für Luigi wieder näher an eine übernatürliche Erscheinung, als an die reale Frau, deren Wärme er angenehm neben sich spürte. An die Aussage ihres Vaters anknüpfend, bestätigte er ihr: „Nicht nur in Schönheit und Zungenfertigkeit gleicht Ihr, Donna Anna, der Heiligen Katharina. Ebenso die Klugheit wurde Euch reichlich beigemessen."

Selbst einem genauen Beobachter dieser Szene wäre es schwerlich gelungen festzustellen, wer von beiden durch dieses schnelle Kompliment mehr errötete.

„Doch eines sagt mir noch, Donna Anna." Luigi hatte seine Verlegenheit überwunden, „Wie alt war die schöne Katharina zu dem Zeitpunkt, als sie gemalt wurde?"

„Luigi Piemonte!" Sowohl vor dem Namen, als auch nach der Nennung setzte sie eine deutliche Pause und schien den Fortgang ihrer Worte genau abzuwägen. „Ihr habt eine listige Art, Euch unwissend zu stellen, um möglichst unverfänglich Dinge zu sagen oder Neuigkeiten zu erfahren. Und…" Über eine erneute Pause wägte Donna Anna ihre Sätze ein weiteres Mal genau ab. „Und mir scheint, Ihr selber wisst nicht einmal von dieser Listigkeit und habt sie noch nicht oft angewandt in Eurem Leben."

Luigi war durch diese Aussage viel zu erstaunt, um darüber erneut zu erröten. Was Donna Annas Vermutung der Unbewusstheit bestätigte.

„Doch es ist eine Listigkeit, die Euch nicht schlecht zu Gesicht steht." Luigis sich nun doch durch deutliches Erröten zeigende Verlegenheit übergehend, führte sie weiter aus. „Und beinahe wäre ich darauf hereingefallen. Denn der Zweck Eurer Frage war gewiss, mein Alter auszuforschen. Hat Euch Eure Mutter nicht gelehrt, eine Dame niemals nach ihrem Alter zu befragen?"

Niemand, nicht einmal sein Bruder hatte sich bisher die Mühe gemacht, Luigi beim Gespräch genauer zu beobachten. Seine sehr leise Art zu sprechen, die Gebärden, die Sprache seines Körpers und sein Mienenspiel waren nicht sehr deutlich ausgeprägt. Diese betonte Ausdruckslosigkeit verband sich in ihrer Unbestimmtheit mit seinem unscheinbaren Äußeren. Nichts in Luigis Erscheinung hätte also dazu eingeladen, sie einer genauen Betrachtung zu würdigen. So war es Donna Anna vorbehalten, Luigi erstmalig in der äußeren Darstellung seiner Persönlichkeit wahrzunehmen. Da dies bei den bisherigen Treffen erst nach und nach erfolgte, war Donna Anna sich dieser angesammelten Wahrnehmung bis zu diesem Moment nicht einmal bewusst gewesen. Allein sich an sein von scheinbarer Leidenschaftslosigkeit geprägtes Gesicht zu erinnern, fiel ihr einigermaßen schwer. Seine Haut, die wegen seiner jungen Jahre noch nicht faltig war, legte in ihrer unbestimmten Blässe einen Schimmer von Alterslosigkeit auf sein Gesicht. Auch hatte das bisherige Leben keinerlei Spuren darin eingegraben. Obgleich manches Mal sich seine Stirn in Falten legte, die in ihrer Tiefe und Deutlichkeit dem Leben und den zukünftigen Herausforderungen vorauszueilen schienen. Die Farbe der Haare bewegte sich zwischen einem tiefen Schwarz mit Schimmern zum Roten.

Dazu jetzt diese Augen. Erst nach ihrer unbedachten Äußerung über seine Mutter wurde Donna Anna ihrer gewahr. Durch diesen traurigen Blick, aus dem ein lautloser Seufzer Befreiung fand, entdeckte sie dieses ungewöhnlich strahlende Blau. Alles fügte sich in diesem Augenblick zusammen mit den vorangegangenen, bis dahin unbewusst gebliebenen Beobachtungen zu Luigis gesamtem Erscheinungsbild. Vielleicht hatte Donna Anna sich die Augen bis zuletzt aufbewahrt. So wie man bei einem köstlichen Mal den besten Bissen zum Schluss erst genießt. Wahrscheinlicher jedoch war, dass er sie meist unter seinem gesenkten Blick und den dabei leicht hängenden Lidern verborgen gehalten hatte. An dem plötzlichen Blick aus diesen Augen erkannte sie mit ihrer ererbten künstlerischen Beobachtungsgabe Luigis verborgene Fähigkeit zu einer leidenschaftlichen Liebe.

„Ich war mit fünf Jahren noch zu jung, als meine Mutter starb", antwortete er und war erstaunt über die Weite, die zwischen seiner tiefen Traurigkeit und diesen dürren Worten lag.

„So wisst Ihr sicher nicht mehr allzu viel über Eure Mutter?" Donna Anna wurde durch diese teilnahmsvoll gesprochenen Worte zum ersten Male bewusst, wie wenig sie voneinander wussten. Wenngleich sie eine Vertraulichkeit fühlte, die der Kürze der Zeit, die sie sich kannten, kaum angemessen sein konnte.

„Da auch mein Vater kurze Zeit darauf starb, bleibt nur das wenige, was mir und meinem zwei Jahre älteren Bruder in Erinnerung geblieben ist."

In dieser Mischung aus Verlegenheit und Vertrautheit traf man sich auch am nächsten Abend wieder, ohne sich ausdrücklich hierfür zu verabreden. So wurde es zur frohen Gewohnheit, sich zur gleichen Stunde vor den Fresken der Heiligen Katharina einzufinden, die sie in ihrer Schönheit und Klugheit und ihrem unbestimmt gebliebenen Alter zusammen geführt hatte. Von dort aus führten die Wege sie zu anderen Kirchen. Zu fast jeder wusste die kluge Donna Anna viel zu erzählen. Aber auch Luigi vermochte einiges beizufügen und staunte selber, was er aus seinen Studien der Bücher der Klosterbibliothek gelernt hatte.

Dies fügte sich zu seiner neuen Wahrnehmung hinzu. Zusammen mit der erstaunlichen Vielfältigkeit der Farben, der Formen und der Perspektiven, die sich Luigi immer intensiver auftaten. Und wieder waren es die großflächigen Fresken, die ihn tief beeindruckten. Schon nach kurzer Zeit des Betrachtens erwachten für Luigi die dargestellten Szenen zum Leben. Beinahe so, wie die Heilige Katharina aus dem Fresko zur realen Donna Anna geworden war. In einigen Momenten tiefer Ergriffenheit glaubte er sogar die Worte der Menschen auf den Darstellungen und die Geräusche um sie herum zu vernehmen. Einmal verstieg er sich in seinen Gedanken zu einer besonders kühnen Idee: „Wie wäre es", wandte er sich an Donna Anna, „Wie wäre es, wenn ein Künstler eine besonders lebhafte Technik entdeckte? Eine die dieses Bild nicht nur in perspektivische Dreidimensionalität, sondern in Bewegungen fasste. Damit gaukelte sie dem Beobachter ebenso wie die Tiefenräumlichkeit wirkliche Bewegungen vor. So, als würden die dort dargestellten Menschen leben und für den Betrachter hörbar miteinander sprechen. Ja, die Gaukelei sollte sogar so weit gehen, dass die Dargestellten das Kunstwerk verlassen und andere es betreten könnten. Ähnlich wie die jetzt häufig auf den Plätzen Roms stattfindenden Spiele in denen Menschen mit aufwändiger Kostümierung und Ausstattung Singspiele und auswendig gelernte Texte religiöser Geschichten szenisch vortragen."

Kaum dass er dies geäußert hatte, sorgte er sich, dass Donna Anna an seinem Verstand zweifelte oder ihn gar wegen seiner wirren Gedanken auslachen würde. Aber stattdessen ging sie darauf ein, äußerte jedoch Bedenken. Dadurch bekämen diese Bilder eine dramatische Lebhaftigkeit, die die Ruhe des Betrachtens störte. Luigi stimmte ihr zu und schloss diese Gedanken ab mit den Worten „Es soll bleiben, wie es ist, mit ihrer auf den Moment eingefrorenen Lebendigkeit. So bleibt es bei uns, die Bilder und Szenen nach den eigenen Sinnen auszumalen. Nein, diese tröstende Ruhe der unbewegten Lebhaftigkeit in ihrer lautlosen Stimmhaftigkeit gilt es zu erhalten."

Und schon standen sie wieder vor der Tür zu Donna Annas Palazzo und es war Zeit sich zu verabschieden. Mit jedem Male fielen Luigi diese Trennungen schwerer. Auch wenn es ihm sicher schien, dass sie schon am nächsten Tage wieder miteinander durch Rom gingen, wuchs die Sorge, dass es eines Tages ein Abschied für immer sein würde. Aber schon den nächsten Abend verbrachten sie in vertrauter Eintracht miteinander. Und die Zweifel schienen vergessen. Bis zum Augenblick des neuerlichen Abschieds.

Nun sind die Dinge auf dieser Erde nicht so, dass sie in Unendlichkeit weitergehen, ohne sich zu ändern. Manchmal sind die Änderungen so gering, dass sie erst wahrgenommen werden, wenn sie sich summieren und darüber unübersehbar werden. Luigi hatte indes alle seine Sinne auf Donna Annas Schönheit und ihre Ausstrahlung gerichtet und war daher in seiner Wahrnehmung abgelenkt. Vielleicht hätte er sich viel Seelenschmerz erspart, wenn er mit ihr frühzeitig über seine Angst bei ihren Abschieden gesprochen hätte. In seiner Naivität glaubte er wohl, die Erwähnung würde der Angst erst die Nahrung und damit ihre Bestätigung geben. Aber die Zeit in Donna Annas Nähe fühlte sich für Luigi an wie die leichte Luft des Frühlings. Schon bald jedoch wird das Jahr seine erste Hälfte vollendet haben und die zunehmende Hitze kündigte den Sommer und damit das Ende dieses sanften Frühlings an.

JEDES HAUS HAT SEINE GESCHICHTE

„Du bist einfach so wie immer." Carlotta war von Domenicos Gesichtsausdruck irritiert, als sie am späten Abend eng umschlungen vor ihrem Elternhaus standen. War seine Unsicherheit gespielt oder echt? Sie hatte ihn eben daran erinnert, dass er am morgigen Sonntag bei ihnen zum Essen eingeladen war. Nach dem Abendessen hatten sie auf dem Monte Aventino im Park der Basilika Santa Sabina gewartet, bis der letzte Lichtschimmer ihres Tages sich in der Milde der Nacht verloren hatte.

„Und was ziehe ich an?"

„Das Übliche. Die Hochzeit ist erst nächste Woche", antwortete Carlotta fast schon ein wenig verärgert. „Dieser Besuch morgen ist sicher nicht dein erster bei den Eltern einer Freundin. Außerdem kennst du sie von früher."

Nun musste auch Domenico über seine Unsicherheit lachen. Dabei war sie nicht einmal gespielt. Zärtlich zog er Carlotta noch ein Stück näher an sich heran. Nach einem innigen Kuss schaute er auf das große Haus und die schwere Tür, hinter der sie bald schon, sicher mit einem kurzen Winken, verschwinden würde. Im Dunkeln wirkte die Villa noch herrschaftlicher und die Blumen dufteten intensiver als tagsüber. „Sicher ist es das Haus, das mich beeindruckt."

Carlotta lachte ihr vieldeutiges Lachen zwischen Spott und eigener Ungläubigkeit, das Domenico schon während ihrer Schulzeit nie wirklich einordnen konnte. „Ist jetzt nicht wirklich dein Ernst. Du als zukünftiger Stararchitekt lässt dich von einem Haus einschüchtern?"

Er löste sich ein Stück von ihr, holte tief Luft, um ihr bedeutungsvoll zu antworten. Doch die eben eingeatmete Luft verpuffte ohne Worte in der warmen Nacht. Von der unerwartet eingetretenen Sprachlosigkeit irritiert, zog sie ihn ganz nah an sich heran. In dieser Nähe spürte er eine plötzliche Unsicherheit. Ihre bisherige Unbekümmertheit schien sich ebenso verloren zu haben, wie kurz zuvor seine Antwort. Als sie ihm in dieser kurzen Zeit der Besinnung doch noch einfiel, überraschte ihre Ernsthaftigkeit nicht nur Carlotta. „Ich bin mir nicht einmal mehr sicher, ob ich wirklich als Architekt arbeiten möchte. Außerdem geht es mir nicht um die Architektur eures Hauses. Die erzählt eher etwas über den Erbauer. Mich interessiert vielmehr der Charakter, die Geschichte des Hauses. Und die wird erzählt über die privaten und intimen Ecken und Räume, in denen die Menschen leben. Jedes Haus hat seine Geschichte. Je älter desto länger wird sie. Sobald ich es morgen betrete, werde auch ich ein Teil davon."

Nach einem letzten Kuss wirkte Carlottas kurzes Winken nachdenklich, mit dem sie hinter der schweren Tür verschwand.

DER MORGEN DES ERWACHENS

Die Sonntage hatte Donna Anna für ihre Spaziergänge stets ausgespart. Weder erkundigte Luigi sich nach dem Grund, noch fragte er, wie sie ihre übrige Zeit verbrachte. Auch ohne sie war dieser Tag für ihn etwas Besonderes. Allein durch die Ruhe am Morgen, an dem keine Eile der wochentäglichen Beschäftigung ihn trieb. Doch an jenem Morgen, von dem zu berichten ist, hatte sich wieder etwas verändert. Nichts war geblieben von der sonntäglichen Ruhe, wenn er den Moment zwischen Traum und Erwachen ausdehnt, wenn das Morgenlicht den letzten Traum der Nacht geleitet in die ersten Gedanken des Tages.

Er spürte diese Veränderung durch eine große Unruhe, ohne dass er wusste, woher sie kam. Wie konnte er auch wissen, dass jener Morgen ein wichtiger Moment des Erwachens war? Ein Erwachen aus seiner bisherigen Gleichgültigkeit in das nun für ihn bestimmte, das eigentliche Leben. Ein Leben, dessen vollständige Bedeutung er erst zum Ende hin begreifen würde.

Diese innere Unruhe trieb Luigi aus dem Schlaf und aus dem Bett. Er hatte nie den Drang verspürt, sich in Gesellschaft vieler Menschen aufzuhalten. Außer zu seinem Bruder und zu Donna Anna pflegte er so gut wie keine Kontakte. Doch an diesem Morgen zog ihn ein starker Wunsch nach Leben aus dem Haus.

Nie zuvor war er zu dieser frühen Stunde durch die Straßen Roms gegangen. Und er staunte über das überraschende Bild, das sich ihm bot. Hatte sich der sonst allgegenwärtige Schmutz wirklich schamhaft zusammen mit dem üblichen Gestank vor der sonntäglichen Feierlichkeit versteckt? Sangen die Vögel wirklich fröhlicher und befreiter als an gewöhnlichen Tagen? Oder lag es einfach daran, dass von dem Moment an, als er die frische Morgenluft einatmete, die Unruhe von ihm gewichen war und alles dies seine Stimmung in angenehme Höhen trug? Hatte er sich doch kurz zuvor Gesellschaft um sich herum gewünscht, empfand er nun die vornehme Ruhe der menschenleeren Straßen als angenehm. Aus einem kleinen ärmlichen Haus hörte er eine Frau mit tiefer Stimme eines jener Liebeslieder singen, mit dem die Waschfrauen vom Ripetta-Hafen am Tiber ihre Arbeit begleiten.

Von dieser entspannten Stimmung umfangen, ließ Luigi sich auf einem Hügel unter einem Orangenbaum nieder. Er ertappte sich dabei, das eben gehörte traurige Liebeslied, wenngleich kaum vernehmbar, vor sich hin zu singen. Diese Stadt, in der er nun schon den größten Teil seines Lebens verbracht hatte, wo sein Denken begonnen hatte, diese Stadt vermochte ihn immer noch mit seinen wechselnden Stimmungen und neu entdeckten Orten zu überraschen. Sein Weg ohne Ziel hatte ihn auf den Monte Aventino in den Park der Basilika Santa Sabina geführt. Als er von dem Hügel auf die grauen Kirchen des Aventin, die labyrinthischen Gassen und die vielen Türme von Trastevere jenseits des unter ihm fließenden Tibers schaute, wurde ihm zum ersten Male klar, dass er sich auf Rom eingelassen hatte. Er nahm die Stadt nicht mehr einfach so hin, sondern war bereit, sich mit ihr auseinanderzusetzen. Mit ihren vielen hässlichen Ecken, aber auch mit den schönen Plätzen wie dieser, der ihn heute gefunden hatte. Die Augen geschlossen, atmete er den Klang der Glocken ein, der zu ihm herauf klang. Der Klang, der sich vermischte mit den wärmenden Strahlen der frühen Sonne. Hinzugefügt zum nur im Tau des erwachenden Tages wahrnehmbaren Duft der Felder, der Weinberge und Obstbäume. Sein Herz schlug im selben Takt wie der Puls dieser Stadt und die Luft, die er einatmete, füllte sein Innerstes, als wären dies die ersten Atemzüge seines Lebens. Er fragte sich, wie er bisher hatte atmen können.

An diesen Morgen des Erwachens wird Luigi sich jedes Mal erinnern, wenn er an diesen Ort zurückkehrt. Und jedes Mal wird dies für sein Leben eine besondere Bedeutung haben.

Das sonntägliche Bild, das ihn nach dieser Pause der Besinnung auf den Straßen umfing, war nun geprägt von zahlreichen festlich gekleideten Menschen. Anders als in der Arbeitswoche, wenn die Straße nur dazu dient, in möglichst kurzer Zeit zu einem bestimmten Punkt zu gelangen, war sie nun ein Ort der Begegnungen und der lockeren Gespräche. Hier blieb man stehen, um sich zu unterhalten, dort ging man ein Stück Weges gemeinsam. Obwohl Luigi ihre Worte nicht verstehen konnte, glaubte er zu erraten, worüber sie miteinander sprachen.

Dass sein zielloser Gang ihn dennoch an einen wohl bekannten Ort geführt hatte, überraschte ihn selber. Denn plötzlich stand er vor der Basilika San Clemente mit der Kapelle der Heiligen Katharina. Die Glocken schlugen noch im vollen Klange, als die hinter ihm folgenden Gläubigen ihn sanft hinein drängten. Wie anders war die Stimmung in der Kirche, wenn sie voller Menschen war! Ihre Kleidung und die entspannten Gesichter zeigten eine eigene Feierlichkeit. Jetzt erst fiel ihm eine Besonderheit im Kircheninneren auf. Vor dem Altar hatte man durch eine niedrige geschlossene Marmormauer einen eigenen Raum mit einigen Sitzreihen abgeteilt. Diese waren offensichtlich den *popolani e nobilotti* vorbehalten, jenen, die höheren Standes waren. Nach dieser eigenen Ordnung verteilten die Gläubigen sich im Kirchenraum. Die einen gingen durch die kleine Pforte in jenen abgeteilten Raum. Dabei waren die Sitzplätze dort offenbar fest vergeben. Denn die Reihen füllten sich ohne Hast und nicht gleichmäßig vom ersten bis zum letzten Platz. Andere Besucher wiederum verteilten sich auf den Bänken, die links und rechts neben jenem Innenraum standen. Wieder andere, zu denen auch Luigi gehörte, standen am Rande und ließen die *popolani e nobilotti* zu ihren angestammten Sitzplätzen gelangen. Während die Kirche sich feierlich füllte, beobachtete er, dass nur die Menschen innerhalb ihrer jeweiligen drei Ordnungen sich begrüßten. Einige mit einem leichten Kopfnicken, andere mit einem Händedruck.

 Nunmehr waren noch vier Sitzplätze in der vordersten Reihe des abgeteilten Raumes frei geblieben. Gerade als der letzte Glockenschlag verklungen war, betrat Donna Anna in Begleitung eines vornehmen Paares die Kirche. Sofort hinter diesen letzten Besuchern wurde die schwere Kirchentür geschlossen. Obgleich der Moment sehr kurz war, in dem das Licht der offenen Tür dorthin schien, wo er stand, hatte Donna Anna ihn bemerkt. Als sie dicht an ihm vorüberging, nahm er ihren kurzen Blick tief in sich auf. Aus dem Halbdunkel am Rand der Kirche erlebte er den Gottesdienst in einer Mischung aus Ergriffenheit und Traurigkeit. Einer Traurigkeit, die zum Ende so bedrückend überwog, dass er vor allen anderen die Kirche hastig verließ.

DOMENICOS LEBEN VERÄNDERT SICH

Es war weit nach Mitternacht, als Domenico zu seiner Unterkunft durch das nächtliche Rom aufbrach. Der inzwischen aufgegangene Mond und sein Gefühl der Liebe erinnerten ihn an den Film ‚Mondsüchtig', den er kürzlich im Fernsehen gesehen hatte. Wie liebte er die Szene, in der Cher, verloren in Liebesgedanken, eine Getränkedose durch die morgenfrühe, menschenleere Straße kickt. Tatsächlich schepperte eine im Rinnstein gefundene Bierdose alsbald über das holprige Straßenpflaster. Da nicht Puccinis La Bohème vom Himmel ertönte, sang er aus dem Film den Refrain von Dean Martins Schnulze laut vor sich hin.

When the moon hits your eye like a big pizza pie
that's amore

Bis kurz vor ihrem Abschied hätte er das Wenige, was er besaß, darauf verwettet, dass Carlotta seine Liebe erwiderte. Aber gab es jetzt einen Grund daran zu zweifeln, nur weil sie irritiert war von seiner plötzlichen Unsicherheit über seinen Berufsweg? Niemals sollte ihr oder sein Berufsweg ihre junge Liebe gefährden. Dass sie sich liebten, war dafür der vergangene Tag nicht Beweis genug?

Domenico spürte, dass sein Leben dabei war sich entscheidend zu verändern. Doch was hatte ihm diese Veränderung deutlich gemacht? War es der auf dem Monte Aventino im Park der Basilika Santa Sabina zu Ende gegangene Tag mit Carlotta? War es die Zeit, die sie in Rom verbrachten? Und was machte die Veränderung selber aus? War es die Rückkehr ins Land seiner Eltern zu seinem Studienabschluss in Rom? Nicht immer liegen Bewusstwerden und Auslöser von Veränderungen so nah beieinander wie jetzt. Im unmittelbaren Augenblick seiner verzögerten Antwort an Carlotta war ihm die Veränderung in seinem Leben klar geworden. Von dem Moment an, als er sich gefragt hatte, ob er Architekt werden wollte. Bisher hatte er nur auf unmittelbare Sicht gelebt. Seine Geburt in Italien, den Umzug nach Deutschland sowie den Schulbesuch dort hatten andere bestimmt. Auch an der Entscheidung zum Architekturstudium hatte er sich seltsam unbeteiligt gefühlt. Sein Vater, ein einfacher Maurer, hatte immer davon geträumt, Architekt und reich zu werden.

Plötzlich, vor dem Haus mit Carlotta, war es ihm klar geworden, ab sofort musste er für sich klare Absichten finden und selbst die wichtigen Entscheidungen für sein zukünftiges Leben treffen. Doch wie geht es weiter mit ihm und Carlotta? Befand er sich nicht in einer neuen Abhängigkeit? Sie lebt in Rom und beendet in Kürze ihr Jurastudium, während er nach seinem Studienabschluss den bereits unterschriebenen Arbeitsvertrag in Köln erfüllen wollte. Können sie Karriere und Liebe für ein gemeinsames Leben in Einklang bringen?

Diese Gedanken, die ihn auf seinem Weg in seine Unterkunft begleitet hatten, waren von dem Moment an verschwunden, als er wieder tief in der Geschichte des Luigi Piemonte versank.

DAS GESPRÄCH DER BRÜDER

Luigi und sein Bruder führten ihre Gespräche über die Höhere Aufgabe immer sonntags. Beginnend am Mittag, meist bis in den Abend hinein. Ein Grund war, dass beide an diesem Ruhetag genügend Zeit hatten. Nach der Art, wie er die Spaziergänge und Gespräche mit Donna Anna geschildert hatte, musste Gianni glauben, sie habe nur die Rolle einer Führerin durch Rom mit der Aufgabe, ihn in die Kunst einzuweisen. Seine Schilderungen über den Gottesdienst an jenem Sonntag verdeutlichten jedoch, was sich in den Erzählungen schon länger abgezeichnet hatte. Bisher hatte Luigi sich verboten darüber nachzudenken, was er für Donna Anna empfand. Auch Gianni fehlte der Mut, seine Gedanken und Sorgen auszusprechen. Stattdessen versuchte er Donna Anna in die Gespräche scheinbar belanglos einzubinden. „Und wie sieht Donna Anna die offenbar beträchtliche Größe der von dir erträumten Kirche? Für mich jedenfalls hättest du sie ruhig etwas kleiner träumen dürfen."

Gianni murmelte die letzten Worte seines Satzes mehr, als er sie sprach. Luigi hatte gerade einen erneuten Versuch abgebrochen, das geträumte Bild zu zeichnen. Wenngleich er nicht mehr als einige wenige Umrisse auf ein Stück Schiefer gebracht hatte, waren selbst daraus die ungeheuren Ausmaße zu erkennen. Missmutig schob er die Platte mit einem Schulterzucken von sich. „Sie spricht wie du. Meine Träume gingen wohl hoch hinaus, waren ihre Worte."

Gianni sah seinen Bruder ungewöhnlich lange an, bevor er antwortete. „Ja, du träumst sehr groß." Nach einer Pause, die lang genug war, um sich der doppelten Bedeutung dieser Worte klar zu werden, fuhr er fort. „Also dürfen auch wir nicht zu klein denken. Eine solche Kirche kann nur der Papst bauen."

„Der Papst also", wiederholte Luigi und schaute seinen Bruder erwartungsvoll an. Für ihn schienen sie damit die Lösung der Höheren Aufgabe jetzt und für immer gefunden zu haben.

„Nur er, das Oberhaupt der Christlichen Kirche", wiederholte Gianni. Entgegen der Festigkeit seiner Worte durchzogen sorgenvolle Falten sein Gesicht. Denn er dachte schon ein Stück weiter als sein ahnungsloser Bruder. „Der Papst wird nicht gerade auf einen Vorschlag von uns warten. Was weißt du über unseren Papst, seine Macht, seinen Einfluss?" Es überraschte ihn nicht, als Luigi ihm gerade noch den Namen des jetzigen Papstes Alexander VI. zu benennen wusste. Doch weder die besonderen Umstände, unter denen er dieses Amt führte, waren ihm bekannt, noch konnte er den vorherigen Papst Innozenz VIII. namentlich benennen. Wohl eher um seiner eigenen Ratlosigkeit über das weitere Vorgehen aus dem Wege zu gehen, stellte Gianni seinem Bruder eine Aufgabe. „Such in deinem Archiv alles, was du über die Päpste findest. Frag auch Donna Anna. Sie und ihre Familie gehört ganz offensichtlich zu Roms besseren Kreisen." Nach einer kurzen Pause wurde Gianni noch deutlicher. „Bevor du weiter Dinge träumst, die sehr hoch liegen, prüfe unbedingt, ob du sie erreichen kannst."

Luigi wusste längst, was sein mitfühlender Bruder ihm sagen wollte. Seine Antwort beschränkte sich indes auf eine lange, feste Umarmung. Die Blicke, die sie beim Abschied tauschten, verdeutlichten ihre Sorgen vor dem, was sich unerbittlich abzuzeichnen schien.

BASILIKA SAN CLEMENTE AL LATERANO

Am Sonntag stand Domenico früh auf, obwohl er noch lange in dem Buch gelesen hatte. Wie anders war die Stimmung auf den Straßen an diesem Morgen, als er vor der Basilika San Clemente al Laterano stand! Der Kirche, in der Carlotta und ihre Eltern regelmäßig zum Gottesdienst gingen. Geschoben von hinten, stand er plötzlich in der gut besuchten Kirche und staunte über die veränderte Atmosphäre. Gerade, als er beschlossen hatte, den Gottesdienst vom Rande aus stehend zu verfolgen, betrat Carlotta mit ihren Eltern die Kirche. Sie hatte ihn längst gesehen und ihr Kuss stellte sofort die Innigkeit wieder her, die er beim Abschied am Vorabend kurz verloren geglaubt hatte. Der erste Kontakt mit ihren überraschten Eltern war von besonderer Herzlichkeit. Später würde Carlotta ihm erzählen, wie verblüfft sie über ihren Vater gewesen war. Wie selbstverständlich er seine geliebte Tochter dem jungen Mann überlassen hatte. Nie zuvor hatte er es sich nehmen lassen, umrahmt von seinen beiden Frauen zu ihren angestammten Plätzen im Innenraum vor dem Altar zu gehen. Domenico nahm sich vor zu fragen, warum es auch für ihn dort einen freien Platz gegeben hatte. Verstärkt durch die feierliche Stimmung des Gottesdienstes umfing ihn Carlottas Nähe.

LUIGI GESTEHT SEINE LIEBE

Montags sprach Luigi mit Donna Anna gewöhnlich als Erstes ausführlich über die Sonntagsgespräche mit seinem Bruder. Doch dieses Mal stand der Gottesdienst zwischen ihnen. Es war ein besonders heißer Tag. Heißer als gewöhnlich im fünften Monat des Jahres. Anders als sonst hatte Luigi vor der Kirche auf sie gewartet. Nichts auf der Welt konnte ihn in diesem Moment bewegen, sie nach dem Gottesdienst mit Donna Anna zu betreten. Dass dieses Treffen ganz anders enden würde wie die vorangegangenen, schien auch Donna Anna zu spüren. Wortlos folgte sie Luigi, der mit ihr zur naheliegenden Kirche Quattro Coronati ging. Nach einigen Momenten der stillen Andacht dort in der Kapelle des heiligen Silvester hatten sie sich im kühlen Schatten des Kreuzgangs niedergelassen. Jedes Mal, wenn er versuchte das Wort zu ergreifen, schreckte der traurige und doch erwartungsvolle Blick von Donna Anna ihn wieder davon ab. Schließlich ließen sich die drängenden Gedanken nicht mehr zurückhalten. „Geraume Zeit schon gehen wir gemeinsam durch diese Stadt. Eine Zeit, die meine Welt verändert hat. Ich denke, Ihr wisst das?"

Entgegen seiner üblichen Art schaute Luigi Donna Anna nun direkt in die Augen. Wenngleich er keinerlei Erfahrung im Umgang mit der Liebe hatte, wusste er seit dem Gottesdienst, dass er diese Frau liebte. Mit aller ihm möglichen Kraft und Hingabe. Hatte er gestern bei ihrem Betreten der Kirche noch geglaubt, in ihren Augen eine Ermutigung dafür zu finden, war ihm mit diesem Augenblick klar, dass Donna Anna diese Liebe niemals erwidern konnte. Jetzt, da sein Blick auf keinerlei Widerstand traf, blickte er tief in ihre Seele. So wie damals, als Donna Anna ihn das erste Mal vor ihrer Tür angesprochen hatte, wollte er wieder davonlaufen. Doch zu tief in seinem Herzen brannte die Liebe, zu viele Fragen waren in seinem Kopf wirr ineinander verästelt. Hoffnungslos, auch nur eine davon in Worte fassen zu können, senkte er seinen Blick. Da spürte er ihre warme Hand die seine berühren. Nun nahm er allen seinen Mut zusammen, schaute wieder in ihre braunen Augen und nur eine Frage war geblieben. „Ich liebe Euch. Wollt Ihr mich heiraten? Ein Leben ohne Euch ist mir unvorstellbar."

Donna Annas Augen füllten sich mit Tränen. Der Druck ihrer warmen Hand wurde nun ganz fest. „Ach Luigi, Ihr glaubt nicht, wie ich auf diesen Moment gewartet habe. Und wie ich ihn noch mehr gefürchtet habe."

Luigi war selber ein Künstler komplizierter Gedanken und sich scheinbar widersprechender Aussagen. Dennoch war ihm nicht bewusst, dass solche Worte nichts mehr fürchteten, als gedeutet zu werden. Er nahm ihre Hand und führte sie an seine Brust. „Spürt Ihr, wie mein Herz schlägt? Meine Gefühle, meine Leidenschaft, alles soll Euch gehören, bis zu meinem letzten Atemzug." Selbst wenn er zu diesem Zeitpunkt gewusst hätte, welch lange Zeit bis dahin vergehen würde, hätte er nicht eine Sekunde davon abgestrichen. So sicher war er sich der Tiefe seiner Liebe.

Donna Anna hatte sich erhoben und nahm ihn an die Hand. Nie zuvor hatte er sich ihr so nah gefühlt, nie zuvor hatte sein Herz vor Sehnsucht so gebrannt, wie jetzt als sie vor dem Rosenstrauch stehen geblieben waren, von dem Luigi bei ihrem ersten Treffen eine Rose gebrochen hatte.

„Niemals zweifele ich an der Aufrichtigkeit und der Tiefe Eurer Gefühle. Dies rührt mich und ich fühle mich hoch geehrt. Niemals vergesse ich diesen Augenblick, als Ihr mir von diesem Rosenstrauch eine rote Rose schenktet. Damit habt Ihr mein Herz weit geöffnet und gerne hätte ich es für Euch offen gehalten. Aber leider ist die Liebe nicht so einfach. Ließe ich alleine mein Gefühl entscheiden, so glaubt mir, ich wäre Eurem Werben erlegen und bald schon die Eure. Doch warnt mich mein Verstand, dass meine Liebe niemals die Dimensionen Eurer Leidenschaft erreichen kann."

Luigis Stimme schwankte zwischen Verzweiflung und Resignation. „Wollt Ihr Eurem schneidend scharfen Verstand gestatten Euer Innerstes zu zerteilen?"

„Es ist wahr, Luigi. Mein Herz schlägt nicht im selben Rhythmus wie mein Verstand, wohlgleich auch dieser geteilt ist. Bedenkt jedoch im Sturm Eurer Gefühle, hört nicht auch Ihr die Fragen, streng vom Verstand diktiert? Fragen, denen auch Ihr Euch stellen müsst? Verwechselt Ihr Wohlfühlen und verständnisvolles Mitfühlen mit Gefühlen, die ein Leben lang anhalten? Kann das Feuer der Leidenschaft und der Liebe den stetigen und strengen Herausforderungen des Lebens trotzen? Nie zweifele ich an der Ernsthaftigkeit Eurer Gefühle. Doch sagt mir, wie Euer Verstand dazu steht?"

„Ihr redet von meinem Verstand? Der verbrennt im Feuer meiner Liebe zu Euch. Der Sturm, von dem Ihr sprecht, hat bei mir mit jedem Tag unserer gemeinsamen Zeit stetig zugenommen. Und gestern dann kam der Funke hinzu, der dieses Feuer entfachte." Luigi sprach diese Worte in einer Leidenschaft, die seiner vorangegangenen Resignation keinen Raum mehr ließ.

„So lasst denn mich versuchen, mit der Stimme Eures Verstandes zu sprechen", antwortete Donna Anna, wobei der Versuch, in ihre Stimme Nüchternheit zu legen, misslang. „Ich bemerkte sehr wohl, wie Ihr Euch verändert habt. Die Art, wie Ihr Euch neuerdings kleidet, wie Ihr Euch mit steigendem Bewusstsein präsentiert. Dies bleibt einer Frau nicht verborgen. Vor allem, wenn sie sich stolz zugestehen darf, dass ihr dies alles gilt. Dies macht mich glücklich und unglücklich zugleich. Denn ebenso deutlich sehe ich, dass Ihr noch ganz am Anfang steht, Euch zu einer besonderen Persönlichkeit zu entwickeln. Ihr selber werdet staunen, wohin das Leben Euch noch führen wird. Jetzt sehe ich Euer Fundament noch nicht gefestigt genug, um darauf eine lebenslange Liebe zu begründen. Deutlich flüstert mein Verstand: Manchmal reicht allein die Liebe nicht."

Wäre Donna Annas Entscheidung anders ausgefallen, wenn sie erkannt hätte, dass sie vor allem durch Luigis Wucht der Leidenschaft überwältigt und verunsichert war? In jenem Moment war es für sie noch nicht einmal eine Ahnung, dass sich seine Liebe nicht in bekömmliche Happen aufteilen lässt, von denen man mit Bedacht wählt. Wie auch konnte sie wissen, dass sich bereits etwas in ihrem Inneren festgesetzt hatte, das erst in der nächsten Generation aufblühen wird, als Erwiderung dieser Liebe. Doch auch im verführerischen Blütenduft der Rose gilt es dem Drang zu widerstehen, der Geschichte diesbezüglich vorzugreifen.

Auch Luigi wird sich erst Tage später an die Worte im Einzelnen erinnern, die dann jedoch, Buchstabe für Buchstabe, tief eingebrannt bleiben. Für jetzt rauschte der Worte Flut an ihm vorbei und in seiner Stimme dominierte nun doch die Enttäuschung, als er antwortete: „So verratet meinem Verstand, wozu mein Herz in Zukunft noch schlagen soll, wenn nicht in Liebe zu Euch?"

„Niemals sollt Ihr fürchten, dass es nicht in Liebe zu einer anderen Frau schlagen wird. Dies wäre, als würdet Ihr an Sonne und Himmel zweifeln, nur weil an einem Tage die Wolken sie verdecken."

„Wie kann die Liebe je wieder so groß werden wie die zu Euch? Welche Bedeutung hat daher für mich der Himmel, wo ich mich der Hölle so nah fühle!? Doch sagt mir eines, werden wir uns wiedersehen?"

„Liebster Freund. Ich darf Euch doch so nennen?" Sie standen wieder dort, wo ihr folgenschweres Gespräch begonnen hatte. Donna Anna setzte sich und zog den zaudernden Luigi sanft an ihre Seite. „Obgleich mein zukünftiges Leben sich bereits abzeichnet, stehen ganz sicher auch mir noch wichtige Aufgaben und Prüfungen bevor. Doch diesmal flüstert mir mein Gefühl und nicht mein Verstand zu, dass wir uns auf dem Weg zu Eurer Höheren Aufgabe noch einige Male begegnen werden. Dann jedoch werdet Ihr Ratgeber sein und ich die staunende Beobachterin."

Sie reichte ihm ihr zart duftendes Taschentuch, mit dem er die wenigen Tränen trocknete, zu denen er fähig war. Schweigend gingen sie den gewohnten Weg zurück zum Palazzo. Wie beim ersten Mal reichte Luigi Donna Anna zum Abschied eine rote Rose, die er im Kreuzgang gebrochen hatte. In der traurigen Gewissheit, sich am nächsten Abend nicht wieder zu treffen, zitterte seine Hand so stark, dass ein Dorn ihm die Haut durchstach. Bevor er, einem Reflex folgend, den blutenden Finger in seinen Mund führte, nahm sie ihn und legte ihn auf ihre Zunge. Dann stach auch sie sich mit dem Dorn und führte ihren Finger in Luigis Mund. Und er schmeckte den süßen Geschmack ihres warmen Blutes.

EIN SONNTAG IN DER FAMILIE

Von der vornehmen Atmosphäre in Carlottas Elternhaus war Domenico weniger überrascht als von ihrem Vater, dem Conte Enzo di Montorio. Der vermeintlich steife Diplomat, der ihm aus Deutschland in Erinnerung geblieben war, zeigte sich als glänzender und belesener Unterhalter. Aber auch Domenico hinterließ einen guten Eindruck bei den Eltern. Nicht ohne Stolz würde Carlotta ihm später erzählen, dass besonders ihr Vater von den Gesprächen angetan war, die beide über die lebhafte und wechselvolle Geschichte Roms geführt hatten. Alles dies gab ihm beim Abschied am Abend das Gefühl, in der Geschichte dieses Hauses aufgenommen zu sein.

Mit dem Buch *Geschichte der Stadt Rom im Mittelalter* von Ferdinand Gregorovius, das der Conte ihm schenkte, anerkannte er Domenicos großes Interesse an dieser Stadt, auf deren nächtlichen Straßen er nun auf seinem Heimweg war.

DER NÄCHTLICHE ÜBERFALL

Ein Satz, er wusste in seiner Traurigkeit nicht mehr, wo er ihn gelesen oder gehört hatte, begleitete Luigi auf dem Weg zu seinem Bruder.

Du bist Petrus und auf diesen Felsen will ich meine Kirche bauen und die Pforten der Hölle werden sie nicht überwältigen. Und dir will ich die Schlüssel über die Himmelreiche geben. Was du auf Erden bindest, wird im Himmel gebunden sein. Und was du auf Erden lösest, wird im Himmel gelöst sein.

Würde die Liebe für ihn je der Schlüssel zum Himmelreich werden? Luigi zweifelte am Himmelreich, an der Liebe und auch an seiner Höheren Aufgabe. Doch vorerst war es das Tor des Klosters, das ihm geöffnet wurde. So schnell hatte Gianni seinen Bruder nicht erwartet. Sie hatten vereinbart, ihre Treffen erst dann wieder aufzunehmen, sobald er die Untersuchungen über das Papsttum abgeschlossen hatte. Gianni sah sofort, dass sein Bruder nicht gekommen war, um mit ihm über die Päpste zu reden. Luigi schien nächtelang nicht geschlafen zu haben. Seine Gesichtsfarbe, nie von übermäßig farblicher Frische geprägt, war blass wie die von einem Toten. Die Lippen rissig, die Augen, durchzogen von roten Adern, lagen tief in dunklen, traurigen Höhlen. Das sonst so sorgsam geordnete Haar war wild und gestruppt, wie von einem heftigen Sturm durchpflügt. Die ohnehin nicht allzu große Gestalt war ohne Spannung und Haltung. Alles drückte eine tiefe Traurigkeit aus, die im völligen Gegensatz stand zum strahlenden Sonnenschein, der an diesem Sonntag Giannis Laune bis zu diesem Moment beflügelt hatte.

Ihm waren die neugierigen Blicke seiner Klosterbrüder nicht entgangen, die im sonnigen Hof die Sonntagsruhe genossen. Den einen oder anderen hat ganz sicher die Neugier dorthin getrieben. Denn die Gespräche der beiden Sonntagsbrüder, wie man sie im Scherz nannte, waren eine willkommene Ablenkung vom Klosterleben. „Du kommst sicher nicht, um mit mir über die Päpste zu reden", eröffnete Gianni das Gespräch mit seinem traurigen Bruder, der ihm lediglich mit einem Schulterzucken antwortete. „Wir machen einen Spaziergang und du erzählst, was dich bedrückt."

Bis beinahe in die Abendsonne dauerte ihr Spaziergang und Luigi hatte seinem Bruder nicht nur sämtliche Details der schmerzlichen Trennung erzählt, sondern auch die vielen glücklichen Momente geschildert, die er mit Donna Anna zuvor verbracht hatte. Aus vielen dieser Schilderungen griff Gianni den Gottesdienst heraus, der diese Liebeslawine ausgelöst hatte. „Deine Zeit, dort vorne neben einer Frau wie ihr zu sitzen, ist noch nicht gekommen. Sie ist eine kluge Frau, wenn sie sagt, dass dein Leben noch Zeit benötigt, sich zu entwickeln. Doch heute schon kannst du dich fragen, ob du je dort vorne sitzen möchtest. Bedenke dabei, dass dies nicht immer die Menschen sind, die den Lauf der Dinge bestimmen."

Das Gespräch hatte Luigis Stimmung erst einmal wieder aufgehellt. Doch schon, als er darüber nachdachte, warum er in dieser Ausführlichkeit über Donna Anna erst sprechen konnte, nachdem alles vorbei war, kehrte seine Traurigkeit zurück.

„In Liebesdingen kann ich dir nur Trost, jedoch keinen Rat geben. Würde ich deinen Körper untersuchen, fände ich dort nur Traurigkeit. Dagegen gebe ich Dir für die Nacht ein Pulver vom Johanniskraut."

Gianni war mit seinem Bruder inzwischen wieder im Kloster angelangt. Verfolgt von den neugierigen Blicken der Klosterbrüder, gingen sie über den Hof ins Hospital. Aus einer der vielen Schubladen des großen Apothekerschranks nahm er einige Kräuterblätter, die er sorgfältig in einem Mörser zerkleinerte. Aus anderen Schubladen fügte er bereits fertige Pulver hinzu. Während er alles in einem Glaskolben mit einer Flüssigkeit vermischte, sprach er zu seinem trübe vor sich hinstarrenden Bruder: „Mische davon einige Tropfen in einem Becher mit Wasser und trinke dies, bevor Du zu Bett gehst. Es bringt dir Schlaf und vertreibt daraus die bösen Träume. Doch deinen Kummer der Liebe kann es nicht heilen. Vielleicht kann dies die Zeit, vielleicht eine andere Frau? Aber was soll ich, der keusche Klosterbruder dir raten? Ins Kloster zu gehen und der Liebe entsagen? Dies wäre nicht gut für dich."

„Ganz sicher auch nicht gut fürs Kloster", fügt Luigi mit einem ernsten Gesicht hinzu, während er die kleine Ampulle mit der dunklen Flüssigkeit sorgfältig in Donna Annas Taschentuch wickelte und in seiner Tasche verschwinden ließ. Nach der gemeinsamen Mahlzeit mit den Klosterbrüdern blieben die Brüder zu ihrem üblichen Gespräch über die Höhere Aufgabe alleine im Refektorium. Dazu hatte Gianni noch eine weitere Medizin mitgebracht. Hochprozentig vergorener Trester, bernsteinfarbiger Grappa di Barbera. „Medizin für dich, jetzt und gleich, aber auch für mich. Ich brachte ihn mit vom Rückweg meiner Wallfahrt, als ich für eine Nacht im Dorf unserer Geburt rastete."

Beim zweiten Glas frischten die Brüder ihre spärlichen Erinnerungen auf, die ihnen vom Dorf und von ihren Eltern geblieben waren. Zum dritten Mal vom tiefen würzigen Barbera-Aroma befeuert, begann Luigi mit seinem Vortrag über die Päpste und das Papsttum.

„Du hattest mir aufgetragen, über die Päpste zu lesen. Ein sehr umfangreiches Unterfangen", begann Luigi in einer Art, die ohne die Grappa-Medizin sicher weniger bedeutsam geklungen hätte. Gianni hatte eher eine kurze Darstellung von Namen und Zeiten über die Herrschaft der verschiedenen päpstlichen Würdenträger erwartet. Umso mehr staunte er über die Fülle von Informationen und Details, die sein Bruder zusammengetragen hatte. Erstaunlich detailliert und kenntnisreich erläuterte Luigi, wie die Bischöfe Roms von Beginn an die Entwicklung des Christentums entscheidend mitbestimmt hatten, indem sie immer wieder ihre besondere Stellung beanspruchten. Woraus sich über die Jahrhunderte das Papsttum sowie der Titel Papst in seiner jetzigen Bedeutung als Pontifex Maximus entwickelt hatten. „Den frühesten Anspruch gegen die übrigen christlichen Bischöfe, die den zahlreichen anderen Bistümern vorstanden, fand ich im ersten Clemensbrief, der vermutlich aus dem Jahre 98 stammt. Clemens war der 3. Bischof von Rom. Nach Petrus und Paulus und deren Nachfolgern Linus und Anenkletus."

Zu Giannis Erstaunen zeigte Luigi ihm eine Abschrift von diesem Brief an die Gemeinde von Korinth. Darin forderte Clemens als Bischof von Rom von den Korinthern die Wiedereinsetzung von abgesetzten Presbytern. Als Grund seiner Vormachtstellung als Römischer Bischof hatte er angeführt, dass der Apostel Petrus in Rom sein Martyrium erlitten hatte. „Auch Stephan I., Roms Bischof von 254 bis 257, begründete so die besondere Stellung Roms", führte Luigi weiter aus. „Den Beweis hierfür leitete er aus der Bibel ab, dem Christuswort an Petrus aus dem Matthäus-Evangelium."

Gianni wusste, dass Luigi seit seiner Kindheit kaum mehr in die Bibel geschaut hatte. Deshalb erstaunte es ihn umso mehr, dass sein Bruder die Stelle auswendig aufzusagen wusste: „Du bist Petrus und auf diesen Felsen will ich meine Kirche bauen und die Pforten der Hölle werden sie nicht überwältigen. Und dir will ich die Schlüssel über die Himmelreiche geben. Was du auf Erden bindest, wird im Himmel gebunden sein. Und was du auf Erden lösest, wird im Himmel gelöst sein."

Hierzu wollte Gianni seinem Bruder nur eingeschränkt recht geben. „Lieber Luigi, so gut wie du dich vorbereitet hast, weißt du ganz sicher, dass diese eitle Auslegung von Stephan I. durchaus auf Widerspruch bei den übrigen Bischöfen traf. Es wurden sogar Zweifel laut, ob diese Bibelstelle das echte Christuswort war", so Giannis Vorbehalt.

„Und du, lieber Bruder, weißt, bei der Auslegung der Bibel würde ich dir niemals widersprechen." Gianni, der bislang geglaubt hatte, seinen Bruder gut zu kennen, entdeckte erstmals ein verborgenes Lächeln in dessen Stimme. Die Wirkung verstärkte sich durch eine Pause, die Luigi regelrecht zelebrierte, bevor er weitersprach: „Du als Gottgläubiger hast es heute einfacher als die damaligen Bischöfe. Sie mussten noch an den Worten des Bischofs von Rom zweifeln. Erlöst von solchen Zweifeln gegen sein Wort wurdet ihr Gläubigen erst durch Gregor VII., der von 1073 bis 1085 herrschte. Seither dürft ihr euch auf die Unfehlbarkeit des Papstwortes verlassen."

Luigi nahm einen tiefen Schluck aus dem Becher, den sein Bruder ihm gefüllt hatte. Gianni unterließ es, den Vortrag erneut zu unterbrechen, so dass Luigi ungestört fortfuhr. „Aber schon weit vor Stephan I. festigte Leo I., Bischof von Rom in den Jahren von 440 – 461, seine Vormachtstellung weiter. Er leitete sie aus dem römischen Erbrecht ab, in dem der Erblasser in seinem Erben fortlebt. Seine Schlussfolgerung war sehr einfach: Christus hatte seine göttliche Gewalt an Petrus übergeben. Somit war Petrus, der erste Bischof Roms, automatisch der Stellvertreter Christi. Über die römische Erbfolge erbt folglich jeder Römische Bischof die christusgleiche Stellung in der Welt. Damit obliegen ihm neben dem Richteramt auch die oberste Verwaltung und das höchste Lehramt und damit ist er legitimiert als erster unter den Bischöfen."

Luigi hatte viele Informationen zusammengetragen, die in dieser Detailtiefe nicht einmal seinem Bruder bekannt waren. Als man beim Zerfall des Imperium Romanum angelangt war und damit an der Aufteilung in ein Weströmisches und ein Oströmisches Reich, war aus dem Vortrag ein munteres Gespräch geworden. Man diskutierte über den Niedergang des Weströmischen Reichs, die Plünderung durch die Vandalen, die Krankheiten, den Hunger und die Seuchen. Luigi hatte herausgefunden, dass genau in diesen schweren Zeiten der Papst seine Vormachtstellung weiter festigen konnte. Vor allem gegenüber den weltlichen Mächten. Die Brüder diskutierten lebhaft über andauernde Streitereien der Päpste mit zahlreichen Königen und Kaisern, mit unterschiedlichem Ausgang. Man sprach über den Streit, wer das Recht haben sollte Bischöfe zu ernennen, über die Zwei-Schwerter-Theorie bis hin zum Gang nach Canossa.

Als Luigi begann, über die Kirchenspaltung und den zwischenzeitlichen Weggang der Päpste nach Avignon in Frankreich zu sprechen, unterbrach Gianni ihn. „Lieber Bruder, vergessen wir alle Päpste, die längst sich den göttlichen Instanzen gegenüber finden. Für uns ist Alexander VI. wichtig, unser derzeitiger Papst. Ihn müssen wir für deine Höhere Aufgabe gewinnen. Doch lass uns für heute dieses Gespräch beenden, denn gleich läutet die Glocke zum Abendgebet."

Der lebenskundige Gianni hatte bewusst das Gespräch beendet, bevor sie über diesen Papst sprachen. Nur allzu genau ahnte er, welche Probleme sie erwarteten. Um ihn für ihre Pläne zu gewinnen, mussten sie behutsam vorgehen. Unvorstellbar, wenn sie sich ihn zum Feind machten. Stimmte nur die Hälfte von dem, was man sich von ihm und vor allem von seinem Sohn erzählte, bedeutete deren Ungnade das sichere Todesurteil. Gianni wollte in aller Ruhe abwägen, wie viel davon er seinem Bruder zumuten musste. Von der rücksichtslosen Machtgier, der sittlichen Zügellosigkeit und Prunksucht, die man dem Familienclan der Borgias nachsagte. Er wusste nicht, welche der vielen Anschuldigungen zutrafen. Zu groß war im gläubigen Rom der Anreiz, Feinde und Mitbewerber um wichtige Positionen durch üble Nachrede in Misskredit zu bringen. Zudem wollte er Luigi Zeit geben, seinen Liebeskummer zu überstehen. Dennoch durfte er seinen Bruder nicht im Unklaren lassen, in welche Gefahren sie beide sich begeben mussten, wollten sie in die Nähe des Papstes gelangen. Wie nah sein Bruder diesen Gefahren bereits war, ahnten sie zu diesem Zeitpunkt nicht.

Als Luigi das Kloster verließ, herrschte bereits tiefe Dunkelheit. Durch seinen Vortrag hatte er sich etwas abgelenkt. Doch jetzt zog vor seinen Gedanken wieder dieser graue Schleier auf. Auch bei seinem Bruder hatte er zum Ende ihres Gesprächs deutliche Sorgen bemerkt. Er vermutete, dass sie mit Papst Alexander zu tun hatten, denn über ihn wurde zuletzt gesprochen.

Um seine bescheidene Wohnkammer zu erreichen, musste Luigi ein längeres Stück am Tiber entlanggehen. Die frische Luft vom Fluss, die er gierig einatmete, tat seinen Gedanken und auch seiner Nase gut. Niemals würde er sich an den beinahe unerträglichen Gestank gewöhnen, der vor allem zur warmen Jahreszeit in Roms engen Gassen herrschte.

Plötzlich vernahm er in der Dunkelheit aus der Richtung, in die sein Weg ihn führte, schwere, hastige Schritte, denen laute Rufe folgten. Daraus entwickelten sich heftige Kampfgeräusche. Luigi wusste, dass es gefährlich war, in der Nacht durch die Straßen Roms zu gehen. Fast an jedem Morgen fanden sich dort oder im Tiber treibend blutig geschundene Leichen. Instinktiv ging Luigi auf seinem Weg ein Stück zurück. Vor einem Gebüsch, das er zuvor im fahlen

Licht der Sterne wahrgenommen hatte, blieb er stehen. Den Geräuschen nach schien der Kampf inzwischen beendet. Laute Befehlsrufe vermischten sich nun mit Hufgetrappel.

„Die beiden Männer sind erledigt, Herr. Es waren tapfere Burschen. Gleich vier meiner besten Leute haben sie in Stücke geschlagen und zwei andere übel zugerichtet. Da ist denn noch die Frau, auch sie hat sich heftig gewehrt und mir fast einen Finger abgebissen, bis sie ein heftiger Schlag zu Boden gestreckt hat. Sie atmet noch. Soll ich sie den anderen folgen lassen?"

Nicht weit vor sich sah Luigi das Licht einer Fackel aufleuchten. In dem flackernden Schein konnte Luigi einen Reiter und ungefähr fünfzehn bewaffnete Männer sehen. Auf dem Boden lagen mehrere leblose Körper. Instinktiv drückte Luigi sich enger an den Busch.

„Seid ihr noch bei Trost, fort mit der Fackel! Wollt ihr die Patrouille anlocken? Um uns auch noch mit denen zu schlagen, bleibt keine Zeit. Auch könnten euch darüber die Kämpfer ausgehen. Schafft als erstes eure verletzten Kameraden fort! Für die Frau ist später noch Zeit. Mir war, als wäre einer der Bande uns durchgegangen. Von hinten glaubte ich Schritte und einen Schatten vernommen zu haben. Ihr, Capitano, sucht mit einigen Männern das Ufer ab. Vielleicht hält der Kretin sich am Fluss verborgen. Ich reite in die Richtung, aus der ich ihn vernommen zu haben glaube. Wer ihn findet, mache kein langes Federlesen! Denn mit Recht wird von Cesare Borgia gründliche Arbeit erwartet."

Luigi erstarrte das Blut in den Adern. Der Befehlsgeber der Männer, der sich Cesare Borgia nannte, musste ihn gehört oder gesehen haben. In geistiger Gegenwart nutzte er den Bewegungslärm, um sich tief im dichten Buschwerk zu verstecken. Gerade noch rechtzeitig, denn kurz nach dem Reiter sah er die schemenhaften Gestalten, die dicht an seinem Versteck vorbei zum Tiber gingen. Die Richtung, aus der die Männer gekommen waren, stand zur Flucht offen. Genau in diesem Moment durchströmte ihn ein Gefühl von Kraft und Mut, wie er es nie zuvor gespürt hatte. Doch ebenso schnell war es damit wieder vorbei. Jetzt galt es, keine Zeit mit derart undeutlichen Gedanken zu verschwenden, sollte die Flucht gelingen. Da vernahm er vom Ort des Kampfes ein deutliches Stöhnen. Das musste die verletzte Frau sein. Ohne zu zögern lief er so schnell, wie es die Dunkelheit zuließ, dorthin, woher er die Geräusche vernommen hatte. Wie vermutet, war es die Frau, die langsam wieder zu Besinnung kam.

„Könnt Ihr aufstehen? Eure Gefährten sind tot und ihre Mörder werden gleich zurück sein. Es bleibt nicht viel Zeit, uns zu verbergen."

Mühsam und unter Luigis behutsamer Hilfe erhob sich die Frau. „Lasst mich zurück, allein könnt Ihr entkommen. Nicht auch Ihr sollt über meine Angelegenheit Euer Leben verlieren."

„Niemals liefere ich Euch dem sicheren Tode aus. Schnell zu meinem Versteck!" Von Luigi gestützt, schleppte sich die Frau zu dem Busch, wo sie sich keinen Moment zu früh versteckten. Als erste kamen die Männer vom Fluss zurück und verharrten genau vor dem Busch.

„Nichts und niemand dort unten, Herr", war der kurze Bericht des Capitanos. Die Worte waren an den Reiter gerichtet, der kurz zuvor ebenfalls zurückgekehrt war. Er hatte sein auch in der Nacht weiß schimmerndes Pferd so nahe am Busch gestoppt, dass Luigi deutlich die Unruhe des Tieres und den warmen Pferdegeruch wahrnahm. Er wagte kaum zu atmen. Auch die Frau drückte sich in ihrer Angst ganz nah an ihn. Niemals zuvor war er einer Frau so nahe gewesen. Ihre Wärme bereitete ihm trotz der Gefahr ein wohliges Gefühl.

„Auch ich habe niemanden gefunden", bemerkte der Mann auf dem Pferd.

„Ihr werdet Euch getäuscht haben, Herr", sagte der Anführer der Rotte.

Ein Zischen wie von einem Blitz und ein trockener Knall, gefolgt von einem Schmerzensschrei durchzuckte die Nacht. Ein heftiger Peitschenhieb hatte den Wortführer getroffen. „Hüte deine Zunge! Cesare Borgia täuscht sich nie. Er wird sich in die andere Richtung davongemacht haben, der Wurm. Doch lassen wir es dabei. Gönnen wir ihm sein klägliches Leben. Umso mehr wird er darauf bedacht sein, es zu behalten. So wird er es nicht noch einmal wagen, sich mir zu widersetzen und mag getrost weitersagen, wie es dem ergeht, der sich mir nicht fügt."

Nach dem Moment voller Todesangst erstarkte in Luigi plötzlich wieder das Gefühl von Kraft und Mut. Diesmal kam die Genugtuung dazu, dass nur er und nicht dieser Mann wusste, wie nah sie einander waren.

Diese Überlegenheit war jedoch augenblicklich dahin, als das Pferd plötzlich den Kopf zum Busch wendete, dorthin, wo sie sich versteckt hielten. Das Tier zog tief die Luft durch die Nüstern. Es schien sie gewittert zu haben. Und wieder ergriff der Capitano das Wort. Offenbar, um seinen Fehler auswetzen: „Euer Pferd, Herr. Es scheint jemanden ganz in der Nähe zu wittern."

Luigi sah schemenhaft eine schnelle Bewegung des Reiters und im selben Moment schon sauste dessen Schwert wie direkt vom Himmel geschickt hernieder. Dies geschah so schnell, dass Luigi nicht einmal darüber nachdenken konnte, wann ihm dieser fürchterliche Schlag den Schädel spalten würde.

EIN SCHATTEN DER NACHT

Domenico hatte fest geglaubt, mit dem Buch *Geschichte der Stadt Rom im Mittelalter* von Ferdinand Gregorovius eingeschlafen zu sein. Als er nach einigen Stunden aufwachte, lag zu seiner Verwunderung ERSCHAFFE EINEN ORT auf seiner Brust. Dazu noch um etliche Seiten weiter vorgeblättert, als er geglaubt hatte, darin gelesen zu haben. Da er bisher nur nachts darin gelesen hatte, glaubte er fast, es existiere nur in der Dunkelheit. Seine Zweifel, die er tagsüber an der gesamten Geschichte hatte, gingen nun sogar so weit, dass er die Existenz des Buches nur noch für einen Schatten der Nacht hielt. Er legte es auf den Nachttisch, schloss seine Augen und zählte langsam bis zehn. Als er sie wieder öffnete, wäre er eigentlich nicht überrascht gewesen, es dort nicht mehr zu sehen. Wie damals im Petersdom, als er das erste Mal in diesem Buch gelesen hatte, verschwammen ihm Realität und Illusion. War dies der Grund, warum er es Carlotta bisher noch nicht gezeigt hatte? Bevor er wieder einschlief, nahm er sich fest vor, dies bei nächster Gelegenheit nachzuholen.

CESARE BORGIA

Das Schwert des Reiters traf jedoch nicht Luigi, sondern den Mann, der es gewagt hatte, ein zweites Mal zu widersprechen. Stöhnend sank dieser zu Boden.

„Fahr zur Hölle, Elender! Glaubt noch jemand, mein Pferd sei klüger als ich? Werft das, was von eurem Capitano übrig geblieben ist, in den Tiber. Wer ist jetzt euer Anführer?"

„Ich bin es, Herr", meldete sich einer der Männer mit angespannter Stimme.

„Wie ist Dein Name?", fragte Cesare streng.

„Alberto, Herr." Luigi konnte in der Dunkelheit mehr erahnen als sehen, wie der Reiter dem neuen Anführer etwas zuwarf.

„Dies ist die Bezahlung für dich und deine Leute. Damit du als neuer Anführer weißt, dass ich mich nicht lumpen lasse, belasse ich es bei der vereinbarten Summe, auch wenn euch einer wohl entkommen ist. Es ist zudem nicht dein Schaden, die Scudi mit weniger Männern zu teilen."

„Die Frau, Herr", fragte der neue Anführer, wobei er seinen Satz nicht zu Ende führte.

„Die überlass ich euch. Macht kurzen Prozess oder, wenn ihr wollt, vergnügt euch vorher mit ihr. Sie selber könnte mir gefallen. Doch diese Nacht ist einer anderen Frau versprochen. Haltet euch für die kommenden Nächte bereit. Es bleibt vieles zu tun für mich in dieser Stadt."

Noch kaum, dass er diesen Satz vollendet hatte, ritt er davon. Jetzt spürte Luigi ganz deutlich, dass für diese Nacht die Gefahr vorüber war. Zum dritten Male fühlte er sich dem mächtigen Mann zu Pferd überlegen, wenngleich vorerst nur durch seine Unsichtbarkeit. Zwar bemerkten die Männer sofort, dass die Frau nicht aufzufinden war. Doch dies konnte Luigi keine Furcht mehr einflößen; denn während er dem Reiter mehrmals innerlich getrotzt hatte, zitterten sie immer noch vor ihm. Viel hätte wahrlich nicht gefehlt und Luigi hätte in der Kühnheit seiner Gedanken das Versteck verlassen. Doch das Zittern der immer noch dicht an ihn geschmiegten Frau brachte ihn augenblicklich in die lebensgefährliche Wirklichkeit zurück. Er drückte sie ein wenig fester an sich heran. Ihre Wärme machte ihm plötzlich den hohen Wert des Lebens bewusst. Dieses Gefühl hatte sich wohl auf die Frau übertragen, denn ihr Zittern ließ ein wenig nach.

„Vergessen wir die Frau", sagte Alberto, der neue Anführer der Rotte. „Wer jedoch seinen Kopf riskieren will, der laufe getrost Cesare hinterher."

Daraufhin verschwanden die Männer im Dunkel der Nacht. Luigi führte die jetzt wieder heftig zitternde Frau zu einem Stein, auf dem sie beide sich niederließen. „Seid Ihr verletzt?", erkundigte er sich besorgt.

„Ich denke nicht. Doch ich spüre nichts von meinem Körper. Wenn nur dieses Zittern aufhörte."

Da fiel Luigi die Ampulle ein, die sein Bruder ihm als Medizin mitgegeben hatte. Trotz der Dunkelheit gelang es ihm, einige Tropfen davon in seine kleine flache Wasseramphore zu füllen, die er an heißen Tagen immer mit sich führte. „Hier, trinkt. Dies wird Euch etwas Ruhe bringen. Während Ihr Euch auf diesem Stein erholt, werde ich die Patrouille rufen. Die Mörder sind sicher in der nächsten Spelunke zu finden."

Trotz ihrer Mattigkeit lachte die Frau kurz auf. „Ja, wisst Ihr denn nicht, wer der Reiter war, von dem die Mörder ihre Befehle und das Geld bekamen?"

„Ich hörte, wie sein Name genannt wurde. Cesare."

„Cesare Borgia ist sein voller Name." Aus ihrer Stimme klang tiefste Verachtung. „Ihr scheint ihn nicht zu kennen, diesen Menschenschinder. Doch ganz sicher den Namen seines Vaters. Er ist der Sohn von Papst Alexander VI."

Jetzt begriff Luigi mit einem Mal die tiefe Sorge seines Bruders, als er ihr Gespräch über die Päpste so abrupt beendet hatte. „Und der Papst lässt das Morden seines Sohnes zu?", fragte er ungläubig.

„Einiges spricht dafür, dass er als Oberhaupt des Borgia-Clans selber zumindest hinter einigen dieser Morde steckt. Man sagt, er wurde nur deshalb gewählt, weil er sich die Gunst einiger Bischöfe erkauft hätte. Was er ihnen an einträglichen Pfründen verschaffte, musste er anderen wegnehmen. Cesares Raubzüge haben im Jahr 1492 kurz nach der Wahl seines Vaters zum Papst begonnen. Alexander zwang seinen Sohn mit gerade erst 18 Jahren Erzbischof von Valencia und ein Jahr später sogar Kardinal zu werden. Diese Ämter haben ihn nie am ausschweifenden Lebenswandel gehindert, sondern ihm vielmehr genutzt, die Fäden seiner Macht zu spinnen. Wenn er glaubt, sein Deckmantel der Frömmigkeit reiche nicht aus, seine Untaten zu verhüllen, begeht er sie im Schatten der Nacht. Vermutlich auch im Jahre 1497, als man ihn beschuldigte, seinen eigenen Bruder ermordet zu haben."

„Seinen eigenen Bruder?", Luigi schrie die Worte so laut in die Stille, dass er sich erschreckt umschaute.

Voll Schaudern lauschte er den Schilderungen des Mordes an Juan, dem Herzog von Benevent und Gandia: Zuletzt lebend gesehen wurde er nach einem Nachtmahl, das er zusammen mit seinem Bruder Cesare bei ihrer Mutter eingenommen hatte. Um Mitternacht verabschiedete er sich von Cesare, begleitet von seinem Stallknecht. Diesen fand man am nächsten Morgen zu Tode verwundet. Der Verdacht, Gandia sei ermordet und in den Tiber geworfen worden, schien sich zu bestätigen. Zwei Männer hatten einen Reiter auf einem weißen Pferd beobachtet, der einen Toten in den Strom geworfen hatte. Hunderte von Fischern fischten daraufhin auf Geheiß des Papstes nach seinem Sohn. Ein Schauspiel, das ganz Rom in Spannung hielt. Schon bald zog man den Herzog aus den Fluten. Vollkommen angekleidet, mit Stiefeln und Sporen, in Samtkleid und Mantel, durchbohrt von mehreren Stichen am ganzen Leib und am Hals. Seine Hände waren zusammengebunden, seine mit Golddukaten gefüllte Börse war unangetastet.

„Und dies alles lässt der Papst seinem Sohn durchgehen? Was war der Grund für den Mord? Was ist das für eine Familie, wo einer den anderen umbringt? Hat Cesare seine Tat zugegeben?"

Die Fülle der Fragen zeugte von Luigis Fassungslosigkeit. Fast alles, was er selber kurz zuvor mit ansehen musste, hatte sich genau so abgespielt, wie in der Schilderung des Mordes. Und wieder schaute Luigi sich um aus Angst, der Reiter mit seinem weißen Pferd könnte jeden Moment wieder auftauchen und auch ihre Leichen im Tiber versenken. Jetzt war er es, der zitterte, als die Frau fortfuhr in ihrer Erzählung.

„Vieles spricht für den Brudermord. Zugegeben hat Cesare seine Tat zwar nie, doch gab er sich auch nie große Mühe, sich von den Vorwürfen reinzuwaschen. Er hat stets darunter gelitten, dass sein Bruder Juan der Lieblingssohn war. Ihn betraute der Vater mit wichtigen, meist kriegerischen Aufgaben, für die Cesare sich besser geeignet sah. Auf Drängen des Vaters musste Cesare nach dem Tod von Juan auf seine geistlichen Ämter verzichten; was diesem selber nur Erleichterung bedeutete; denn nun konnte er seinem Vater beweisen, dass er ein besserer Feldherr als sein Bruder war. Dies ist sicher der Grund, dass er seither mordet, raubt und erobert, ohne dass ihn jemand daran hindern könnte. Vor zwei Jahren war es mein Mann mit seinem Bruder, und diese Nacht waren es Freunde, die mich und meinen Besitz schützen wollten. Und wäre Cesare nicht zu eitel gewesen, einen Fehler einzugestehen, hätte er auch uns erschlagen. Niemand in Rom, nicht einmal Papst Alexander kann ihn mehr stoppen. Als Vater wollte er starke Söhne zum Fortbestand seines Clans. Deshalb hat er die Konkurrenz zwischen den Brüdern stets gefördert. Offenbar ein wenig zu viel, denn jetzt könnte Cesare für ihn selber zur Gefahr werden. Lasst also die Patrouille aus dem Spiel. Sie zu rufen, wäre, als wolltet ihr einen ausgehungerten Straßenköter Eure Abendspeise bewachen lassen."

Luigi hatte sich wieder an der Seite der Frau niedergesetzt. Giannis Arznei schien langsam bei ihr zu wirken. Obwohl sie nicht mehr zitterte, schmiegte sie sich wie zuvor im Gebüsch fest an ihn und hatte offenbar neuen Mut gefasst. „Ich will nun so schnell wie möglich diesen blutgetränkten Ort verlassen und mir fürs Erste einen Unterschlupf suchen. Das, was bisher mein Haus und mein Eigentum war, hat Cesare Borgia sich längst unter seine blutigen Nägel gerafft. Dorthin zurückzugehen, bedeutet mein sicheres Ende. Nach dem Tod meines Mannes und dem heutigen Mord an meinen Freunden bleibt mir nicht mehr viel in Rom. Dies wenige gilt es mit Bedacht zu retten. So bald wie möglich werde ich danach diese grausame Stadt verlassen und zurück zu meinen Eltern gehen. So macht auch Ihr Euch auf Euren Heimweg. Allzu tief schon habe ich Euch in meine Angelegenheiten gezogen. Viel zu lange habt Ihr Euch in rührender Weise um mich gekümmert und dabei tapfer Euer Leben riskiert. Dafür, dass ich Euch das meinige verdanke, stehe ich ewig in Eurer Schuld. Gott soll es Euch vergelten."

Noch bevor Luigi widersprechen konnte, versuchte die Frau aufzustehen. Doch schon beim ersten Schritt knickte sie mit einem unterdrückten Schmerzensschrei ein.

„Ein wenig müsst Ihr mich noch ertragen. Denn niemals lass' ich Euch in dieser finsteren Stadt alleine zurück. Ohne Hilfe könntet ihr diesen Ort nicht verlassen. Was indes Euren Gott angeht, wollen wir seinen Dank für mich zurückstellen. Erst soll er Euch helfen. Und ich weiß auch schon, durch welchen seiner getreuen Diener. Wollt Ihr mir nicht zuvor Euren Namen nennen? Mein Name ist…"

Die Frau unterbrach Luigis Worte, indem sie ihm schnell mit ihrer kalten Hand den Mund zuhielt. „Nennt heute Nacht keine Namen! Darum bitte ich Euch. Besser ist es, Ihr wisst nicht den meinen und ich nicht den Euren. So kann keine Folter die Namen herauspressen, falls Borgia doch noch Gelegenheit bekommt, meiner oder Eurer habhaft zu werden. Wenn Ihr denn einen Namen braucht, so nennt mich Julia."

„Und mich nennt einfach…" Luigi benötigte etwas Zeit, um seinen wirklichen Namen von seiner Zunge zu vertreiben. „Romeo. Nennt mich Romeo. Romeo und Julia. Es klingt, als passten diese Namen gut zueinander." Luigi nahm beide Hände der Frau zwischen die seinen und spürte, wie sie sich langsam wieder mit Zuversicht erwärmten.

Gianni staunte nicht schlecht, als sein Bruder ihn inmitten der Nacht mit mehreren Steinwürfen gegen sein Fenster weckte. Noch mehr staunte er, dass Luigi in Begleitung dieser schönen, wenngleich für den Moment elend anzusehenden Frau Einlass begehrte. Zur Vorsicht holte Gianni die Erlaubnis des Abtes ein, der Frau im Hospital die notwendige Hilfe zukommen zu lassen. „Die Verletzungen von Julia sind nicht sehr ernst. Lediglich ein arg gestauchter

Knöchel und zwei kleine Schwellungen am Kopf. Offensichtlich die Folge eines Sturzes. Die Umschläge mit den Kräutern um ihr Fußgelenk werden schon bald Linderung verschaffen."

Gianni beantwortete damit die besorgte Frage seines Bruders über ihre Verletzungen. Bei der Schilderung der möglichen Ursache berücksichtigte Luigi ihren Wunsch, nichts über die Ereignisse dieser Nacht zu erzählen. Sie wollte neben Luigi, für sie immer noch Romeo, nicht auch noch die frommen Mönche in ihre Angelegenheiten hineinziehen. Auch der Abt stellte keine Fragen, als er sich zu den beiden Brüdern und der nun wieder in frischer Schönheit erstrahlenden Frau setzte. Die von ihm persönlich gereichten Speisen nebst einem gut gefüllten Krug Wein segnete er mit einem für ihn typischen Satz: „Zu Zeiten, in denen wenig hilft, wird Gott uns ein wenig mehr von dem zugestehen, was uns nicht allzu sehr schadet."

Dank Luigis sorgsam gestalteter Verkleidung der Julias weibliche Formen erstaunlich gut verbarg, verließen im Morgengrauen zwei Männer das Kloster. Giannis Erleichterung, dass offenbar niemand von ihnen Notiz genommen hatte, währte indes nur kurz. Auf dem Weg zur Frühmesse drängte sich Bibliothekar Hieronymus so nah an seine Seite, dass niemand dessen leise gesprochenen Worte hören konnte. „Euer Bruder hat diese Nacht Interessantes und Schönes auf der Suche nach seinem Gott gefunden. Seine leidenschaftlich wachsende Haartracht und sein kleidsamer neuer Wams scheint beim Weibsvolk Gefallen zu finden."

Also hatte Gianni sich nicht getäuscht, als er nachts einen Schatten zu sehen geglaubt hatte. Nach seinen Worten war Hieronymus augenblicklich verschwunden und ließ den armen Gianni tief getroffen zurück. Dabei störten ihn weniger der Neid und die unchristliche Missgunst, die aus diesen Worten troff. Er war viel wütender darüber, dass nicht ihm die äußerlichen Veränderungen seines Bruders aufgefallen waren. Tatsächlich opferte Luigi viel Mühe und Münzen, um seiner äußeren Erscheinung ein frisches Bild zu geben. Mit Erfolg, wie er auch hier Hieronymus Recht geben musste. Darüber hinaus maß er dessen galligen Worten keine größere Bedeutung zu. Die Geheimnistuerei von Romeo und Julia führte er auf einen eifersüchtigen Ehegatten zurück, obwohl er solch ehebrecherisches Handeln weder seinem Bruder noch dieser sympathisch wirkenden Frau zutrauen wollte.

Auch Hieronymus ärgerte sich über seine eigene Bemerkung. Denn jetzt bestand die Gefahr, dass Gianni ihn bei weiteren Nachforschungen über die geheimnisvolle Besucherin stören könnte. Doch schien dies unbegründet, denn Gianni ging mit dem Abt in die Messe und bemerkte daher nicht, dass Hieronymus heimlich das Kloster verließ. Da Julia aufgrund ihrer Verletzung nur langsam gehen konnte, hatte der missgünstige Mönch die beiden schnell eingeholt und folgte ihnen unerkannt bis zu Luigis Unterkunft.

EIN LIEBESPAAR IN ROM

Am Abend ging Domenico mit Carlotta in die Trattoria Cantina Alberto, einem romantischen Restaurant in einem jahrhundertealten Kellergewölbe in Trastevere. Auch wenn er überrascht tat, war es kein Zufall, dass sie sich danach genau vor der Tür seiner Unterkunft wiederfanden. Beschwipst und beschwingt vom Wein und dem dritten Grappa, den der Wirt ihnen spendiert hatte, spürte Domenico Carlottas warmen Körper. Ihr Gesicht war so nah, dass ihre Nasenspitzen sich leicht nur berührten. Doch ihre Lippen waren einen Hauch zu fern für einen Kuss.

„Und?", fragte Domenico so vorsichtig, dass ihre Lippen sich immer noch nicht berührten.

„Und?", fragte Carlotta ebenso vorsichtig.

Domenicos Zunge schließlich war es, die den Distanzhauch überwand und ihr den Mund zum Kuss sachte öffnete. „Jetzt wäre die Zeit, dich wohlbehalten nach Hause zu bringen."

„Unbedingt."

„Aber du schmeckst so gut. Außerdem.."

„Außerdem?", fragte Carlotta nach dem nächsten Kuss.

„Wäre da nicht die nackte Angst."

„Angst? Und nackt dazu?"

„Angst vor meinem Rückweg allein durch die dunklen, über die Jahrhunderte blutgetränkten Straßen und Gassen Roms." Theatralisch schilderte er seinen Heimweg in der vorigen Nacht, als er am dunklen Ufer des Tibers plötzlich hastige Schritte hinter sich vernommen hatte. Er erzählte, wie er schon die kalten Hände zu spüren glaubte, die seinen Hals zudrückten. Begleitet von einem gurgelnden Laut, führte Domenico seine Hände über Carlottas Arme hinauf langsam immer höher, über ihre warmen Schultern. Er spürte ihre Gänsehaut, als seine Hände ihren Hals erreichten. Seine Daumen strichen sanft über ihre Lippen. „Ein Liebespaar war's. Beim neckischen Spiel", flüsterte er, bevor ihre Lippen sich erneut zum Kusse trafen.

In dieser Nacht gaben sie sich, nur vom Vollmond beobachtet, ihrer Liebe hin.

ROMEO UND JULIA – KEINE EWIGE LIEBE?

Wie erwartet, nahm Luigis Wirtin Maria Rosa LaRocca die in Julius umgetaufte Julia als neuen Mieter gerne auf. Luigi hatte ihren dienstbaren Charme und ihr Geschick für ihr Geschäft richtig eingeschätzt. Zumal Julius die Monatsmiete vorab beglich. Dass dies Geld für einen kompletten Monat nicht verschenkt sein sollte, wussten sie zu diesem Zeitpunkt noch nicht. Denn ganz so schnell ließen sich ihre Angelegenheiten nicht regeln. Dank einer zum Männernamen gut ausgedachten Geschichte entging es der gewöhnlich sehr gut beobachtenden Wirtin, wie gut die Freunde besonders des Abends miteinander auskamen. Dies zeigt zudem, wie trefflich Luigi, für Julia immer noch Romeo, sich hinter seiner Unscheinbarkeit verbergen konnte.

Am ersten Abend war vor allem Romeo streng darauf bedacht, dass er Julia nicht bis in ihre Kammer folgte. Er schwankte zwischen der Verlockung ihrer warmen Nähe jener ereignisreichen Nacht und seinem verlorenen Glauben an die Liebe. Doch nicht seine zaghafte Unentschlossenheit bestimmte den Fortgang zwischen ihnen. Schon am zweiten Abend ignorierte Julia seine Zurückhaltung, als er sie wieder vor ihrer Kammer verlassen wollte. Ihre Worte, direkt in sein Ohr geflüstert, waren mehr zu spüren als zu hören: „Nie kann die menschliche Vereinigung der Hölle zugehörig sein, wenn sie den Regeln der Liebe folgt. Sie wurde uns Menschen vom Himmel gegeben und ist somit ein fester Teil davon. Ihrer Freude wegen und um die Menschenart zu erhalten." Sie löschte die Kerze in seiner Hand und führte ihn zu ihrem Bett. Im Schein des Mondes, der in stummer Melancholie ihre begehrenden Körper umschmiegte, fand Romeos Unerfahrenheit in Julias kenntnisreicher Duldsamkeit eine für beide gefühlsreiche Verbindung.

Am Morgen nach dieser Nacht, in der beide dem Himmel sich nahe fühlten, nahm Julia die Bibel zur Hand und las aus dem Hohelied Salomos die Worte über die Liebe des Freundes und der Freundin.

Er küsse mich mit dem Kusse seines Mundes; denn deine Liebe ist lieblicher als Wein. Es riechen deine Salben köstlich; dein Name ist eine ausgeschüttete Salbe, darum lieben dich die Jungfrauen. Zieh mich dir nach, so laufen wir. Der König führte mich in seine Kammern. Wir freuen uns und sind fröhlich über dir; wir gedenken an deine Liebe mehr denn an den Wein. Die Frommen lieben dich.

Sage mir an, du, den meine Seele liebt, wo du weidest, wo du ruhest im Mittage, dass ich nicht hin und her gehen müsse bei den Herden deiner Gesellen.

Julia reichte ihrem Romeo die Bibel, der fortfuhr zu lesen.

Weiß du es nicht, du schönste unter den Weibern, so gehe hinaus auf die Fußstapfen der Schafe und weide deine Zicklein bei den Hirtenhäusern.

Ich vergleiche dich, meine Freundin, meinem Gespann an den Wagen Pharaos. Deine Backen stehen lieblich in den Kettchen und dein Hals in den Schnüren. Wir wollen dir goldene Kettchen machen mit silbernen Pünktlein.

Auch die letzten Abschnitte lasen sie im Wechsel einander vor.

Da der König sich herwandte, gab meine Narde ihren Geruch. Mein Freund ist mir ein Büschel Myrrhen, das zwischen meinen Brüsten hanget. Mein Freund ist mir eine Traube von Zypernblumen in den Weinbergen zu Engedi.

Siehe, meine Freundin, du bist schön; schön bist du, deine Augen sind wie Taubenaugen.

Siehe, mein Freund, du bist schön und lieblich. Unser Bett grünt, unserer Häuser Balken sind Zedern, unser Getäfel Zypressen.

Nachdem Romeo und Julia dies gelesen hatten, versanken sie erneut im zarten Liebesspiel. Nach strengeren Maßstäben als an denen der Bibel gemessen, wäre der Moral der Liebenden einiges entgegenzuhalten. Vor allem, dass beide nach kürzlich heftig gefühltem Leid sich so bald einander zuwendeten. Doch darf man ein zu enges moralisches Korsett um die Liebe legen? Denn welchen Wert hat eine Moral, die neben den Worten der Bibel auch das Gefühl ignoriert und falsche Prinzipien über alles stellt? Die Liebenden jedenfalls spürten, dass sie sich ihren Gefühlen zueinander nicht entziehen konnten und ihnen die Zeit der Nähe nicht schadete. Auch wenn sie nur zu genau wussten, dass ihr gemeinsames Glück nicht von allzu langer Dauer sein durfte. Erst an ihrem späteren Trennungsschmerz werden sie erkennen, dass sie sich keiner leichtfertigen Liebschaft hingegeben hatten.

Hieronymus, der einzige, der das Treiben des Liebespaars Romeo und Julia aufmerksam beobachtete, nahm sich für derartige Gedanken keine Zeit. Ihn interessierten vor allem die auffälligen Vorsichtsmaßnahmen des Paares. Zwar lag er genau wie Gianni falsch mit seiner Vermutung, dass ein eifersüchtiger Ehemann der Grund hierfür war, doch für sein weiteres Vorgehen hatte dies keine Bedeutung. Als jüngstes von sieben Geschwistern war er früh darin geübt, aus wenigen Dingen möglichst viel zu machen. So wusste er, dass bei solchen Beobachtungen weniger die Details wichtig waren, als herauszufinden, wo ein Gegner angreifbar war. Hauptsächlich mit diesen Fähigkeiten war er zum Bibliothekar seines Klosters aufgestiegen. Unter den gegebenen Bedingungen wären seine Aussichten, es sogar bis zum Abt zu bringen, nicht einmal schlecht gewesen.

Wäre da nicht diese Sehnsucht gewesen, immer wieder auf die deutlichen Rufe seines Glücks zu hören, die sich leider jedoch immer wieder mit Pechsträhnen abwechselten! Pech, dass er beim nächtlichen Würfelspiel in finsteren Spelunken ausschließlich Geld verlor. Glück, dass er die Beträge mit Einnahmen deckte, indem er für einen Kaufmann den Schriftverkehr erledigte. Pech, dass dessen Sohn diese Arbeit übernahm. Glück, dass ein Mitspieler Bücher als Spieleinsatz akzeptierte. Pech, dass Hieronymus sie sich aus der Klosterbibliothek ausleihen musste. Glück, dass dieser Spieler in seiner kollegialen Großzügigkeit sich mit alten und nahezu unbekannten Exemplaren begnügte, nach denen nie jemand gefragt hatte. Pech, dass er weiterhin verlor und Gianni dann doch nach zwei dieser alten Bücher gefragt hatte. Glück, dass Hieronymus sofort bestritt, diese Bücher jemals in der Bibliothek gesehen zu haben und zudem beschwor, es könne nicht Gottes Wille sein, Bücher zu lesen, die in Griechisch, der Sprache der Ketzer, geschrieben waren. Pech, dass Gianni Verdacht geschöpft und diesen nicht für sich behalten hatte.

Glück, dass er seine Stelle nicht verlor. Pech, dass man ihm schon am Tag darauf einen Gehilfen zur Seite stellte, der mit seinen guten Augen und seiner jugendlichen Kraft eine wertvolle Hilfe sein sollte, wie der Abt seine Maßnahme fürsorglich begründete. Die endgültige Wende zum Glück sollten nun die Beobachtungen in jener Nacht bringen. Denn bald schon würde Luigi ihm das notwendige Geld borgen, um beim Würfelspiel sein Geld und die Bücher zurückzugewinnen.

Luigi schätzte seine Arbeit im Stadtarchiv von Rom besonders deshalb, weil sie nicht allzu viel Zeit beanspruchte. Manchmal so wenig, dass er sogar ein schlechtes Gewissen hatte, wenn man ihm seinen Lohn ausbezahlte. Nachdem die Bauarbeiten der Gebäudeerweiterung abgeschlossen waren, ging er nicht mehr als zweimal die Woche an seine Arbeitsstelle. Auch an jenem trüb-verregneten Morgen nach einer lebhaften Liebesnacht mit Julia, würde er vermutlich nicht lange fortbleiben, wie er ihr versicherte. Gerade als er das Stadtarchiv erreicht hatte und die Tür öffnen wollte, sprach ihn jemand von hinten mit leiser Stimme an:

„Guten Morgen, Signore Luigi. Außergewöhnlich früh auf den Beinen."

Als er sich erstaunt umdrehte, schaute er direkt in die fahlen grauen Augen von Hieronymus. Ihn hatte er zu dieser Zeit an diesem Ort nicht vermutet. In dieser Verwirrung konnte der Bibliothekar ungestört weitersprechen. „Außergewöhnlich auch, dass ihr alleine unterwegs seid. Eure schöne Frau schläft wohl noch."

Vor allem dieser letzte Satz, begleitet von einem glatten Grinsen, brachte Luigis Blut augenblicklich in Wallung. Er packte Hieronymus an seinem schmutzigen Hemd und zog den Stoff so fest zusammen, dass dessen Grinsen röchelnd erstarb. Vom eigenen Wutausbruch überrascht, ließ Luigi augenblicklich von dem Gequälten ab und versuchte in seiner Hilflosigkeit das arg zerknitterte Hemd wieder glatt zu ziehen. „Entschuldigt, dass ich Euch so hart angefasst habe. Aber ich hielt Euch für einen jener heruntergekommenen Bittsteller, die ständig nach Geld für ihre augenscheinlichen Laster betteln." Tatsächlich bot Hieronymus einen jämmerlichen Anblick. Das

Hemd schmutzig, verschwitzt und nicht nur durch Luigis Handgreiflichkeit zerknittert. Das übernächtigte Gesicht war zerfurcht von offenbar quälenden Gedanken und Sorgen.

„Nein, Luigi. Ich bin es, der sich entschuldigen muss. Ich hätte Euch nicht so unvorbereitet ansprechen dürfen. Doch ich war zu überrascht, Euch zu sehen. Zudem Euch wahrlich der Himmel schickt." In Hieronymus vollzog sich von einem Moment auf den anderen eine tiefe Wandlung. Demütig und unterwürfig war sein gesamtes Auftreten, einem geprügelten Hund ähnlich.

„Mich schickt niemand. Schon gar nicht der Himmel. Habt Ihr ein Anliegen, so sprecht es aus." Neben seiner Ruhe, hatte sich auch eine deutliche Kälte Luigis bemächtigt. Das gesamte Auftreten des Bibliothekars schien im plötzlich unwirklich und falsch.

„Ihr müsst mir helfen. Es geht um meine Mutter." Mit ausschweifenden Worten erklärte Hieronymus dem immer ungeduldiger werdenden Luigi ihre schlimme Erkrankung. Da niemand im Kloster von ihren unchristlichen Lebensumständen erfahren sollte, wollte er dort niemanden um Hilfe bitten. „Zumal der Betrag gering ist, den ich für die dringende Medizin benötige. Schon bald werde ich ihn Euch vollständig zurückzahlen", schloss Hieronymus seinen hündischen Vortrag endlich ab.

Auch wenn der Betrag alles andere als gering war, trug Luigi ihn zufällig fast genau in dieser Höhe bei sich. Um diese unerfreuliche Unterredung zu beenden, gab er Hieronymus kurzentschlossen dieses Geld. Nach einigen Verbeugungen und dem von Luigi unterbundenen Versuch, ihm die Hände zu küssen, war er kurz davor zu verschwinden, als er sich noch einmal umwandte.

„Und bittet auf jeden Fall Eure schöne Begleiterin um Verzeihung, dass ich Euch so lange von ihr ferngehalten habe."

Luigi stockte der Atem. Hieronymus' Demut war plötzlich verschwunden. Weggewischt von einem Augenblinzeln, das offenbar eine verschwörerische Geste darstellen sollte. Um sicher zu gehen, dass ihn seine schlechte Ahnung nicht trog, wollte Luigi den Apotheker befragen.

Der Weg dorthin fiel ihm einigermaßen schwer, denn er erinnerte sich ungern an die Umstände, unter denen er Claudio Carminato kennengelernt hatte: Dieser hatte ihn unmittelbar nach dem Tod seines ehemaligen Dienstherren Silvio Berlino aufgesucht und seltsam tonlos gesprochen: „Ihr solltet wissen, dass Silvios letzte Gedanken auf seinem Sterbebett Euch galten. Ich als sein bester Freund musste ihm versprechen, mich um Euch zu kümmern. Es war ihm wichtig, Euch dem Schutz unserer ehrenwerten Bruderschaft ‚Bund der Alten Pflichten' anzuvertrauen."

Luigi hatten diese Worte damals nicht überzeugt. Warum sollte Berlino ihm auf dem Sterbebett mehr Aufmerksamkeit zugemessen haben als in den Jahren zuvor, in denen sein Dienstherr ihn nie wirklich beachtet hatte? Auch dieses Mal glaubte Luigi nicht wirklich an die Echtheit der Freude, mit der Carminato ihn überschwänglich in seiner Apotheke begrüßte. Zumindest gab er bereitwillig Auskunft: „Nein, ein Mann, wie Ihr ihn beschreibt, hat nie Medizin geholt", war er sich ganz sicher. „Vor allem bei einem Wert, wie Ihr ihn benennt, würde ich mich daran erinnern. Doch wenn Ihr etwas Zeit mitgebracht habt, befrage ich meine Nichte. Das Kind hilft mir und vertritt mich gelegentlich."

Er verließ kurz den Raum und rief im näselnden Singsang im Haus nach ihr: „Vanessa, Liebes. Komm bitte für einen Moment zu uns." Während sie auf Vanessa warteten, flüsterte Carminato zu Luigi die Worte „Vanessas Mutter, meine Schwester, starb viel zu jung. Sie starb an der Krankheit, die auch unsere Mutter viel zu früh von uns nahm."

Ein weiteres Mal stockte Luigi an diesem Morgen der Atem. Denn das erwartete Kind stand als ein Fräulein vor ihm, das gerade in ihrer jugendlichen Unschuld die Schwelle zur Frau überschritt. In ihrer blassen Schönheit schien sie so makellos, als wäre sie ein Kunstwerk, mit weicher Hand aus edelstem Marmor geformt. Auch Vanessa schien überrascht. Die scheinbar endlose Zeit, in der sich ihre Blicke tief ineinander verflochten, unterbrach Carminato, als er für Vanessa die Frage nach Hieronymus wiederholte.

Luigi war so verwirrt, dass es etwas dauerte, bis er die Beschreibung wiederholt hatte. Doch auch das Kind konnte sich an niemanden erinnern, auf den sie passte. Obwohl sie längst wieder wie ein Engel entschwebt war, spürte Luigi immer noch ihren Anwesenheitshauch.

„Wie sagtet Ihr, war der Name des Gesuchten? Vielleicht kennt ihn einer unserer Freunde", weckte Carminato ihn aus diesen Gedanken.

„Hieronymus. Er ist Bibliothekar im Kloster meines Bruders."

Luigi entging der zufriedene Gesichtsausdruck des Apothekers, welcher nun von seinen Freunden der ehrenwerten Bruderschaft schwärmte: „Die Freunde, über die ich damals sprach, sind auch die Euren und ausnahmslos Menschen, denen die Moral der Welt wichtig ist. Jedem von uns wäre es eine Ehre, Euch zu helfen, wenn Ihr in Schwierigkeiten geratet."

Luigi, immer noch freischwebend auf dem Rest von Vanessas Dufthauch, bekam nicht allzu viel mit von diesen Erzählungen. Gerade noch vernahm er jenes eigenartige Wort, Schlüsselwort, wie Carminato es nannte. „Merkt es Euch unbedingt und gebraucht es, sobald Ihr in Not seid. Unsere Freunde sind oft gerade dort, wo sie niemand vermutet."

Schon unmittelbar nach diesem Abschied wollte Luigi dieses Wort vergessen. Wozu brauchte er ein Schlüsselwort? Was galt es damit zu öffnen? Und was hatte es mit dieser genauen Aussprache auf sich, der Carminato eine so große Bedeutung beimaß? Nein, er hatte nicht vor, sich etwas davon zu merken. Nein, er würde sich niemals von Carminato und seinen zweifelhaften Freunden abhängig machen. Zu genau war ihm noch eine frühere Warnung von Gianni in Erinnerung, als beide gerade ihre ersten Monate bei ihren Dienstherren gearbeitet hatten. Gianni hatte erfahren, dass Silvio Berlino nur Leiter des Stadtarchivs geworden war, weil er der Bruderschaft vorstand. Kaum jemand wusste Genaueres über diesen angeblich mächtigen Bund aufrechter Männer. Dennoch sprach man in einer Ehrfurcht über sie, die eher einer unbestimmten Furcht glich. Doch dies sollten die letzten Gedanken sein, die er an diesen Männerbund und das seltsame Wort verschwenden wollte. Dass er indes dem verlogenen Mönch bald wieder begegnen würde, schien ihm dagegen so sicher wie das Amen in Giannis Kirche. Doch beim nächsten Mal würde er den Griff um sein schmutziges Hemd nicht so schnell lockern.

Abgesehen von der Begegnung mit Vanessa, hatte er den Vorfall schon bald vergessen. Luigi und Julia verbrachten viel Zeit miteinander. Ständig des Nachts, in Angemessenheit bei Tage. Julia hatte bald ihre Angelegenheiten auf den Weg gebracht. Zu seinem Schutz erwähnte sie nur, dass sie noch einige Tage in Rom bleiben musste, bis alles geordnet war. Von Cesare Borgia drohte keine Gefahr. Sie wussten, dass er einer feurigen Eroberung wegen die Stadt verlassen hatte.

Auf seinen wieder aufgenommenen Wanderungen in Sachen Kunst und Architektur begleitete ihn meistens Julia. Als Tochter reicher Kaufleute und Witwe eines Bankiers war sie bislang wenig mit Kunst in Berührung gekommen. Dennoch fand Luigi in ihr eine interessierte Zuhörerin bei dem, was er selber erst vor kurzem erfahren hatte. Anschaulich dozierte er über die Gestaltungsmöglichkeiten, mit denen ein Künstler seine Kunstwerke erstellt. Diese Erläuterungen hatten jedoch ihre Grenzen, da Luigi das Künstlerdasein nie selber miterlebt hatte. Nur aus Erzählungen wusste er, wie steinig und mühsam oft der Weg zum fertigen Kunstwerk ist. Wie es für einen Maler ist, tagelang vor fast leerem Malgrund zu verbringen. Wie der Literat sich fühlt, den die Sprachlosigkeit quält, obgleich der Kopf voll ist von Geschichten mit tragischen Momenten, komischen Verwicklungen und Konflikten. Wie ein Komponist leidet, dem schier der Schädel platzt, weil es ihm nicht gelingt, die Musik aus seinem Inneren zu befreien? Wo doch nur noch die Noten aufzuschreiben wären. Wo doch nur die Worte niederzuschreiben sind. Wo doch nur die Farben und Formen auf den Malgrund gebracht werden wollen. Das, was im Inneren pocht, zurück gehalten nur von diesem dünnen, aber undurchdringlichen Schleier.

Dann jedoch, wenn dieser Schleier plötzlich reißt und die Flut sich ergießt. Wenn die Noten wie von selbst den Weg in die Partitur finden zur perfekten Musik, die Ewigkeiten bezaubern. Wenn die Seiten sich füllen zu Dramen und Schicksalen, die unzählige Menschen berühren. Wenn der Malgrund, wenn die Wände und Decken erstrahlen in lebendigen Bildern. Bilder, die noch Generationen begeistern. Niemand mehr erinnert sich dann an die quälenden Tage und Nächte zuvor. Niemand? Auch nicht die Menschen, die in dieser Zeit der Qualen mit den Künstlern lebten? Als sie sich noch nicht im Ruhme sonnen durften, sondern unerträglich und unausstehlich für ihre Mitmenschen waren? Warum sind die vergessen, die in diesen Zeiten dennoch zu ihnen hielten, als die Künstler selber bisweilen an ihrer jetzt umjubelten Kunst zweifelten? Als es nicht galt, sich schmierig-schleimigen Schmeichlern und Lobhudlern hinzugeben, sondern geizgeil gierige Gläubiger abzuwehren, die beharrlich auf kleinlicher Begleichung ihrer Forderungen bestanden? Wie klein die Spanne ist zwischen tiefem Zweifel und stürmischem Erfolg, kann somit nicht nur der Künstler selber nachempfinden, sondern das können auch die Menschen, die sich ihm verbunden fühlen.

Dass Luigi und Julia persönlich mit einem Künstler bekannt wurden, bedurfte eines Zufalls. In dem Moment, als sie eine Kirche betreten wollten, kam es zu einem Streit zwischen zwei Männern, die einen Karren entluden. Dabei war es kein wirklicher Streit, denn zu vernehmen war nur die bestimmende Stimme des Älteren. Auch durch sein Äußeres fiel vor allem er auf. Die dunkle weite Kleidung verhüllte mühsam seinen Leibesumfang, sein dunkler wallender Bart stand im krassen Gegensatz zu den dünnen Haaren, die von fahler grauer Farbe waren. Dem in wilden Gesten tobenden Derwisch stand ein in unscheinbarem Grau gekleideter ungefähr achtzehn Jahre alter Jüngling gegenüber. Seine zurückhaltende Gelassenheit verriet, dass er offenbar derartige Wutausbrüche gewohnt war. Denn er nickte dem Schimpfenden immer wieder zu, während er mit Bedacht seine Arbeit fortsetzte, den Karren zu entladen.

„Wieso straft Gott mich mit so einem ungeschickten Schüler?", die Hände zum Himmel gereckt, sah der Mann, dessen Alter über vierzig Jahre liegen mochte, sich offenbar mit den schlimmsten Herausforderungen seines Lebens konfrontiert. Wie Luigi die Situation erfasste, beschränkten sich diese jedoch lediglich auf einen vom Wagen gefallenen und dabei geplatzten Sack, dessen staubiger Inhalt sich auf der Straße verteilt hatte.

„Schaff mir nun endlich die Dinge in die Kirche, damit ich mit meiner Arbeit beginnen kann. Danach bewegst du deinen Leib zurück ins Atelier und schaffst mir vier neue Säcke Putz heran. Und vergiss dabei nicht wieder die große Leiter. Wie lang, glaubst du, wären meine Arme?" Schimpfend verschwand er mit wallendem Umhang in der Kirche. Luigi half dem jungen Mann, die letzten Säcke abzuladen und in die Kirche zu schaffen.

„Ihr braucht das nicht zu machen", sprach der Künstler, der als solcher mit seinen zahlreichen vorgemalten Kartons unschwer erkennbar war, zu Luigi. Dabei erstaunte die warme und gefühlsstarke Stimme des Mannes, der sich als Geraldo Franguinetti, Künstler und Maler, vorstellte. „Mein Schüler Domenico ist ein ungewöhnlich talentierter Bursche und im Grunde nicht ungeschickt. Doch manches Mal misslingen uns beiden einfache Dinge", sprach er so laut, dass Domenico seine Worte unbedingt hören musste. Offensichtlich hatte er bemerkt, dass er seinen Schüler zu rau angegangen war und ihn für seine eigenen Fehler verantwortlich gemacht hatte. „Nachdem du mir die Dinge gebracht hast, benötige ich deine Hilfe nur noch bis zum Mittag. Der Tagesrest verbleibt zu deiner freien Gestaltung. Schau dir Arbeiten der Künstler an, die besser sind als ich. Atme ihre Kunst in dich ein." Franguinetti tätschelte mit seiner staubigen Hand die Wange des jungen Mannes, der kurz darauf die Kirche verließ.

„Wieso passiert es mir immer noch, dass ich die Höhe einer Kirche völlig falsch einschätze?" Auf seine Frage, bei der er Julia einen besonders langen Blick schenkte, erwartete er nicht wirklich eine Antwort. Sie hatte wohl eher zum Ziel, die beiden als Gesprächspartner zu gewinnen. Denn wie Luigi schon bemerkt hatte, erfreute es ihn, über seine Arbeit zu sprechen. So begann er bald mit einer lebhaften Unterweisung über das von ihm zu erstellende Kunstwerk, ein Deckenfresko. Sehr anschaulich erläuterte er die Entstehung seines Kunstwerks von der ersten Idee, die er mit dem Auftraggeber festlegte, bis zur endgültigen Fertigstellung.

Gerade bei einem Wand- und Deckenfresko nahm die Vorbereitung viel Zeit in Anspruch. War es erst einmal auf der endgültigen Fläche aufgetragen, blieben kaum Möglichkeiten, es zu korrigieren. Daher wurden für die Details viele einzelne Zeichnungen auf Karton aufgetragen. Stolz präsentierte er einige von denen, die er mitgebracht hatte. Da der Künstler in seinem peniblen Wirken auch die allerersten im kleinen Format erstellten Darstellungen auf dem Boden ausgebreitet hatte, wurde der mühsame Werdegang recht deutlich. An seinen ersten Entwürfen hatte er ständig geändert und retuschiert und sie nicht selten wieder komplett verworfen und völlig neu gestaltet. Wenn auch der Auftraggeber sie für gut befunden hatte, übertrug er sie auf Kartons in Originalgröße. Erst jetzt, als Luigi sie genauer betrachtete, überkam ihn aufrichtige Hochachtung für die Mühsal der Arbeit eines Künstlers.

„Ihr schaut recht lange, sehr intensiv und äußerst detailliert. Vielleicht werdet auch Ihr noch in Eurem Leben zum Künstler. Denn um ein Kunstwerk gut zu erstellen, muss man sehr lange schauen und sich tief ins Detail hineindenken." Mit dieser Bemerkung bezeugte Franguinetti einige Achtung vor Luigi, dem er nun erklärte, dass er schon am Tage zuvor die Mauerfläche getüncht hatte.

Zwischenzeitlich war Domenico mit den zusätzlichen Säcken Putz eingetroffen. Auch die Leiter hatte er nicht vergessen. Unter genauester Anleitung von Franguinetti mischte er den Putz an, den der Meister persönlich auf einen vorgezeichneten Abschnitt auftrug. Dabei war es ihm wichtig, dass er nur den Bereich verputzte, den er an diesem Tag bearbeiten konnte. Dann stieg auch der Geselle auf das Gerüst und ließ sich von Luigi einen der großen Kartons anreichen. Mit seinen kräftigen Armen drückte Domenico ihn auf den feuchten Untergrund und Franguinetti punktierte die Umrisse der Darstellungen mit einem spitzen Stift auf die frische Putzschicht. Aus unmittelbarer Nähe wurden Luigi und Julia Zeuge, wie mühsam diese Arbeit war. Dabei brauchte der Meister offenbar seine ganze Konzentration. Denn ausnahmsweise sprach er über eine längere Zeit kein Wort.

Nachdem Domenico den Karton vorsichtig abgenommen hatte, entließ der Meister seinen Gesellen, mit einer Münze entlohnt, in den zugesagten freien Tag. Voller Stolz rief der schweißgebadete Franguinetti die beiden Zuschauer herbei. „Nun beginnt die eigentliche Arbeit, wegen der ich meinen Künstlerberuf so liebe." Mit den bereits gemischten Mineralfarben malte er mit verschiedenen Pinseln das eigentliche Kunstwerk in die markierten Felder. „Nun kommt es unbedingt darauf an, zügig und ohne Fehler zu arbeiten", nahm er nun seine ausführlichen Darlegungen wieder auf. „Denn ich muss fertig sein, bevor der frische Putz, daher stammt der Name Fresko, abgetrocknet ist. Komme ich in zu großen Verzug, würde der Mörtel durch den Luftzug verkrusten. Dies hätte zur Folge, dass diese Stellen fleckig und unsauber werden. Selbst dem größten Künstler kann das eine oder andere Missgeschick passieren. Wart Ihr einmal in Mailand?"

Als Luigi verneinte, ging Franguinetti nicht weiter auf seine eigene Bemerkung ein. Erst später würde Luigi erfahren, dass sie sich auf Leonardo da Vincis meisterliches Wandgemälde ‚Das Abendmahl' in der Dominikanerkirche Santa Maria delle Grazie in Mailand bezog. Leonardo hatte dort erstmalig Walnuss- und Leinölfarben für eine Wandmalerei verwendet. Er hoffte, so mehr Zeit für seine kunstvollen Malereien zu haben als bei den schnell trocknenden Freskofarben. Leider mit wenig Erfolg. Denn durch die Feuchtigkeit der Mauer bekam das Gemälde feine Risse und die Farbe blätterte an einigen Flächen ab. Es sprach für Franguinettis Hochachtung für Leonardo, dass er Luigi dieses Missgeschick verschwieg. So beließ er es bei allgemeinen Erläuterungen:

Es sei wichtig, den Umfang der täglichen Arbeit genau abzuschätzen. Nicht bemalter Mörtel musste am folgenden Morgen abgekratzt werden und hinterließ dabei einen unübersehbaren Rand. Auch nachträgliche Änderungen bei den Malerarbeiten waren unbedingt zu vermeiden. Später aufgetragene Farben brachte man nur mit zusätzlichem Kleber zum Halten, was wiederum die Farben veränderte. Wurde der Putz doch einmal zu trocken, konnte der Künstler ihn durch Besprengen einigermaßen feucht halten. Aber im Großen und Ganzen galt es, das Kunstwerk in einem Guss und im eigenen Rhythmus zu erstellen. Zum Glück herrschte in den meisten Kirchen eine fast gleichbleibende Temperatur, so dass die Trockenzeit des Mörtels recht gut vorausbestimmbar war.

Franguinetti hatte diesen Rhythmus offenbar für diesen Tag gefunden. So staunten seine beiden Beobachter, in welch scheinbarer Mühelosigkeit unter des Künstlers kundiger Hand in überschaubarer Zeit ein lebendiges, dreidimensional wirkendes Kunstwerk erwuchs. Offenbar lag er gut in seiner zeitlichen Vorgabe. Denn nachdem er eine der Figuren komplett fertiggestellt hatte, lud er Luigi und auch Julia ein, zu ihm auf das Gerüst zu steigen. Während Julia sein Angebot ablehnte, begutachtete Luigi das Bild der dargestellten Frau nun aus allernächster Nähe. Franguinetti klopfte mit seiner von Farbe beschmierten Hand laut lachend auf Luigis Schulter. „Manchmal sind meine Inspirationen recht spontan."

Der Meister kommentierte damit Luigis Entdeckung. Er hatte gesehen, dass die Frau auf dem fertigen Kunstwerk mehr Ähnlichkeit mit Julia hatte als mit dem Bildnis auf dem vorgefertigten Karton. Ganz offensichtlich hatte Franguinetti sich von Julias Verkleidung zu Julius nicht täuschen lassen. Darüber hatte er sich in eine so gute Laune gearbeitet, dass er Luigi erlaubte, das Entstehen der nächsten Figur unmittelbar vom Gerüst aus zu verfolgen. Mit einer erstaunlich ruhigen Hand führte der Meister den Pinsel sowohl über die großen Flächen als auch bei der Ausgestaltung der feinen Details.

„Gut, dass man meist nur das fertige Kunstwerk sieht und nicht die Mühsal auf dem Weg dorthin", sagte Luigi beinahe erleichtert zu Julia, als er das Gerüst wieder verlassen hatte.

Viele Jahre später wird er die Fertigstellung von Kunstwerken über den kompletten Zeitraum ihrer Entstehung begleiten. Darüber wird er sich die Fähigkeit erwerben, darin den Seelenzustand der Künstler zur Zeit der Erstellung zu erkennen. Ein Künstler beschrieb Luigis Fähigkeit mit den treffenden Worten: „Luigi, nicht einmal mein Weib kann so tief in meine Seele blicken, wie du dies über mein Kunstwerk vermagst. In jedem Werk von Bedeutung und Qualität sind drei Dinge eingegraben. Einmal der sichtbar und fühlbar gewordene Seelenzustand des Künstlers, zum Zweiten das Zeitalter, das seine Persönlichkeit und Empfindungen geprägt hat, und zum Dritten ist es die Mühsal. Aus diesem Mix entsteht das Kunstwerk im Spiegelbild und im Schatten zugleich des Künstlers und seiner Zeit. Sind die Anstrengungen allzu groß, vermögen sie das Leben des Schaffenden durchaus zu verkürzen. Und doch bleibt der Künstler auf lange Zeit in Erinnerung. Nicht selten, dass sich die volle Wirkung auf den Betrachter erst entfaltet, wenn Zeit und Künstler längst vergangen sind."

Luigi besuchte mit Julia fast dieselben Kirchen wie mit Donna Anna. Dabei erschienen sie ihm wie alte Bekannte und manches Mal glaubte er sich von ihnen freudig begrüßt. So wie auch Franguinetti dies jedes Mal tat, wenn sie nach dem Fortgang seiner Arbeit sahen. Nach wie vielen Tagen sie der Weg zu den Fresken der heiligen Katharina in der Basilika San Clemente führte, ist weniger von Bedeutung, als dass Luigi sie überhaupt dorthin geleitete. Auch wenn Julia erst bei ihrem zweiten Besuch die tiefe Bedeutung dieses Orts für ihn erfuhr, war ihr seine Befangenheit bereits beim ersten Mal aufgefallen. Denn entgegen seiner sonstigen Gewohnheit, Kunstwerke intensiv zu betrachten, schenkte er den Fresken keinerlei Aufmerksamkeit.

„Willst du mir nicht sagen, was dich bedrückt?"

Die Wärme, die dabei von ihrer Hand ausging, hätte Luigi augenblicklich das Herz geöffnet. Doch genau in diesem Moment füllte die Kapelle sich mit einer größeren Taufgesellschaft, deren Unruhe die beiden von diesem Ort vertrieb. Von diesem Vorfall abgesehen, vergaßen Luigi und Julia für einige Zeit ihre Sorgen, und sie gaben sich in der Hauptsache der Kunst des Lebens und der Liebe hin.

Wieder war es zur Morgenstunde, als Hieronymus Luigi aus dieser Ruhe riss. Diesmal spürte er dessen widerwärtige Anwesenheit hinter seinem Rücken, noch bevor er auch nur ein Wort vernommen hatte. Der verdorbene Mönch sah noch elender und schmutziger aus als bei der ersten Begegnung und seine Not schien um einiges größer zu sein. Denn dieses Mal hielt er sich nicht einmal mehr mit Ausreden auf. „Geld. Du kannst dir denken, dass ich Geld brauche", zischte er und trat sofort einen Schritt zurück, obwohl er bereits ein gutes Stück von Luigi entfernt stehen geblieben war.

„Für deine kranke Mutter?" fragte Luigi in höhnischer Art, die er selber sich nie zugetraut hatte.

„Vergiss meine Mutter. Sie starb bei meiner Geburt und Gott sei ihrer armen Seele gnädig." Hieronymus bekreuzigte sich verächtlich, bevor er fortfuhr. „Zahle mir die doppelte Summe wie zuvor. Dann siehst du und deine schöne Begleiterin mich in dieser Angelegenheit nie wieder."

Luigi wollte sich in seiner Wut auf den Heuchler stürzen, der diesmal jedoch darauf vorbereitet war. Noch bevor Luigi ihn packen konnte, hatten seine schmutzigen und schwieligen Hände Luigis Finger gegriffen, der laut aufschrie und sich nicht befreien konnte. „Wenn du mir nicht zur Mittagsstunde das Geld beschaffst, erfährt der Mann, vor dem du deine schöne Begleiterin verbirgst, wo er sie findet. Und dir breche ich sämtliche Knochen deiner Hand, wenn du dich noch einmal an mir vergreifst." Bevor er die Finger losließ, bog er sie gerade so weit zurück, dass sie knackten, ohne zu brechen. Luigi schrie ein weiteres Mal laut auf vor Schmerzen. „Den Weg zu deinem Bruder kannst du dir getrost sparen. Denn auch seine Beteiligung und die des heiligen Abts würde den einflussreichen Herrn sicherlich brennend interessieren."

Nachdem Hieronymus ihm noch den Ort genannt hatte, wo er zur Mittagsstunde das Geld erwartete, war er verschwunden. Lediglich sein scharfer Schweißgeruch machte deutlich, dass die Begegnung kein schlechter Traum gewesen war. Luigi überlegte fieberhaft. Tatsächlich konnte ihm weder sein Bruder noch der Abt helfen. Selbst wenn er und Julia Rom verlassen würden, blieben Gianni und der Abt Borgias Rache ausgeliefert. Tatsächlich sah er keine andere Möglichkeit, als die Summe zu bezahlen, obwohl er damit rechnen musste, dass auf diesen Versuch, Geld aus ihm herauszupressen, weitere folgen würden. Da er sich mit Julia erst zum Nachmittag verabredet hatte, blieb ihm etwas Zeit, die Angelegenheit zu überdenken und zu regeln. Diesmal für immer, wie er hoffte.

DIE TRÄNEN VON MORGEN

Carlotta wurde wach durch den Duft von frischem Kaffee, den Domenico ans Bett brachte. Da sich beide den Tag freinehmen konnten, begannen sie ihn in aller Ruhe. Dem Kaffe beim ausgiebigen Frühstück musste Domenico jedoch einen Wermutstropfen hinzufügen. Denn schon in wenigen Tagen würde er sein Zimmer mit einem Mitbewohner teilen müssen. „Dann ist für unser Liebesleben Kreativität gefordert. Auf meine Anfrage nach einem Einzelzimmer hat sich nichts getan. Andere Studenten suchen angeblich länger als ein Jahr. Bis dahin bin ich schon wieder weg aus Rom." Domenico stockte, als ihm klar wurde, welches andere Problem er damit berührt hatte.

Auch Carlottas Antwort kam mit deutlicher Verzögerung. „Weine nicht heute schon die Tränen von morgen. Mit diesem Rat meiner Großmutter bin ich immer gut gefahren. Wann schauen wir nach einem Anzug für dich - für Barbaras Hochzeit?"

Domenico war froh über den schnellen Themenwechsel. „Heute?"

„OK, heute!"

Doch erst einmal liebten sie sich, getragen von der Kreativität ihrer gegenwärtigen Liebe. So wurde es Mittag, bis sie sich auf den Weg machten, einen dunklen Anzug zu kaufen. Was schwerer war als angenommen. „Zu klassisch, zu modern, zu teuer, erst mal weiter gucken", war in jedem Geschäft abwechselnd das Fazit. Gerade als sie beschlossen hatten, den ganz passablen Anzug aus dem Geschäft zu nehmen, in dem sie anfangs schon das Hemd und die Krawatte gekauft hatten, fiel Domenicos Blick auf einen Antiquitätenladen, der auch Kleidung anbot.

„Super, wie für dich geschneidert", so Carlottas ultimative Zustimmung zu dem dunklen Anzug, den der alte Mann, offenbar der Ladenbesitzer, ohne lange zu überlegen, aus einer dunklen Ecke hervorgeholt hatte. „Trägt sich gut und unglaublich leicht. Und nicht einmal teuer", ergänzte Domenico, ohne zuzugeben, wie gut ihm dieser junge Mann im Spiegel gefiel. War dies wirklich er, der sich selbstbewusst hin und her bewegte in diesem offenbar schon älteren, zeitlos klassisch-eleganten Anzug?

WARTEN AUF HIERONYMUS

Nur durch Auflösung seiner gesamten verfügbaren Ersparnisse konnte Luigi den geforderten Betrag beschaffen. In seiner Unruhe war er schon vor der Zeit am verabredeten Ort. Hieronymus hatte mit Bedacht die Piazza Navona um die Mittagsstunde gewählt. Um diese Zeit waren dort nicht allzu viele Zeugen, jedoch genug, um einen Angriff auf ihn zu verhindern. Tatsächlich waren nur wenige Menschen auf dem Platz.

Doch nicht Hieronymus erschien zur vereinbarten Zeit, sondern Carminato, der Apotheker. Anfangs glaubte Luigi noch an einen Zufall und wollte es bei einem Gruß belassen. „Auf den frommen Hieronymus wartet Ihr vergeblich. Der kümmert sich fortan allein um seine kranke Mutter. Von ihm habt Ihr nichts mehr zu befürchten."

Carminato schien glänzender Laune und lud Luigi noch zu einer Mittagsmahlzeit ein. Weder den unangenehmen Vorfall noch seine einflussreichen Freunde erwähnte Carminato diesmal. Stattdessen sprach er angeregt über fast alle Kirchen und Kunstwerke Roms, die Luigi in der vergangenen Zeit mit Julia besucht hatte. Man konnte glauben, er hätte sie auf allen Ausflügen begleitet. Zweifel, ob Carminato wirklich sein Retter war, kamen ihm spätestens, als sie sich verabschiedeten. „Nun will ich Euch nicht abhalten von Eurer Verabredung mit der schönen Julia, wie nur Ihr sie übrigens nennt. Wenn Ihr Euch sputet, schafft Ihr es noch zur verabredeten Zeit." Hatte Carminato seine Worte noch mit dem ihm eigenen verbindlich-weinerlichen Tonfall begonnen, beendete er sie in bedrohlicher Schärfe. „In Zukunft solltet Ihr Euch Zeit, Geld und Ärger ersparen und rechtzeitig um Hilfe fragen. Warum nur seid Ihr so misstrauisch gegen die guten Absichten von Freunden?"

Erst später wird Luigi erfahren, dass die ehrenwerten Freunde der Bruderschaft das Glücksspiel kontrollieren, dem Hieronymus verfallen war. Von ihm hatte Luigi in dieser Angelegenheit tatsächlich nichts mehr zu befürchten. Als er ihm einige Zeit später im Kloster begegnete, war eines seiner Augen dunkelblau zugeschwollen, die Nase stand seltsam schief und um einen Arm trug er einen Verband.

Seine Aufgabe als Bibliothekar hatte er mit einer untergeordneten Stellung in der Küche getauscht. Dennoch wird Luigi sich noch ein weiteres Mal an ihn erinnern müssen.

Um Julia nicht zu beunruhigen, erzählte er ihr nichts von diesen Vorkommnissen. Ihre künstlerischen Spaziergänge führten sie weiterhin auch zu der schnell fortschreitenden Arbeit Franguinettis. Dabei entging dem Meister nicht, dass Luigi sich vor allem für einen bestimmten Teil der Fresken interessierte, an dem man schon deutlich das Gesamtbild erkennen konnte. „Ihr habt einen guten Blick, dass Ihr immer wieder zu diesem Bild schaut. Es ist von Domenico, meinem Schüler. Ihr seid noch jung genug, erleben zu dürfen, wie er seinen Weg zu einem bedeutenden Künstler machen wird." Dabei machte er keine Anstrengungen zu verhindern, dass der junge Mann dieses Lob hörte. Der wiederum nahm dies ebenso mit einem gelassenen Lächeln hin wie die Schelte einige Tage zuvor. Domenico war inzwischen derart mit der Malerei vertraut, dass Franguinetti ihm freie Hand ließ. Während er seine Arbeit fortführte, erzählte der Meister mit beträchtlichem Stolz den bisherigen Werdegang seines Gehilfen.

Domenico di Giacomo di Pace Beccafumi, so sein gesamter Name, wurde als Sohn des Bauern Giacomo di Pace 1486 in Montaperti bei Siena geboren. Beccafumi, der Dienstherr seines Vaters, kümmerte sich um ihn wie um seinen eigenen Sohn. Er erkannte früh dessen künstlerische Begabung und schickte ihn zu einem Künstler nach Siena. Schon nach recht kurzer Zeit konnte dieser Künstler ihm im konservativen Siena, wo man noch nach den Prinzipien der vergangenen Jahrhunderte malte, nicht mehr allzu viel beibringen. Daher hatte er ihn zu seinem Freund Franguinetti nach Rom geschickt.

Durch ihren intensiven Genuss der Kunst am Tage und der Liebe während der Nächte verging die Zeit für Luigi und Julia sehr schnell. Weiterhin ließ Julia nichts vom Fortgang ihrer persönlichen Angelegenheit verlauten. Doch aus ihrem Verhalten zwischen Erleichterung und Spannung spürte Luigi, dass sie Rom und damit auch ihn bald verlassen würde. Inzwischen war aus Julius längst Julia geworden. Ihre Wirtin hatte sich so sehr an die Eintracht der beiden gewöhnt, dass sie die Verwandlung zur Weiblichkeit sogar als moralische Erleichterung hinnahm.

Luigis Ahnung der baldigen Trennung verstärkte sich, als man erfuhr, dass Cesare Borgia außerhalb Roms in Schwierigkeiten geraten war. Daraus, so sagte man, könne ihn nur päpstlich-väterliche Hilfe retten. Das Ende ihrer gemeinsamen Zeit deutlich vor Augen, führte Luigi sie wieder vor die Fresken der heiligen Katharina. Gerade, als er ihr sein Herz öffnen wollte, wurden sie, wie beim ersten Beisammensein an diesem Ort, erneut gestört. Auch wenn diese Unterbrechung fast geräuschlos vonstattenging – Julia hatte das leise eintretende Paar nicht einmal bemerkt – traf sie Luigi bis in sein tiefstes Inneres. In dem Moment, als er das Paar bemerkte, wurde ihm die Luft zum Atmen knapp. Julia brachte seine Atemnot erst mit den eingetretenen Besuchern in Zusammenhang, als sie sah, wie Luigi diese junge Frau anschaute, die Arm in Arm neben einem um einige Jahre älteren Mann von stattlicher Statur in gepflegter Kleidung stand. Luigis Körper durchzuckte ein heftiges Zittern, das sich erst wieder legte, als er Julias beruhigenden Händedruck spürte.

Jetzt hatte auch Donna Anna Luigi erkannt und ihm ihren Begleiter vorgestellt, als ihren Verlobten, den römischen Baumeister Flavio Bratoni. Aus der Art, wie Bratoni ihn betrachtete, hatte seine Braut offensichtlich von ihm erzählt. Sie schien erleichtert, Luigi in Begleitung einer Frau zu sehen, und lud beide zu ihrer bevorstehenden Hochzeit ein.

Luigis Herz schlug immer noch heftig, als er mit Julia die Kapelle wieder verlassen hatte. Erst in der nahe gelegenen Kirche Quattro Coronati kam er wieder zu Atem. Kaum, dass sie sich nach Momenten der Stille in der Kapelle des heiligen Silvester im Kreuzgang der Kirche niedergesetzt hatten, spülte ein Fluss von Tränen die Worte über die vergebliche Liebe zu dieser Frau aus seiner verletzten Seele.

In der folgenden Nacht, die eine ihrer letzten werden sollte, begehrten und verzehrten sie sich, als gelte es alle Liebe dieser Welt vorwegzunehmen und zugleich nachzuholen. Julia erkannte in Luigis Liebesdrang, dass er nicht sie meinte, sondern die schöne junge Braut Donna Anna. Daher gab sie ihren heimlichen Wunsch auf, ihn zum Verlassen Roms zu bewegen. Manchmal hatte sie ihren Träumen erlaubt, mit ihm fernab dieser Stadt ein neues gemeinsames Leben zu erhoffen. Doch was konnte sie dieser tiefen Liebe zu jener anderen Frau entgegensetzen?

DOMENICOS ZIMMERSUCHE

Schon am nächsten Tag zog Domenico seinen neuen Anzug an, als er mit Angelo Clemenza, dem Büroleiter der italienischen Filiale seines deutschen Arbeitgebers, verabredet war. Auf dem Weg dorthin suchte er das Vermittlungsbüro auf, das ihm seine Unterkunft vermittelt hatte. Dort erfuhr er, dass in den nächsten Tagen sein neuer Mitbewohner eintreffen würde. Hoffnungen auf ein Einzelzimmer machte man ihm nicht. Schon sein jetziges Quartier kurzfristig vor Semesterbeginn zu finden, wäre schwer genug gewesen.

Auch Clemenza, mit dem er beim Mittagessen die wichtigsten Angelegenheiten über seinen Studienaufenthalt in Rom besprach, fragte er nach einer anderen Unterkunft. Doch der machte ihm noch weniger Hoffnung. Trotz steigender Nachfrage würden in Rom zu wenig neue Wohnmöglichkeiten für Studenten geschaffen. Dafür wies er Domenico einen komfortablen Arbeitsplatz mit Internetanschluss einer Halbtagskraft zu, den er regelmäßig an Nachmittagen nutzen könne.

EINE RÖMISCHE HOCHZEIT

Als Julia den genauen Zeitpunkt ihrer Abreise aus Rom verkündete, verabredeten sie, gemeinsam zur Hochzeit von Donna Anna zu gehen. Luigis Erleichterung darüber spürend, hatte sie ihre strengen Vorsichtsmaßnahmen bezüglich ihrer Entdeckung hintangestellt. Ein wenig zu voreilig, wie sich bald zeigen sollte.

Wären sie das Brautpaar gewesen, hätte Luigis Aufregung nicht größer sein können, als sie Arm in Arm die Basilika San Clemente al Laterano betraten. Ihm war nicht einmal bewusst, welches Privileg ihm und Julia zuteilwurde, als sie in der Selbstverständlichkeit eines Ehepaares zu denen gehörten, die an der feierlichen Vermählung teilnehmen durften. Während der Hochzeitszeremonie sprangen Luigis Gedanken immer wieder zum damaligen Gottesdienst, den er genau in dieser Kirche als ferner Zuschauer beobachtet hatte. Erst mit dem deutlich gesprochenen eheschließenden Ja des Brautpaares kehrten seine Gedanken in die Gegenwart zurück.

Als man zur anschließenden Hochzeitsfeier vor dem Haus von Donna Annas Familie angelangt war, wurden seine Gefühle noch einmal besonders gefordert. Diese Tür, die bislang sich immer vor ihm geschlossen hatte, diesmal zu durchschreiten, verlangte einen Moment der Überwindung. Von vorne mit Donna Annas freundlicher Aufforderung gezogen, hinten von Julia leicht geschoben, vermischte sich im Haus die Unsicherheit schnell mit dem fröhlichen Treiben der großen Festgesellschaft. Dass sich zu diesem wichtigen Anlass die bessere römische Gesellschaft traf, bemerkte Luigi sofort an dem gesamten Erscheinungsbild der Gäste. Beinahe jeder schien sich durch sein extravagantes Auftreten in den Mittelpunkt stellen zu wollen. Niemand wollte hinter dem Anderen zurückstehen. Einigkeit herrschte jedoch darüber, dass die Eltern der Braut fast schon zu lange deren zögern zu dieser Vermählung geduldet hatten. Jetzt endlich hatte sie es mit ihrem ungewöhnlich leise gesprochenen Ja-Wort ermöglicht, Vertreter zweier bislang rivalisierender Künstlerzweige Roms zu verbinden. Hier die Künstler- und Malerfamilie Cristoforo Fini, dort die Bratonis als Vertreter der aufstrebenden Zünfte der

Baumeister. Luigi vernahm in diesem Zusammenhang öfters den Begriff der Vernunftliebe. Jetzt, da seine Liebeswunden langsam dabei waren zu vernarben, konnte er Donna Annas Gründe für die Abweisung seiner Liebe verstehen. Was hätte er in diese Ehe mit einbringen können? Ganz sicher hinterlässt eine solche Vernunftehe nicht derart tiefe Spuren in einer Seele, wie er sie noch deutlich fühlte.

Im Laufe des Abends wurde Luigi den Eltern der Braut und anderen Familienmitgliedern vorgestellt. Einige von ihnen kannte er bereits aus Donna Annas lebhaften Erzählungen während ihrer früheren Treffen. Luigi und auch Julia wurden höflich zwar, jedoch mit geziemlicher Gleichgültigkeit begrüßt. Der Palazzo der Familie Cristoforo Fini war um vieles größer, als es von außen den Anschein hatte. So verloren sich die immer zahlreicher eintreffenden Gäste schnell in den festlich geschmückten Räumen. In dem einen bestimmte lebhafte Musik, zu der auch getanzt wurde, die Stimmung, in anderen dagegen genoss man die Ruhe zu Gesprächen. Julia, selbst in gesellschaftlichen Dingen bewandert, klärte Luigi auf, dass derartige Anlässe stets willkommen sind, um wichtige geschäftliche Absprachen zu treffen und Aufträge zu vergeben. Doch selbst sie war erstaunt, dass sich in Rom die ehrgeizigen Geschäftsleute kaum von den einflussreichen Künstlern und Baumeistern unterschieden.

Bei einem zufällig mitgehörten Gespräch erlebte Luigi das interessante Wechselspiel eines dieser Geschäfte. Ein Bankier beauftragte einen Künstler mit der Fertigung eines Familienportraits. Der Künstler beauftragte daraufhin ihn, den ohne Feilschen festgelegten Künstlerlohn profitabel anzulegen. Das per Kopfnicken abgeschlossene Geschäft mit offensichtlichem Gewinn für beide Seiten wurde mit einem Glas auf das Wohl des Brautpaares besiegelt. Luigi staunte, als der Künstler ihn freudig begrüßte. Er musste genauer hinsehen, um den Künstler Geraldo Franguinetti aus der Kirche zu erkennen, der so anschaulich seine Kunst demonstriert und erläutert hatte.

Wie anders wirkte Geraldo in seiner festlichen Kleidung, die ihn sogar beinahe schlank aussehen ließ. Wie bei seiner Arbeit war er auch hier in bester Stimmung und erläuterte – in seiner ausführlichen

Lebendigkeit – wie wichtig für einen Künstler in Rom das öffentliche Erscheinungsbild sei. So sei es üblich, in das Künstlerhonorar von vornherein einen gewissen Anteil einzurechnen, um diesem Erscheinungsbild zu entsprechen. Dies betraf die Kleidung, aber auch die gesellschaftlichen Anlässe, die man abwechselnd auszurichten hatte. Im Vertrauen erwähnte Franguinetti, dass einige Künstler in Rom nicht wegen ihrer Künste berühmt waren, sondern wegen ihrer Berühmtheit. Wenig später trat ihm eine schöne, etliche Jahre jüngere Frau zur Seite, die er mit deutlichem Stolz als seine Ehefrau Franka vorstellte. Ihre Kleidung und ihr dezent-teurer Schmuck ließen vermuten, dass die Ausgaben für ihr Äußeres die Preise für Franguinettis Kunstwerke nicht unerheblich erhöhten.

Dass er seinen künstlerischen Erfolg in Rom zu großen Anteilen den Geschicken seiner umtriebigen Gattin Franka verdankte, war ein offenes Geheimnis in Rom. Ihr persönlicher Charme und ihre natürliche Ausstrahlung, mit der sie an diesem Abend die Männer verzauberte, verdeutlichten dies mehr als alle Erzählungen, die man darüber hörte. In ihren Worten, mit denen sich die Künstlergattin am lebhaften Gespräch beteiligte, versank alsbald auch Luigi. Wortlos. Denn niemals würde er sich getrauen mitzureden über die Entwicklung der schönen Künste zu jener Zeit.

Die meisten der Gäste waren der Ansicht, dass sich die Kunst an andern Orten als in Rom besser zu entwickeln schien. So schwärmte man von Mailand, Venedig und vor allem von Florenz. Gerade in jener Stadt, in der sich dank großzügiger Kunstförderer namhafte Künstler sammelten, hatte man sich der Wiederbelebung des klassischen Altertums verschrieben. Als wohl wichtigste Kunstförderer nannte man die Medici. Eine Familiendynastie, die erst über ihren Reichtum, später dann über ihr geschicktes Taktieren und strategisches Heiraten über viele Jahre nicht nur die Republik Florenz beherrschte. Luigi wusste von seinem Bruder, dass die Medici 1494 bei der Errichtung von Girolamo Savonarolas Gottesstadt aus Florenz vertrieben worden waren. In dieser Gesprächsrunde sprach man vor allem von Lorenzo de' Medici, genannt ‚il Magnifico', der Prächtige, dessen Mäzenatentum größte Anerkennung fand. Besonders

Franka Franguinetti schwärmte von einem jungen Künstler, der angeblich aus Lorenzos Bildhauerschule in den Medici-Gärten hervorgegangen war: Michelangelo Buonarroti, den sie kennen gelernt hatte, als er einige Zeit in Rom gearbeitet hatte. „Nie sah ich ein vollkommeneres Kunstwerk als seine Pieta. Doch entgegen meinem Rat hat der Künstler Rom nach fünf Jahren wieder verlassen." In ihrer Traurigkeit darüber schien Franka es mit Maria aus Michelangelos Pieta aufnehmen zu wollen.

Die wenigen Male, die Luigi gewöhnlich dem Wein zusprach, hatten sich bisher in seinem Leben auf einige Treffen mit Gianni beschränkt. Bei dem sehr lockeren Umgang mit dem anregenden Getränk auf dieser Hochzeitsfeier hätte er sicher bald die Grenzen der Kontrollierbarkeit erreicht, wie man alsbald an seinen geröteten Wangen erkennen konnte. Zum Glück befand er sich zu dem Zeitpunkt, der nun Erwähnung finden muss, noch im Zustand einer wachen Empfindung. Dennoch war es Julia, die als erste die aufdringlich-laute Stimme erkannte, die plötzlich den Raum füllte.

Luigi fuhr der Schrecken erst in die Glieder, als seine Begleiterin zitternd seine Hand umfasste. Doch für eine Flucht war es zu spät. Denn schon stand Cesare Borgia inmitten der Gäste, die sich im Glanz der Künstlergattin Franka Franguinetti unterhielten. Luigi hatte den Schreck der Begegnung schneller überwunden als Julia, was seine Fähigkeit zeigte, sich unmittelbar an gegenwärtige Situationen anzupassen. Während Borgia dem Alkohol kräftig zusprach, verzichtete Luigi ab sofort auf jedes ihm angebotene Getränk. Auch wenn das Gespräch immer noch um die Welt der Künste und Künstler geführt wurde, nutzte Borgia jede Gelegenheit, die Aufmerksamkeit von Franka Franguinetti auf sich zu lenken. Diese jedoch ließ ihm durch geschickt geführte Worte keinen Raum für sein dreistes Werben. Indes blieb sie dabei derart unverbindlich, dass er seine Erfolglosigkeit nicht wirklich wahrnahm. Luigi war von ihrem gewagten Spiel so gefesselt, dass er eine Weile brauchte, um Julias verzweifelten Wunsch zu erkennen, die Gesellschaft und damit vor allem Borgias Nähe schnellstmöglich zu verlassen. Aber offenbar war auch Franka sich ihres riskanten Spiels bewusst geworden. Sobald Borgia ihre Zurückweisung bemerken sollte, drohte ihr und ihrem Gatten möglicherweise große Gefahr. Gedankenschnell ergriff Franka eine sich plötzlich bietende Gelegenheit, die Runde zu verlassen. Dabei reagierte sie einen Wimpernschlag schneller als Luigi.

Nach ihrem plötzlichen Abschied wandte Borgia sein noch nicht befriedigtes Geltungsbedürfnis nun Julia zu. Diese Gelegenheit wiederum nutzten andere Gäste, um sich ebenfalls zu verabschieden. Plötzlich fanden sich nur noch Luigi und Julia Cesare gegenüber. „Die Frauen in Rom kommen, die Frauen in Rom gehen", kommentierte Cesare die Verkleinerung der Gruppe. Luigi spürte Julias zunehmende Angst. Auch Borgia schien dies zu spüren, was sein Geltungsbedürfnis indes nur anstachelte. Denn sogleich führte er seine Rede umso dreister fort: „Aber die klügsten Frauen Roms bleiben dort, wo die wichtigen und wirklichen Männer sind. Wie, sagtet Ihr gleich noch, war Euer Name?"

Nicht nur Luigi fühlte sich augenblicklich in die Situation jener blutigen Nacht zurückversetzt. Nur dass in diesem Augenblick sie weder Dunkelheit noch ein Strauch schützten. Doch anders als damals, als Borgias schemenhafte Umrisse ihn übermenschlich groß erscheinen ließen, stand er nun als gewöhnlicher Mensch vor ihnen. Wenngleich sich seine enorme Körperstärke deutlich zeigte, hatte ihn doch Franka zuvor in seine Schranken gewiesen. Nun soll Luigis Mut nicht überbewertet werden. Nur zu nah hatte er erlebt, zu welcher spontanen Gewalt dieser Mann fähig war. Dennoch hatte Luigis Denken eine ungewohnte Kühnheit erlangt, begünstigt von der verführerischen Wirkung des Weines, die für diesen Augenblick seine Worte beschleunigte, als er statt Julia antwortete: „Da ich Eure Aussage über die wichtigen Männer nicht auf mich beziehen kann, möchte ich Euch bitten, mir Euren Namen zu nennen."

Borgia schien von diesen Worten derart überrascht, dass er nicht gleich antwortete. Luigi nutzte diese Pause, seinen Worten etwas von dem Schwung zu nehmen, der ihn nun doch selber erschreckt hatte. Zu seinem Glück war in jenem Moment einer der Bediensteten mit gefüllten Weingläsern in unmittelbarer Nähe. Schnell griff er zwei

Gläser, von denen er eines direkt Borgia reichte, bevor er weiter zu ihm sprach. „Doch sicher fiel Euer Namen zuvor, ohne dass ich ihn vernommen habe. Meine unbedeutende Stellung berücksichtigend, verzeiht mir bitte mein Unwissen über Eure Person."

Mit einem kräftigen Schluck spülte Borgia den kurzen Moment der Irritation hinunter. „Offenbar seid Ihr wahrlich mit dem Leben und den Persönlichkeiten Roms nicht vertraut. Sonst hättet Ihr Euch für Euer kühn geführtes Wort verantworten müssen. Irgendwie scheint mir, als wäre ich unserer schönen Dame bereits begegnet. Was Eure Ahnung betrifft, trügt sie Euch nicht. Denn in dieser Stadt bin ich, Cesare Borgia, kein Unbekannter."

In seiner Eitelkeit wandte er sich nun wieder Julia zu, in sicherer Erwartung ihres ehrfurchtsvollen Blicks. Doch wieder lenkte Luigi die Aufmerksamkeit auf sich. „Der Sohn von Papst Alexander VI., verzeiht, dass ich Euch nicht erkannt habe."

Jetzt endlich fühlte Cesare sich zumindest von diesem unscheinbaren Jüngling angemessen bewundert. „Cesare Borgia, Generalkapitän von Rom und Garant von Ruhe und Ordnung in dieser unserer Stadt."

Viel zu lange hatte er an diesem Abend auf eine Gelegenheit gewartet, sich entsprechend darzustellen. So schien es ihm offenbar nicht mehr ganz so wichtig, dass die Bewunderung nicht von der Frau ausging. Hinzu kam, dass Luigi ihn mit einem neuen Glas Wein versorgt hatte. Bevor Cesare wieder mit seiner dreisten Werbung um Julia beginnen konnte, griff Luigi das Thema auf, das zuvor geführt worden war. Es ging um die Bedeutung der Kunst und der Künstler in einer Stadt wie Rom. Geschickt nahm er Frankas Behauptung auf, der Papst müsse sich als Förderer der Künste und Künstler besonders engagieren. Als solcher solle er in Rom Zeichen setzen. Wie erhofft, stimmte Cesare nun voll in dieses Thema ein. Sein Vater als gebürtiger Spanier sehe genau hier seine Verpflichtung als Papst den Römern gegenüber. Geschickt zog Luigi Cesare in ein Gespräch über die sich verändernde Welt. Als Beispiele nannte er den Fall von Konstantinopel im Jahre 1453 und die sich ändernden Machtverhältnisse in Spanien, Frankreich, England, Deutschland und zunehmend auch in Italien. „Ja, die weltliche Macht formiert sich immer wieder neu. Leider zum Teil auch gegen den Papst", nahm Borgia den ausgelegten Faden auf und sprach schwungvoll weiter. „Es ist so, dass neue Länder entdeckt werden, es ist so, dass einige verirrte Astronomen nicht mehr die Erde als Mittelpunkt des Universums sehen wollen. Aber der Papst ist Mittelpunkt der christlichen Welt und Papst Alexander wird dafür sorgen, dass es so bleibt. Und wir, die Familie Borgia, werden ihn dabei unterstützen. Der Papst erhält seine Befehle nicht von weltlichen Herrschern. Er verantwortet sich allein und nur vor Gott."

Luigi unterbrach Cesares Redeschwall lediglich, indem er ihn ein weiteres Mal mit Wein versorgte. Er spürte deutlich Julias Erleichterung darüber, dass dieser über die Begeisterung an seinen eigenen Worten ausreichend von ihr abgelenkt war.

„Der Papst erhält durch sein Amt die Göttliche Kraft auf Erden. Und auch ich, sein Sohn, spüre sie und weiß dadurch, was Gottes Wille ist. Und diese Kraft wird die Menschen in aller Welt vom Christentum überzeugen. Wer diese göttliche Kraft spüren will, der muss wie ich den Heiligen Vater leibhaftig im Vatikan erleben."

„Und Ihr hättet die Möglichkeit, mir solch ein Erlebnis zu verschaffen?", schob Luigi schnell in die Sprechlücke, in der Cesare sein eigenes Pathos genoss und dabei sein Glas leerte. Dabei versuchte er so wenig Aufregung wie möglich in seine Stimme zu legen. Als Cesare sich nun in seiner ganzen Wichtigkeit vor ihm aufzubauen anschickte, war dies eine gute Gelegenheit, die schreckensbleiche Julia unter einem Vorwand fortzuschicken. Aus sicherer Entfernung, dennoch voller Angst, sah sie zu, wie Cesare seinen kräftigen Arm auf die schmächtigen Schultern seines geduldigen Zuhörers legte, während er gewichtig auf ihn einredete. Luigis Beteiligung an dem Gespräch beschränkte sich auf zustimmende Gesten. Aus der Ferne schien es Julia, als würde die Gestalt von Cesare immer größer, während Luigi neben ihm in Unscheinbarkeit zu versinken schien. Sie atmete tief durch, als sich Cesare verabschiedete und mit stolzer Brust leicht schwankend den Raum verließ. Bald darauf verabschiedeten sich auch Julia und Luigi. Franguinetti wollte diesem frühen Abschied erst nach der Zusicherung zustimen, einander alsbald wieder zu treffen. „Spätestens zu Eurer eigenen Hochzeit", wie er mit aufmunterndem Blick ergänzte.

Zurück in ihrem Zimmer versuchte Julia Luigi sein gefährliches Vorhaben auszureden, über Cesares Protektion zum Papst zu gelangen. „Du begibst dich direkt in die Höhle des Löwen. Sobald du sein Misstrauen entfachst, wird man dich mit eingeschlagenem Schädel aus dem Tiber fischen."

„Du hast Recht, es ist ein gefährliches Spiel. Um den Papst von meiner Höheren Aufgabe zu überzeugen, muss ich jedoch zu ihm vordringen. Für einen Rückzug ist es zu spät. Denn damit würde ich mich erst recht verdächtig machen."

Julia spürte seine Entschlossenheit, dennoch wollte sie nicht aufgeben. „Diese Höhere Aufgabe, wie du sie nennst, kann dir nicht mehr bedeuten als dein Leben. Und es gibt sehr wohl einen Ausweg. Verlasse mit mir diese finstere Stadt, bevor auch dein Blut hier vergossen wird. Alle meine Angelegenheiten konnte ich erledigen. Morgen schon werde ich Rom verlassen."

Luigi war zutiefst von Julias Anteilnahme und der zu erwartenden Trennung bewegt, als er ihr antwortete: „Nichts wünschte ich mir in diesem Moment mehr, als für immer in deinen Armen zu liegen und von nichts anderem zu träumen als von der Liebe."

Julia wusste zu genau, mit welcher Einschränkung diese Worte verknüpft waren, obgleich sie nicht ausgesprochen wurde. Dennoch sprach sie tapfer weiter: „Ich weiß, deine Liebe zu mir hat noch nicht das Feuer, um dein Herz dauerhaft für mich zu erwärmen. Vielleicht werden wir mit der Zeit die Liebe füreinander finden, die dir und deinen Möglichkeiten zu lieben zusteht. Doch selbst wenn du dich nicht an mich binden willst, bitte ich dich dennoch, von hier fortzugehen. Wenn nicht der Liebe, dann deines Lebens wegen."

Luigi konnte trotz der Dunkelheit ihre Tränen spüren. Dennoch wies er ihr Ansinnen sanft zurück. „Deine Liebe zu mir spüre ich deutlich. Auch hast du Recht, dass sie nicht bis in die Tiefe meines Herzens dringt. Der Platz dort ist noch nicht bereit, selbst für eine so großartige Frau, wie du es bist. Was meine Höhere Aufgabe und mein Leben betrifft, ist beides eng verknüpft miteinander. Und beides ist fest verankert mit Rom, die Stadt, die nicht ich gewählt habe, sondern die mich über meine Höhere Aufgabe gefunden hat. Keine Gefahr und keine Macht können mich vertreiben. Dies ist die Stadt, aus der ich meine Kraft ziehe, und hier werde ich vermutlich sterben. Gleichwohl tue ich alles, um so lange wie möglich am Leben zu bleiben. Allein um meine Höhere Aufgabe zu erfüllen, benötige ich noch einige Jahre Kraft und Leben. Dabei werde ich immer dankbar sein für das Geschenk deiner Liebe."

Als er am frühen Morgen erwachte, war Julia bereits fort. Noch deutlich spürte er ihre Nähe aus der vergangenen Liebesnacht, der sie sich ein letztes Mal hingegeben hatten.

DOMENICO WIRD TRAUZEUGE

Da Carlotta Barbaras Trauzeugin war, wurden sie und Domenico am Morgen der Hochzeit vom Chauffeur der Familie Fabello abgeholt. In der bereits für die Hochzeit geschmückten Stretchlimousine fühlten sie beide sich beinahe wie das Brautpaar. Dies glaubten auch die vor der Fabello-Villa wartenden Paparazzi, die hektisch ihre Kameras in Anschlag brachten. Domenico und Carlotta spielten ihre Rolle wirklich gut, wie sie Arm in Arm und gemessenen Schrittes, huldvoll links und rechts grüßend, an den wild fotografierenden Paparazzi vorbei gingen. Erst als am Eingang der Villa das falsche von dem echten Brautpaar Barbara und Fabricio lachend begrüßt wurde, bemerkten die Fotografen ihren Irrtum. Als Fabrizio ihre aufkommende Wut darüber spürte, sprach er sie freundlich an. „Signori, entschuldigen Sie bitte den spontanen Scherz. Wenn Sie möchten, können Sie einige Fotos von meiner Braut und mir zusammen mit unseren beiden Trauzeugen machen."

Domenico glaubte sich verhört zu haben. Doch da stand Fabricio schon neben ihm. Während er freundlich in die Kameras lächelte, legte er seinen den Arm um seine Schulter. „Entschuldige, wenn ich dich damit überfalle. Mein Bruder, der mein Trauzeuge sein sollte, steckt im New Yorker Nebel fest. Barbara und ich möchten, dass du mein Trauzeuge wirst." In der Selbstverständlichkeit, mit der Fabricio ihn gefragt hatte, als wären sie alte Freunde, nahm er ohne zu zögern an. Die Gelegenheit abzulehnen hatte er sowieso nicht mehr. Denn in der Kürze der Zeit hatten die Fotografen bereits so viele Fotos gemacht wie sonst nur bei Staatsbesuchen. So jedenfalls kam es Domenico und Carlotta vor. Und es gefiel ihnen, sich wie Promis zu fühlen.

Als sie die Fabello-Villa betraten, verstand Domenico, was Carlotta bei ihrer Beschreibung der Familie gemeint hatte. Geschmackvoller Reichtum statt Prunk, Protz und Prahlerei. Neben der Architektur und der Einbettung in die Umgebung, überwältigte ihn die gesamte Einrichtung. Beginnend mit der großen Eingangshalle, setzte sich der Stil in allen Räumen fort. Wertvolle antike Stücke teilten sich den

Raum mit Designermöbeln, als wären sie, mehrere hundert Jahre ignorierend, zum Nebeneinander geschaffen worden. Was für die Tapeten, die Decken und die Fußböden galt, setzte sich bei den Bildern und Gemälden fort. Er sah Werke von Roy Lichtenstein und Gerhard Richter neben einer Aphroditestatue, neben Werken eines wahrscheinlich unbekannten Graffiti-Künstlers nahm er ein römisches Mosaik wahr. Jedes Teil hätte für sich alleine schon spektakulär gewirkt. Doch die Selbstverständlichkeit, wie sich alles ergänzend ineinander fügte, wirkte nach kurzer Zeit sogar für Domenico normal.

Bestätigt wurde dies durch das natürliche Verhalten der übrigen Gäste und der nach und nach eintreffenden Familienangehörigen. In besonderer Weise betraf dies auch die Bediensteten. Sie wurden immer erst wahrgenommen, wenn man sich ihre Hilfe wünschte. Als Domenico sich, Carlotta und das Brautpaar zwischendurch in einem Spiegel sah, kam es ihm fast vor, als sei er sein eigener Darsteller in einem Traum oder Film. Ein ähnliches Gefühl einer zweiten, parallelen Realität hatte er vor ein paar Tagen bei der Anprobe seines Anzugs.

Welcher Herausforderung er mit der Aufgabe des Trauzeugen zugestimmt hatte, wurde ihm bei der Schnellunterweisung der Hochzeitszeremonie klar. In seiner Aufregung verpasste er fast alle seine Einsätze, um am Schluss sogar einen der wertvollen Trauringe fallen zu lassen. Fabricios Gelassenheit gegenüber diesem Missgeschick gab Domenico jedoch die Sicherheit, die feierliche Hochzeitszeremonie in der Kirche Sant'Andrea al Quirinale mit absoluter Bravour zu bestehen. Auch die Hochzeitsfeier im Schloss der Familie Fabello hätte selbst Hollywood nicht eindrucksvoller inszenieren können.

EIN GEFÄHRLICHER PLAN

„Luigi, was hat den Leichtsinn in dir geweckt, dich mit Cesare Borgia zu messen? Hattest Du zu viel Wein getrunken? Hat die Aufmerksamkeit der schönen Frauen Roms dich übermütig gemacht?", brach es aus Gianni heraus, nachdem ihm sein Bruder das mit Cesare geführte Gespräch geschildert hatte. „Du forderst ihn heraus, indem du dir über ihn Einlass in den Vatikan verschaffst? Julia hatte Recht. Du bringst dich damit in größte Gefahr."

„Uns, lieber Bruder. Denn auch dich habe ich in die Einladung eingeschlossen."

Gianni erschrak nicht einmal bei dem Gedanken den gefährlichen Weg in den Vatikan mitzugehen. Um wie vieles größer wäre seine Sorge, den Bruder alleine in dieser Gefahr zu wissen. So blieb die Möglichkeit, einander bei Gefahr beizustehen. Doch wer sollte sie vor Cesares Zorn retten? Es klang ein wenig Hoffnung mit, als er bemerkte, Cesare habe sein im Rausch gemachtes Versprechen sicher längst vergessen. Doch Luigi widersprach ihm mit einem versteckten Lächeln.

„Gefehlt, lieber Bruder. Schon am nächsten Tag hat er mir durch einen Boten die genauen Umstände mitteilen lassen, wann und wie genau wir im Vatikan Einlass erhalten."

„Er weiß jetzt, wo er dich finden kann!? Luigi, ich zweifele immer mehr an deinem Verstand."

„Wieder triffst du eine falsche Annahme. Der Bote hinterlegte die Nachricht bei Donna Anna. Von ihr habe ich sie erhalten."

Die Brüder diskutierten noch eine Weile recht lebhaft. Doch musste Gianni akzeptieren, dass sie in drei Tagen den Papst im Vatikan aufsuchen würden. Und falsch waren Luigis Darlegungen nicht. Schließlich hatte er, Gianni, den direkten Weg zum Papst vorgeschlagen, um die Höhere Aufgabe durchzuführen. Diese Gelegenheit auszulassen, hieße lediglich die Konfrontation aufzuschieben. Wenngleich sie der päpstlichen Macht Alexanders und der Gewaltbereitschaft seines ungestümen Sohnes nichts entgegenzusetzen hatten als ihren entschlossenen Mut. „Warum mühsam nach Wegen, suchen dieses komplizierte Geflecht zu durchdringen, mit dem der Papst sich umgibt? Cesares Großspurigkeit war der beste Türöffner. Nun gilt es noch festzulegen, wie wir Papst Alexander überzeugen können, diese Kirche zu bauen. Auch hier sollen uns Cesares großspurige Worte helfen."

Gianni ergab sich nun endgültig den Argumenten seines Bruders und wartete geduldig, bis der nach einer ungewöhnlich langen Pause seine Überlegungen abgeschlossen hatte. Dabei baute Luigi sich in bedeutsamer Pose vor seinem Bruder auf. Jedoch erst, als Luigi dazu noch einen seltsamen Sprachduktus wählte, wurde klar, dass er Cesare Borgia imitierte. „Der Papst erhält durch sein Amt die Göttliche Kraft auf Erden. Und auch ich, sein Sohn, spüre sie und weiß damit, was Gottes Wille ist. Und diese Kraft wird die Menschen in aller Welt vom Christentum überzeugen. Wer diese göttliche Kraft des Papstes spüren will, der muss wie wir den Heiligen Vater leibhaftig im Vatikan erleben."

Wirkten Cesares Worte schon in dieser überzogenen Bedeutungsschwere übertrieben pathetisch, lösten sie, vom kleinen Luigi gesprochen, bei den Brüdern schallendes Gelächter aus. Nun ebenfalls Cesares Duktus nachahmend, sprach Gianni weiter. „Doch das Christentum und damit der Papst sieht sich einer veränderten Welt gegenüber. In Frankreich, Spanien und England haben sich mächtige Königreiche formiert, die immer mehr über kirchliche Angelegenheiten bestimmen wollen. Nach dem Fall Konstantinopels gewinnt der Moslem neuen Einfluss und neue Macht. Dem müssen Papst und Klerus entschlossen Sitte, Moral und Gerechtigkeit entgegen setzen."

Es dauerte eine Weile, bis die Brüder ihr Gespräch wieder einigermaßen ernst fortsetzen konnten, in dem nun Luigi wieder das Wort ergriff. „Viele Kritiker der Christlichen Kirche meinen, der Papst und seine Bischöfe setzten dem neuen Weltbild hauptsächlich Genusssucht, Lotterleben, Ämterkauf und Vetternwirtschaft entgegen."

„Mit dieser Meinung solltest du deinem neuen Freund Cesare Borgia und seinem Vater gegenüber sehr vorsichtig sein. Sie nähmen diese Worte sehr persönlich." Von Giannis guter Laune war nichts geblieben.

„Aber irgendwann muss man sich damit auseinandersetzen. Es reicht nicht, alle Menschen zu exkommunizieren, ihnen Predigtverbote zu erteilen oder sie gar zu verbrennen, nur weil sie Ungerechtigkeiten aufzuzeigen, die es auch in der christlichen Welt gibt. Selbst wenn einige Kritiker ihre eigenen Machtinteressen verfolgen und sich als Hassprediger gebärden. Hass und Gegenhass schaffen neue Wut und Gewalt unter den friedlichen Gläubigen." Luigi hatte nun auch sich selbst in Wut geredet, atmete dann jedoch tief durch und fuhr ruhiger fort. „Doch jetzt gilt es erst einmal, den Papst von meiner neuen Idee zu überzeugen. Dabei ist sie nicht einmal neu und auch nicht von mir. Man muss die Menschen mit Hilfe der Kunst und mit wissenschaftlichem Fortschritt überzeugen. Vielleicht hilft dies, eine neue, menschlichere Welt zu schaffen."

Er erzählte seinem Bruder ausführlich von den Gesprächen auf der Hochzeit, angereichert mit eigenem Wissen, das er sich zwischenzeitlich verschafft hatte. Er erzählte von den Künstlern und Wissenschaftlern, die Lorenzo de Medici um sich versammelt und mit ihnen Florenz zur Stadt der Künste und der Wissenschaft erhoben hatte. Dort entdeckte man das Wissen und die Ideen der griechischen Antike neu. Seit dem Fall von Konstantinopel brachten viele Wissenschaftler dieses Wissen nach Europa, das bislang im arabischen Byzanz bewahrt worden war. Auch Gianni hatte sich mit Gianfrancesco Poggio Bracciolini oder Niccolo Niccoli befasst, die aus Byzanz Werke griechischer und persischer Autoren mitgebracht hatten. Kürzlich hatte er versucht, einige davon in der Klosterbibliothek aufzustöbern. „Über die Wissenschaften, die Astrologie und die Philosophie begann in Florenz Girolamo Savonarolas Aufstand gegen die Kirchenmächtigen und das Bürgertum", gab Gianni zu bedenken. „Er führte einen richtigen Kreuzzug gegen die Künste und die Wissenschaft. Er selber nannte sich übrigens Buß- und nicht Hassprediger."

„Dann nenne ich ihn Wutprediger. Jedenfalls hat ihn der Papst verbrennen lassen!", entgegnete Luigi nun wieder aufgeregt. „Ihre Wut, die sie aufeinander hatten, kann ich zum Teil verstehen. Nicht jedoch ihren Hass, aus dem Savonarola Bücher und Kunstwerke verbrennen ließ und Kinder als ‚Schar der Engel' für seine Gewalt missbrauchte. Doch auch der Papst durfte ihn deshalb nicht verbrennen lassen so wie viele andere auch. Viele derer, die behaupten, Kunst und Wissenschaft stehen im Gegensatz zur Bibel, sind selber viel zu dumm, um darüber ihr Urteil abzugeben. Verbietet es die Bibel, selber zu lesen, zu forschen und das Leben und den Glauben zu hinterfragen? Niemand darf angeklagt oder getötet werden, nur weil er sich eigenen Gedanken hingibt."

„Und wie sind deine Gedanken, um den Papst zu überzeugen, diese Kirche zu bauen?", brachte Gianni das Gespräch an den Ausgangspunkt zurück.

„Um die Menschen vom Christentum zu überzeugen, reicht es nicht aus, ihnen mit der Hölle zu drohen oder sie auf ein nächstes Leben im Himmel zu vertrösten. Sie leben heute, wollen sich jetzt daran erfreuen. Der Mensch steht im Mittelpunkt des Lebens und des Glaubens. Doch dafür muss es für die Menschen einen Mittelpunkt geben, einen Ort. Diesen Ort, wo man sich trifft um deinen Gott zu preisen, gilt es zu schaffen. Erschaffe einen Ort." Obwohl Luigi diesen Satz zum ersten Mal ausgesprochen hatte, war er ihm vom ersten Moment an so geläufig, als wäre er schon immer in seinem Gedächtnis gewesen. Unbeachtet. „Erschaffe einen Ort! So soll es heißen", wiederholte Luigi beinahe trotzig und pustete damit die dicke Staubschicht von diesem Satz, die sich in der Zeit des Herumliegens gebildet hatte.

„Und dieser Ort liegt deiner Meinung nach in Rom." Giannis Betonung machte klar, dass dies seine Zustimmung war und keine Frage.

„Dieser Ort kann nur in Rom liegen", antwortete Luigi in ebensolcher festen Bestimmtheit. „Denn hierhin richtet sich der Blick der Welt. Der Blick der Christen, der Antichristen und der weltlichen Herrscher. Ja, sogar die Christen, die nach Ansicht einiger Kirchenmächtigen bereits abtrünnige Ketzer sind, blicken gespannt auf Rom. Ist es da wichtig, ob die Erde oder die Sonne der Mittelpunkt des Universums ist? Der Mittelpunkt der Christlichen Kirche ist Rom und damit der Papst. Und hier stimme ich meinem Freund Borgia zu." Luigis Überbetonung nach Cesares Art erheiterte Gianni erneut. „Denn über die Grenzen der weltlichen Mächte ist der Papst der unumschränkte Herrscher und der menschliche Mittelpunkt der Christlichen Kirche." So, als hätte er plötzlich seine Redekraft verausgabt, sprach Luigi jetzt sehr nachdenklich und kaum hörbar weiter. „Ob der Papst denn wirklich mit Gottes Macht ausgestattet ist, darüber kann ich nicht urteilen. Mir und uns geht es nur darum, hier in Rom mit dieser Kirche diesen Ort zu schaffen. Ein Ort für die Menschen, für die Kirche, für die Ewigkeit."

Von Luigis Nachdenklichkeit überrascht, verging etwas Zeit, bis Gianni seinen Bruder korrigierte. „Du hast in deinem Satz den Papst vergessen."

„Richtig. Also nochmal!" Luigi holte so tief Luft, wie es ihm nur möglich war, und baute sich vor seinem Bruder in seiner bescheidenen Größe auf und sprach ein letztes Mal in Cesares Art: „Erschaffe einen Ort. Für den Papst, für die Kirche, für die Ewigkeit!" Ernsthaft und konzentriert sprach er weiter. „Dieser Ort muss etwas Einzigartiges haben, etwas, was alle Menschen der Welt verstehen. Ein Kunstwerk in der Sprache der Architektur als einprägsames Bild. Und dieser Ort wird meine Kirche sein." Endgültig von seinen Worten und seiner Erregung ermüdet, schloss er seine Ausführungen ab: „Jetzt gilt es, den Papst zu treffen, um ihn von dieser Idee zu überzeugen."

DIE APOSTOLISCHE BIBLIOTHEK

Bei der Hochzeitsfeier machte Fabricio Domenico mit Ernesto Ferrari bekannt. „Ich denke, ihr beide solltet miteinander reden. Domenico hat ein ähnliches Problem wie du damals. Er ist sich nicht mehr sicher, was er mit seinem Architekturstudium anfangen soll."

Ernesto erzählte, dass er vor einigen Jahren kurz nach dem Abschluss seines Informatikstudiums dieselben Zweifel hatte wie Domenico. Dann hatte er seinen Freund und Lebensgefährten Riccardo Rocco kennen gelernt, dem er bei seiner Doktorarbeit als Kunsthistoriker geholfen hatte. Dabei fand er so viel Interesse an der Kunst, dass er selber Kunsthistorik studierte. „Damals eine ungewöhnliche Kombination, jetzt genau passend für das Projekt, in dem wir beide hoffentlich noch lange arbeiten dürfen."

„Was ist das für ein Projekt?"

„Der Online-Zugriff auf die Apostolische Bibliothek des Vatikans."

„Wow. Da prallen Welten aufeinander", bemerkte Domenico.

„Absolut. Ein höllisches Projekt, wenn ich das mal so ketzerisch sagen darf. Hewlett-Packard stellt die IT-Infrastruktur zur Verfügung, und der Vatikan erlaubt darüber den Online-Zugriff auf seine Kunstschätze von absolutem Weltrang."

„Was kann man sich bei euch alles ansehen?", fragte Domenico voller Neugier.

„Die Bibliothek umfasst etwa 1,6 Millionen Bücher aus den verschiedensten Fachbereichen. Neben Geschichte und natürlich Kunstgeschichte auch klassische Literatur und Philologie. Außerdem haben wir eine Sammlung von mehr als 8000 Einblattdrucken aus der Zeit vor 1500, dazu über 150.000 Manuskripte und Verzeichnisse, 300.000 Münzen und Medaillen und mehr als 100.000 sonstige Drucke. Was früher nur wenigen Experten und Wissenschaftlern zugänglich war, kann sich jetzt jeder von zuhause ansehen."

„Wahnsinn! Vor mehr als fünfhundert Jahren, als die Bibliothek von Papst Nikolaus gegründet wurde, noch unvorstellbar."

„Für mich als Kunsthistoriker bleibt die Technik auch heute noch unvorstellbar." Dies bemerkte Riccardo, Ernestos Freund, der mit drei Weingläsern zu ihnen gekommen war. Er machte auch den Vorschlag, Domenico in die Bibliothek einzuladen.

„Das genau ist es, was mein Prof meint, die Seele Roms zu entdecken. Ein Wohl auf die Wissenschaft!" Domenico prostete den beiden fröhlich zu und war kurz davor, ihnen von seinem Buch zu erzählen. Doch dazu kam er nicht mehr, weil Carlotta ihn auf die Tanzfläche zog.

IM VATIKAN

„Du sagtest, zweimal klopfen, eine Weile warten und dann nochmal klopfen und wieder warten. Schon vergessen, Luigi?" Gianni spürte, dass er es nicht vergessen hatte. Kurz zuvor hatte ihn noch die Entschlossenheit seines Bruders erstaunt, als sie beide die endlose Mauer absuchten. Sie hielt noch an, als sie endlich vor der unscheinbaren Tür ohne Griff und ohne Schlüsselloch standen. Doch plötzlich schien all sein Mut verflogen. Ohne Giannis Ermunterung hätte er sicher nicht das dritte Mal geklopft, um danach abzuwarten. Gerade als Luigi sich zu seinem Bruder umdrehte und mit den Schultern zuckte, vernahmen sie dieses nicht sehr laute, aber alles durchdringende Geräusch. Niemals hätten sie es mit dem Öffnen der Tür zum Vatikan, der Vertretung Gottes auf Erden, in Verbindung gebracht. Eher mit dem Tor zur Hölle.

Da Luigi augenblicklich den Kopf drehte, um dem entsetzten Blick seines Bruders in Richtung Tür zu folgen, konnte er nicht sehen, dass Gianni einen Schritt zurückgetreten war. Entgegen der Stärke des Geräuschs war die Tür nur sehr wenig geöffnet worden. Hinter einem kleinen Spalt lugten zwei eisgraue Augen unter buschigen Brauen hervor. Dahinter nichts als Dunkelheit.

„Ja", ertönte es mit krächzender Stimme dem verschreckten Luigi entgegen. Nur dieses Wort. Dabei war es so tonlos gesprochen, dass es weder als Aufforderung noch als Ablehnung zu deuten war.

„Wir werden erwartet. Genau zu dieser Stunde", fasste Luigi seinen ganzen Mut zusammen, gerade als der letzte Schlag der Glocke zur zwölften Stunde verklungen war.

„Erwartet", sagte die Stimme ebenso tonlos wie zuvor. „Dann sagt das Wort." Die Tür schien sich einen kleinen Spalt weiter zu öffnen und zu den Augen und den Augenbrauen wurde ein völlig kahler Schädel eines alten Mannes sichtbar. „Doch sprecht es leise. Rom hat tausend Ohren", sagte der Greis und schob ein kleines geschrumpeltes Ohr durch den Spalt.

Luigi spürte von hinten den kaum fühlbaren Stoß seines Bruders. Er beugte sich vor und flüsterte das vereinbarte Wort dem Alten ins

Ohr. Dabei schlug ihm aus der dunklen Tiefe ein kalter Luftzug entgegen.

„Heiliges Rom."

Noch kaum, dass Luigi diese Worte gesprochen hatte, wurde die Tür ganz geöffnet, ohne dass diesmal auch nur das geringste Geräusch zu hören war. Eine knochige Hand zog erst ihn, dann Gianni in die Dunkelheit. Als die Tür kurz darauf dumpf zufiel, umspannte sie tiefe Finsternis. Hatten sie abgestandene Muffigkeit erwartet, staunten sie über die kalte, aber klare Luft, die diese Dunkelheit füllte. Luigi suchte und fand die warme Hand seines Bruders, dessen Händedruck ihm Mut machte. In diesem Moment sahen sie einen schnell größer werdenden Lichtschimmer auf sich zukommen. Vor den verschreckten Brüdern stand plötzlich ein junger Mann im Priestergewand. Die helle Lampe schien auf sein freundliches, ehrliches Gesicht. Er begrüßte sie mit einer weichen Stimme: „Seid willkommen. Ich bin Henrique. Verzeiht die Dunkelheit. Das war Ismail, der Hüter dieser Katakomben. Obwohl er blind ist, verträgt er kein Licht."

Irritiert schauten die Brüder sich im hellen Lampenschein um, doch von dem Alten war nichts mehr zu sehen.

„Man hat mich von Eurem Kommen unterrichtet."

Die Brüder folgten ihm und dem Schein seiner Lampe durch einen niedrigen, langen Gang, bis sie vor einer Tür stehen blieben. Obwohl er unmittelbar hinter Henrique stand, konnte Luigi nicht sehen, wie dieser die Tür geöffnet hatte. Jedenfalls nicht mit einem Schlüssel, soviel zumindest hatte er bemerkt. Henrique trat einen Schritt zurück und wies die Brüder mit einer Handbewegung an, einen schlichten Raum zu betreten. Die überwiegend nüchterne Einrichtung und der große Schreibtisch, auf dem einige Schriften fein säuberlich nebeneinander lagen, deuteten darauf hin, dass sie ein Arbeitszimmer betreten hatten. Neben dem Schreibtisch und einigen Schränken voll mit Büchern war ein großer Paravent das auffälligste Möbelstück.

„Verzeiht die besonderen Umstände des Einlasses. Ihr kommt nicht auf dem gewöhnlichen Weg zur Audienz des Heiligen Vaters."

Während Henrique sprach, beobachtete Luigi, wie sich die Tür, von unsichtbarer Hand geführt, geräuschlos schloss und vollständig in der Tapete verschwand.

„Es gibt Wege im Vatikan, die man nur in eine Richtung geht." Henrique begleitet seine Worte mit einem kaum wahrzunehmenden Lächeln und wies auf eine kunstvoll verzierte Tür. „Der Heilige Vater betritt und verlässt von dort diesen Raum, den er nutzt, um sich vorzubereiten und seine Eindrücke zu sammeln. Er nimmt die privaten Audienzen sehr ernst."

Die Brüder folgten in die Audienzhalle, die über einen mehrfach verwinkelten Gang direkt mit dem Arbeitszimmer verbunden war. Dann blieben sie allein im Raum zurück, bis auch die übrigen Besucher zur Audienz kommen würden. Während Gianni sich beeindruckt im großen Saal umschaute, dachte Luigi schon weiter. „Da wir nicht allein mit dem Papst sind, können wir ihm kaum unsere Pläne erläutern. Also versuchen wir, nach der Audienz als letzte zurück zu bleiben, um mit ihm zu sprechen", schloss er seinen Plan ab.

Bis die übrigen Besucher hereingeführt wurden, zeigte nun auch Luigi sich tief beeindruckt von dem großen Raum, der auf eine besondere Art deutlich fühlbare Machtfülle ausstrahlte. Neben schweren, kunstvoll gewebten Wandteppichen schmückten zahlreiche Gemälde die Wände. Die Männer darauf schauten mit ernsthaften und bedeutungsvollen Gesichtern auf die Brüder. Die beiden Engel aus weißem Marmor schienen mit ihren Schwertern den offenen Durchgang zum Arbeitszimmer zu bewachen. Diese Atmosphäre umfing auch die übrigen Besucher, die nun hereingeführt wurden, und so wartete man gemeinsam und voller Ehrfurcht auf den Heiligen Vater. Luigi wird in den kommenden Jahren noch viele Male Audienzen bei Päpsten beiwohnen und sogar mit vielen von ihnen sehr private Gespräche führen. Doch dieses erste Treffen mit einem Papst umfasste ihn so tief, dass er regelrecht in eine Emotionsstarre verfiel. Auch später konnte er sich nicht an die kleinste Einzelheit dieser Audienz erinnern. Aus dieser Starre erwachte Luigi erst, als sein Bruder Gianni ihn anstieß.

„Jetzt!", zischte er. Der Papst hatte die Audienzhalle bereits verlassen, und der Sekretär drängte die Besucher, mit ihm den Saal zu verlassen. Luigis Plan zurückzubleiben schien in der allgemeinen Verwirrung aufzugehen. Hilfreich dabei war die Vorkehrung, einen Platz direkt am Durchgang zum päpstlichen Arbeitszimmer zu wählen, in dem die Brüder sich versteckten und geduldig warteten. Schon dachten sie, ihr Vorhaben sei gelungen, als sie hörten, dass die Tür zum Saal erneut geöffnet wurde. Hatte der Sekretär bemerkt, dass nicht alle Besucher den Saal verlassen hatten? Luigi legte sich schon eine Ausrede zurecht, als die Schritte sich näherten. Doch dann stoppten sie und man hörte das Geräusch der sich schließenden Tür. Sie atmeten tief durch. Die Vorsicht, sich in der zweiten Biegung des Gangs zu verbergen, hatte sich ausgezahlt.

Nach einer kurzen Zeit des Wartens gingen sie mit leisen Schritten durch den Gang zum Arbeitszimmer des Papstes. Der Heilige Vater saß an seinem Tisch mit dem Rücken zu ihnen, so dass er sie nicht bemerken konnte. Gerade als der nun endgültig aus seiner Starre erwachte Luigi sich mutig zu erkennen geben wollte, öffnete sich aus dem Nichts die unsichtbare Tür. Gedankenschnell zog Gianni Luigi hinter den Paravent. Ihnen erstarrte der Atem. Durch einen Spalt sahen sie, dass Cesare durch die Geheimtür eingetreten war.

Den Raum wieder unbemerkt zu verlassen, war nun nicht mehr möglich; denn Cesare hatte vor seinem Vater Aufstellung genommen und hätte gesehen, wenn die Brüder ihr Versteck in Richtung Gang verlassen hätten. Allenfalls wäre noch Zeit gewesen, sich ihnen beiden zu stellen. Doch der kurze Augenblick des Nachdenkens darüber machte diese Gelegenheit zunichte; denn Cesare begann sofort das Gespräch mit seinem Vater. Der schien nicht einmal überrascht über das plötzliche Erscheinen seines Sohnes.

„Nun muss ich, der eigene Sohn, mich heimlich zu meinem Vater schleichen. Zum Glück sind mir viele Wege hier bekannt."

„Hättest du dich aufgeführt, wie man es von einem Familienmitglied des Heiligen Vaters und von einem Bischof erwartet, hätte ich nicht für dich dieses Hausverbot im Vatikan erlassen müssen."

„Hätten wir Borgias uns immer so verhalten, wäret Ihr jetzt nicht der Heilige Vater."

Statt einer Antwort hob Alexander seinen Kopf und sah seinen Sohn mit eisigem Blick an. Mit ehrfurchtsvollerem Ton sprach dieser weiter. „Ihr wisst es genau, Heiliger Vater. Diese Mördergeschichten sind nichts als elende Verleumdungen, Verleumdungen der Feinde Roms und der Neider der Borgias." Alexander hatte sich von seinem Sessel erhoben und stand nun unmittelbar vor seinem Sohn. Obwohl er an Körpergröße hinter ihm zurückstand, wirkte er durch seine aufrechte Haltung und sein strahlend weißes Gewand mächtiger als dieser. Luigi dachte an Cesares Bemerkung über die göttliche Kraft des Papstes. Als Alexander einen Schritt auf seinen Sohn zuging, wich Cesare zwei Schritte zurück und wartete geduldig, bis sein Vater ihm nach einer bedächtigen Pause antwortete. „Wäre ich mir so sicher, wie du es mir einreden willst, ich würde unverzüglich den Bann aufheben. Doch finde ich nur den kleinsten Beweis, dass du deinen eigenen Bruder ermordet hast, lasse ich dich in den finstersten Kerker werfen." Der Papst ging zurück zu seinem Arbeitstisch, während er weitersprach. „Doch darüber haben wir genug gestritten. Sag, was dich zu mir führt. Immer, wenn dein Besuch überraschend kommt, suchst du Schutz hinter dem breiten Körper des Papstes." Hatte die Körperhaltung des Papstes sich kurz zuvor wieder entspannt, gewann sie augenblicklich wieder eine entschlossene Festigkeit. „Verlangst du Wichtigeres von mir, als einer deiner Verhältnisse zu einem zweifelhaften Weib oder einem Bastard meinen Segen zu erteilen, sprich es aus, die Zeit drängt."

Cesare schien seinen Vater gut zu kennen. Denn er wusste genau, wann er zu schweigen hatte. Daher wartete er mit seiner Antwort geschickt, bis der Papst sich wieder gesetzt hatte. Auch vermied er es, auf den vorwurfsvollen Ton seines Vaters einzugehen. Vielmehr schien er Verständnis für dessen Ungeduld zu haben. „Die Zeit drängt wahrlich, Heiliger Vater. Doch diesmal braucht Ihr meinen Schutz. Ihr wisst es längst von Euren Beratern. Die Feinde der Borgias greifen einmal mehr nach Eurem Amt, dass Euch von Gott gegeben wurde. Vom ersten Tag Eures Pontifikats hat man es Euch geneidet. Ständig bezichtigt man Euch der Sittenlosigkeit, der Prunksucht und wirft Euch vor, kein Vorbild für die Christenheit zu sein. Doch nun gibt es neue Anschuldigungen und Intrigen, die über das hinausgehen, was man Euch und auch mir ständig andichtet."

Hier unterbrach Alexander seinen Sohn mit einer herrischen Handbewegung. „Sprich niemals von deinen Liebschaften und dem Amt des Heiligen Vaters in einem Atemzug! Wenn diese Verleumdungen unserer Gegner der Grund deines Kommens sind, war die Zeit vergebens. Ich bedarf deiner Hilfe nicht. Hast du ein wichtiges Anliegen, sprich es aus oder verlasse diesen Ort."

Wieder wartete Cesare mit seiner Antwort. Er schien zu spüren, dass sein Vater entgegen seinen Worten doch interessiert war, Näheres zu erfahren. Daher zögerte er geschickt seine Antwort heraus. Um dem eigenen Körper etwas von seiner Größe zu nehmen, setzte er sich auf die äußerste Spitze des Schreibtischs, an dem sein Vater, zurückgelehnt in seinem Stuhl, auf die Antwort wartete. Cesare beugte sich leicht zu seinem Vater vor und sprach in verschwörerischem Ton und senkte seine Stimme. Luigi und Gianni hielten den Atem an, damit ihnen kein Wort entging. „Diesmal ist es Ernst, Vater. Ganz bewusst schürt man in den Straßen Roms Mord, Plünderungen und Straßenkämpfe, um sie dann mir und damit auch Euch in die Schuhe zu schieben. Und dies alles veranlasst Bischof de la Rovere. Für ihn und die anderen mächtigen italienischen Familien waren und bleiben wir immer die Fremden, die Mauren, die Spanier. Bischof Giuliano della Rovere schürt diese Gewalt, diese Morde und Plünderungen. Und dafür muss er sich verantworten, mit seinem Blute bezahlen! Nur wenn wir ihm sein falsches Handwerk legen, kommt Rom wieder zur Ruhe."

Hatte der Heilige Vater bis hierher den Worten noch mit einer Bedächtigkeit zugehört, die seinem Alter angemessenen schien, explodierte er plötzlich, noch bevor sein Sohn einen Punkt hinter sein letztes Wort gesetzt hatte. Mit einer kurzen Bewegung richtete er seinen Oberkörper in die Richtung, in der Cesare zu ihm gebeugt saß. „Gewalt, Morde, Plünderungen und Straßenkämpfe! Damit kennst du dich wahrlich aus."

Vom Vorstoß seines Vaters überrascht, richtete der Gescholtene sich auf, blieb jedoch auf dem Schreibtisch sitzen. Sein Vater schlug heftig mit der flachen Hand auf den schweren Eichentisch und fuhr wütend fort: „Dies alles ist genau deine Art des unbedachten Handelns. Dies schadet dem Ruf der heiligen Stadt und dem Ruf unserer Familie Borgia. Ich will, dass dieses Morden endlich aufhört, mein Sohn."

Durch diesen Wutanfall hatte Alexander nun das Blut seines Sohnes endgültig in Wallung gebracht, so dass der jegliches bewusste Taktieren aufgab. Wütend erhob er sich vom Schreibtisch und baute sich vor dem Papst auf, der nun ebenfalls von seinem Stuhl aufgesprungen war. Drohend standen Vater und Sohn sich gegenüber. Mit nur wenig gemäßigtem Ton ergriff nun Cesare wieder das Wort: „Nichts anderes will ich, Heiliger Vater. Auch ich bin des Kampfes müde. Hättet Ihr mich früher zum Generalkapitän und Herrscher Roms gemacht, wären längst wieder Ruhe und Ordnung in der Heiligen Stadt eingekehrt. Gebt mir die päpstliche Erlaubnis, Bischof Rovere zu verhaften. Hier bei mir habe ich genügend Beweise für die Morde und Überfälle, die er zu verantworten hat." Cesare klopfte dabei mit seiner Faust gegen das Wams, bevor er weitersprach. „Ihr habt mein Versprechen, dass ihm keines seiner grauen Haare gekrümmt wird. Er soll Gelegenheit bekommen, sich zu rechtfertigen. In einem fairen Verfahren. Erst dann herrscht Ruhe in Rom."

Alexander hatte wieder auf seinem Stuhl Platz genommen. Seine Stimme klang müde und kraftlos. „Um ihn zu verhaften, brauchst du mehr als starke Worte. Rovere lässt sich nicht einschüchtern und hat bislang alle Angriffe auf sich abgewehrt. Zudem hat er mächtige Freunde, weil er behauptet, römische Interessen zu vertreten."

„Aber Ihr seid der Papst und vertretet die römischen Interessen! Dies ist unser Vorteil in dieser Stadt. Ihr habt mein Wort, nicht mit dem Schwert begegnen wir ihm, sondern mit Recht und Ordnung und im Namen Gottes. So wie Ihr es mit Savonarola gemacht habt."

Der Papst sah seinen Sohn verunsichert an, bevor er antwortete: „Ja, hier vertreten wir Recht und Ordnung. Doch wie willst du Rovere dazu bringen, sein Exil zu verlassen? Nur hier haben wir die Macht, ihn zur Verantwortung zu ziehen."

„Und ich weiß, wie ich ihn dazu bringen kann, nach Rom zu kommen. Und wenn er sich hier seiner Verhaftung entzieht, wird er offen mit mir kämpfen müssen und hier sterben." In Cesare brach nun wieder die mühsam unterdrückte Wut durch.

„Und das ist es, was du nennst, Ruhe in die Stadt zu bringen? Du rührst ihn nicht an, diesen Bischof! Ruhe in dieser Stadt, Ruhe in unserer Familie wünsche ich mir. Und jeder, der sie stört, also auch du, mein Sohn, stellt sich gegen Rom, gegen den Heiligen Vater, gegen Gott." Alexander hob seine Hand zum Segen und sprach: „Mors certa, hora incerta. Der Tod ist gewiss, ungewiss seine Stunde." Dann sank er müde auf seinen Stuhl.

Trotz dieser vermeintlichen Schwäche des Papstes spürte Luigi die unbändige Kraft und Entschlossenheit, die den Raum füllten. Eine Kraft, die ihren Antrieb aus der Rivalität zwischen Alexander und Cesare zog. Lag in diesem deutlich spürbaren Kraftfeld auch Cesares Brudermord begründet? Der Bruder zermalmt zwischen diesen beiden mächtigen Mühlsteinen Alexander und Cesare?

Cesare schien zufrieden mit dem Ausgang des Gesprächs und sprach in ruhigem Ton zu seinem Vater: „Heiliger Vater. Mit meinem Plan ‚Heiliges Rom' werde ich ohne Gewalt Rovere veranlassen, nach Rom zu kommen. Und dann lassen wir ihn verhaften und machen ihm einen Prozess, in dem er sich den Anschuldigungen stellen kann." Offenbar hatte Cesare vergessen, dass er nicht auf dem offiziellen Weg den Vatikan verlassen durfte. Denn er ging in die Richtung zum Ausgang und somit direkt auf Giannis und Luigis Versteck zu. Er war beiden nun so nahe, dass sie seine leise gesprochenen Worte hören konnten, die nicht für die Ohren seines Vaters bestimmt waren. „Mors certa, hora incerta. Auch der Heilige Vater lebt nicht ewig."

„Du solltest den Vatikan auf dem Wege verlassen, auf dem du dich hereingeschlichen hast! Sonst macht man dir den Prozess, noch bevor du deinen Plan durchsetzen kannst. Beweise, du sprachst von Beweisen gegen Rovere. Um ihm den Prozess zu machen, brauchen wir Beweise." Für den Papst war der Disput beendet, und er verließ den Raum durch die prächtige Eichentür, während Cesare einige Papiere aus seiner Tasche holte. Offensichtlich um sie zu sortieren, setzte er sich an den Tisch, an dem vorher sein Vater gesessen hatte.

Auch wenn Gianni und Luigi keine Gelegenheit bekommen hatten, dem Papst ihre Pläne der Höheren Aufgabe zu erläutern, wären sie zufrieden gewesen, den Vatikan schnellstmöglich verlassen zu können. Und die Möglichkeit, dass ihnen dies gelingen konnte, stand nicht einmal schlecht. Cesare hatte offenbar die Blätter sortiert und legte sie zufrieden auf den Tisch. Fast atemlos sahen die Brüder aus ihrem Versteck, wie Cesare nun dorthin schritt, wo sich die Tür verbarg. Gleich, wenn er den Mechanismus zum Öffnen in Gang setzt und den Raum verlässt, können auch die Brüder über die Audienzhalle in die Flure des Vatikans gelangen. Eine Ausrede über ihre Verirrung wird ihnen schon einfallen.

Doch stattdessen fiel die große Vase, die auf dem Tisch neben ihnen stand, mit viel Lärm zu Boden. Hatte Luigi sie umgestoßen oder war es Gianni? Einerlei. Für beide schien die Zeit stillzustehen, als Cesare sich langsamen Schrittes in die Richtung ihres Versteckes bewegte. Gianni löste sich als erster aus der Schockstarre. Er gab Luigi ein Zeichen, sich weiter verborgen zu halten, und noch bevor dieser reagieren konnte, trat Gianni aus seinem Versteck. „Ich muss mich wohl verirrt haben. Ich suchte die Audienz des Heiligen Vaters."

Hilflos hörte Luigi mit an, wie Cesare Gianni höhnisch entgegnete, er stehe vor dem Papst… vor dem zukünftigen Papst. Doch das wisse er als eingeschmuggelter Spion des Bischofs Rovere, für den er sein Gespräch belauscht habe, längst. Giannis Ausrede, dass er erst in diesem Moment in den Raum eingetreten sei, blieb erfolglos. Zum Glück kam Cesare nicht auf den Gedanken, nach weiteren Lauschern zu suchen. Luigi überlegte kurz, ob er sich aus dem Versteck auf ihn stürzen sollte. Gemeinsam konnten sie ihn vielleicht überwältigen. Doch Cesare hatte bereits einen Dolch gezogen und Luigi befürchtete, augenblicklich Giannis Blut spritzen zu sehen. Schon war er dicht davor, die größte Scherbe der zerbrochenen Vase zu greifen, um sie Cesare in den Rücken zu rammen. Doch der schnitt mit dem Dolch lediglich ein Band von einem Vorhang und fesselte Gianni damit. Den Dolch an seine Kehle setzend, zischte er Gianni zu. „Hier kann ich keinen Lärm gebrauchen. Also untersteh dich, nach Hilfe zu rufen, wenn du an deinem Leben hängst. Ich nehme dich mit und dann reden wir weiter." Er griff sich den gefesselten Gianni und öffnete die Geheimtür. Luigi hatte wieder nicht sehen können, wie die Tür geöffnet wurde. Schon war Cesare mit Gianni in dem Gang verschwunden. Gebannt starrte er auf die Tür, die sich langsam wieder zu schließen begann. Gleichzeitig hörte er Stimmen aus der Audienzhalle.

Was sollte er tun? Sich entdecken lassen und mit fremder Hilfe versuchen Gianni zu befreien?

ZWISCHEN TRAUM UND TAG

Domenico und Carlotta gehörten zu den letzten Gästen, die im Morgengrauen die Hochzeitsfeier verließen. Das Angebot, in einem der edlen Gästezimmer zu übernachten, hatten sie abgelehnt. Domenico schlief schlecht in dieser Nacht. Als er gegen Mittag aufwachte, konnte er sich noch an Bruchstücke eines wirren Traums erinnern, in dem er sich im Vatikan in einem finsteren Labyrinth verirrt hatte. Noch bevor er weiter darüber nachdachte, fühlte er Carlottas warmen Körper, der sich an ihn schmiegte. Dabei stieß er sich an dem Buch, das zwischen ihnen lag. Domenico konnte sich nicht erklären, wie es ins Bett gekommen war. Er war sich sicher, in dieser Nacht nicht darin gelesen zu haben. Jetzt bot sich endlich die Gelegenheit, ihr das alte Buch zu zeigen. Doch erst einmal versanken sie im zärtlichen Spiel ihrer jungen Liebe. Danach blieb Carlotta noch gerade genügend Zeit für einen hastig getrunkenen Kaffee, bevor sie sich auf den Heimweg machte. Den Rest des Sonntags musste sie sich auf ihre Klausur am Montag vorbereiten.

IN TIEFSTER DUNKELHEIT

Luigi blieb keine Zeit, weiter nachzudenken. Er lief auf die fast schon geschlossene Tür zu. Ohne recht zu wissen warum, ergriff er die Schriftstücke, die Cesare Borgia für seinen Vater liegen gelassen hatte. Diesmal war er froh, klein von Statur zu sein, denn so zwängte er sich im letzten Moment durch den schmalen Spalt der sich langsam schließenden Tür. Erst als ihn absolute Dunkelheit umfing, begann er über sein weiteres Vorgehen nachzudenken. Licht, zuerst brauchte er Licht! Er versuchte sich an den Ort zu erinnern, an dem Henrique die gelöschte Lampe abgestellt hatte, als er sie aus den Katakomben in die Gemächer des Vatikans geführt hatte. Die dunkle Angst schnürte ihm das Herz zusammen, wodurch ihm die Luft zum Atmen knapp wurde. Hastig tastete er die Wand ab, fand jedoch nichts.

Hätte er nicht besser daran getan, sich entdecken zu lassen? Doch hätte man ihm geglaubt, dass Cesare seinen Bruder verschleppt hat? Selbst wenn! Wer hätte seinen Bruder vor Cesare Borgia beschützen können? Er ließ von diesen vergeblichen Gedanken ab und zwang sich, die Suche nach dem Sims, auf dem er die Lampe vermutete, mit Bedacht fortzuführen. Zu seinem Glück hatte er sich kaum von der geschlossenen Tür entfernt. Ihm fiel ein, dass der Sims links neben der Tür gelegen war. Nun versuchte er sich an die Höhe zu erinnern. Henrique war größer als er, aber kleiner als Gianni. Und die Arme hatte er nicht allzu hoch heben müssen. Luigi schätzte die Höhe ab und begann erneut, die Wand abzusuchen. Jetzt hatte er den Sims gefunden. Vorsichtig führte er seine Hand darüber. Nicht zu rasch, denn alles wäre verloren, würde er durch eine zu hastige Bewegung die Lampe zu Boden werfen. Luigi führt seine Hand dabei so vorsichtig, dass nicht einmal die Perle zu Boden fiel, die er dort ertastete und ohne zu überlegen einsteckte. Und schon war er am Ende des Simses angelangt, ohne die Lampe gefunden zu haben. Hatte er bislang nur die vordere Kante abgesucht, fühlte er nun tiefer hinein. Aber auch hier fand er nichts. Cesare konnte die Lampe mitgenommen haben.

Er startete einen letzten Versuch und griff nun so tief, dass er sich auf seine Fußspitzen stellen musste. Dann dieser gellende Schrei!

Er kam so plötzlich, dass Luigi nicht einmal bemerkte, dass es sein eigener war. Denn alles geschah so schnell, dass er sich nicht mehr der Reihenfolge bewusst war, in der die Dinge passierten. Eine wuschige Bewegung auf dem Sims, das Geräusch eines davonlaufenden Etwas, einer Maus, einer Ratte? Ein stechender Schmerz in seinem Finger, ein lautes Quieken! Und davor sein eigener Schrei, der in der Dunkelheit langsam verhallte! Gefolgt von einer Stille, die schon alsbald unterbrochen wurde durch dieses eine, in seiner ungewöhnlichen Betonungslosigkeit betonte Wort:

„Ja"

Dieses trockene Wort von Ismail, dem Hüter der Katakomben, scheinbar aus dem Nichts gesprochen, beendete die Kette der Ereignisse. Ereignisse, die für Luigis dunkles Empfinden aus allen zeitlichen Fugen gerissen schienen. In dieses Wirrwarr, das ihm die Ordnung der Zeit so jäh durcheinander gebracht hatte, passte eine Erinnerung, die ihm beinahe wie ein Blitz durchzuckte. Gianni hatte einmal versucht, ihm die Zeit zu erklären. Sie sei nichts anderes als eine von Gott geschaffene Hilfe für den Menschen, Ordnung in die Abläufe der Dinge zu bringen. Eine Hilfe, vergleichbar mit einem Stock, mit dem ein Lahmer zu laufen vermag. Ohne diese Krücke, so hatte er ihm erklärt, könne der Mensch die Fülle der Dinge und die Ereignisse auf dieser Welt nicht begreifen.

Gianni hatte ein Kästchen geholt, in dem die Jungen die wenigen Andenken aufbewahrten, die ihnen von ihren Eltern geblieben waren. Außer der Halskette ihrer Mutter war darin eine Schachtel mit vielen Perlen. Dann hatte er Luigi mit seinen Händen eine Schale formen lassen und dort hinein die Perlen geschüttet. Da seine Hände die Fülle dieser Perlen nicht aufnehmen konnten, lag davon alsbald ein großer Teil auf dem Boden und die Perlen hatten sich von dort im ganzen Raum verteilt. Wie anders war es dagegen mit der Kette der Mutter, die Gianni ihm danach in die Hand legte! Jetzt konnte er jede Perle, eine nach der anderen, durch seine Finger gleiten lassen, sie betrachten, sie gegen das Licht halten, ihre glatte Oberfläche fühlen.

Beinahe mit jeder einzelnen Perle waren ihm kurze Erinnerungen an seine Mutter zurückgekommen. Die Schnur der Kette, auf der die Perlen aufgereiht sind, das ist die Zeit, hatte Gianni ihm erklärt.

Und nun war dieses von Ismail gesprochene „Ja" die vorerst letzte Perle der Kette in seinem Leben! Dabei war es völlig ohne Bedeutung, in welcher Reihenfolge die vorangegangenen Perlen auf der Schnur aufgereiht waren. Der Schrei vor dem Schmerz, der Schmerz vor dem Biss, der Biss vor Entdeckung des Etwas? Unwichtig! Jetzt muss Luigi entscheiden, was er auf dieses „Ja" folgen lässt. Daran hängt Giannis Leben. An Flucht war in dieser Dunkelheit nicht zu denken. Hinzu kam, dass Ismails eisige, knochige Hand seinen Arm umfasste. „Ismail, Ihr müsst mir helfen", keuchte Luigi, mehr als er sprach.

„Helfen", antwortete Ismail mit seiner ausdrucksvollen Betonungslosigkeit.

„Cesare Borgia erwartet mich. Er wurde von einem Eindringling belauscht und musste mit ihm fliehen. Er rief mir zu, mich an Euch zu wenden. Ihr wüsstet, wo er zu finden ist."

„Dann sagt das Wort", lautete Ismails Antwort. Worte, die vor Trockenheit augenblicklich zu dunklem Staub zerfielen.

Luigi überlegte fieberhaft und war kurz davor, es wieder mit der Losung ‚Heiliges Rom' zu versuchen, auf das Ismail ihnen Einlass in die Katakomben gewährt hatte. Doch irgendetwas hielt ihn davon ab. War es der plötzliche eisige Luftzug, den er spürte? War es der zunehmende Druck von Ismails knochiger Hand? Er hatte Luigis Angst und Unsicherheit bemerkt. Hier, in der totalen Dunkelheit, vermochte der Blinde alle seine Wahrnehmungen zu bündeln. Luigi fürchtete, dass Ismail sogar seine Gedanken lesen konnte. Mehr aus Verzweiflung als aus einer bewussten Überlegung sprach Luigi dieses eine Wort entschlossen aus:

„Schibboleth!"

DAS GEHEIMNIS DES BUCHES

Um nur nichts zu verlieren von Carlottas Wärme, blieb Domenico im Bett liegen, als sie längst schon die Tür hinter sich zugezogen hatte. Wie würde sie ihm erst fehlen, wenn sie bald mit ihrer Mutter für eine Woche verreisen wird!? Als er die Bettdecke über seinen Kopf zog, fiel das Buch polternd zu Boden. Wieder hatte er es ihr nicht gezeigt. Dadurch jedoch, dass sie es für kurze Zeit in ihrer Hand gehalten hatte, war zumindest klar, dass es wirklich existierte. Mehr amüsiert als irritiert von der Absurdität dieser Gedanken, legte er tief atmend das aufgeschlagene Buch auf sein Gesicht. Zusammen mit Carlottas verbliebener Wärme vermischte sich ihr Duft mit dem des Buches, und dessen Gedanken schienen mit seinem Geist zu verschwimmen.

Aus diesem Wohlgefühl schreckte er regelrecht hoch. Dieses Buch! Er hatte immer gespürt, dass es etwas Besonderes damit auf sich hatte. Nur einen einzigen Gedanken vorher war er der Lösung ganz nah gewesen! Krampfhaft versuchte er sich auf diesen einen Gedanken zurückzudrehen. Die Buchstaben! Die Besonderheit hatte damit zu tun. Er hatte sie regelrecht auf seinem Gesicht gespürt. Er konnte einfach nicht glauben, was ihm plötzlich durch den Kopf ging. Er schloss erneut die Augen und ließ seine Finger langsam über die Buchseite gleiten.

DAS WORT

„Schibboleth!" Gleichzeitig mit Nennung dieses Wortes riss Luigi seinen Arm aus der eisernen Umklammerung des Blinden. Allein, dass ihm diese Befreiung gelungen war, machte deutlich, dass sein Wort getroffen hatte. Denn niemals hätte er den Griff der eisigen Kralle gegen den Willen von Ismail lösen können. Und noch etwas spürte er. Dies war nicht das Wort, das der Blinde erwartet hatte. Obwohl Luigi in dieser Dunkelheit keiner bewussten Wahrnehmung fähig war, hatte er die augenblickliche Unterwürfigkeit von Ismail gespürt. Hier stand ihm nicht mehr ein Diener des Vatikans zu Seite, sondern der einer anderen Macht. Einer Macht, mit der Luigi bisher nichts zu tun haben wollte. Die Macht der Bruderschaft ‚Bund der Alten Pflichten'.

Wieso war Luigi dieses Wort eingefallen? Einmal nur hatte er es gehört. Und bis wenige Augenblicke zuvor hatte er geglaubt, es sofort wieder vergessen zu haben. Denn damals hatte er diesem Wort keine Bedeutung zugemessen. Doch jetzt leuchtete es in feurigen Buchstaben vor seinen Augen, als er von Ismails eiskalter Hand hastig durch den stockdunklen Tunnel gezogen wurde. Dieses Schlüsselwort, wie Carminato, der Apotheker, es damals genannt hatte, als er Luigi den lästigen Hieronymus vom Leibe geschafft hatte.

Inzwischen war er schon eine ganze Weile seinem Führer gefolgt, und Luigis keuchender Atem hatte die flammenden Buchstaben verscheucht. Plötzlich schlug die eisige Kälte in Wärme um. Sie hatten das Ende des Ganges erreicht. Augenblicklich ließ Ismail Luigis Hand los und sagte nur ein Wort: „Licht"

Dadurch war er auf die Helligkeit vorbereitet, als der Alte ihn ungeduldig durch den kleinen Spalt einer sich öffnenden Tür schob. Alles war so schnell gegangen, dass ihm nicht einmal Zeit für Angst geblieben war. Und kaum, dass er Ismails letztes Wort „warten" vernahm, war die Tür verschlossen. Er musste nicht einmal lange warten, bis Cesare mit dem gefesselten Gianni erschien. Borgia war so erstaunt, ihn zu sehen, dass er nicht das noch erstauntere Gesicht von Gianni sah. Luigi hatte als Erster seine Überraschung überwunden und ergriff schnell das Wort, bevor sein Bruder sie verraten konnte.

„Ich kam leider zu spät zur Audienz um daran teilzunehmen. Dafür kam ich gerade rechtzeitig, um zu sehen, dass Ihr belauscht wurdet. Und so befahl ich Ismail, mich zu Euch zu führen, weil Ihr sicher Hilfe gegen diesen Spion benötigt."

„Ihr kommt wahrlich wie gerufen. Weil man mich auf infame Weise verleumdet, kann ich mich im Vatikan nicht frei bewegen. Ich schickte schon nach meinen Männern, damit sie diesen Spion abholen. Er hat Dinge gehört, die gefährlich für mich und damit nicht gesund für ihn sind. Meine Männer werden bald eintreffen. So bleibt es Euer Dienst, ihnen den Galgenstrick zu übergeben."

„Ihr traut mir? Obwohl Ihr mich kaum kennt?", fragte Luigi und er sah, wie Gianni der Schreck in die Glieder fuhr.

Cesare lachte ein kurzes höhnisches Lachen. „Ihr seid ein Mann, der mehr Klugheit hat als Mut. Also wisst Ihr genau, dass Ihr nicht weit kommen würdet, wenn Ihr Euch meinem Willen widersetztet. Hier kenne ich jeden Winkel und meine Helfer beobachten jeden Eurer Schritte. Sorgt mit dafür, dass der Gefangene fortgeschafft wird. Sobald es mir möglich ist, werde ich folgen und mich um diesen Spion kümmern. Bis dahin macht Euch nicht meine Gedanken." Seinen Worten folgte ein selbstgefälliges Lachen, bevor er beschrieb, wohin er Gianni zu führen hatte, um ihn an seine Männer zu übergeben. So, wie Cesare den Weg beschrieb, konnte er nicht sehr lang zu sein. Also blieben ihnen nicht viele Möglichkeiten einer Flucht. Luigi zog seinen gefesselten Bruder energisch aus dem Raum, nun doch von Cesares misstrauischen Blicken verfolgt.

Obwohl diese die geschlossene Tür nicht durchdringen konnten, spielten die Brüder weiterhin ihre Rollen als Gefangener und Häscher. In Luigis Kopf arbeitete es fieberhaft. Die Tür, die Cesare ihm beschrieben hatte, war schon zu sehen. Doch direkt daneben sah er auch die Treppe. Ein kurzer Blick aus dem Fenster hatte ihm gezeigt, dass sie sich im zweiten Stockwerk befanden. Selbst wenn sie das untere Geschoss erreichten, mussten sie es zudem schaffen, unbemerkt den verschachtelten Bau zu verlassen. Jetzt war die Tür erreicht, aber auch der Treppenabgang. Gerade als er sich für die Treppe entschieden hatte, hörten sie von unten Stimmen.

„Zu spät", murmelte Luigi und staunte selber, mit welch kaltem Blut er die bewaffneten Männer empfing. „Endlich kommt ihr. Cesare konnte nicht warten, bis ihr euch von euren Weibern gelöst habt." Noch bevor die verblüfften Männer antworten konnten, öffnete Luigi die Tür und zog den nun wieder heftig an seinen Fesseln zerrenden Gianni in den von schweren Vorhängen abgedunkelten Raum. „Ihr wisst, auf welchem Weg ihr uns hier herausbringt?" Mit scharfem Ton und festem Blick sprach er den Man an, den er für den Anführer hielt. Als dieser mit ärgerlicher Stimme antwortete, durchfuhr Luigi ein eiskalter Schauer. Es war der Anführer von Cesares Mördern, dessen nächtlichem Überfall er nur knapp entronnen war.

„Man sprach von nur einem Gefangenen, von Euch war keine Rede."

Luigi ging einen Schritt auf den Mann zu, nahm ihn noch schärfer in den Blick und herrschte ihn an: „Dafür, dass Ihr noch nicht allzu lange der Anführer dieser Rotte seid, nehmt Ihr den Mund recht voll, Alberto. Cesare konnte nicht warten, bis ihr endlich euren gut entlohnten Diensten nachkommt. Deshalb brauchte er meine Hilfe. Wollt Ihr Euch für Eure Versäumnisse vor ihm rechtfertigen?" Diese entschlossenen Worte hatten die Männer beeindruckt und ihr Anführer antwortete lediglich mit einem demütigen Kopfnicken. „Also, worauf warten wir!", zischte Luigi. Als Alberto andeutete, den Gefangenen übernehmen zu wollen, genügte ein kurzer und entschlossener Blick, ihn davon abzubringen. Luigi folgte den Männern durch die verwinkelten Gänge. Einer von ihnen kannte sich sehr gut aus. Niemals hätte Luigi allein mit Gianni den Weg heraus gefunden. Daher war seine Bemerkung sogar ehrlich gemeint, als sie endlich auf einem kleinen Hof angekommen waren, wo eine Kutsche wartete. „Gute Arbeit. Eure Scharte habt Ihr ausgewetzt."

Alberto überhörte trotzig Luigis Lob, öffnete die Kutsche und forderte die beiden mit einer kurzen Kopfbewegung auf einzusteigen. Nachdem er einige kurze Befehle erteilt hatte, stieg der Anführer mit einem zweiten Mann ebenfalls ein. Als sie augenblicklich losfuhren, widerstand Luigi nur mühsam der Versuchung, die dichten Vorhänge, die den Blick verhängten, zurückzuschieben. So hatte er keine Ahnung, an welchem Ort sie nach einer längeren Fahrt ankamen.

Mit mühsam gespielter Ruhe warteten sie auf Anweisungen von Alberto, der vor ihnen ausgestiegen war. Erst als nach längerer Zeit die Kutsche geöffnet wurde, sahen sie, dass sie unmittelbar vor einem Landgut standen. Der große Park war von einer hohen Mauer umgeben, gesichert durch ein schweres Tor, das von den Wachen wieder geschlossen worden war. Der Fahrzeit nach mussten sie ein gutes Stück von Rom entfernt sein. Die Männer um Alberto, mit Sicherheit erfahrene Kämpfer, hatten Luigi durch sein entschlossenes Auftreten als Anführer akzeptiert. Diese gewonnene Autorität nutzte er noch aus, sich im Hause zeigen zu lassen, wo Gianni eingekerkert wurde. Doch dann, einer Eingebung folgend, legte er die Rolle des Anführers ab. Er hatte genau beobachtet, wie Alberto, der ohne Luigis Auftauchen der Führer des Gefangenentransports gewesen wäre, sich sofort nach ihrer Ankunft den dortigen Männern untergeordnet hatte.

Zumindest wusste er nun, Gianni war in seinem Gefängnis nicht allzu schlecht untergebracht. Schwer fiel ihm die Umkehrung seiner Gefühle bei der Besichtigung des Kerkers. Die relativ komfortable Ausstattung, die ihn beruhigte, geringschätzte er als „viel zu gut für diesen Kerl!" Die schwere Gittertür mit den Schlössern und die Festigkeit der Mauern musste er anerkennen, wenngleich ihm diese hohen Hürden einer Flucht das Herz einschnürten, zunehmend, mit der fortschreitenden Zeit untätigen Wartens.

DER ATEM DER ZEIT

Domenico konnte die Buchstaben des Buchs genau fühlen. Jeden einzelnen. Seine letzten Zweifel waren dahin, als er mit einer Lupe die winzigen Unterschiede erkannte. Sie waren nicht gedruckt, sondern gleichmäßig von Hand geschrieben. Dabei war die Tinte derart sorgfältig aufgetragen, dass es mit bloßem Auge kaum erkennbar war. Dies musste Luigi Piemonte geschrieben haben.

Irritiert legte er das Buch zur Seite. Es schien immer mehr in sein Leben einzugreifen. Umso stärker, je weiter die Geschichte voranschritt. Immer mehr fühlte er, was die Brüder dachten, was sie antrieb. Hatte er anfangs Luigis Mischung aus Naivität und spontanen Eingebungen bewundert, faszinierte ihn auch Giannis intellektuelle Neugier, mit der dieser die Höhere Aufgabe seines Bruders unterstützte. Domenico fühlte sich unwiderstehlich in das aufmerksame Füreinander der Brüder einbezogen.

Das Alter - wie alt mochte das Buch sein? Wenn es wirklich Luigi Piemonte geschrieben hatte, war es mehrere hundert Jahre alt. Vorsichtig ließ er Seite um Seite vom Anfang bis zum Ende an seinem Daumen niedergleiten. Ein leichter Luftzug umspielte sein Gesicht. jede Seite, die durch seine Finger glitt, erschien ihm als ein Stück Zeit. Teils bereits gelebt, teils noch zu leben.

DER PLAN „HEILIGES ROM"

Luigi hatte nun schon die zweite Nacht und den zweiten Tag im Quartier verbracht, ohne dass Cesare gekommen war. Von Alberto eingewiesen, hatte er sich schnell in das dortige Leben eingeordnet. Von den Männern war er als einer der ihren akzeptiert. Umsichtig erforschte er die Verhältnisse um sich herum. Dabei hatte er herausgefunden, dass jeder der Männer seine eng umgrenzten Aufgaben hatte. Auffallend war vor allem, dass niemand sich um die Dinge der anderen kümmerte und dass die Männer kaum miteinander sprachen. Ja, Luigi schien es, als würde jeder so wenig wie möglich von sich selber preisgeben wollen. Daher war es schwer, den Rhythmus herauszufinden, wann Giannis Wachen ihren Dienst wechselten, wann frische Nahrungsmittel angeliefert wurden, wann die einen Männer das Anwesen verließen und wann neue für sie kamen. Zugute kam Luigi, dass sich niemand um ihn kümmerte. Lediglich Alberto verfolgte ihn mit misstrauischen Blicken. Zu seiner Erleichterung ließ auch er es zu, dass er Gianni – wie Luigi sagte – im Auftrage von Cesare mehrmals verhörte. So bekam er ausreichend Gelegenheit, ihn mit frischen Lebensmitteln zu versorgen und mit ihm über mögliche Fluchtmöglichkeiten zu sprechen.

Schon am Ende des zweiten Tages hatten sie einen Plan gefasst, wie eine Flucht gelingen konnte. Luigi hatte sich mit einem der Wärter angefreundet. Der kräftige Giacomo war der älteste der Männer. Wenn Luigi zu seinem Bruder kam, bedachte Giacomo ihn mit auffallender Aufmerksamkeit. Seine von mühsam unterdrücktem Verlangen geprägten Blicke erinnerten Luigi an den Schneider seines Sonntagsanzuges, den ihm Carminato und sein damaliger Dienstherr Silvio Berlino vom Geld des Onkels hatte schneidern lassen. Nun erst wusste er des Schneiders besondere Aufmerksamkeit beim Maßnehmen und bei den häufigen Anzugsanproben zu deuten. Mühsam musste er seinen Widerwillen gegenüber Giacomos seiberndem Verlangen überwinden. Denn genau dieses mussten sie für ihre Flucht nutzen. Immer wenn Giacomo Wache hielt, kam Luigi in das Verlies und brachte ihm Wein und Kleinigkeiten aus der Küche mit.

Nach genauer Abwägung der Lage wollten die Brüder am folgenden Abend fliehen. Auch wenn Luigi sicher war, bei den Plänen alles bedacht zu haben, schlief er in dieser Nacht schlecht. Immer wieder wachte er, von schweren Träumen gequält, schweißgebadet auf.

Alberto, mit dem er die Schlafkammer teilte, war die Unruhe offenbar nicht entgangen. Beim gewöhnlich wortkargen Morgenbrot mit ihm und den anderen Männern fühlte Luigi sich von seinen misstrauischen Blicken förmlich durchbohrt. Trotzdem widerstand er dem Drang, schnellstmöglich vom Tisch aufzustehen, um nicht zusätzliches Misstrauen auf sich zu ziehen. Gerade als er doch, wie vorher schon die übrigen Männer, gehen wollte, brach Alberto das Schweigen: „Wo, sagtet Ihr, traft Ihr Cesare zum ersten Mal?"

Bis zu diesem Moment hatte Luigi all seine Aufmerksamkeit benötigt, um seine Hand mit dem Becher einigermaßen ruhig zu halten. Doch kaum, dass der Mann seinen kurzen Satz beendet hatte, kehrte in Luigi wieder jene kalte Ruhe ein, die er sich selber nicht erklären konnte. Um Zeit zu gewinnen, nahm er langsam den Getränkekrug vom Tisch und goss erst sich und dann Alberto den Becher voll. Dessen fester Blick und sein herausforderndes Kopfnicken signalisierten, dass ein weiteres Verzögern der Antwort unmöglich war. Luigi versuchte sein verborgenes Lächeln aufzusetzen, das zum ersten Mal Donna Anna aufgefallen war, als er sie nach dem Alter der heiligen Katharina gefragt hatte. Diesmal musste er es ganz gezielt einsetzen, ohne wirklich zu wissen wie. „Nichts dergleichen habt Ihr von mir gehört. Ist es nicht so, dass niemand viel vom anderen weiß?" In Albertos Gesicht sah Luigi entspannte Verwunderung. Er hatte den richtigen Gesichtsausdruck und die passende Antwort gefunden. In dieser Zufriedenheit verspürte er ein lebhaftes Mitteilungsbedürfnis Alberto gegenüber. „Doch Ihr scheint mir anders zu sein als die übrigen Männer. Ihr schaut ein wenig über den Rand Eures Bechers. Deshalb will ich Euch den Teil Eurer Frage beantworten, den Ihr wohl eher wissen wollt. Es ist für mich die erste Aufgabe dieser Art, die ich für Cesare verrichte. Und, um auch hier bei der Wahrheit zu bleiben, bin ich nicht sicher, ob dies nicht meine letzte ist."

Augenblicklich spürte er, dass seinem Gegenüber diese Vertrautheit inzwischen zu weit ging. Denn er stand auf und murmelte die Antwort mehr, als er sie sprach: „Das besprecht besser mit Cesare selbst."

Den Rest des Tages zog Luigi sich zurück. In dieser Zeit ging er in Gedanken noch einmal alle Einzelheiten des Planes durch. Besonders den Fluchtweg musste er sich tief ins Gedächtnis einprägen. Als endlich die erste Stunde von Giacomos Wache angebrochen war, ging er nur kurz in den Kerker, um dem Alten etwas Wein zu bringen. Denn es gehörte zu ihrem Plan, auch die zweite Stunde verstreichen zu lassen, um die Gier des Alten zu steigern. Dadurch sollte es umso leichter sein, ihn unter Vorgaukeln von Zärtlichkeiten erst abzulenken und dann unschädlich zu machen. Alles musste zeitlich wohl dosiert sein, um sich dann in der Kutsche, die frische Lebensmittel abgeliefert hat, zu verbergen, um in die Stadt zu gelangen. Bevor die nächste Wache Giacomo ablöste, mussten sie in Sicherheit sein.

Alles war gut bedacht, als Giacomo lüstern sabbernd Luigi erwartete. Nicht bedacht hatte er den eigenen Ekel, als der Alte ihn gierig keuchend zu seinem Lager zog. Es befand sich am Ende des Kellergewölbes in einer Ecke. Nur der Gedanke an seinen Bruder ermöglichte es ihm, den Plan weiter zu verfolgen. In jedem der wenigen Gespräche, die die Brüder miteinander führen konnten, hatte Gianni ihn gefragt, ob er wirklich bereit sei, sich mit dem Widerling auf Fesselspiele einzulassen, um ihn dann unschädlich zu machen. Gerade als der Alte grunzend begann, an Luigis Kleidung zu fummeln, wurde laut knarrend die Tür zum Kellergewölbe geöffnet. Da beide nicht entdeckt werden wollten, verhielten sie sich ganz ruhig. Der fette Giacomo hatte sich in seiner Angst in den hintersten Winkel seiner Ecke gedrängt. Luigis Augen hatten sich bereits an die Dunkelheit gewöhnt, so dass er gut sah, was am Ende des Kellergewölbes passierte.

Den kleinen finster aussehenden Mann, der vorsichtig hereingeschlichen kam, hatte er noch nie gesehen. Erst später würde er ihn als ‚El Toro – der Spanier' kennen lernen. Hinter ihm betrat Cesare, ebenso leise, das Gewölbe. Unter seinen geflüsterten Kommandos schleppte der Mann mehrere offenbar schwere Truhen und Säcke in einen Raum im hinteren Teil des Gewölbes. Diesen Raum verschloss Cesare sorgsam mit vier Riegeln und ebenso vielen Schlössern pro Riegel. Erst als die Männer wieder verschwunden waren, hörte Luigi Cesares laute Stimme vor dem Haus. Er forderte alle seine Leute auf, sich vor dem Haus zu versammeln. Luigi musste die Befreiung von Gianni schweren Herzens abbrechen. Anderseits war er froh, dass der immer noch vor Gier keuchenden Giacomo von ihm abgelassen hatte.

Der Grund, warum Cesare zur frühen Abendstunde mit fünfzig bewaffneten Männern eingetroffen war, nahm Luigi mit einem Male allen bis dahin mühsam angesammelten Mut. „Der Heilige Vater, Papst Alexander, ist diese Nacht plötzlich verstorben", vernahmen die eilig versammelten Männer. Dabei machte sich niemand die Mühe, Gefühlsregungen zu heucheln. Nach dieser kurzen Botschaft schickte Cesare alle fort, bis auf Alberto und Frederico, neben El Toro sein zweiter Vertrauter, den er mitgebracht hatte. Zu seinem großen Erstaunen und ohne selber zu wissen, womit er sich Cesares Vertrauen verdient hatte, durfte auch Luigi bleiben.

In Cesares Gesicht zeigte sich nun doch eine gewisse Nachdenklichkeit, als er die Todesumstände näher erläuterte: „Man wird sagen, der Heilige Vater starb an Gicht. Doch außer mir wissen es nur wenige. Er starb durch Gift. Niemand wird mehr klären können, ob dieses Gift für ihn oder für jemand Anderen bestimmt war. Für uns alle ist indes wichtig: Mein Plan ‚Heiliges Rom' hat begonnen."

RUFE DES JUBELS UND DER RACHEWUT

Domenico legte das Buch Erschaffe einen Ort zur Seite und las in dem Buch *Die Geschichte der Stadt Rom im Mittelalter* von Ferdinand Gregorovius die schauerlich-anschauliche Schilderung über den Tod von Papst Alexander.

Hierauf wurden die Türen des Vatikans geöffnet und der Tod Alexanders VI. kundgetan. Es war Abend. Rom erscholl von tausendstimmigem Ruf des Jubels und der Rachewut.

Burkard, der die Vorgänge fast Stunde für Stunde verzeichnet hat, befand sich im Palast, wo er die Sorge für den Toten zu übernehmen hatte. Alles floh den grässlichen Anblick dieser Leiche. Mit Mühe gewann man ein paar Bediente, sie zu kleiden. Am Morgen trugen bezahlte Arme den toten Papst in den St. Peter. Zum üblichen Fußkusse ward er nicht ausgestellt. Aber Tausende erfüllten den Dom und weideten »die hassentflammten Blicke an dem toten Drachen, der die Welt vergiftet hatte«. Am Abend legten Lastträger die Leiche in einen Sarg; unter Zoten, mit Fauststößen zwängten sie dieselbe in den Schrein und trugen sie nach der Kapelle de Febribus. Keine Kerze brannte dort; ein schwarzer Hund, so fabelte das Volk, lief die Nacht ruhelos im St. Peter hin und her.

EINE SCHWERE ENTSCHEIDUNG

Erst später erfuhr Luigi, was sich nach Alexanders überraschendem Tod in Rom abgespielt hatte. Noch bevor andere vom Tod des Papstes erfahren hatten, setzte Cesare Kardinal Casanova einen Dolch an die Kehle und zwang ihm die Schlüssel zum päpstlichen Schatz ab. In Kisten und Säcken schaffte er große Mengen von Gold und Silber in seiner Kutsche fort, bevor die päpstlichen Diener alles bis auf die Tapeten an den Wänden plünderten.

Von all dem wusste Luigi nichts, als er sich über Cesares Gleichgültigkeit wunderte, mit der er Frederico befahl, einige Krüge Wein zu holen. Währenddessen ließ er sich von Luigi über den Gefangenen unterrichten. „Und Ihr seid sicher, dass er keine Helfer im Vatikan hatte?"

„Absolut. Die Verhöre haben ergeben, dass er geblieben war, um dem Heiligen Vater ein persönliches Anliegen zu unterbreiten. Er scheint mir völlig harmlos." Besonders das Wort „harmlos" versuchte Luigi nach Ismails Art betonungslos zu betonen.

„Ein Helfer wäre mir in der Tat unbedingt aufgefallen", bestätigte Cesare großspurig. „Dennoch hat er wohl zu viel erfahren. Ist mein Vorhaben Heiliges Rom erst einmal abgeschlossen, wird dies niemanden mehr interessieren. Jetzt führt mich erst einmal zu ihm."

Giannis Enttäuschung war sicherlich nicht größer als die von Giacomo, als Luigi nicht allein, sondern mit Cesare erschien. „Da sitzt unser Vögelchen sicher in seinem Käfig. Hier, wo es niemand hört, mag es getrost singen."

Cesare war offensichtlich zufrieden, so dass er Luigi, Alberto und Frederico zum Abendessen einlud. Dabei wurde seine Laune immer besser, seine Zunge immer lockerer, je mehr er dem Wein zusprach. „Und jetzt wird auch der ehrwürdige Bischof Rovere sein gemütliches Nest verlassen. Kennt Ihr Bischof Rovere?", fragte er Luigi unvermittelt.

„Nein, nein. Keinesfalls", stotterte Luigi. „Wie Ihr wisst, bin ich mit den Verhältnissen in Rom wenig vertraut."

"Ihr tut recht daran, nicht alles wissen zu wollen. Je weniger, desto besser für Euch. Manchen Menschen muss man ihren Kopf abschlagen, weil sich darin zu viel Wissen angesammelt hat. Was Rovere angeht, der weilte bislang außerhalb Roms. Doch wenn er Papst werden will, muss er nach Rom kommen."

„Rovere will Papst werden?", spielte Luigi den Erstaunten.

„Papst werden wollen viele. Rovere wollte dies schon, als Innozenz starb. Doch nicht er, sondern mein Vater wurde von Gott erwählt. Jetzt wird er es erneut versuchen, und wieder wird ein Borgia ihn daran hindern. Ich werde dafür sorgen, dass dies sein letzter Versuch bleibt." In guter Laune erläuterte Cesare den Rest seines todsicheren Plans Heiliges Rom. Beflügelt vom Wein und der festen Überzeugung, der nächste Papst zu sein, ignorierte Cesare seine eigenen Vorsichtsmaßnahmen der Verschwiegenheit. Luigi erinnerte sich an das belauschte Gespräch Cesares mit seinem Vater, als er Roveres Ankunft in Rom prophezeit hatte. Ihn schauderte bei der Vorstellung, dass möglicherweise die Ermordung des eigenen Vaters Cesares todsicherer Plan war, den Bischof nach Rom zu locken. „Sobald Rovere in Rom eintrifft, wird auch ihn ein plötzlicher Tod ereilen", erläuterte Cesare seinen Plan nach einem tiefen Zug aus seinem Becher. „Hierfür ist der Speck, an dem die Ratte Rovere sich verschlucken wird, schon sicher ausgelegt."

Genüsslich schob Cesare sich ein großes Stück Fleisch in seinen breit grinsenden Mund und zerkaute es laut schmatzend. Auch was auf den Mord folgen sollte, hatte er bereits sorgsam geplant. Der Verdacht sollte geschickt auf andere Konkurrenten der Papstwahl gelenkt werden. Zudem würden seine Männer durch gezielte Gewalt und Morde die Rivalität der Parteien schüren und dadurch Rom ins Chaos stürzen. „Und dann, wenn alles in Aufruhr und Straßenkämpfen zu versinken droht, schlägt meine Stunde. Die Stunde von Cesare Borgia, Generalkapitän von Rom, Garant von Ruhe, Recht und Ordnung in der Heiligen Stadt!" Cesare machte eine deutliche Pause. In dieser Pause vom Zu-allem-bereit-Krieger zum Retter-des-Heiligen-Roms gewandelt, sprach er in salbungsvollem Ton weiter: „Dann, wenn die Zeiten zu unsicher für ein Konklave sind, präsentiere ich ein Motu Proprio meines Vaters, in dem er mich noch vor seinem Tode zur Rettung des Heiligen Roms unverzüglich ohne Konklave zum Papst ernennt."

Frederico unterbrach Cesare unwirsch: „Sprich so, dass auch wir dich verstehen. Nicht jeder hat wie du die Bischofsweihe. Was wird der heilige Bischof Cesare Borgia präsentieren?" Frederico schickte sich in spöttisch gespielter Demut an, Cesares Hand zum Bischofskuss zu greifen.

Doch der entriss sie ihm und entgegnete ärgerlich: „Lass das, warum bin ich immer nur mit ungebildetem Mob umgeben?"

Noch bevor er Fredericos Frage beantworten konnte, ergriff Luigi das Wort: „Motu Proprio bedeutet aus ‚eigenem Beweggrund' oder ‚selbst veranlasst' und ist ein Apostolisches Schreiben des Papstes. Es ist ohne förmliches Ansuchen ergangen und nur vom Papst persönlich entschieden worden."

Alle am Tisch waren erstaunt über Luigis detailliertes Wissen, das Cesare, von allen wohl am meisten beeindruckt, noch ergänzte: „Anders als eine Päpstliche Bulle ist es ohne Siegel und ohne Gegenzeichnung gültig."

„Das erste apostolische Schreiben in der Form des Motu Proprio wurde übrigens von Papst Innozenz VIII. im Jahr 1484 verfasst", fügte Luigi hinzu.

Anerkennend füllte Cesare persönlich Luigis Becher mit neuem Wein, bevor er selbstzufrieden weitersprach: „Zusätzlich verfügte Papst Alexander in diesem Motu Proprio, dass er noch zu Lebzeiten den Bann gegen mich aufgehoben hat und damit meine Bischofswürde wieder auflebt."

Dieser letzte Satz erschreckte Luigi bis ins Innerste. Denn er war das Todesurteil für Gianni: Cesare wusste genau, dass Gianni das gesamte Motu Proprio als Fälschung entlarven konnte, falls er das gesamte Gespräch mit seinem Vater belauscht hatte. So versunken in seiner Furcht um seinen Bruder, vernahm er kaum den Satz, mit dem Cesare dieses Thema endgültig beendete. „Doch genug der Dinge von morgen. Heute gilt es, den Tod des Heiligen Vaters zu betrauern. Geh, Frederico, hol uns noch einen neuen Krug Wein."

Gern hätte Luigi mehr über den Plan ‚Heiliges Rom' erfahren. Doch durfte er nicht zu viel Interesse zeigen, sondern er musste abwarten, dass sich Cesares Zunge weiter löste. Und seine Geduld wurde belohnt, denn schon mit dem nächsten Krug brachte der heftig schwankende Frederico eine Neuigkeit für seinen Herrn mit: „Unser Spion hat uns ausrichten lassen, dass der Bischof noch diese Nacht in Rom eintreffen wird."

Cesare stieß erst mit Luigi, dann mit den beiden anderen Männern freudig mit den frisch gefüllten Bechern an. Während die Männer munter weiter tranken, fasste Luigi das Gehörte für sich in Gedanken zusammen: „Ein von Cesare gedungener Spion hielt sich bereits in unmittelbarer Nähe Roveres auf und dieser würde vermutlich auch den Mord ausführen." Dessen Namen und die Art, wie der Mord begangen werden sollte, erfuhr er jedoch an diesem Abend nicht mehr.

In der kommenden Nacht fand Luigi erneut wenig Schlaf; denn er war zutiefst verunsichert. Seine erste Sorge galt seinem Bruder, aber ebenso wenig wollte er es zulassen, dass man den Bischof ermordete. Kühl versuchte er seine Möglichkeiten abzuschätzen. Gianni ausgerechnet jetzt nach dem ursprünglichen Plan zu befreien, war ein zu riskantes Spiel. Sicher würde ihre Flucht entdeckt, noch bevor sie sich in Sicherheit befänden. Und dann wären seines, Giannis und Roveres Leben verspielt. Doch was geschähe mit Gianni, wenn Luigi sich allein davonmachte, um Rovere zu warnen?

„Und was habt Ihr mit dem Gefangenen vor?", fragte Luigi geradeheraus, als die vier Männer beim gemeinsamen Morgenbrot zusammensaßen.

„Erst der Bischof, dann das Vöglein. Klare Reihenfolge. Und Ihr? Was habt Ihr vor? Ihr ward mir ein guter Helfer. Ihr wollt doch sicher bei mir bleiben um weiter für mich zu arbeiten."

Luigi wusste nur zu genau, dass dies als Befehl und nicht als Frage gemeint war. Denn inzwischen wusste er so viel über Cesares Pläne, von denen niemand erfahren durfte. So kam seine Antwort schnell und deutlich. Seinen Becher hebend, entgegnete er mit fester Stimme: „Ihr redet von Diensten in der Zukunft. Doch zuvor zahlt mir den Sold der bislang geleisteten Dienste. Da sie Euren eigenen Aussagen gut waren, sollte auch mein Sold angemessen sein. Dann bin ich Euer Mann für neue Aufgaben. Nicht oft bekommt man Gelegenheit, dem Papst zu dienen."

Wie schon einige Male zuvor stutzte Cesare. Diesen unscheinbaren Mann vermochte er so gar nicht einzuschätzen. Zwischen seiner Zurückhaltung, die bis hin zu Feigheit auszudeuten war, über seine wenigen, dann jedoch äußerst klaren Worte, bis hin zu den spontan entschlossenen Taten. Dabei gefiel ihm Luigis Art, die Dinge anzugehen. Er nahm einige Münzen aus seinem Beutel und drückte jedes einzelne davon lautstark vor Luigi auf den blanken Tisch. Das letzte begleitet von den Worten: „Eure Entscheidung soll nicht zu Eurem Schaden sein."

Zufrieden die Münzen einstreichend, deutete Luigi diese Worte auf seine eigene Weise. Nun erbat er wieder in seiner zurückhaltenden Art, in Rom für sich einige persönliche Dinge regeln zu dürfen. Schließlich sei er recht unvermittelt in diese Angelegenheiten geraten. Doch sobald es darum ginge, Papst zu werden, stünde er voll zu Diensten.

Als wie treffend sich gerade dieser letzte Satz erweisen sollte, erahnte zu diesem Zeitpunkt niemand. Cesare stimmte zu, verfügte jedoch listig, Luigi habe sich bereits jetzt besonderen Schutz verdient. Also würde Alberto ihn nach Rom begleiten und in seiner Nähe bleiben. Luigi bedankte sich in einer wohldosierten Mischung aus Spott, Demut und Dankbarkeit. Als Gegenleistung wollte er sich noch vor seiner Abfahrt von der sicheren Unterbringung des Gefangenen überzeugen.

Zu seinem Glück hielt nicht Giacomo die Wache. Dessen gierige Blicke hätte er an diesem Morgen des schweren Herzens nicht ertragen. Schon als der brutale Fabio die Kerkertür zu Gianni öffnete, zweifelte er an seiner Entscheidung, ihn hilflos zurückzulassen. Plötzlich fiel ihm Julias Frage bei ihrem Abschied ein, ob ihm die Höhere Aufgabe wichtiger sei als sein eigenes Leben. Für sich hatte er diese Frage eindeutig bejaht. Die Höhere Aufgabe war ein wichtiger Teil seines Lebens geworden. Doch jetzt stand vor allem Giannis Leben auf dem Spiel.

Es fiel ihm schwer, seine Emotionen zu steuern, als er vor seinem Bruder stand. Qualvoll widerstand er dem Drang, ihn zu umarmen. Fabio war nicht nur brutal, sondern zusätzlich ein mürrischer und misstrauischer Mann. Auch jetzt schaute er immer wieder durch die Gitter zu ihnen. Doch inzwischen waren die Brüder in ihrer Gesprächsführung gut eingeübt. Teile ihrer Gespräche führten sie so laut, dass der Wärter sie draußen deutlich hörte. Dabei war es wichtig, die richtigen Worte zu wählen. Luigi legte seinen ganzen Schmerz, alle seine Zweifel in seine Stimme, als er seinen Bruder regelrecht anschrie: „Ihr müsst mich verfluchen, dass mir Euer Leben völlig gleichgültig ist! Wenn es so ist, dann sagt es mir. Ihr werdet sterben, und ich werde leben." Leise aber fast noch verzweifelter fügte er hinzu: „Ich habe dich in diese Gefahr gebracht. Ich habe dich nicht einmal gefragt, ob du mit mir in den Vatikan kommen wolltest. Wie konnte ich so rücksichtslos handeln und für meine Höhere Aufgabe dein Leben aufs Spiel setzen?"

Luigi stand mit dem Rücken zur Tür, damit Fabio nicht die Tränen in seinen Augen sehen konnte. Denn er hatte gehört, dass er sich von seinem Platz erhoben hatte und die beiden wieder beobachtete. Er spürte förmlich, wie seine Blicke sich in seinen Rücken bohrten.

Gianni brauchte sich in seiner Aufgewühltheit nicht einmal zu verstellen. Er sprang seinen Bruder an, packte ihn an seinem Wams und fauchte ihn an wie eine wilde Katze: „Es gab in meinem Leben immer Dinge, auf die ich mich nicht vorbereiten konnte, weil sie einfach so geschehen sind. Was Ihr tut, das macht mit Euch und Eurem Gewissen ab. Später, kein Mensch vermag zu sagen wann, werden wir uns alle vor unserem Herrgott verantworten müssen. Und glaubt mir, wäre ich an Eurer statt, wäre mir ebenfalls Euer Leben gleichgültig, hätte ich eine Aufgabe zu erfüllen. Jeder Mensch tut das, was er für richtig hält und wofür er sich vor seinem Herrgott verantworten kann."

Für Fabio war nun Giannis Ausbruch zu heftig geworden. Laut schlug er mit dem Schlüsselbund an die Gitter. „Braucht Ihr Hilfe? Sagt es mir, nichts würde mir mehr Freude bereiten, als dem Frömmling einige Rippen zu brechen und ihn ein wenig näher zu seinem Gott zu prügeln."

Gianni ließ von Luigi wieder ab. Nun nutzte Luigi die Gelegenheit, auf ihn loszugehen. Er packte dessen schmutziges und verschwitztes Hemd und zog ihn nah an sich heran. Und er erschrak über die Heftigkeit seiner Worte, die er seinem Bruder, deutlich für Fabio vernehmbar, ins Gesicht zischte: „Muss ich mich tatsächlich dereinst vor Gott für meine Taten verantworten, tun wir dies gemeinsam. Denn es ist Euer Gott."

Trotz der großen Verzweiflung, mit der er seinen Bruder von sich stieß, hatte es gut getan, seinen Atem zu spüren als Zeichen, dass er noch lebte. Wie wichtig war das Gefühl, in Giannis Augen die Zustimmung zu seinem Plan zu lesen, wie Worte es niemals deutlicher ausdrücken konnten. Nun war klar, dass er nicht anders handeln konnte als zu gehen. Wie immer die Dinge sich wendeten, Gianni war mit ihm, mit sich und seinem Gott im Reinen. Dafür, dass seinem Bruder als letzte Hoffnung immer sein Gott blieb, beneidete er ihn.

Fabio zog sich höhnisch lachend mit den Worten zurück: „Recht getan, lasst Euch nichts gefallen. Ich glaube, ich muss den Gefangenen mehr vor Euch schützen als anders herum."

Als Fabio sich wieder zufrieden auf seinem Lager in der finstern Ecke niedergelassen hatte, nahm Gianni das Gespräch im leisen Ton wieder auf: „Luigi. Du bist mein Bruder. Auch wenn du mich zurücklässt, bleibe ich nicht alleine. Wir sind Brüder auf ewig und daher uns immer nahe. Dies ändert niemand. Kein Cesare Borgia, kein Papst, kein Fabio." Gianni machte eine wütend-abfällige Geste dorthin, wo er den Wärter vermutete. „Dies ändert nicht einmal der Tod. Dennoch brauchen wir einen mächtigen Verbündeten. Und dies kann nur Bischof Rovere sein. Rette ihn und mit seiner Hilfe rettest du mich. Und ich verspreche dir, so lange am Leben zu bleiben, bis du zurückkommst. Aber du solltest dich beeilen. Denn sobald der fette Giacomo erfährt, dass du dich treulos davongemacht hast, wird er mir schöne Augen machen. Dann wird er merken, dass ich nicht nur der ältere, sondern auch der schönere von uns bin."

Dieser locker hingeworfene Scherz nahm Luige etwas von der Schwere der Verantwortung. Er hatte nicht den Schimmer einer Idee, wie er zum Bischof gelangen konnte. Noch weniger, wie er ihn zudem retten konnte, um zu guter Letzt mit dessen Hilfe seinen Bruder zu befreien. Bevor er ging, flüsterte Gianni ihm etwas zu, was ihnen als letzter Ausweg zur Befreiung bliebe, sollte alles andere scheitern. Und wieder spürte er in diesem Moment ein kurzes Gefühl der Stärke, der Zuversicht. Solange es Möglichkeiten gab, Gianni zu befreien, durfte er nicht an seiner Entscheidung zweifeln, weiter Schritt für Schritt seinen Weg zu gehen. Ohne zu wissen welcher als nächster folgte, ohne zu wissen, wie viele Schritte noch vor ihm lagen. Wichtig war allein sein Ziel: die Befreiung seines Bruders.

GEGENWÄRTIGE VERGANGENHEIT

Domenico schaffte es am Montagmorgen gerade noch zur verabredeten Zeit, den Eingang zum Apostolischen Palast im Belvederehof zu finden, wo er mit Ernesto verabredet war. Wie bei der Hochzeit vereinbart, würde er ihm seine Arbeit in der Apostolischen Bibliothek zeigen. Als sie den ersten Archivraum betraten, wagte er kaum zu atmen. Dort lagerten Einblattdrucke, die mehr als fünfhundert Jahre alt waren. Sogenannte Inkunabeln, wie Ernesto ihm erklärte. Nicht weniger spektakulär waren die technischen Vorrichtungen, mit denen die Objekte digitalisiert wurden. Gefilmt, fotografiert, eingescannt und vermessen. Wie realitätsnah die digitalisierte Darstellung wirkt, erlebte Domenico hautnah und unmittelbar. Ernesto und der hinzugekommene Riccardo Rocco digitalisierten eine Papstmedaille aus dem Jahre 1898. Der Vergleich der digitalen Darstellung mit dem Original beeindruckte Domenico ebenso wie bei den Urkunden und Büchern.

„Fehlt nur noch der Geruch", bemerkte er wobei ihm sein privater Buchschatz in den Sinn kam. Er nahm sich vor, ERSCHAFFE EINEN ORT baldmöglichst Ernesto und Riccardo zu zeigen und von ihnen das Alter schätzen zu lassen.

„Auch ohne den Geruch sind wir mit unserer virtuellen Darstellung durch die Erläuterungstexte und Übersetzungen in gewisser Weise besser als die Originale", bemerkte Riccardo stolz. Es war speziell seine Aufgabe, die Texte zu verfassen, die dem Betrachter gleichzeitig mit dem Objekt angezeigt wurden.

„Irgendwann wird jedes Buch selbst seine Geschichte multimedial erzählen, ohne es zu verfilmen. Vielleicht sogar interaktiv wie ein Computerspiel. Also mit der Möglichkeit, selber eine Rolle darin zu spielen. Gegenwärtige Vergangenheit." Diese verrückte Idee äußerte Domenico in der nahegelegenen Trattoria, wo man seinen Bibliotheksbesuch mit einem Mittagessen abschloss. „Vielleicht schreibe ich in ein paar Jahren meine Doktorarbeit auf diese Weise."

Über diesen Gedanken kam Ernesto auf seine Diplomarbeit zu sprechen. Er wusste von Domenicos Frust, dass sein Professor mit ihm noch nicht das Thema festgelegt hatte. „Schreib interdisziplinär. Verbinde ein Thema aus der Architektur mit dem eines verwandten Fachbereichs. Kunsthistorie zum Beispiel!"

„Gute Idee! Ernesto hilft dir digital und ich analog", ermunterte ihn nun auch Riccardo, bevor sie sich verabschiedeten.

Auf dem Weg zum vereinbarten Treffen mit Carlotta hatte sich das genaue Thema in Domenicos Kopf festgesetzt: „Architektur – Spiegel von Zeit und Kunst?"

„Bitte was?", fragte Carlotta erstaunt, als Domenico sie mit einem Kuss und dieser Frage begrüßte.

„Scusi. Diese Frage will ich mit meiner Diplomarbeit beantworten."

Carlotta schien nicht wirklich von seiner neuen Idee begeistert zu sein. „Glaubst du nicht, mit so einem komplizierten Thema zu viel Zeit für deinen Abschluss zu verlieren?" Bevor er ihr seine Gründe genauer darlegen konnte, brach sie die Diskussion ab. „Aber das besprich besser mit deinem Professor. So jedenfalls wird dir nicht langweilig, wenn ich mit meiner Mutter nach Albissola fahre."

Bisher hatten sie vermieden, darüber zu sprechen, dass Carlotta mit ihrer Mutter für einige Zeit ins Piemont zu Verwandten fahren würde. Auch jetzt lenkte Domenico seine Gedanken von der bevorstehenden Trennung ab. „Ganz in der Nähe von Savona wurde mein Vater vor 65 Jahren geboren." Er hatte ihr bereits erzählt, dass dort sein Geburtshaus steht, in dem vor wenigen Wochen erst sein Vater und kurz danach auch seine Großmutter gestorben war. Seither wartete auf ihn die Aufgabe, das Haus auszuräumen und über die weitere Verwendung zu entscheiden. Wäre dies vielleicht sogar ein Grund, jetzt ebenfalls dorthin zu fahren? Allein für diesen Gedanken fand Domenico keine Rechtfertigung. Auch Carlottas Worte klangen nicht gerade ermunternd: „Eine Woche ist schnell vorbei. Meine Mutter freut sich schon lange, mal wieder mit mir zu verreisen. Meine Tante und mein Onkel haben mich seit Ewigkeiten nicht mehr gesehen."

ZURÜCK NACH ROM

Nun also saß Luigi wieder in derselben Kutsche, mit der sie vor einigen Tagen gekommen waren. Diesmal musste er seinen Bruder schutzlos in der Gewalt Cesare Borgias zurücklassen. Doch wie stand es um sein eigenes Leben? Erstmals machte er sich Gedanken, ob Alberto Verdacht geschöpft haben konnte. Hatte er zu viel Sorgen für den Gefangenen durch den langen Blick auf das immer kleiner werdende Landhaus gezeigt? Alberto beobachtete ihn schon längere Zeit ungewöhnlich scharf. „Ihr gebt Euch gerne als harter Mann. Doch viele Menschen habt Ihr offensichtlich noch nicht sterben sehen. Bereitet Euch darauf vor, dass Ihr unseren Gefangenen nach unserer Rückkehr richten werdet. Er scheint nicht viel älter zu sein als Ihr."

„Zwei Jahre", sprudelte es aus Luigi heraus. Im gleichen Moment hätte er sich die Zunge für diese Bemerkung abbeißen mögen.

„Ihr wisst es so genau?" Etwas Lauerndes schien in der Frage zu liegen. Hatte er ihm mit dieser Frage eine Falle gestellt?

„Zwei Jahre, auf drei Monde genau", erwiderte Luigi und zwang sich dabei, Alberto gleichgültig anzusehen. „Er sagte es mir, als ich ihn verhörte. Ihr meint also, Cesare wird sein Leben aufsparen, damit ich es ihm nehme?"

„So könnte es sein. Er selber wird ihn nicht töten. Wenngleich sein Wille, etwas zu erreichen, nie vor einem Menschenleben haltmacht, ist er kein Mensch, der aus Vergnügen tötet. Tut er es dennoch, bringt ihn meist sein heißes Blut dazu. Er wird Euch die Tötung überlassen, damit Ihr zeigt, dass Ihr es damit ernst meint, ihm zu dienen. So macht er es mit jedem, dem er versucht zu vertrauen. Und doch traut er nicht einmal sich selber. Ich erlebte es mit, als er im Rausch auf seinen eigenen Schatten einschlug."

Für den Moment konnte dies Luigi beruhigen. Denn damit blieb ihm die Sicherheit, dass Gianni bis zu seiner Rückkehr nichts geschehen würde. Doch was würde sein, wenn es ihm nicht gelänge, Rovere zu retten, um später mit dessen Hilfe den Bruder zu befreien? Muss er ihn dann von eigener Hand töten?

Wie die Kutsche in Rom waren auch Luigis Gedanken bei der Frage der eigenen Schuldfähigkeit angekommen. Wäre er in der Lage, einen Menschen zu töten? Er war versucht, Alberto zu fragen, was man empfindet, wenn man einen Menschen tötet. Würde er ihn töten, um dadurch seinen Bruder zu retten? Darf man ein Leben mit dem anderen aufrechnen? Wenn ja, wie entscheidet man, welcher Mensch leben darf, welcher sterben muss? Der Gute darf leben, der Böse nicht. War das die Antwort? Doch woran erkennt man einen bösen Menschen? Ist immer der böse, der andere tötet? Was ist mit den Soldaten, die für eine vermeintlich gute und gerechte Sache kämpfen? Dürfen sie töten, damit andere Menschen leben können? Luigi wusste nicht, wohin mit diesen Gedanken, und hoffte, niemals selber über Leben und Tod entscheiden zu müssen.

Jetzt galt es, sein Vordringen zu Rovere zu planen und zum Erfolg zu führen. Als Erstes musste er herausfinden, wo der Bischof sich aufhielt. Dann galt es zu erfahren, wer der gedungene Mörder sei und auf welche Art der Anschlag stattfinden sollte. Vielleicht wusste Alberto mehr darüber. Nur musste er diesmal geschickter sprechen als zuvor, als er sich bezüglich Giannis Alter beinahe um Kopf und Halsmanschette geredet hatte. Luigi fiel es schwer, von Rovere zu sprechen, als wäre er nicht der erhoffte Retter, sondern ihr Feind: „Für den Moment ist der Gefangene für Cesare nicht mehr von großer Wichtigkeit. Er hat genug damit zu tun, wie er uns Rovere vom Halse schafft."

Offenbar hatte er den richtigen Ton getroffen, denn Alberto antwortete recht freimütig: „Dieser Teil seiner Planung ist für Cesare bereits erledigt. Neben anderen vermuteten Gegnern der Familie Borgia hat er auch unter Roveres Bediensteten einige willige Helfer gedungen, die nach Bedarf für spezielle Aufgaben aufgeweckt werden. Einer davon ist bereits hellwach, um diese Aufgabe auszuführen, sobald der Bischof in Rom eintrifft. Der Mörder wird nach der geglückten Tat entlohnt und man ermöglicht ihm die Flucht. Ich hörte Cesare sprechen, dass nach des Bischofs erster Nacht in Rom die Morgenglocken auch seinen Tod einläuten."

„Und weiß er, wo Rovere sich in Rom aufhält?"

„Es interessiert ihn nicht. Doch ich weiß es, weil ich dem Mörder zur Flucht verhelfen werde. Dies ist die Aufgabe, mit der ich betraut bin. Zusätzlich, dass ich Euch in Rom…" In seine kaum spürbare Pause flocht Luigi schnell eigene Worte ein:

„Dass Ihr mich beschützen sollt - nennen wir es getrost weiter so - und nicht, dass Ihr mich bewacht. So wisst Ihr also oder werdet es bald erfahren, wo Rovere sich aufhält." Um nicht in den Verdacht zu geraten, darüber mehr erfahren zu wollen, wechselte Luigi schnell das Thema. Fürs Erste hatte er genug erfahren, um zu wissen, wo er sein Vorhaben ansetzen musste. „Bevor Ihr Euch mit diesen Angelegenheiten befasst, bitte ich Euch, lasst mich meine eigenen kleinen Dinge in aller Kürze regeln. Wenn es Euch recht ist, nenne zuerst ich dem Kutscher mein Ziel."

Luigi gewann langsam seine Ruhe wieder. Alberto hatte keinen Verdacht geschöpft. Luigi nannte die Adresse von Donna Anna, den Ort, den Cesare bereits kannte, weil sie sich dort kennen gelernt hatten. Dass sein Beschützer seiner Aufgabe pflichtbewusst nachkam, wurde Luigi sofort klar, als er vor dem Palazzo aus der Kutsche stieg. Zwar verlangte Alberto nicht, mit einzutreten, doch er beobachtete sehr genau, wie man an der Tür auf Luigis Einlassbegehren reagierte. Dabei kam diesem entgegen, dass er seit der Hochzeitsfeier im Hause wohl bekannt war. So ging sein Bewacher ohne Misstrauen zurück zur Kutsche, als Luigi freudig von Donna Anna eingelassen wurde. Auf ihre erstaunte Nachfrage über den Grund seines Kommens gab er nur eine ausweichende Antwort, um sie nicht noch mehr in seine Angelegenheiten hineinzuziehen. Nur unzureichend in ihrer Sorge beschwichtigt, gab sie ihm die gewünschten Dinge für den persönlichen Bedarf.

Als er wieder in der Kutsche saß, bedachte er die Möglichkeit, den Apotheker um Hilfe zu bitten. Bei seinem Problem mit Hieronymus hatte er ihm sehr geholfen. Sein Schlüsselwort hatte ihn ein weiteres Mal aus einer Bedrängnis befreit. „Als Letztes lasst mich noch bei meinem Apotheker vorbeifahren. Er wird mir eine Medizin gegen ein unbequemes Kavaliersleiden, die Franzosenkrankheit, verabreichen."

Das erste Mal vernahm Luigi von Alberto ein ausgelassenes Lachen. „Ihr seid zwar nicht der Herkules in Person. Doch auf Liebesdinge scheint Ihr Euch recht gut zu verstehen. Die schöne junge Frau, die Euch am Palazzo verabschiedete, machte Euch ebenso träumerische Augen wie der fette Giacomo. Ihm habt Ihr seine hässliche Fratze auf den Rücken gedreht, ohne dass Ihr es selber bemerkt habt", lachte er dröhnend, so dass der Kutscher besorgt zu ihnen schaute.

Alsbald stoppten sie vor der Apotheke. Wieder stieg Alberto aus der Kutsche und beobachtete, wie Luigi schüchtern die Türglocke betätigte. War es die Unsicherheit, Carminato um Hilfe zu bitten? Denn wie konnte er sicher sein, dass der nicht auch ein Freund Cesares war? Als Vanessa die Tür öffnete und sein Blick wieder tief in ihren braunen Augen versank, wusste er, dass ihr ein Teil seines Herzklopfens gegolten hatte. In seiner Verlegenheit war er sogar erleichtert, dass Carminato nicht zuhause war. Als Ausrede für sein Kommen verlangte er, einer plötzlichen Eingebung folgend, ein starkes Abführmittel.

„Nehmt nur wenige davon zum Morgenbrot ein. Noch drei Tage nach der Einnahme solltet Ihr dem Wein unbedingt und total abschwören. Und bewegt Euch nicht allzu weit von einem ungestörten Örtchen weg. Das Mittel wirkt gut und schnell." Über den tiefen Blick, den Vanessa ihm unter ihren langen Wimpern schüchtern zuwarf, fielen ihm beinahe die beiden Fläschchen aus der Hand.

Als er wieder in der Kutsche saß, musste er seinen Gedanken streng verbieten, weiter noch Vanessa zu umflattern wie ein Schmetterling eine schönduftende Blume. Denn schwierige Dinge standen bevor, ohne dass er eine Ahnung hatte, wie er sie angehen sollte. Außer einem starken Abführmittel und einigen Münzen hatte er nichts in seinem Beutel.

Natürlich! Das Abführmittel, das sollte ihm weiterhelfen. „Jetzt, da meine Angelegenheiten erledigt sind, lass uns gemeinsam einen Wein trinken. Den ersten Sold, den Cesare mir zahlte, sollte ich mit einem Kameraden verzechen. Ihr wisst sicher ein passendes Wirtshaus in der Nähe."

„Während Ihr zu wissen scheint, wo die hübschesten Jungfern wohnen, weiß ich, wo es genügend Wein für Euer Geld und die willigsten Weiber gibt."

Alberto rief dem Kutscher einen Namen zu. Alsbald stoppten sie vor einem Gasthaus in Trastevere, nahe dem Hafen Ripa Romea. Luigi kannte diesen Stadtteil. Zum einen, weil sich an der Piazza San Cosimato Giannis Kloster befand, zum anderen, weil er von seinen zahlreichen Spaziergängen die Kirchen Santa Maria, San Crisogono und Santa Cecilia kannte. Er mochte diesen geschäftigen Stadtteil wegen seiner Vielfältigkeit. Die Wassermühlen bringen Beschäftigung für zahlreiche Müller, Gerber, Wollweber, sowie Wein- und Gartenbauer. Noch vor kurzer Zeit hatte Luigi die Bewohner bei der Festa de Noantri feiern sehen. Die meist armen und gewöhnlichen Menschen werden von den einen belacht, von den anderen bewundert, weil sie sich ihren Stolz und ihre Eigenheiten bewahrt haben. Auch Luigi hatte einige Zeit gebraucht, sich auf ihre etwas misstrauische Art und auf ihren Dialekt einzulassen. Neben diesen Leuten residierten auch wohlhabende und vornehme Familien in Trastevere. Einigen von ihnen war er auf Donna Annas Hochzeit begegnet.

Doch hier, in diesem verworfenen Teil oder gar in dieser Spelunke, die Alberto ‚Die Hölle der Lebenden' nannte, würde er keinen der Alberteschi, Anguillara oder der Mattei antreffen. Vielleicht war er tagsüber an diesem Haus bereits vorübergegangen. Doch jetzt, des Nachts, zeigte die Straßen ein völlig anderes Bild. Das Wirtshaus hätte Luigi aus freien Willen niemals betreten. Der Lärm grölender Männer und kreischender Weiber war schon von der schmutzigen und übelriechenden engen Straße aus zu hören. Als sie über eine Stiege das dunkle Kellergewölbe betraten, schlug ihnen ein bestialischer Gestank aus Tabakqualm, billigem Wein und menschlichen Ausdünstungen entgegen. Endgültig inmitten der Hölle fühlte Luigi sich, als Alberto tief in den Gastraum im Keller voranging. Der Schmutz auf den Tischen, der stinkende und von Dreck schmierig-rutschige Boden erinnerte an die Latrinen in Cesares Quartier. Er befürchtete, sich augenblicklich übergeben zu müssen. Doch sein Plan ließ ihm keine andere Möglichkeit, als zu bleiben.

„Es ist nicht die vornehmste Adresse Roms. Doch in dieser Spelunke gibt es für Eure Scudi genügend Wein und Weiber, dass es für uns beide reicht." Mit diesen Worten wollte Alberto sich bei Luigi offenbar ein wenig entschuldigen. „In einem solchen Etablissement habt Ihr Euch Euer Kavaliersleiden sicher nicht geholt. Ihr scheint Euch in besseren Salons zu vergnügen. Doch schon nach dem dritten Wein werden auch hier die Weiber schön wie Eures Apothekers holde Jungfer."

Albertos Gesichtsausdruck lag zwischen Verständnis für Luigis Abscheu und einer gewissen Schadenfreude. Offensichtlich war er gut bekannt hier. Kaum dass sie sich gesetzt hatten, gesellte sich ein zahnloses und schmutziges Weib zu ihnen und hakte sich bei Alberto unter. Auch der Wirt, ebenso schmutzig und übel riechend wie seine Spelunke und seine Gäste, begrüßte ihn lautstark und brachte zwei Becher Wein.

Luigi hatte inzwischen seinen ersten Ekel überwunden. Fieberhaft dachte er nach, wie er in Albertos Wein etwas von dem Abführmittel bringen konnte. Das eine der Fläschchen hatte er schon unter dem Tisch geöffnet, ohne dass Alberto etwas bemerkt hatte. Als die zahnlose Hure ihn besonders stark in Anspruch nahm, versuchte er einige Tropfen in seinen Becher zu träufeln. Dabei zitterte seine Hand so stark, dass sich der gesamte Inhalt in den Wein ergoss. Luigis stark klopfendes Herz schien stehen zu bleiben, als die Hure ihre schwielige und schmutzige Kralle nach dem präparierten Wein ausstreckte. Sein Plan drohte zu scheitern. Würde sie anstatt Alberto das Abführmittel trinken, fände sich so schnell keine Gelegenheit, ihm das zweite Fläschchen, das sich im Beutel bei seinen anderen Dingen befand, zu verabreichen.

Doch auch Alberto hatte die Absicht der Hure erkannt und war nicht gewillt, mit ihr zu teilen. Heftig schlug er mit der Faust auf ihre Hand, noch bevor sie zugreifen konnte. Gerade als er den Mix trinken wollte, trat eine andere Frau zu ihnen an den Tisch. Dies nutzte die zahnlose Hure aus, griff sich Luigis Becher und soff den Wein so gierig, dass ein großer Teil davon wie Seiber aus ihrem zahnlosen Maul troff. Alberto und Mara, Luigi erfuhr ihren Namen später, schauten lachend der Alten nach, die zufrieden schmatzend abzog.

Er war froh, nicht selber aus dem vor Schmutz und Grind starrenden Krug trinken zu müssen. Denn der Wirt füllte die Becher die sein Gehilfe von den Tischen einsammelte ohne sie zu reinigen mit neuem Wein. Alberto, nun abgelenkt von Mara, hatte seinen Wein immer noch nicht getrunken. Die Frau gehörte augenscheinlich nicht zu den billigen Huren. Luigi glaubte sogar in Albertos Blick so etwas wie Zuneigung für sie zu entdecken. Als er ihr seinen Krug anbot, stockte Luigi erneut der Atem. Doch in diesem Moment brachte der Wirt zwei neue Becher. Mara flüsterte etwas in Albertos Ohr, was ihn offensichtlich erfreute. „Könnt Ihr mich für eine Weile entbehren? Das Weib und ich haben Wichtiges zu bereden."

An der innigen Art, wie Alberto sie an sich heranzog, erkannte Luigi die Zuneigung der beiden füreinander. Während seine Gedanken noch damit beschäftigt waren, ob er ihnen die kurze Zeit der Freude füreinander verderben durfte, war sein Mundwerk schon bei der Sorge um seinen Plan und bei Giannis Leben angelangt. „Eure Abwesenheit lasse ich gelten, wenn wir zuvor den Wein trinken, den ich spendiert habe."

In einem Zug leerte Alberto seinen Becher, während Luigi und Mara an ihren bedächtig nippten. „Trinkt derweil Euren Wein, nehmt Euch ein Weib, ganz wie Ihr wollt! Zum ersten Ruf des Nachtwächters bin ich zurück, und wir machen uns auf den Weg."

Luigi schaute ihnen nach, wie sie im Dunst des Schankraums verschwanden und war froh, dass man ihn bis auf einige Blicke unbehelligt ließ. Allzu lange musste er nicht warten, bis Mara zurückkam. Dass sie tatsächlich etwas für Alberto empfand, sah Luigi an ihrem besorgten Gesicht. „Euer Kamerad hat ein peinliches Problem. Ich soll Euch zu ihm führen." Da sie sich bereits wieder von ihm abgewandt hatte, brauchte Luigi nicht einmal Verwunderung zu heucheln. Auch wenn er wusste, welcher Art das Problem war, erschrak er heftig über das, was er kurz darauf sah.

Alleine der Weg zu den oberen Kammern, wo die besseren Huren ihre zahlungskräftigeren Freier empfingen, ließ Luigi vor Ekel erstarren. Der von Kerzenlicht beleuchtete Wirtskeller war eine Ansammlung von stinkendem Dreck, in dem sich betrunkenes und grölendes Gesindel bewegte. Dies war die Hölle. Doch dort, wo keine Tische und Bänke mehr standen, dort, wo keine Kerzen mehr den Raum beschummerten, begann die Kloake der Hölle. Der dort herrschende Gestank in einer üblen Mischung aus Kot, Urin, Schweiß und anderen menschlichen Ausdünstungen hätte jeder Kerze die Luft zum Brennen genommen. In den Ecken und unter der groben Holztreppe, die zu den oberen Stockwerken führte, suhlten übel riechende Paare sich wollüstig im eigenen Dreck. Obwohl die Dunkelheit Luigi gnädig die Ansicht ersparte, wusste er nicht, wie er seine Wahrnehmungen davon abwenden konnte. Eine der Huren, die sich ein zerlumptes Wesen, kaum mehr als Mensch erkennbar, gegriffen hatte, schaffte ihrem Freier, noch bevor sie die schützende Dunkelheit erreichten, mit wenigen Handgriffen Erleichterung von seiner fleischlichen Lust. Andere wiederum hatten es noch bis in die Dunkelheit geschafft. Die tierischen Laute, die er aus der Finsternis vernahm, machten deutlich, dass man es auf eine Weise miteinander trieb, die nicht einmal der Vermehrung der Straßenköter würdig gewesen wäre.

Luigis Sinne erstarrten und seine Gedanken weigerten sich, dies alles wahrzunehmen. Konnte man dies noch als menschliche Vereinigung bezeichnen, wie er sie mit Julia erleben durfte? Schließlich scheint beides demselben geschlechtlichen Trieb zu folgen. Mit dem Sinn, dass die Menschheit sich vermehre und ihre Art erhalte?

Als er das oberste Stockwerk erreicht hatte, war sein heftiger Brechreiz etwas abgeklungen. Als Mara die Tür zu dem, wie sie es nannte, Verrichtungsverschlag öffnete, verlor Luigi nun doch die Kontrolle über seinen Magen. Ein verwesungsähnlicher, pestilenzartiger Gestank schlug ihm entgegen. In seiner Not versuchte er das kleine dunkle Fenster zu erreichen. Er hatte es weniger gesehen, als dass er dorthin gezogen wurde, von dem schmalen Faden halbwegs atmungsfähiger Luft.

So gerade eben schaffte er es, sich aus der Fensteröffnung zu lehnen und den Inhalt seines Magens auf die Straße zu entleeren. Ohne die geringste Möglichkeit einer Kontrolle. Zum Glück hielt sich dort unten niemand auf. So konnte er noch einige Momente gierig Luft in seine Lungen pumpen zur lebensspendenden Atmung! Das Jammern von Alberto zog ihn zurück in den übelriechenden Verschlag. Im trüben Licht der Kerze zeigte sich ihm ein jämmerliches Bild. Statt eines Bettes gab es nur eine verfilzte Decke voller Löcher, ausgebreitet über einem Haufen Stroh, das schwarz vor Dreck und Wanzen war. Statt eines Schrankes gab es nur ein grob gehobeltes Brett, über zwei unterschiedlich hohe Steine gelegt.

Doch dies alles hatte für den bedauernswürdigen Alberto keine Bedeutung. Für ihn gab es in diesem Raum nichts Wichtigeres, als diesen verdreckten Bottich auf dem er mehr hing wie ein schmutziger Lappen, als dass er saß. Aus diesem Bottich schien jener schreckliche Gestank zu kommen. Alberto bot ein Bild des Jammers. Da Luigi ihn bewusst in diese Lage gebracht hatte, empfand er neben aufrichtigem Mitleid sogar einen Schimmer von Schuldgefühl. So sah er es als gerechte Strafe an, diesen erbärmlichen Gestank auszuhalten und dem Brechreiz zu widerstehen.

„Niemals fühlte ich mich der Hölle so nah. Niemals!", jammerte Alberto.

„Auch der Gestank dürfte in der Hölle nicht schlimmer sein", ergänzte Luigi und war froh, dass Alberto nicht in sein Gesicht sehen konnte. „Was habt Ihr zu Euch genommen, dass es Euch so elend geht?", fragte er scheinheilig.

„Nichts, wovon ich wüsste. Sicher war es der Wein, den ich trank."

„Dann würdet Ihr Euch mit Eurem Weib und mit mir um diesen sehr privaten Platz heftig streiten müssen. Denn auch wir haben davon getrunken."

„Was auch immer mir das Gedärms zerreißt, Ihr müsst mir helfen. Unbedingt!"

„Ich bin kein Medicus. Doch würde ich Euch raten, Euer Weib nach trockenem Brot zu schicken."

Die nun folgenden Geräusche der Verdauung, die aus dem Bottich dröhnten, produzierten eine neue Welle von bestialischem Gestank. Offenbar war alleine der Gedanke an Nahrungsaufnahme der Gesundung nicht förderlich. Als Alberto diesen Krampfanfall einigermaßen überwunden hatte, sprach er mit dem letzten Rest seiner Kraft: „Ich sitze hier auf länger fest. Ihr müsst für mich meine Aufgabe übernehmen, dem Schläfer zur Flucht zu verhelfen. Cesare würde mir niemals verzeihen, wenn ich versagte."

Jetzt hatte Luigi Alberto genau dort, wo er ihn haben wollte, denn nun musste er preisgeben, wo Rovere abgestiegen war und Luigi würde endlich die Identität des Mörders und die Art des Anschlags erfahren. Doch durfte er nicht zu schnell auf den Vorschlag eingehen. „Eine solch wichtige Aufgabe für einen Anfänger, wie ich es bin? Niemals!"

„Ihr unterschätzt Euch. Glaubt mir. Ich weiß, wozu Ihr fähig seid."

„Dies würde niemals Cesares Zustimmung finden. Ihr kennt sicher einen Mann, der diese Aufgabe besser durchführen könnte."

„Cesare hätte nichts dagegen. Doch wenn Ihr es Euch nicht zutraut, fiele mir jemand ein, der es machen könnte."

Luigi musste aufpassen, jetzt das Spiel nicht zu weit zu treiben. „Sagt mir, wo ich ihn finden kann, und ich führe ihn zu Euch. Es sollte jedoch niemand sein, der Euch schlecht gesonnen ist und diese üble Situation gegen Euch verwendet", fügte Luigi listig hinzu, denn er wusste, dass Albertos Stolz es niemals zuließe, noch einer weiteren Person zu gestatten, ihn in dieser erbärmlichen Lage zu sehen.

„Ihr habt Recht, also müsst Ihr es machen, Ihr seid der einzige Mensch, dem ich in dieser Lage trauen kann. Wenn ich einen Freund auf dieser Welt hätte, wärt Ihr es."

Obwohl dieser Satz Luigi eigentlich Erleichterung hätte bringen müssen, belastete es ihn, dieses Vertrauen auszunutzen. In einem ihrer Gespräche hatte Alberto einmal geäußert, keine Freunde zu brauchen. Luigi fiel ein, dass auch er sich bisher nie die Zeit für Freunde genommen hatte. Dafür jedoch hatte er einen Bruder, und den galt es zu retten und über alle Zweifel zu stellen. „Habt Ihr einen Bruder?" Alberto war über diese Frage ebenso überrascht wie der Fragesteller selbst. Luigi glaubte, wieder einen Fehler begangen zu haben.

„Sicherlich nicht nur einen. Denn von meinem Vater sagte man, dass er in vielen Frauen seinen Samen ausgelegt hat. Aber da ich nicht einmal ihn kenne, weiß ich um keinen meiner Brüder. In diesem Moment brauche ich weder Vater noch Bruder, sondern Euch. Sollte ich dereinst einen Freund brauchen in meinem Leben, dürfte es jemand sein wir Ihr. Also tut es für mich, so als wären wir Freunde."

„Dafür werde ich es machen!", antwortete Luigi entschlossen. Sogar mit ein wenig Erleichterung, obwohl Albertos Worte erneut so etwas wie ein schlechtes Gewissen verursachten.

Seine eben gewonnene Zuversicht bekam einen deutlichen Dämpfer, als er die notwendigen Informationen erhielt. Er hatte die Durchtriebenheit von Cesare unterschätzt; denn Alberto wusste nur das wenige, was er benötigte, um dem Mörder zur Flucht zu verhelfen. So erfuhr er lediglich, wie er Zugang zum Palazzo Caetani auf der Tiberinsel bekommen würde. Dort würde er sich bis zur frühen Morgenstunde verbergen und für den Mörder bereit halten. Dessen Name und Stellung kannte auch Alberto nicht. „Niemand weiß alles, jeder nur das, was für seine Aufgabe wichtig ist. So kann niemand den gesamten Plan verraten. Nicht einmal Cesare."

Als Nächstes erfuhr Luigi, wo die Kutsche zur Flucht warten sollte und wohin der Mörder zu führen war. Den Ort im Palazzo, wo er sich verbergen sollte, würde ihm die Person zuweisen, die ihn einlässt. Wohin der Mörder gebracht würde, wusste wiederum nur der Kutscher. Bei ihrem Abschied zeigte sich in Albertos elendem Gesicht eine gewisse Sorge. Galt sie ausschließlich dem Gelingen der Aufgabe oder vielleicht doch ein wenig Luigis Leben? Der jedenfalls hatte noch einige Vorkehrungen zu treffen, die sowohl Giannis als auch das eigene Leben schützen sollten. Erst danach wollte er zum Palazzo der Caetani gehen, um dort Einlass zu finden.

DOMENICOS DIPLOMARBEIT

Bei seinem nächsten Termin mit Professor Fausto musste Domenico über eine halbe Stunde warten, bis er endlich vor dem riesigen Schreibtisch saß. Obwohl die Sekretärin den Professor mehrmals an seinen nächsten Termin erinnerte, sprachen sie fast eine Stunde miteinander. Besonders interessierten den Professor die Schilderungen über die Fresken von Santa Tecla. „Haben Sie auch den Ehemann von Barbara Martelli, Fabricio Fabello, kennen gelernt?"

„Oh ja, meine Freundin und ich waren ihre Trauzeugen."

Fausto schien zum ersten Mal wirklich beeindruckt. „Auch er hat bei mir studiert und war einer meiner Besten damals. Und Sie, junger Mann, haben auch das Zeug dazu. Sie sind ihm in Ihrer interessierten und engagierten Art sehr ähnlich." Im Laufe des Gesprächs erfuhr Domenico noch mehr über Fabricio. Er hatte bis vor seiner Hochzeit als Bauingenieur für das amerikanische Architekturbüro Skidmore, Owings and Merrill gearbeitet. Zuletzt in Dubai, am höchsten Gebäude der Welt, dem Burj Khalifa. „Ich würde nicht so viel arbeiten, hätte ich sein Geld. Bis ich meine beiden Jungen durchhabe, muss ich mich noch einige Jahre abrackern."

Domenico folgte seinem Blick zu einem Foto auf dem Schreibtisch. Zu gerne hätte er mehr über die dort gezeigte Familie erfahren. Die Frau und die Kinder auf dem Foto waren wesentlich jünger, als er bei einem Mann von Mitte fünfzig erwartet hätte. So alt schätzte er den Professor, der sich nun endlich daran erinnerte, warum sie zusammensaßen. Nachdem er die von Domenico vorbereiteten Seiten gelesen hatte, schaute er ihn mit skeptischem Blick an. „Als Thema hätten Sie also gerne ‚Architektur – Spiegel von Zeit und Kunst?' Was genau darf ich mir darunter vorstellen? Klingt nicht unbedingt wie nach einer Diplomarbeit für ein Architekturstudium."

„Warum nicht?", widersprach Domenico. „Architektur wirkt immer im Kontext mit der Zeit und wird gestaltet von ihren Zeitgenossen. Vor allem hier in Rom sind viele Gebäude zu Stein gewordene Zeitgeschichte."

Mitten in ihrer lebhaften Diskussion erinnerte die Sekretärin Professor Fausto erneut an seinen nächsten Termin. Offensichtlich kam ihm die Unterbrechung nicht ungelegen und er stimmte dem Thema zu. Domenico hatte geschickt und zäh verhandelt und dabei einen Rat von Professor Faustos ehemaligem Vorzeigestudenten Fabricio Fabello beherzigt: „Argumentieren, nicht diskutieren!". Endlich konnte er mit seiner Diplomarbeit beginnen.

IM PALAZZO DER CAETANI

Luigi atmete einige Male tief durch, als er den verpesteten Verschlag und die Spelunke hinter sich gelassen hatte. Kurz bevor er die Brücke erreicht hatte, über die er zur Tiberinsel gehen musste, erschrak er. Am Aufgang glaubte er dunkle Schatten zu sehen. Waren dort zum Schutze des Bischofs Wachen postiert, von denen Cesares Spione nichts wussten? Dennoch ging er vorsichtig weiter und beim Näherkommen erkannte er seinen Irrtum. Die Köpfe waren aus Stein und gaben der Brücke ihren Namen: Ponte die Quattro Cappi, Brücke der vier Köpfe.

Dank der genauen Beschreibung fand er schnell die Tür, die ihm nach dem Klopfzeichen und der Nennung des Losungswortes geöffnet wurde. Eine vermummte Gestalt führte Luigi in eine fensterlose Kammer, in der er sich verborgen halten sollte, bis man ihn wieder abholte. Den Weg durch verwinkelte Gänge und über einige Treppen hatte er sich gut für seinen Rückweg eingeprägt. Obgleich die Anweisungen im Flüsterton zu ihm gesprochen wurden, erkannte er, dass die Stimme zu einer jungen Frau gehörte. Nachdem er wieder alleine war, dachte er über sein weiteres Vorgehen nach. Da er sich den Aufbau des Palazzo schon von außen gut gemerkt hatte, konnte er gut nachvollziehen, in welcher Etage sich sein Versteck befand. Seiner Berechnung nach befand er sich direkt unter dem Stockwerk, in dem er die Schlafkammern vermutete. Also musste die Suche nach Roveres Schlafkammer ein Stockwerk höher beginnen. Wie bisher musste er sich auf sein Glück und seine Eingebungen des Augenblicks verlassen.

Nachdem er in den Flur gelauscht hatte, verließ er sein Versteck und schlich zurück zur Treppe. Wieder lauschte er angestrengt, bevor er es wagte hochzugehen. Der obere recht lange Flur war mit einigen Öllampen spärlich ausgeleuchtet. Am Ende sah er im Schein einer helleren Lampe eine Wache vor einer Tür sitzen. Dort musste Roveres Schlafgemach sein. Aber wie sollte er an der Wache vorbeikommen? Kurz vor seinem Ziel hatte er immer noch keinen Plan, wie er den Mord verhindern konnte. Seine Befürchtung, der Mörder habe bereits zugeschlagen, schätzte er gering ein. Denn zu groß wäre die Gefahr für den Mörder, noch vor seiner Flucht im Morgengrauen entdeckt zu werden. Vorsichtig schlich Luigi zu einem schweren Tisch inmitten des Flurs, unter dem er sich verbarg. Jetzt war er dem Wächter so nahe, dass er ihn genau beobachten konnte. Hatte er gehofft, dass dieser zwischendurch seinen Platz verlassen würde, sah er sich getäuscht. Auch eine Ablösung war offensichtlich nicht vorgesehen. Obwohl der Wächter immer wieder einschlief, konnte Luigi daraus keinen Vorteil ziehen, selbst wenn es ihm gelänge, an der Wache vorbeizukommen. Sollte er Rovere wecken und ihm von seinem Verdacht berichten? Niemals würde man ihm glauben, sondern eher in ihm einen Mörder vermuten.

Von draußen kündigte ein Hahnenschrei den Morgen und damit die vermutete Zeit des Mordes an. Luigi verfluchte sich, ohne einen festen Plan gekommen zu sein. Um nicht selber als Mörder in der Falle zu sitzen, wollte er gerade zu seinem Versteck zurückschleichen, als er leises Flüstern hörte. Aus der Tür, die direkt neben der bewachten Kammer lag, traten ein junger Mann und ein noch jüngeres Mädchen heraus. „Nun geh in deine Kammer, Tania."

Der Mann stieß den schlafenden Wächter an und flüsterte ihm etwas zu. Der grunzte nur müde, überließ dem Paar seine Lampe und blieb selber im Dunkeln zurück. Luigi traute sich kaum zu atmen, als die jungen Leute in seine Richtung kamen. Genau vor ihm blieben sie stehen und beleuchteten mit ihrer hellen Lampe sein Versteck. „Piero, Liebster. Lass mich nicht alleine, wenn du mich liebst. Du liebst mich doch?"

Luigi erkannte an der Stimme, dass es nicht die Frau war, die ihn eingelassen hatte.

„Natürlich liebe ich dich. Denk nur daran, bald ist es vorbei mit der Heimlichkeit unserer Liebe."

„Sag mir, dass du mich dann heiratest, Liebster", flüsterte das Mädchen ängstlich.

„Natürlich heirate ich dich, Tania. Dann bekommen wir unser eigenes Haus. Wenn Rovere keinen Kammerdiener mehr benötigt, bin ich frei. Es wird hier bald viel Aufregung geben. Ich selber werde dann fort sein, dich aber so schnell wie möglich wissen lassen, wo ich dich erwarte. Dann kann uns nichts und niemand mehr trennen. Jetzt geh zurück in deine Kammer. Und zu keinem ein Wort über unsere Heiratspläne."

Das Mädchen drückte sich fest an ihren Piero und sprach ziemlich laut zu ihm. „Lass mich nicht alleine zu meiner Kammer gehen. Ich habe Angst."

Schnell hielt Piero ihr den Mund zu, und gemeinsam schlichen sie die Treppe hinunter. Piero, Roveres Kammerdiener, war also der gesuchte Mörder, und vermutlich hatte er die Falle des Todes bereits aufgestellt. Luigi musste in seine Kammer gelangen, bevor er zurück war. Er hatte die Tür fast erreicht und wollte sie vorsichtig öffnen. Da bewegte sich der nur zwei Schritte entfernt liegende Wächter. Luigi blieb wie erstarrt stehen. Doch der Wächter hatte sich nur im Schlaf gedreht. In kaltem Schweiß gebadet, schloss Luigi leise die Tür und schaute sich in der von einer Kerze beleuchteten Kammer um, die eher die Größe eines Schrankes hatte. Dort war gerade Platz für eine zerwühlte Schlafstelle und die Kommode, auf der die Kerze stand. Die zweite Tür musste in die benachbarte Kammer von Rovere führen. Piero würde jeden Moment zurückkommen, somit blieb Luigi nicht viel Zeit für seine Vorkehrungen.

In der Kommode fand er ein Messer, das in einen Papierbogen gewickelt war. Damit schnitt er, wie er es bei Cesare gesehen hatte, ein Gardinenband ab. Das Band und das Messer steckte er ein und kauerte sich hinter die Tür. Dann nahm er ein Tuch und dazu das kleine Fläschchen aus seiner Tasche und wartete auf die Rückkehr des Dieners. Wie gut, dass sein Bruder die Idee mit dem Betäubungsmittel hatte! Ginni hatte genau beschrieben, wo in seinem Apothekerschrank er das Fläschchen finden konnte. Die eigentliche Idee war, damit nach seiner Rückkehr Giannis Wache zu betäuben. Um an das Mittel zu kommen, hatte er auf dem Weg zur Tiberinsel den Umweg zum Kloster Sant' Onofrio in Kauf genommen. In die Apotheke war er durch den äußerst hilfsbereiten Hieronymus gelangt.

Jetzt galt es noch einmal die Ruhe zu bewahren. Träufelte er das Mittel zu früh vor Pieros Rückkehr auf das Tuch, lief er Gefahr, selber betäubt zu werden. Oder das Mittel könnte zu schnell seine Wirkung verlieren. Doch bliebe ihm genügend Zeit, wenn Piero hereinkommt? Dann jedoch ging alles sehr schnell. In dem Moment, als die Tür sich öffnete, tränkte Luigi das Tuch. Nach Schließen der Tür umfasste er Pieros Brust und drückte ihm mit der rechten Hand das Tuch fest auf Nase und Mund. Beim Versuch, sich aus der Umklammerung zu lösen, atmete Piero das Mittel umso tiefer in seine Lungen ein und sackte so schnell in Luigis Arme, dass dieser Mühe hatte, ihn aufzufangen und auf die Schlafstatt zu legen. Er fesselte Piero mit dem abgeschnittenen Band und verschloss ihm mit dem getränkten Lappen den Mund. So konnte er sich nicht bemerkbar machen, falls er zu früh erwachte. Nun war Luigi nur noch durch eine Tür von Roveres Schlafkammer getrennt.

Ihm blieb nur eine Möglichkeit, die sicherlich bereits ausgelegte Falle des Todes unschädlich zu machen: Er musste sich an Stelle von Piero als Kammerdiener ausgeben. Doch wie würde der Bischof reagieren, wenn plötzlich ein Fremder ihm zu Diensten war? Und wann durfte er den Schlafraum seines Herrn betreten? Gab es ein verabredetes Zeichen, eine feste Zeit, wurde er gerufen? Noch als er darüber nachdachte, vernahm er durch die Tür einen dumpfen Stoß. Gerade so, wie wenn ein Mensch heftig auf den Boden auftritt. Luigi nahm dies als das erwartete Zeichen und trat entschlossen in Roveres Schlafkammer.

Das Bild, das sich ihm in der Dämmerung zeigte, hätte ihm fast seinen ganzen Mut genommen. Dort stand in fester Haltung ein älterer Mann mit weißem Haar vor seinem Bett, sein Schwert entschlossen in seiner Hand haltend. Gerade so, als hätte er Luigi bereits als seinen Mörder erwartet. Doch da erkannte er, dass der Mann zu sich selber sprach. „Dieser Tag wird über das Schicksal Roms entscheiden! Es gilt, sich gegen die dunklen Kräfte zu wehren. Wer mich töten will, muss vorher mit mir kämpfen."

Ganz sicher war dieser Mann Rovere und offensichtlich hatte er von den Mordplänen erfahren. Doch dies würde Luigi eher schaden als nutzen. Schließlich konnte jeder der Mörder sein. Da der Bischof ihn bereits bemerkt hatte, blieb keine Zeit, auch nur einen Augenblick zu zögern. Auch wenn er mit seinem gezückten Schwert vor ihm stand, ließ ihn sein langes weißes Schlafgewand nicht wirklich gefährlich aussehen. Diesen Zwischenraum zwischen Respekt und Komik füllte Luigi mit Worten, die er selber vernahm, als spräche sie ein Fremder: „So kennt man Euch. So hat man denn in Rom auf Euch gewartet, verehrter Bischof. Man spricht, Ihr seid ein Mann allein nicht nur des Wortes. Ihr seid voll Energie und Mut zugleich! Einer, der steht zu seinem Worte sowie zu seinem Glauben. Auch stets bereit, sein ehrlich' wohl gemeintes Wort zu vertreten durch die Tat. Einer, der kämpft dafür, die Waffe fest in seiner Hand. Einer, der dorthin kommt, wo Dinge sind zu klären und zu erkämpfen. Den Kampf für Menschen sowie für Ideale und für den Glauben an Euren Gott."

Luigi war erschrocken über das Pathos in seiner sonst so leisen, von Schüchternheit getragenen Stimme und überrascht vom Klang, aber auch von der übertriebenen Inhaltsschwere dieser Worte. Wer hatte sie ihm auf den Moment zugeflüstert? Und wieder spürte er die tief in ihm schlummernde Kraft, über die er offenbar immer dann verfügt, wenn es darum geht, Cesare zu trotzen.

Der Bischof selbst schien nicht einmal erstaunt über die Worte seines Kammerdieners. Vielleicht war er noch im Traum verfangenen oder sie passten zu gut zu seinen eigenen Gedanken, die den kommenden Ereignissen des Tages bereits vorauszueilen schienen. Vielleicht passten sie auch nur zu der Ergebenheit, die Bischof Rovere als selbstverständlich erachtete - zumal von einem Kammerdiener. Dass es ein anderer war als am Abend zuvor, war ihm offensichtlich nicht aufgefallen. Vielleicht wegen Luigis Unscheinbarkeit im Auftreten, die so gut zur geflissentlichen Dienstbarkeit eines Kammerdieners passte?

Schon als Luigi seine Worte sprach, suchte er fieberhaft nach der Falle des Todes. Gift? Er selber würde einen wehrhaften Gegner wie den Bischof vergiften. Gleichzeitig dazu, dass er fieberhaft überlegte, wie das Gift verabreicht werden sollte, musste er seinen Aufgaben als Kammerdiener nachkommen. Während er dem Bischof bei seiner Körperreinigung an der Waschschüssel half, schaute er sich weiter möglichst unauffällig im Raum um. War das Gift in einem Getränk oder in einer Speise? Nirgendwo sah er ein Morgenmahl.

„Mein Wasser und meine Bürste für meine Zahnreinigung!", befahl Rovere. Luigi reichte ihm ein Glas und die kleine Bürste. Alles hatte er im letzten Moment entdeckt. „Und die Essenz?" Die Stimme zeigte zunehmende Ungeduld.

Wie im Traumwandel nahm Luigi das kleine Fläschchen. Ärgerlich hatte der Bischof bereits selbst das Glas gefüllt, in das nun Luigi einige Tropfen von der scharf riechenden Essenz träufelte, voller Angst, dadurch selber zum Mörder zu werden. Gespannt beobachtete er die sorgsame Reinigung der bischöflichen Zähne. Zu seiner Beruhigung spie Rovere das Wasser wieder aus.

„Die Waschschüssel. Bringst du sie denn heut' noch fort?" Die Ungeduld über die Arbeit des Kammerdieners wurde immer deutlicher. Luigi versuchte seine Unsicherheit hinter besonderer Entschlossenheit zu verbergen. Dabei hätte er die Wasserschüssel beinahe umgestoßen, was den Bischof zusätzlich erzürnte. Als er sah, dass Luigi nicht wusste, wohin er die Schüssel bringen sollte, war sein Misstrauen endgültig geweckt. „Stell die Schüssel ab. Augenblicklich und rühre dich nicht vom Fleck!" Rovere beobachtete Luigi wortlos eine Zeit, die dem Beobachteten unendlich lange vorkam. Auch wenn es ihm schwerfiel, hielt er seinem scharfen Blick stand, ohne seine Augen zu senken. „Wo ist mein Kammerdiener?"

„Krank. Piero ist krank." Luigi hielt dem Blick weiter tapfer stand.

„Nie in den Jahren zuvor sah ich ihn krank."

Mit dem Moment ertönte aus der Kammer lautes Poltern. Rovere ergriff entschlossen sein Schwert.

ALS STUDENT IN ROM

Da Carlotta vor ihrer Abreise für ihr Examen arbeiten musste, blieb ihnen tagsüber kaum Zeit, sich zu treffen. Auch Domenico ging regelmäßig seinem Studium nach. Professor Fausto hatte ihm zahlreiche Dinge aufgegeben. Sie bestanden aus Vorlesungen und Seminaren, die er besuchen sollte, sowie aus Themen, die zu recherchieren und auszuarbeiten waren. Als seinen Studienpaten hatte er ihm den aus Florenz stammenden Gianluca zur Seite gestellt, der ebenfalls an seiner Abschlussarbeit schrieb.

„Es ist Mittag, lass uns was essen gehen", schlug Gianluca vor. Zu Domenicos Überraschung führte er ihn nicht zur Mensa der eigenen Fakultät, sondern in die der Wirtschaftswissenschaften, der Economia. Gianluca hatte selber zwei Semester in Deutschland studiert und konnte sich daher gut in Domenico hineinversetzen. „Anders als in Deutschland, wo nur schnell etwas gegessen wird, ist die Mensa hier in Rom ein Ort des Beisammenseins. Natürlich um sich über das Studium auszutauschen, aber auch zur Unterhaltung und zur Freizeitgestaltung außerhalb der Studienzeiten. Du siehst das schon an den Öffnungszeiten, von 11 Uhr vormittags bis 21:00 Uhr am Abend und natürlich auch an Wochenenden."

Besonders vom Essen war Domenico positiv überrascht. Man holte es sich am Buffet und es bestand in der Regel aus einem primo piatto – meistens einer Pasta-Speise – und einem secondo – Fleisch oder Fisch. Brot, Olivenöl und Wasser konnte man sich holen, so viel man wollte. „Wer es sich leisten kann, nimmt dazu ein Dessert oder ein Stück Kuchen. Alles in allem eine preiswerte Möglichkeit, gut und reichlich zu essen."

Den größten Unterschied zu Deutschland sah Domenico, als sie den gigantischen Speisesaal wieder verließen. Im Ausgangsbereich standen neben der obligatorischen Kaffee-Bar zahlreiche Spielautomaten und zwei Fernseher. Es war erstaunlich, wie viele Studenten dort tief in Zeichentrickfilmen und amerikanischen Soaps versanken. „Noch deutlicher wird der Unterschied zu Deutschland, wenn du an einem Samstag hierher kommst, zur Live-Übertragung der italienischen Fußballliga. Pay-TV-Abos kann sich kaum einer von uns leisten. Und kollektiv leidet und jubelt es sich einfach besser. Essen kannst du bei dem lauten Geschrei allerdings vergessen. Vor allem dann, wenn AS Roma gewinnt und die Mensa sich aus dem Nichts in die Vereinsfarben gelb-rot einfärbt."

Domenico wird einige Male selber die Wandlung der Studenten der unterschiedlichen Fakultäten zu Fußballfans der verschiedenen Vereine erleben und ebenso beeindruckt davon sein wie von der Wandlung des Wassers in Bier und Wein. Doch jetzt erklärte ihm Gianluca bei einem Espresso erst einmal die wichtigste Regel von Roms Studentenbetrieb, nämlich die, dass es kaum Regeln gab. „Improvisation und Flexibilität ist alles. Wir sind froh, wenn wenigstens die Vorlesungen zu einigermaßen festen Zeiten stattfinden. Seminare werden meistens kurzfristig festgelegt. Zum Semesteranfang versucht immer mal wieder, jemand feste Pläne einzuführen. Aber das klappt nie wirklich. Wer einen Raum ergattert hat, hält ihn fest und ruft die anderen. Manchmal sitzen wir im Flur, manchmal draußen, andere Male im Café. Einfach, wie es passt. Und passen tut's irgendwie immer. Kommunikation ist da natürlich alles und läuft über Facebook, Twitter oder einfach übers Mobiltelefon. Nummer unterdrücken geht dabei natürlich nicht. Sag mir deine Nummer. Mit meinem Anruf hast du dann meine, um sie abzuspeichern." Dabei fand Domenicos Klingelton Gianlucas Anerkennung. „Cool. Klingt nach Polizeisirene."

„Original Time Square New York. Kreuzung Broadway und Seventh Avenue", gelang es Domenico, einigermaßen cool zu antworten.

„Über Handy laufen auch private Verabredungen, vor allem Flashmobs. Also nicht wundern, was da alles so rüberkommt", verabschiedete sich Gianluca.

IN ROVERES SCHLAFKAMMER

„Du rührst dich weiterhin nicht vom Fleck, sonst durchbohrt dich mein Stahl", zischte Rovere Luigi an und riss die Tür zu Pieros Kammer auf.

„Piero ist ein Mörder. Er wurde von Cesare gedungen, Euch zu ermorden!", rief Luigi verzweifelt.

Rovere sah auf der Schlafstelle den gefesselten Piero, dem es gelungen war, einen Krug umzustoßen. Rovere blieb stehen und drehte sich zu Luigi um. „Ich weiß sehr wohl, dass Cesare Borgia mich ermorden lassen will. Doch du bist es, der sich eingeschlichen hat. Somit spricht alles dafür, dass du der Mörder bist. Verhält es sich anders, beweise es."

Luigi überlegte fieberhaft. Erst jetzt senkte er seinen Blick. Alles schien verloren. „Sehe ich aus wie ein Mörder?", fragte er und richtete seinen Blick wieder auf.

Diese Naivität schien Rovere tatsächlich zu beruhigen, denn sein Gesicht entspannte sich deutlich, als er antwortete: „Dann sag mir, wie Piero mich ermorden will. Wie ist Cesares Plan?"

„Ich weiß es nicht und kenne nur Teile des Plans. Niemand kennt ihn ganz, nicht einmal er selber. Dafür ist er zu durchtrieben. Ich habe nur so viel erfahren wie es braucht, um in Eure Nähe zu gelangen."

Wieder zeigte diese klare und schlüssige Antwort bei Rovere Wirkung. „Fragen wir also Piero." Entschlossen trat er zu ihm und durchschnitt mit einem gekonnten Schwerthieb die Fußfesseln. „Stell dich neben ihn", befahl er streng und beobachtete seine beiden Kammerdiener. Dem einen war der Mund mit einer Binde verschlossen, dem anderen durch die Angst. „So löse seinen Knebel und frag ihn", sprach der Bischof gelassen.

Kaum davon befreit, redete Piero, gleichzeitig heftig nach Luft schnappend, drauflos: „Er hat mich überfallen und will Euch töten."

„Der Zweite, der mich retten will. Wie soll ich da um mein Leben fürchten? Und wie glaubst du, will jener mich töten?" Rovere schien Gefallen an dem Spiel zu finden.

Piero trat einen halben Schritt zur Seite, um auf seinen Nachttisch sehen zu können. Noch kaum, dass er diese kurze Bewegung vollendet hatte, fuhr Rovere ihn wütend an: „Niemand bewegt sich von euch beiden. Nun sag, wie er mich töten will?"

„Mit seinem Messer. Er trägt es in seinem Gewand", presste Piero heraus.

Luigi verfluchte sich dafür, dass er in der Eile die Schublade, aus der er Pieros Messer genommen hatte, nicht geschlossen hatte.

„Stimmt es, trägst du ein Messer?", wandte Rovere sich nun scharf an Luigi.

„Ich nahm Pieros Messer", erwiderte er einigermaßen ratlos.

„Dann hole es heraus und lege es vor dich auf den Boden. Ganz langsam, wir haben Zeit." Mit Roveres Heiterkeit war es augenblicklich vorbei. Ohne dass Luigi feststellen konnte, wo in des Bischofs Körper die Veränderung vorgegangen war, erstrahlte in ihm die Kampfbereitschaft eines Straßenkaters, der selbst einen doppelt so großen Köter in die Flucht schlägt. Luigi dagegen war schon bei der Suche des Messers derart aufgeregt, dass es ihm sofort zu Boden fiel. Augenblicklich entspannte sich die Haltung des Bischofs und er forderte, ihm den gefallenen Dolch mit dem Fuß zuzuschieben.

„Ich hatte recht. Er ist der Mörder! So ruft die Wachen, um ihn abzuführen." In Pieros Worten lag zu viel Aufgeregtheit, als dass er damit überzeugte.

Anstatt die Wachen zu rufen, beobachtete Rovere seine Gefangenen nun wieder sehr gründlich. „Auch mit dem Messer siehst du nicht aus wie ein Mörder", sprach er zuerst zu Luigi, um sich dann an Piero zu wenden. „Wollte er mich mit dem Messer töten, hätte er dies längst versucht."

Piero wollte antworten, doch Rovere hieß ihm mit einer herrischen Handbewegung zu schweigen und wandte sich Luigi zu. „Du bist also gekommen, um mein Leben zu retten. Wie ist dein Plan, dies zu tun?"

Luigi fühlte, dass Rovere eher ihm zugeneigt schien und nahm sich Zeit zu überlegen. „Ich kam ohne Plan. Doch sollte ich Euch raten, so ruft einstweilen keine Wachen. Fesselt mich ebenso wie Pie-

ro. Dann habt Ihr von keinem etwas zu befürchten." Durch einen schnellen Blick sah Luigi Pieros zufriedenen Gesichtsausdruck, den offenbar auch Rovere bemerkt hatte. „Ich vermute, die Falle hat er bereits gestellt. Bestreitet also Eure Morgentoilette wie gewohnt. Doch überdenkt dabei jeden einzelnen Schritt mit Sorgfalt. Wie Ihr wisst, ist es in Rom schlechter Brauch, seine Feinde zu vergiften. Nehmt Ihr Euer Morgenbrot in diesen Gemächern ein?"
Rovere beobachtete nun Piero und dann Luigi mit abwechselndem Blick. Im gleichen Maße, wie der unscheinbare Eindringling seine Sicherheit gewann, zuckten die Augenlider des anderen immer nervöser. „Nein, mein Morgenmahl nehme ich nie vor der Messe ein", sprach Rovere nach einer nachdenklichen Pause. Er schien weiterhin keinerlei Eile zu spüren. Auch machte er keinerlei Anstalten, Luigi zu fesseln.

„Als Nächstes und als Letztes nehme ich mein Mittel gegen meine Gicht. Dies wäre somit die einzig verbliebene Möglichkeit von Piero, mich zu vergiften. Öffne seine Fesseln!" Rovere entfernte sich einige Schritte von den Verdächtigen. „Du, Piero, bereitest mir wie üblich meine Medizin."

Luigi ahnte, worauf der schlaue Rovere hinauswollte. Ihm stockte der Atem. Gleichzeitig beobachtete er, wie der Kammerdiener mit zittrigen Fingern eine Dose öffnete, ihr eine Tablette entnahm und sie in einem Glas Wasser auflöste. „Brav." Rovere war zufrieden. Dann forderte er Luigi auf, sich neben Piero zu stellen. „Wer von euch will etwas für seine Gesundheit tun?"

Nach einem kurzen Moment der Stille führte Piero plötzlich das Glas zum Mund und nahm davon einen Schluck. In aller Ruhe reichte er dem Bischof das halbvolle Glas, schaute dann zu Luigi und wieder zum Bischof. Diesen Moment seines Triumphes kostete er leidlich aus, bevor er sprach: „Jetzt habt Ihr den Beweis, dass niemand Euch vergiften wollte. Er wollte Euch mit seinem Messer töten. Und jetzt trinkt die Medizin und erschlagt schnellstens den Mörder oder lasst dies Eure Wachen tun."

Luigi verspürte nun das erste Mal tiefe Verunsicherung und aufkommenden Ärger bei Rovere. Damit hatte er nicht gerechnet. Sein Gesicht wurde rot, sein Atem ging immer schneller.

„Ich werde sie tatsächlich rufen und euch beide in den Kerker werfen lassen. Dort klärt untereinander, wer der Mörder ist."

Nun war es auch mit Luigis Ruhe dahin. Niemals würde er einen Kampf mit dem verschlagenen Piero bestehen. Damit wäre auch sein Bruder verloren. Da fielen ihm Cesares Papiere ein, die er vom Schreibtisch des Papstes mitgenommen hatte. Doch gerade dieser Rettungsversuch schien Luigis augenblickliches Ende zu bedeuten. Sein unüberlegter Griff unter sein Hemd hatte noch nicht einmal die Papiere erreicht, da spürte er Roveres Stahl an seinem Hals.

INTELLIGENZ AUS HEITEREM HIMMEL?

Eigentlich hatte Domenico sich vorgenommen, im Internet für seine Diplomarbeit zu recherchieren. Doch zuerst wollte er mehr über diese Flashmobs herausfinden. Eine gute Definition fand er im Duden:
Wortart: Substantiv (Namenwort)
Flashmob bezeichnet einen kurzen, spontanen, themenbezogenen Menschenauflauf auf öffentlichen Plätzen. Die Mobs können politischen Hintergrund haben (Spontandemos) oder auch eine künstlerische Performance sein. Die Flashmobs werden über Blogs, E-Mail oder Handy organisiert. Flashmob kann man auch Smart Mob nennen, in Anlehnung an den Begriff des amerikanischen Psychologen Howard Rheingold aus dem Jahr 2003. Im deutschen wird dieser Begriff auch mit Schwarmintelligenz übersetzt oder „Die Macht der smarten Mehrheit".

In Deutschland machten vor allem in Berlin und Hamburg junge Leute davon Gebrauch, um sich blitzartig aus heiterem Himmel zu verabreden. Aber auch Aufnahmen einer 2007 spontan veranstalteten Kissenschlacht in Oldenburg auf dem Julius-Mosen-Platz fand er im Internet. Die Menschenmengen, die sich so innerhalb kürzester Zeit mobilisieren ließen, waren enorm, wie Domenico aus zahlreichen Blogs erfuhr. Der Begriff Smart Mob unterscheidet sich vom Flashmob angeblich durch die Sinnhaftigkeit der organisierten Aktion. War nun ein Treffen vor dem Gesundheitsamt, um sich zu Hunderten gemeinsam die Nase zu putzen, ein Flashmob oder ein Smart Mob? Über diese Überlegungen konzentrierte Domenico die Recherchen auf seine Diplomarbeit, um nun etwas zugunsten seiner persönlichen Intelligenz zu tun.

EL TORO – DER SPANIER

„Eine weitere Bewegung und du bist augenblicklich tot", herrschte Rovere Luigi an. Der war viel zu erstarrt, um sich über Roveres Schnelligkeit und seine eiskalte Entschlossenheit zu wundern, mit der er ihm sein Schwert an den Hals gesetzt hatte.

„Die Beweise", röchelte Luigi, nachdem er sich wieder getraut hatte zu atmen. „Lest die Schriften, die ich bei mir trage. Cesare hatte sie seinem Vater überlassen. Es sind seine Anschuldigungen, um Euch zu verhaften."

„Zieh sie ganz langsam heraus und lege sie auf den Tisch", befahl Rovere und ließ sein Schwert sinken. Dann sah er verwundert zu Piero. Nun bemerkte auch Luigi in dessen Gesicht seltsame Veränderungen. In kürzester Zeit bildeten sich erst auf der Stirn, dann auf der Nase immer größer werdende Schweißperlen. Dann, nach einer heftigen Rötung, die sich auf seinem ganzen Gesicht ausbreitete, ging sein Atem schnell und ruckartig und vor seinem Mund bildete sich weißer Schaum. Luigi trat einen Schritt von ihm weg und schon fiel Piero zuckend zu Boden. Nach weiteren heftig ruckartigen Bewegungen blieb er regungslos am Boden liegen. Ein starker Geruch zeugte vom letzten Verdauungsgang des gewesenen Kammerdieners.

Nachdem Rovere die Blätter in aller Ruhe gelesen hatte, ließ er die übelriechenden sterblichen Überreste forträumen und war nun doch sichtlich erschöpft. „Ich verdanke dir tatsächlich mein Leben. Doch sage mir, wie du an diese Informationen und an die Papiere gelangt bist?"

Der erstaunte Bischof erfuhr durch eine kurze Schilderung die gesamte Geschichte und stimmte Luigi zu, dass mit dem Vereiteln des Mordes nur ein Teil von Cesares Plan durchkreuzt war. Als nächstes musste der Bruder befreit werden. Nach reiflicher Überlegung verwarfen sie eine bewaffnete Befreiung. Dabei drohten zu viele Menschen zu sterben, wobei Gianni das erste Opfer sein würde. Blieb demnach nur eine verdeckte Befreiung, die nur Luigi durchführen konnte. Und hierfür musste er in das Quartier zurückkehren, als wäre der Anschlag geglückt.

Als Luigi aus dem Palazzo trat, fand er am verabredeten Ort die Kutsche, die ihn und den Mörder fortbringen sollte. Als er sich ihr näherte, sah er, dass nicht die gewöhnliche Kutsche wartete, sondern eine kleine, zweisitzige. Auf dem Bock saß nicht der übliche Kutscher, sondern El Toro – Der Spanier. Warum hatte Cesare seinen Mann fürs Grobe, wie man ihn nannte, für diese Fahrt ausgewählt? Vor ihm hatte sogar Alberto Angst. Ohne weiter darüber nachzudenken, gab Luigi sich zu erkennen, indem er ihn sofort ansprach: „Die Dinge haben sich verzögert, doch alles läuft weiter nach Plan. Die Gründe erfahrt Ihr später."

El Toro, der offenbar überrascht war, Luigi zu sehen, antwortete nur missmutig. „Euer Geschwätz interessiert mich nicht und ich kenne keinen Plan. Mein Auftrag ist es, zu warten, bis mir jemand ein interessantes Wort zuflüstert. Wisst Ihr eines, nennt es mir. Fällt Euch keines ein, verschwindet."

Luigi, inzwischen im Gebrauch von Losungsworten geübt, erinnerte sich, was er auf dem Bogen gelesen hatte, in dem Pieros Messer eingewickelt war. „Das Wort – 'Target quis' – nenne ich Euch schon jetzt. Doch auf die dazugehörige Person wartet getrost ein wenig länger." Mit diesen Worten verließ Luigi den Spanier und kehrte in den Palast zurück. Nichts in dessen Gesicht hatte darauf hingewiesen, ob er warten würde. Luigi blieb daher nicht anderes als darauf zu hoffen. Wie sonst sollte er zu Cesares Versteck finden? Es galt, schnellstens die notwendigen Dinge voranzutreiben, die noch zu regeln waren.

Luigi richtete es so ein, dass El Toro beobachten konnte, wie man einen leblosen Körper in Bischofskleidung hastig in eine Kutsche trug, die danach eilig davon fuhr. Rovere hielt sich im Palast verborgen und ließ die Meldung verbreiten, jemand sei vergiftet worden. Nun versuche man, mit einem Gegengift den Sterbenskranken zu retten.

Luigi wusste, dass der Apotheker noch nicht von seiner Reise zurück war. Dafür staunte die schöne Vanessa umso mehr, als der Vergiftete, dem sie das Leben retten sollte, der überaus muntere Luigi in Bischofskleidung war. Obwohl ihre unschuldig und blass leuchtende Schönheit ihn diesmal nicht unvorbereitet traf, benötigte er einige Augenblicke aufgeregter Befangenheit, bevor er sein Ansinnen in verständliche Sätze zu fassen vermochte. Vanessa mischte ihm daraufhin eine größere Menge Narkosemittel. Es bestand aus ihrem bewährten Abführmittel und war angereichert mit einigen Kräutern aus Giannis Apothekerschrank, die einem Menschen für längere Zeit die Besinnung nehmen. Vanessas Blick und die Berührung ihrer Hand raubten Luigi für den Augenblick mehr die Fassung als alle Erlebnisse der vergangenen Nacht.

„Passt auf Euch auf. Was immer Ihr vorhabt, möchte ich Euch unbedingt wohlbehalten wiedersehen", flüsterte Vanessa, während ihr zartblasses Gesicht betupft wurde von einem errötenden Lächeln.

Luigi verabschiedete sich in entschlossener Verlegenheit. „Euer Wunsch, vermischt mit dem meinen, Eure Schönheit weiter bewundern zu dürfen, ist mir reichlich Anlass, auf mich zu achten."

Getarnt als Leichnam, mit einem schwarzen Tuch zugedeckt, kehrte er in den Palazzo zurück. Zugleich verbreitete man die Meldung, dass der Vergiftete verstorben sei, ohne indes seinen Namen zu nennen. Immer noch stand vor dem Palast die schwarze Kutsche. Obwohl die Zeit vorangeschritten war, nahm Luigi sich die Ruhe, über die Dinge nochmals genauer nachzudenken. Warum hatte man eine kleine Kutsche gewählt? Warum führt Cesares Mann fürs Grobe eine gewöhnliche Kutschfahrt durch? Warum hatte dieser nur von einer Person gesprochen? Wen hatte El Toro erwartet, Alberto oder Piero? Als er Pieros Messer in seiner Tasche fühlte – er hatte es wieder an sich genommen – fiel ihm die Antwort auf alle Fragen ein. Piero sollte den ahnungslosen Alberto töten, anschließend würde El Toro ihn als den letzten Zeugen des Mordes beseitigen. Niemand mehr konnte so die Bluttat verraten. Luigis Gedanken eilten indes weiter. Für El Toro zählte nur, dass jemand ihm das Losungswort nannte. Ihm wäre es einerlei, wer zu ihm stieg. Er würde ihn ohnehin töten. Sollte Luigi sich mit ihm anlegen? Noch blieb ihm die Möglichkeit zur Flucht. Doch wie sollte er dann zu Gianni zu kommen? Ihm blieb keine Wahl. Sein Leben galt nichts ohne das des Bruders.

Diesmal veränderte er seinen Weg zur Kutsche und näherte sich von einer Richtung, aus der ihn der Spanier erst im letzten Moment sehen konnte. Auf seinem kurzen Weg überlegte er fieberhaft sein weiteres Vorgehen. Mit einem sauberen Messer konnte er nicht überzeugend darlegen, damit Piero getötet zu haben. Eine eigene Wunde wäre zudem eindeutiger Beweis eines Kampfes. Kurz bevor er die Kutsche erreicht hatte, biss er entschlossen die Zähne zusammen. Der beherzte Schnitt ging tief ins Fleisch seiner linken Hand. Sein Blut spritzte augenblicklich auf das Messer und auf seine Kleidung. Noch bevor er den Schmerz spürte, sprang er förmlich aus dem Nichts auf den Kutschbock. „Target quis war das Wort. Ich nannte es bereits." In Luigis stark blutender Hand setzte der Schmerz so plötzlich ein, dass seine Schilderungen vom angeblich vorausgegangenen Kampf glaubhaft klingen mussten. „Wie ich schon sagte, hat einiges am Plan sich geändert."

Den Spanier, der sofort die Kutsche in eine stramme Fahrt versetzte, schien dies alles nicht zu interessieren. Dennoch sprach Luigi entschlossen weiter. „Wie du siehst, habe ich Piero getötet. Fahr mich zu Cesare. Denn nur ich weiß, was ich vom Bischof erfahren habe, bevor er starb, und was Cesare unbedingt wissen muss."

Wieder blieb der Versuch erfolglos, in El Toros Gesicht zu lesen, ob er ihm geglaubt hatte. Doch sowieso blieb keine Zeit, darüber nachzudenken. Denn Luigi übermannte ein plötzlicher Anfall von Schmerz und tiefer Erschöpfung. Er hatte sich zu viel zugemutet. Kein Schlaf, die Wunde, die ständige Anspannung forderten von Luigis schmächtigem Körper Tribut. Noch bevor er sich festhalten konnte, verlor er sein Gleichgewicht. Augenblicklich stoppte der Spanier die rasende Fahrt. Noch bevor sie vollends anhielten, stürzte Luigi kopfüber vom Kutschbock und rollte einen kleinen Abhang hinunter. Sein letzter Gedanke vor seiner Ohnmacht war, das Messer nicht zu verlieren.

Wie lange er ohne Besinnung war, wusste er nicht. Als er seine Augen mühsam öffnete, sah er in das regungslose Gesicht des Spaniers. Wenn dies sein Ende war, blieb ihm nicht einmal Zeit, Giannis Gott zu bitten, wenigstens dessen Leben zu verschonen. Voller Verzweiflung hob er seinen rechten Arm, um mit letzter Kraft seinem Mörder das Messer in den Hals zu stoßen. Doch so, als beobachtete er selber seinen vergeblichen Kampf aus der Ferne, sah er, wie seine Hand sich hob, jedoch nur ein kleines Stück. Ohne Messer.

Erst als der Fahrtwind der rasenden Kutsche ihn umwehte, kam er langsam wieder zur Besinnung. Er lebte, war jedoch am Kutschbock festgebunden. Und seine Hand war erstaunlich fachkundig verbunden. Neben ihm der wild auf die Pferde einpeitschende Spanier. „Schaut nicht so mürrisch. Ihr habt Glück gehabt, dass Ihr bis auf diesen Kratzer unverletzt seid. Das Band schützt Euch vor dem nächsten Sturz. Wenn Ihr mit Cesare sprechen müsst, dürfen wir keine Zeit verlieren."

Luigi musste seine Erleichterung nicht einmal spielen. Bis sie vor Cesare standen, würde ihm zudem einfallen, was Cesare unbedingt erfahren musste. Doch schon durchfuhr Luigi ein erneuter Schreck. Noch ein ganzes Stück vor ihnen bemerkte er auf dem Weg eine Gestalt, die sich nur mühsam auf den Beinen halten konnte. Dies konnte nur Alberto sein, und sie würden ihn bald erreicht haben. Sobald El Toro dessen Geschichte erfuhr, war Luigis und Giannis Tod endgültig besiegelt. Zu seinem Glück hatte der Spanier Alberto noch nicht bemerkt, weil die rasende Fahrt sie in ein dichtes Waldgebiet geführt hatte. Dort musste inzwischen auch Alberto angekommen sein. Doch schon hinter der nächsten Biegung konnte er vor ihnen auftauchen. Der spanische Teufel hatte offenbar Luigis Unruhe bemerkt. Doch sein Misstrauen machte Luigi sich gedankenschnell zunutze. Denn der Spanier richtete seinen Blick mehr auf den heftig an seinen Fesseln zerrenden Luigi als auf den Weg.

Geschafft! Aus den Augenwinkeln konnte Luigi erkennen, dass der bedauernswerte Alberto abseits der Straße hockte, um seinen offenbar immer noch in Aufruhr befindlichen Gedärmen Erleichterung zu verschaffen. Doch die Gefahr war noch nicht gebannt. Zweifelsfrei wird er die Kutsche und sie beide auf dem Kutschbock erkannt haben. Luigi konnte nur hoffen, dass die Zeitspanne zwischen ihrer und Albertos Ankunft im Quartier ausreichte, seinen Bruder zu befreien.

Wertvolle Momente dieser Zeit verrannen, als El Toro ihn nach ihrer Ankunft gefesselt auf der Kutsche sitzen ließ, bevor er ihn wortlos von seinen Fesseln befreite. Den kurz darauf aus dem Hause kommenden Cesare überraschte Luigi mit erstaunlich gut gespielter Begeisterung, in der er lautstark und wild um ihn herumtanzend die geglückte Erfüllung des Auftrags schilderte. Als er begann, den Kampf mit Piero zu schildern, der sich, offenbar dem Blutrausch verfallen, mit einem Messer auf ihn gestürzt habe, unterbrach ihn Cesare und schlug beschwichtigend vor, das Weitere im Hause und in aller Ruhe zu erörtern. Luigis kühle Überlegungen, die hinter diesem Freudentanz steckten, waren aufgegangen. Denn Cesare konnte kein Interesse daran haben, dass seine Männer zu viel erfuhren. Tatsächlich waren durch den Lärm einige Leute aufmerksam geworden. Luigi tat erschreckt und schlug Cesare vor, die neugierigen Männer abzulenken. „Eine Siegesfeier, Ihr solltet Euren Leuten eine Siegesfeier gönnen", schlug er vor, noch bevor sie das Haus erreicht hatten.

Durch seine wiederum sehr wohl durchdachte Unachtsamkeit hatten die Männer diesen Vorschlag vernommen und schauten Cesare erwartungsvoll an. Als Luigi dazu noch anbot, den in seiner Heimatstadt üblichen Siegespunsch zu mischen, musste Cesare schließlich zustimmen. Wohl auch, weil Luigi Anstalten machte, in seiner unbändigen Freude erneut um ihn herumtanzen zu wollen.

Das heiße Wasser, das wie immer in der Küche auf dem Feuer stand, vermischte er in dem großen Topf mit Wein aus dem Weinkeller und hochprozentigem Trester. Diesem brodelnden Gebräu gab er Früchte und Zucker zu. Von dem erwärmenden Wohlgeschmack des Trankes überzeugte er sich, bevor er ihn durch großzügige Zugabe von Vanessas Essenz vollendete. Den Wunsch, die Wirkung des fertigen Siegestrunks zu probieren, erfüllte ihm Giovanni, der gerade die Küche betrat.

„Schnell, Bruder, gib mir etwas von deinem Siegespunsch. Ich muss zurück zu dem Gefangenen. Und dann komm rasch zu mir."

Seinen Ekel unterdrückend, tätschelte Luigi die fettig-feucht-schwulige Hand und füllte dessen Becher mit dem Trank, der den Sieg über Cesare bringen sollte. In ungeduldiger Eile schüttete der Fette zwei weitere Becher in sich, bevor er, bereits von heftigen Winden getrieben, endlich ging. War Luigi auf der einen Seite froh, vorab die Wirkung des Mittels beobachten zu können, sah er andererseits auch die Risiken. Wirkte es zu früh, oder würde es sogar Giovanni töten, waren die anderen Männer gewarnt. Doch musste er auch wissen, ob das Mittel stark genug war, sie unschädlich zu machen. Als er Giovanni schon in der Dunkelheit des Kerkers vermutete, stand dieser, jetzt schon deutlich schwankend, mit seinem leeren Becher erneut vor ihm. „Gib dem armen Schoovanni noch einen winzigen Schluck Sssiegespuuunsch. Ich fürcht' mich so in dieser ffffinsteren Hölle."

Luigi standen die Schweißperlen auf der Stirn. Jetzt durfte keine Zeit vertan werden. Die Männer, die sie lachend beobachteten, forderte er auf, sich zu bedienen und auch die übrigen zu benachrichtigen. Als sie sich laut grölend auf den Punsch stürzten, befürchtete er, dass sie den Topf umstießen. Er drückte dem Dicken den gefüllten Becher in die Hand und führte ihn schnell in den Keller. Kaum dass sie dort angekommen waren, fiel Giovanni um und blieb wie ein Sack Mehl auf dem Boden liegen. Auch wenn Luigi nicht wusste, ob alle Männer, vor allem El Toro und Cesare ebenfalls ohnmächtig waren, befreite er umgehend mit Giovannis Schlüssel seinen Bruder, der ihn freudig und ausgelassen empfing. „Ich wusste, dass du es schaffst. Ich wusste es einfach!"

Viel mehr Zeit als für eine kurze, aber innige Umarmung verblieb den Brüdern nicht. Denn sie hörten, wie die Tür geöffnet wurde. Für Giovannis Ablösung war es zu früh. Luigi und Gianni erstarrten vor Schreck. Hatte man ihren Plan durchschaut?

AKADEMISCHER FRUST

Domenico war erstaunt, wie schnell der Professor auf den ersten Entwurf seiner Diplomarbeit reagiert hatte. Einen Tag, nachdem er ihn gemailt hatte, bekam er einen Termin zur Besprechung. Diesmal musste er nicht einmal warten. Gerade hatte er das Sekretariat betreten, als ihm Professor Fausto aus seinem Büro entgegen kam und ihm seine von rot leuchtenden Bemerkungen übersäte Arbeit in die Hand drückte. „Hieraus kann ich nicht den Schwerpunkt Architektur erkennen. Arbeiten Sie alles Punkt für Punkt durch und schicken mir die neue Fassung. Darf ich Ihnen noch einen persönlichen Rat geben?" Dem verblüfften Domenico blieb keine Möglichkeit, ihn abzulehnen. „Konzentrieren Sie Ihre Fähigkeiten auf die Architektur anstatt sich mit anderen Wissenschaften abzulenken." Im Vorbeirauschen an seiner Sekretärin gab er die Anweisung, alle Termine für den Tag abzusagen.

Domenico fühlte sich ziemlich klein und mies, als er mit seinem zerrupften Konzept in der Tasche das Unigebäude verließ. Bald schon würde er eingestehen müssen, dass der Professor mit seinen Einwänden im Großen und Ganzen richtig lag. Ebenso würde er erkennen, dass Fausto dieses Ergebnis erwartet und deshalb so schnell darauf reagierte hatte. Für das nächste Mal würde er es seinem Professor nicht so einfach machen. Und niemals würde es ihm gelingen, ihn auf den ausschließlichen Weg der Architektur zurückzuführen. Erst lautes Hupen riss ihn aus diesen Gedanken und verhinderte im letzten Moment, dass er die Straße überquerte, ohne auf den Verkehr zu achten. „Geiler Porsche, geile Braut, Herr Professor. Für ein Date mit so einem heißen Weib hätte ich auch alle Termine abgesagt."

Er hatte sich nicht getäuscht. Tatsächlich saß Fausto am Steuer des deutschen Sportwagencabrios, vor das Domenico beinahe gelaufen wäre. Die Frau mit wehendem Haar auf dem Beifahrersitz schätzte er auf höchstens 25 Jahre. „Die Gattin vom Foto war das nicht, Signore Professore." Die Gedanken an die junge Beifahrerin waren begleitet von einem Kribbeln in seiner Magengegend.

Genau zum richtigen Zeitpunkt warf der erste Flashmob die Schlinge nach Domenico aus und zog ihn aus dem tristen Studienalltag. Gianluca hatte ihn eingeladen, mit möglichst vielen Freunden eine halbe Stunde später in die Mensa zu kommen. Seine Laune steigerte sich, als er auch Carlotta für diesen Treff mobilisieren konnte.

GELINGT DIE BEFREIUNG?

Der bestialische Gestank, begleitet von Geräuschen der Verdauung, zeigte Gianni und Luigi, dass keine Gefahr drohte. Jemand hatte das Kellergewölbe offensichtlich mit der Latrine verwechselt. Mit viel Mühe trugen sie den fetten Giovanni in die Zelle und deckten ihn mit einer Decke zu. So würde man ihn für den Gefangenen halten, sollte doch jemand nach Gianni sehen. Als sie das Gewölbe verlassen wollten, konnten sie die Tür nach draußen nicht öffnen. Voller Wut warf Gianni sich mit aller Kraft so heftig dagegen, dass sie mit lautem Knall aufsprang. Ein laut schnarchender Betrunkener mit geöffneter Hose lag davor und hatte sie blockiert.

Zum Glück stand vor dem Haus noch die Kutsche, unter der Gianni sich sogleich verbarg. Luigi ging noch einmal ins Haus, um zu sehen, ob sein Siegespunsch alle außer Gefecht gesetzt hatte. Der Erfolg war umwerfend. Lediglich einer der Männer konnte ihm noch anerkennend zuprosten, bevor auch er in sich zusammensackte. Selbst Cesare und El Toro fand Luigi bereits im seligen Schlaf, bis zum Himmel nach Exkrementen stinkend. Da selbst die Torwachen zum umwerfenden Siegesfest geeilt waren, konnte Luigi ungestört das Tor öffnen. Jedoch weder er noch Gianni hatten jemals eine Kutsche gefahren, so dass es einige Zeit dauerte, bis sie Giannis Gefängnis hinter sich lassen konnten.

Allein Alberto hätte die Flucht der Brüder noch verhindern können. Die Kutsche war einigermaßen in Fahrt gekommen, als er ihnen auf einer geraden Strecke entgegen kam. Es wäre ein Leichtes gewesen, den sich ihnen in den Weg stellenden Alberto über den Haufen zu fahren. Warum Luigi die Kutsche stoppte, was ihm nur mit Mühe gelang, wusste er nicht. Der bewaffnete Alberto nahm ihn fest in den Blick und für einen kurzen Moment blitzte Kampfbereitschaft aus seinen Augen. Dann erblickte er Gianni auf dem Kutschbock. Albertos Blicke gingen einige Male zwischen den Brüdern hin und her. Ohne ein Wort trat er zur Seite, um sie passieren zu lassen. Bevor Luigi die Kutsche wieder in Bewegung setzte, rief er Alberto noch eine Warnung zu: „Cesare wollte nach erledigtem Auftrag alle Zeugen umbringen lassen. Seht Euch also vor!" Dass sie alsbald wieder von Angesicht zu Angesicht voreinander stehen würden, ahnten zu diesem Zeitpunkt weder Luigi noch Alberto.

Zunächst einmal häuften sich die guten Nachrichten. Schon am Abend, als sie im Palast der Caetani eintrafen, berief Bischof della Rovere für den nächsten Tag, den 16.09.1503, das Konklave ein. Er selbst verkündete diese Nachricht, um die am Morgen absichtlich verbreitete Falschmeldung über seinen Tod zu widerlegen.

Beim Abendessen, das Luigi und Gianni mit ihm einnehmen durften, versprach er, nach dem Konklave ihnen seine Dankbarkeit angemessen zu erweisen. Für diesen Abend wollte es der Bischof offenbar erst einmal dabei belassen. Doch Luigi ließ diese Gelegenheit nicht verstreichen, das Gespräch auf seine Höhere Aufgabe zu lenken. Gianni wollte seinen Bruder davon abhalten, um dem Bischof Gelegenheit zu geben, sich zurückzuziehen. Doch der ließ noch eine weitere Flasche Wein für seine Retter öffnen. Luigi hatte erkannt, dass sowohl der Wein wie auch Rovere, sein Bruder und er selbst aus dem Piemont, aus Albissola bei Savona stammten. Mit diesem neu geöffneten Wein aus ihrer gemeinsamen Heimat erhielt Luigi Gelegenheit, eine kurze Ausführung seiner Höheren Aufgabe darzulegen. Tatsächlich war der Bischof augenscheinlich tief davon beeindruckt und dachte ungewöhnlich lange darüber nach. „Eine interessante Idee, über die wir nach dem Konklave unbedingt noch einmal sprechen sollten. Schon der Heilige Vater Sixtus IV. hatte solche Pläne."

Mit diesen Worten begab der Bischof sich zur Abendmesse und ließ die Brüder in ausgelassener Stimmung zurück. Obwohl Rovere es nicht ausdrücklich erwähnt hatte, wussten sie, dass Papst Sixtus IV. sein Onkel war. Ebenso wussten die Brüder, dass es immer dessen Ansinnen gewesen war, seinem Neffen den Papstthron zu bereiten. Würde sich dieser Wunsch auf dem morgen beginnenden Konklave erfüllen?

Bevor die Brüder sich zur Ruhe begaben, dämpfte Gianni Luigis Euphorie. Solange kein neuer Papst gewählt war, würde Cesare jede sich bietende Gelegenheit nutzen, das Konklave zu stören, um sich mit seinem gefälschten Motu Proprio zum Papst zu ernennen. „Eine Papstwahl, lieber Luigi, findet nicht statt, wie die Wahl eines der Vertreter der Stände oder der Bürgerschaften, der Signoria. Die 37 Kardinäle, die sich morgen zum Konklave im Quirinalspalast versammeln, verteilen sich fast gleichmäßig auf drei Nationalparteien, die nicht gerade im besten Verhältnis zueinander stehen: die Spanier, die Franzosen und die Italiener."

Tatsächlich behielt Gianni mit seinen Befürchtungen Recht. Obwohl vom Konklave selbst nichts nach außen drang, verhinderte offenbar genau diese Ausgewogenheit der Parteikräfte, dass Rovere die erhoffte schnelle Mehrheit bekam. Als auch am fünften Tag kein neuer Papst gewählt worden war, erfasste Luigi unheiliger Zorn. Gerade hatte ihn eine anonyme Botschaft erreicht, dass Cesare Borgia und seine Männer planten, in Kürze das Konklave mit Waffengewalt zu unterbrechen. Sogar seinen Papstnamen hatte Cesare bereits festgelegt. Papst Julius II., in Anlehnung an seinen großen Namensvorgänger Julius Cäsar.

„Was macht Rovere so lange? Was machen im Konklave diese, diese...", Luigi sprang erregt auf und schnappte nach Luft. Gianni zog seinen Bruder auf seinen Sitz zurück.

„Bischöfe. Lieber Luigi, was die Bischöfe so lange machen? Niemand weiß es, außer Gott und sie selbst. Wo ist deine Ruhe geblieben?"

„Ruhe? Die ewige Ruhe steht uns bevor. Wem, glaubst du, wird Cesare sie als erstes bereiten, sobald er sich zum Papst ernannt hat?" Er machte Anstalten, wieder aufzuspringen, beruhigte sich jedoch an der Gelassenheit seines Bruders.

„Ich sagte dir bereits, die Papstwahl soll der Führung des Geistes Gottes folgen."

„Und warum sagt niemand diesen ver...", Luigi sprang nun doch wieder auf und schaute direkt in das Gesicht seines Bruders, der ihn ermunterte weiterzusprechen. Mit nun wieder gemäßigter Stimme fuhr Luigi fort. „... diesen versammelten Bischöfen, dass es Zeit ist, endlich einen Papst zu wählen, weil Cesare sonst diese gesamte Versammlung überflüssig macht?"

Obwohl Gianni ebenfalls die Sorgen seines Bruders teilte, versuchte er ihm nochmals klarzumachen, dass es gerade Sinn des Konklaves sei, die Wählenden von äußeren Einflüssen fernzuhalten. „Daher, das ist die Regel, darf niemand die Versammlung stören, und niemals dürfen Informationen von außen ins Konklave dringen."

„Gut, das habe ich begriffen. Das sind die Regeln", murmelte Luigi und verfiel in nachdenkliches Schweigen. Gerade, als sein Bruder ihn daraus wecken wollte, fasste er einen Entschluss. „Gianni, du sagtest einmal, man muss die Regeln kennen, um sie zu brechen. Ich werde mich in dieser Nacht ins Konklave schleichen und Rovere von der Dringlichkeit überzeugen, nun endlich einen Papst zu wählen."

Es gelang Gianni nicht, seinen Bruder im Zustand dieser Entschlossenheit von seinem Vorhaben abzubringen. Doch ließ er ihn auch nicht im Unklaren darüber, dass er selbst von Rovere keinerlei Hilfe erwarten konnte, falls man sein Eindringen bemerkte. Wenigstens konnte er ihn davon abhalten, schon in der kommenden Nacht sein riskantes Vorhaben auszuführen. Gianni, inzwischen gut mit den frommen Gepflogenheiten von Rovere vertraut, vermutete, dass dieser seinen Tag auch während des Konklaves mit einer privaten Andacht in der Kapelle beginnen würde. Noch vor allen anderen Bischöfen.

Dank einer kleinen Lücke in einer verborgenen Ecke, zu der ihn eine streunende Katze geführt hatte, gelang es Luigi, in den Quirinal einzudringen. „Luigi, wie kannst du das heilige Konklave stören? Du verdirbst noch alles. Wir sind auf dem besten Wege", schimpfte Rovere mit Luigi, der am Morgen in der Kapelle auf ihn wartete. Doch als er von Cesares unmittelbar zu erwartenden Störvorhaben erfuhr, wurde auch er nachdenklich. Tatsächlich hatte man die Zeit und die Welt jenseits des Konklaves total vergessen.

„Wichtig ist, dass ein neuer Papst gewählt wird, noch bevor Cesare sich selbst dazu ernennt. Und wenn Ihr es nicht werdet, sorgt dafür, dass es ein anderer wird. Doch sucht Euch nicht gerade einen aus, der Euch überlebt. Vor allem achtet darauf, dass nicht Ihr einen Kandidaten vorschlagt."

In dem Moment vernahmen sie Stimmen, die von den anderen Teilnehmern des Konklaves stammen mussten, die ebenfalls zum Frühgebet kamen. Luigi drückte dem erstaunten Rovere noch ein Pulver in die Hand, und es blieb gerade noch Zeit für eine kurze Anleitung, wie damit zu verfahren sei. Beim Verlassen des Papstpalastet wurde Luigi beinahe von den Wachen entdeckt. Trickreich lockte er sie zu einem Nebeneingang, wo er sich unter die frühen Besucher mischen konnte, die sorgenvoll auf die Verkündung des neuen Papstes warteten. Luigi erschrak, als er dort auch einige von Cesares Männern erkannte, die offenbar nur noch auf ihren Anführer und weitere Bewaffnete warteten. Es war klar, dass die wenigen päpstlichen Wachen niemals ausreichen konnten, sobald Cesare alle seine Kämpfer versammelt hatte.

Nach Beginn des Konklaves hatte man in Rom allgemein gehofft, dass mit einem neuen Papst endlich wieder Ruhe in die Stadt einziehen würde. Doch mit jedem Tag ohne Entscheidung nahm die Unruhe spürbar zu. Obwohl kaum jemand über Cesares Pläne informiert sein konnte, spürten die Menschen, dass die Ereignisse auf Dolches Schneide standen. So kamen mit jedem Tag mehr Menschen vor dem Quirinalspalast zusammen. Doch leider versammelten sie sich am Hauptportal. Um Cesare an seinem Durchbruch am schlecht bewachten Nebeneingang zu hindern, musste Luigi versuchen, die Menschen dorthin zu locken. Erschwerend war, dass wegen der frühen Stunde nur wenige Menschen versammelt waren.

Da entdeckte Luigi neben Gianni auch Vanessa vor dem Eingang. Er erinnerte sich, wie es ihnen gelungen war, die falsche Nachricht über die Erkrankung Roveres in kürzester Zeit zu verbreiten. Plötzlich hatte Luigi eine Idee, wie sie Neuigkeiten noch schneller ausbreiten konnten. „Niemanden interessiert, ob eine Nachricht richtig oder falsch ist, wenn sie denn neu ist und man etwas hat, was man weitererzählen kann. Machen wir uns also daran, von Mund zu Mund die Neuigkeit zu verbreiten, dass schon bald am Nebeneingang die Wahl des neuen Papstes verkündet wird. Jeder möge dies weitersagen und jeden dazu bringen, es ebenfalls weiterzusagen und sich gleichsam dort schnellstens einzufinden."

Die drei machten sich eiligst daran, ihr Vorhaben umzusetzen. Indes wurde die Situation am Eingang zunehmend hitziger. Die Wachen hatten die Bedrohung bemerkt und Verstärkung angefordert. Dies wiederum veranlasste Cesares Männer, sich demonstrativ vor ihnen aufzustellen. Eine Auseinandersetzung stand kurz bevor. Luigi sah unter Cesares Kriegern Alberto, der jedoch tat, als hätte er Luigi nicht bemerkt. Luigi vernahm, wie Alberto die Männer mühsam davon abhielt, auf die Wachen loszugehen, indem er lautstark Cesares Befehl wiederholte: „Vor Cesares Eintreffen wird nicht losgeschlagen!"

Alle Hoffnungen schwanden als kurz darauf Cesare mit weiteren, schwerbewaffneten Männern eintraf. Doch Cesare kam zu spät. Luigis Nachricht hatte sich so schnell verbreitet, dass immer mehr Menschen zum Tor strömten und sich schützend vor die Wachen stellten. Cesare verfluchte diese blitzartige Versammlung des Mobs, wie er die Gläubigen beschimpfte. Luigi benannte seinen Trick Fulgur Vulgi. Blitz des Volkes, Blitz der Masse. Ein hinzugekommener Angelsachse übersetzte den Begriff in den für Luigi äußerst fremdartig klingenden Begriff Flashus Mobbi. Cesares Angriff war fürs erste abgewehrt.

„Nicht die Mächtigen setzen die Zeichen, sondern wir, das Volk", jubelte Luigi ausgelassen.

Vielleicht doch ein wenig zu früh. Denn wie die Menschen sind, reagieren sie nicht nur auf Begeisterung schnell, sondern noch viel schneller auf Enttäuschung und Ermüdung. Die Sonne brannte gnadenlos auf die Wartenden und nichts, aber auch gar nichts zeugte von der Verkündung des neuen Papstes. Da des Menschen Interesse unbeständig ist, verließen sie den Platz in Scharen, was Luigi, Vanessa und Gianni voller Sorge verfolgten. Und schon formierten Cesares Männer sich erneut zum Kampf vor den von der Hitze ermüdeten Wachen. Auch Cesare selbst war zurückgekehrt, nachdem er sich zwischenzeitlich in höchster Eile zurückziehen musste. Offenbar hatte er seine Verdauungsprobleme noch nicht gänzlich überwunden.

Nun hatte er Luigi und Gianni bemerkt. Angesichts der immer kleiner werdenden Menschenmenge warf er ihnen feindliche Blicke zu, begleitet von unsittlichen Gesten. Da er seine Männer geschickt um die beiden verteilt hatte, war es auch für eine Flucht zu spät. Sollte nun doch noch alles verloren gehen? Gerade als Luigi zumindest Vanessa zur Flucht bewegen wollte, schien von ganz oben das Zeichen der Rettung zu kommen. Als Gianni seinen Bruder mit ausgebreiteten Armen zum Himmel blicken sah, glaubte er an ein neues Gelübde.

DOMENICOS ERSTER FLASHMOB

Auch Carlotta war über ihr Studium in mehreren Kommunikationsketten eingebunden. Die darüber aktivierten Follower hatten in der Kürze der Zeit ebenfalls einige Leute mobilisiert. So staunte Gianluca nicht schlecht, wie groß Domenicos Anhang war, mit dem er zum vereinbarten Treffen in der Mensa erschien. Der Zweck dieses Flashmob war, Domenico dessen Wirksamkeit zu demonstrieren. Daher löste er sich schnell wieder auf. Bevor Gianluca sich verabschiedete, stellte er Domenico und Carlotta Leonardo Da Silva aus Rio de Janeiro vor, einen angehenden Priester, der in Rom studiert. Auch Carlottas Follower hatten sich verabschiedet, so dass sie mit Leonardo alleine zurück blieben.

„Dein Name Leonardo klingt eher italienisch als brasilianisch. Eher nach Rom als nach Rio. Hast du italienische Vorfahren?", fragte Domenico, als sie gemeinsam in der Mensa beim Essen saßen.

„Nein, nicht wirklich. Er hängt in erster Linie mit meinem Geburtsdatum zusammen, ist indirekt aber tatsächlich italienisch."

„Wann bist du geboren? Und wieso indirekt?" Domenico schaute Leonardo skeptisch an. Er konnte beim besten Willen nicht sein Alter abschätzen. Er hatte schon vorher versucht, sich den sportlich-modisch gekleideten Leonardo mit seinen munter blitzenden Augen, dem üppigen pechschwarzen Lockenkopf und Dreitagebart als katholischen Priester vorzustellen.

„Ich bin am 14. Dezember 1985 geboren. Dem Geburtstag von Leonardo Boff, einem brasilianischen Theologen, der 1938 geboren wurde. Meine Eltern haben mich nach ihm, ihrem ganz persönlichen Heiligen, benannt. Und dieser Leonardo Boff ist tatsächlich Sohn italienischer Einwanderer. Wahrscheinlich haben seine Eltern ihn nach Leonardo Mutialdo benannt, dem Gründer mehrerer katholischer Arbeiterbewegungen. Er wurde 1818 in Turin geboren und man nannte ihn den Apostel der Arbeiterjugend. Uns alle verbindet der Name. Lewo, Leo, der Löwe. Hart, stark, fest und entschlossen." Leonardos Augen blitzten tatsächlich sehr energisch, als er dies sagte.

Domenico erzählte von seinem akademischen Frust mit seinem Professor. Carlotta sah ihre früheren Bedenken bestätigt und riet ihm erneut, keine Zeit zu verlieren, sich auf die Architektur zu konzentrieren, um baldmöglichst sein Studium abzuschließen. Leonardo dagegen fand die Idee interessant und schlug vor, zusätzlich zur Kunsthistorie auch die Theologie in die Arbeit einzubeziehen. Darüber kamen die beiden in einen intensiven Gedankenaustausch. Kam es Domenico nur so vor, oder war Carlottas Abschied unmittelbar nach dem Essen ungewöhnlich kühl? Dieser Gedanke verlor sich jedoch schnell im lebhaften Gespräch mit Leonardo. Über ihre Fakultätsgrenzen hinweg waren sie sich schnell einig, dass Gebäude und Architektur immer im Zusammenhang mit der Gesellschaft stehen und damit automatisch mit der Macht und – vor allem in Rom – immer auch mit der Kirche.

„Aufmerksamkeits- und Einschüchterungsarchitektur war stets Mittel der Politik und Ausdrucksmittel von Ideologien. Alles, was richtig groß ist, macht den davorstehenden Menschen demütig. Nicht ohne Grund waren die Auftraggeber für bedeutende Gebäude fast ausschließlich Hoheitsträger wie Kaiser, Könige und Amtsinhaber der Kirchen", behauptete Leonardo felsenfest.

„Dies gilt im besonderen Maße für Rom", ergänzte Domenico so leidenschaftlich, als müsse er schon jetzt seinen Professor von der neuen Idee überzeugen. „In dieser Stadt ging es zusätzlich immer auch um Weltherrschaft. Wer in Rom herrschte und baute, wollte die Welt. Wer die Welt wollte, lebte und baute in Rom."

Leonardos Reflexion der Gegenwart, in der heutzutage Banken und multinationale Firmen als die neuen Machthaber solche Gebäude errichten, wollte er nur eingeschränkt teilen. Das Einvernehmen war schnell wieder hergestellt, als man über die Beweggründe der Künstler sprach, ob der Wunsch nach Reichtum und gesellschaftlicher Anerkennung oder allein Gotteslob sie antrieb, was sogar so weit gehen konnte, die Kunst schon als eigene Ideologie oder Religion zu definieren. Domenico nahm sich vor, dieses Thema demnächst mit seinen Freunden, den Kunsthistorikern Ernesto und Riccardo, zu vertiefen.

HABEMUS PAPAM

Der Grund für Luigis Jubel war der weiße Rauch, der aus einem der Kamine aufstieg. Das Zeichen, dass er mit Rovere vereinbart hatte, sobald ein neuer Papst gewählt worden war. Seinen Rat befolgend, hatte Rovere unter dem Vorwand die Papstwahl geheim zu halten, alle Papiere der Wahl verbrannt und das Pulver, das Luigi ihm für diesen Zweck gegeben hatte, ins Feuer gestreut. Als nun auch Vanessa zum Kamin aufsah, wusste sie sofort, dass ihr Pulver, das sie auf Luigis Geheiß gemischt hatte, für den ungewöhnlich hellen Rauch verantwortlich war. Begeistert schloss sie sich Luigis Jubel an:

„Habemus Papam! Wir haben einen Papst!", übertrug sich der Jubelruf von Luigi, Vanessa und Gianni auf die Wartenden vor dem Palast. Luigi war so voller Begeisterung, dass er die völlig überraschte Vanessa umarmte und auf ihren vollen, roten Mund küsste. Der aufmerksame Gianni rettete die beiden aus ihrer Verlegenheit, indem auch er Luigi küsste, es bei Vanessa jedoch bei einem Händedruck beließ. Die Begeisterung der nun schnell wieder angewachsenen Menschenmenge tat ihr Übriges, diesen Kuss bis auf ein tiefes Gefühl der inneren Wärme vorerst einmal zu verdrängen. Erst in der kommenden Nacht würde diese Wärme in Luigi und Vanessa zurückkehren, als sie unendlich fern voneinander von diesem Kuss träumten.

Der laute Jubel auf dem Platz verstummte von einem Moment auf den anderen, als man an einem geöffneten Fenster über der Tür den Kardinaldiakon erkannte. In dieser Ruhe hörte jeder, wie seine feierlichen Worte sich über den Platz verbreiteten: „Annuncio vobis gaudium magnum: Habemus Papam!"

In dem nun unbeschreiblichen Jubel flüchtete Cesare endgültig mit seinen Männern. Als Luigis Blick nach seinem Bruder und Vanessa suchte, tippte jemand von hinten auf seine Schulter. In Erwartung, dass es einer der Gesuchten war, drehte Luigi sich freudig um.

„Habemus Papam, Luigi. Gute Arbeit für einen Anfänger."

„Habemus Papam", antwortete Luigi überrascht Alberto, der ihn ohne Feindseligkeit ansah.

„Ihr habt auf der ganzen Linie gewonnen. Bei aller Wut spricht sogar Cesare mit einiger Achtung über Euch. An vieles hatte er gedacht, was beim Tode seines Vaters vorfallen konnte, und für alles hatte er einen Plan. Nur selbst sterbenskrank zu sein, daran hatte er nicht gedacht. Und ich beneide Euch dafür, dass Ihr Euch den Bruder erhalten habt." Albertos Stimme war eine Spur zu bewegt für einen harten Mann wie ihn.

„Cesare musste selbst einmal spüren, wie es ist, ohnmächtig zu sein. Mich dürft Ihr ebenso beneiden, einen unerwarteten Freund gewonnen zu haben", antwortete Luigi mit Tränen, die sich über seine Augen auf seine Stimme legten. Zum ersten Mal in der Zeit, in der sie sich kannten, nahm er Albertos kräftige Pranke zwischen seine kleinen Hände und drückte sie herzlich.

„Sobald ich in meinem Leben so weit bin, dass auch ich mir einen Freund erlauben kann, weiß ich, wo ich ihn finden kann." Alberto nahm seine zweite Pranke und drückte Luigis Hände so heftig, dass es knackte. Voller Besorgnis schaute Luigi sich um, ob sie von Cesare oder einem seiner Männer beobachtet wurden. Doch offenbar war Alberto als Letzter von ihnen auf dem Platz verblieben. „Passt auf Euch auf", waren die einzigen Worte, die Luigi noch aus seinem Hals herauspressen konnte, in dem sich ein Apfel festgesetzt zu haben schien. Seine Befürchtung, ihn nie wieder zu sehen, sollte sich nicht bewahrheiten.

Doch nun galt es erst einmal, den neuen Papst zu feiern. Luigi war sicher der einzige, der nicht überrascht war, dass nicht Rovere zum Papst gewählt worden war. Luigis Idee befolgend, hatte er den französischen Kardinal Georges d´Amboise einen Kompromisskandidaten vorschlagen lassen. Listigerweise den schwer kranken Kardinal Francesco Todeschini Piccolomini. Ihn wählte das Konklave am 22.09.1503 mit 35 Stimmen zum neuen Papst. Er stammte aus Sarteano bei Siena und war ein Neffe von Papst Pius II. Bei seiner Wahl war er bereits 64 Jahre alt, gichtkrank und galt allen nur als Schattenpapst. Im Gedenken an seinen Onkel nannte er sich Pius III. und beendete eine Sedisvakanz von langen und ereignisreichen 51 Tagen.

Die Mühe, Papst Pius III. für die Pläne zum Bau ihrer Kirche zu gewinnen, machten Luigi und Gianni sich nicht. Dass dieses Pontifikat wegen des schlechten Gesundheitszustandes zu einem der kürzesten der Kirchengeschichte würde, war zu offensichtlich. Zur Krönung, der Luigi mit seinem Bruder am 8. Oktober beiwohnen durfte, war Pius III. so schwach, dass er nicht mehr aufrecht stehen konnte. Aus diesem Grunde musste auch die Prozession zum Lateran unterbleiben.

Auch sonst lief nicht alles wunschgemäß in Rom. Allein Cesare Borgias Verhaftung, die viele in Rom sich erhofft hatten, ließ auf sich warten. In seiner Durchtriebenheit hatte er die üblichen Anfangswirren eines neuen Pontifikats und seine hervorragenden örtlichen Kenntnisse im Vatikan ausgenutzt. Noch bevor Pius dort feierlichen Einzug hielt, hatte Cesare sich bereits eingeschlichen, wenngleich nicht wie erhofft mit der Macht des Papstes. Doch aus der Not seiner argen Unpässlichkeit machte er eine Tugend und erheischte als vermeintlich Sterbenskranker den Schutz des neuen Papstes. Dabei kam ihm sowohl dessen eigene Schwäche zugute wie auch die recht guten Beziehungen, in der die Borgias mit ihm zuvor gestanden hatten. So waren Cesares Widersachern vorerst die Hände gebunden, weil niemand es sich mit dem neuen Papst verderben wollte, der in Rom beim Volk in kürzester Zeit sehr beliebt geworden war.

Der mächtigen Familie Orsini, neben Rovere die heftigsten Widersacher der Borgias, blieb nichts, als den Papstpalast zu bewachen, um wenigstens Cesares Flucht zu verhindern. Niemals verziehen sie ihm die ständigen Querelen und Kämpfe und die Tatsache, dass er einige Jahre zuvor einen ihrer wichtigsten Heerführer getötet hatte. So waren die Verhältnisse in Rom nur vordergründig durch den neuen Papst beruhigt. Auch Rovere versuchte nicht Cesares Verhaftung voranzutreiben, was er später noch zutiefst bereuen sollte.

Auch wenn er nun nicht der neue Papst war, führte er mit den Brüdern alsbald das versprochene Gespräch über Die Höhere Aufgabe. Genau wie von Luigi beabsichtigt, hatte er sehr schnell erkannt, dass ihm die Baupläne beim nächsten Konklave einen Vorsprung vor anderen Bewerbern geben konnten. Dass ihnen für die Ausarbeitung der Pläne nicht allzu viel Zeit bliebe, wussten sie nur zu gut. Nicht wissen konnten sie, dass nicht alles nach Plan laufen sollte.

Rovere machte sich Luigis Idee von Beginn an so zu eigen, als stammte sie von ihm selbst. Was jedoch für die Pläne selbst nicht von Schaden war. Durch die Vorstellungskraft des Bischofs blühten Luigis Gedanken auf und machten die gewaltige Größe dieses Gotteshauses deutlich. Sie wurde nur noch von dem Bild übertroffen, in dem Rovere sich als der Papst sah, der für alle Ewigkeit als der Erschaffer dieses Ortes gelten sollte. So, als stünde er schon als gewählter Papst vor den Mitgliedern des Konklave, sprach er bei ihrem ersten Treffen bedeutungsvoll zu Luigi und Gianni: „Damit werde ich, Nachfolger Petri, Stellvertreter Christi und dadurch Hüter des christlichen Glaubens, aller Welt bekunden, wohin zukünftig Millionen von Gläubigen aus aller Welt zu strömen haben. Nicht mehr nach Florenz, Venedig, Bologna oder Mailand. Für diese Menschen werde ich mit dieser Kirche zu Ehren Petri einen Ort erschaffen, der keinem anderen gleicht. Schon bald erstrahlt hier der christliche Glaube in der Schönheit der Farben und durch die Ästhetik der Formen. Hierher werden Menschen aus Ländern strömen, in denen bislang Gottes Wort noch nicht verkündet ward und von Kontinenten, die noch zu entdecken sind." Nach einer andächtigen Pause fuhr Rovere fort: „Wie anders wirkt diese Bilderfülle auf die Gläubigen als eindrucksvoller Kontrast zu den ständig zunehmenden neuen, die Menschen verwirrenden Erkenntnissen der Wissenschaft." Er ballte kraftvoll seine Faust, so als säßen anstatt Luigi und Gianni alle Wissenschaftler dieser Welt vor ihm. So, als wolle er sie mit seinen Worten ein für alle Mal einschüchtern, steigerte er kraftvoll seine Stimme: „Anders als eure komplizierten Worte und eure ausführlichen Darlegungen, die letztendlich niemand versteht, werden diese einprägsamen Bilder und Stimmungen rund um diese Kirche auch verstanden von Menschen, die weder lesen noch schreiben können." Rovere, an die Stärke seiner eigenen Worte zwar gewohnt, schien dennoch derart überwältigt, dass es ihm erst einmal nicht möglich war fortzufahren.

Auch Luigi schien von dieser Ehrfurcht beeindruckt und murmelte so etwas wie ein stilles Gebet vor sich hin: „Erschaffe einen Ort, für den Papst, für die Kirche, für die Ewigkeit." Dabei achtete er darauf, die Worte laut genug zu sprechen, damit Rovere sie vernahm.

Als die nachfolgende Stille sich peinlich in die Länge zu ziehen drohte, übernahm Gianni schnell das Wort. Er gab zu bedenken, dass es vermutlich recht teuer werde, aus einer zerstörten Stadt wie Rom ein durch die Kunst erstrahlendes Zentrum der Christenheit zu machen. „Von den schlechten moralischen Zuständen, die zu diesen Zeiten überwiegen, einmal ganz abgesehen", schob er beinahe schüchtern hinterher.

Falls er diesen Satz deshalb so leise ausklingen ließ, weil er eine heftige Reaktion von Rovere fürchtete, war dies unbegründet. Denn dankbar wischte dieser Giannis Einwand mit einer schon päpstlichen Handbewegung fort: „Schönheit in Armut stärkt die Moral. Rom wird alsbald erstrahlen wie einst die heilige Jungfrau Maria. Auch sie war in ihrer Armut eine Frau voller Anmut. Gerade dies hat sie für Josef begehrenswert gemacht." Erneut drohte Rovere in seiner eigenen Ehrfurcht zu versinken. Daher entließ er die Brüder unter seinen feierlichen Worten:

Erschaffe einen Ort,
für den Papst,
für die Kirche,
für die Ewigkeit.

In den Gesichtern der Brüder lag ihre gesamte Zufriedenheit, dass Rovere mit diesem Satz ihren Plänen bereits die päpstliche Weihe erteilt hatte. Dennoch schafften sie es, ihren Abgang in geflissentlicher Demut zu arrangieren. Kurz bevor sie die Tür erreicht hatten, rief Rovere ihnen noch hinterher: „Und ich verlasse mich auf dich, Luigi, dass du mir einen Baumeister findest, der meine bahnbrechenden Ideen rechtzeitig zum Konklave in präsentable Pläne umsetzt."

Die Brüder konnten wirklich zufrieden sein. Rovere hatte soeben die Pläne, die Luigi und Gianni eigentlich für Papst Alexander entwickelt hatten, als seine eigenen verkündet. Ihrem Stolz reichte es aus, für Rovere einen geeigneten Baumeister zu finden. Doch die

Zeit drängte, denn Papst Pius III., erst wenige Tage im Amt, wurde immer schwächer.

Welcher Baumeister ist fähig, einen solchen Dom zu bauen? Darüber hatten sie sich bisher keine Gedanken gemacht. Da Gianni wieder seiner Arbeit im Kloster nachgehen musste, blieb dies Luigis Aufgabe. Und er wusste genau, wen er um Rat fragen wollte.

Als er schon am nächsten Abend den Palazzo von Donna Anna betrat, tat er dies mit völlig anderen Gefühlen als die beiden Male zuvor. Konnte es sein, dass man die Höhe der Tür verringert hatte? Oder schritt er diesmal aufrechten Hauptes durch den Eingang? Auch wurde er um einiges achtungsvoller begrüßt als zuvor. Offensichtlich hatte sich der offizielle Auftrag von Bischof della Rovere an ihn bereits herumgesprochen.

Bald schon befand Luigi sich inmitten lebhafter Gespräche mit Donna Anna, ihrem Ehemann Flavio Bratoni und Luigis neuem Künstlerfreund Geraldo Franguinetti, der sich einmal mehr im wärmenden Charme seiner reizenden Ehefrau Franka sonnte. Alle waren Luigis Wunsch nach diesem Gespräch freudig gefolgt, was ihm ein Gefühl zunehmender Bedeutung gab. Schnell war man sich in dieser Runde einig, dass nicht viele Baumeister befähigt waren, Pläne für eine Kirche dieser Größe zu erstellen. Luigis Vorschlag, Donna Annas Ehemann damit zu betrauen, wurde von diesem selber energisch abgelehnt. Dann nannte man den Mailänder Baumeister Donato Bramante. Sein Genie und seine großen Erfolge in Rom schienen der Aufgabe angemessen. Bratoni gab zwar zu bedenken, dass ihm der Ruf einer gewissen Rücksichtslosigkeit und Durchtriebenheit anhaftete, doch Geraldo Franguinetti sah dies eher als Vorteil denn als Nachteil und neigte eindeutig der Wahl Bramantes zu.

„Nein, nein, nicht er", entgegnete jedoch seine Frau Franka. „Seine Gottesferne ist dem zukünftigen Papst nicht angemessen."

„Dann nehmt den jungen Michelangelo", schlug nun Donna Anna vor.

Dies nun fand ihr Ehemann undurchführbar. Er selber hatte kürzlich erlebt, wie dieser junge, jedoch schon höchst eigenwillige

Künstler ein großzügiges Angebot eines römischen Kaufmanns abgelehnt hatte, für ihn einen Palazzo zu bauen. „Michelangelos Ablehnung dieses äußerst großzügig dotierten Angebots war insofern bemerkenswert, als er bekannt dafür ist, den Verlockungen des Geldes stets sehr schnell zu erliegen", ergänzte er nachdenklich.

„Und warum hat er es dennoch abgelehnt?", wollte Luigi diesen Widerspruch erklärt haben.

„Er sieht sich erstens als Bildhauer, zweitens als Bildhauer und drittens sowieso", mischte sich nun Franka wieder ein. „Nein, auch in Anbetracht der Zeitnot vergessen wir ihn ebenso wie Bramante. Denn beide sind dafür bekannt, ihren Preis dadurch in die Höhe zu treiben, sich für die Annahme eines Auftrages viel Zeit zu lassen. Ich sehe nur einen, der diese Aufgabe angemessen realisieren könnte. Neben seinen unbestrittenen künstlerischen Qualitäten stünde er zudem in kürzester Zeit bereit. Ich hörte, dass ihm für ein interessantes wissenschaftliches Experiment frisches Geld durchaus gelegen käme." Franka genoss die Spannung, in der alle auf die Verkündung des von ihr favorisierten Baumeisters warteten.

„Leonardo."

Alleine die Art, wie ihre roten, vollen Lippen den Namen formten, indem sie besonders das O sinnlich ausklingen ließ, schloss jeden Widerspruch aus. Zudem wusste jeder um die Fähigkeiten dieses Universalgenies. Ebenso war klar, nur Franka konnte dem Meister das Angebot unterbreiten.

„Und Ihr seid sicher, dass er den Auftrag annehmen wird?", wollte Luigi wissen.

„Er wird, er wird ganz bestimmt", versicherte Franka, „er ließ mich kürzlich wissen, für ein besonders lohnendes Projekt bei angemessener Bezahlung bereit zu stehen. Gleichwohl dass er jegliche eitle Selbstdarstellung verabscheut, spürt er den lebhaften Wettbewerb jener jungen Wilden, die es durch ihr öffentliches Auftreten bestens verstehen, sich ins Bewusstsein der einflussreichen und reichen Auftraggeber zu drängen. Von Gott direkte Aufträge für Kunstwerke zu erhalten, bedeutet nicht automatisch, dass irdische Geldgeber dafür bezahlen."

Franka behielt recht. Schon in kurzer Zeit war ein Treffen zwischen Leonardo und Rovere arrangiert. Obwohl auch Franka und Luigi anwesend waren, fühlten sie sich nicht als vollwertige Teilnehmer. Denn Rovere und Leonardo waren alsbald so in den gemeinsamen Vorstellungen ihrer kühnen Pläne versunken, dass sie sich nicht in die Gespräche einmischten. Aus diesem Eifer entstanden schnell Entwürfe, die Rovere, von einigen kleineren eitlen Korrekturen abgesehen, akzeptierte. Wenngleich Luigi die Pläne eigenartig fremd blieben, behielt er diesen Eindruck für sich. Zu genau wusste er, dass niemand sein Urteil für wichtig hielt. Diese Fremdheit der Pläne erklärte er sich damit, dass sich in seiner Erinnerung noch immer kein deutliches Bild seiner geträumten Kirche gezeigt hatte.

Jedenfalls schien man für die immer näher rückende nächste Papstwahl bestens gerüstet. Denn der bedauernswerte Pius III. hatte schon einige Male vor seiner letzten Ölung gestanden. Doch bald schon sollte alles wieder in Frage gestellt werden. Man schrieb den 18. Oktober 1503.

PAPST VULGUS I.

„Jetzt habe ich dich richtig mit meinem Thema zugelabert", entschuldigte Domenico sich bei Leonardo Da Silva nach einem Blick auf seine Uhr. Tatsächlich hatten sie den gesamten Nachmittag verquatscht.

„Kein Problem. Wir Theologen können das auch. Was ich dir schon heute Abend beweisen kann. Hast du Zeit?"

Domenico überlegte kurz, was er mit Carlotta vereinbart hatte. Sie war ungewöhnlich schmallippig gewesen beim Essen. Hatte sie Grund sauer zu sein? Konnte seine Diplomarbeit dieser Grund sein? Seine Idee, interdisziplinär Kunsthistorie und jetzt auch Theologie einzubeziehen, hatte ihr von Beginn an nicht gefallen. Er würde zu viel Zeit verlieren, so ihr Einwand. Er sprach nie mit Carlotta über Geld. Sie wusste allerdings, dass er sein Studium über Bafög finanzierte, aufgebessert über das Wenige, was er von seinem Vater geerbt hatte. Dass beide Finanzierungsquellen dem Stresstest einer größeren Studienzeitverlängerung nicht standhielten, konnte sie daher nur ahnen, während es für Domenico drohende Gewissheit war. Schnellstmöglich das Studium zu beenden, bedeutete automatisch schnellstmöglich Geld zu verdienen. Ohne Einkommen keine Familie. Hatte sie es vielleicht so gemeint?

„Und, hast du Zeit?", unterbrach eine warme Stimme aus der Ferne diese Gedanken.

Die U-Bahn der Linie A, in der Domenico und Leonardo fuhren, war im Berufsverkehr völlig überfüllt. Sie atmeten tief durch, als sie an der Haltestelle Cornelia endlich aussteigen konnten. Leonardo wohnte schon vom ersten Tag seiner Zeit in Rom in diesem Stadtteil nahe dem Monte Mario. Besonders der Blick vom naheliegenden Park auf den majestätisch darunter liegenden Petersdom hatte es ihm von Beginn an angetan. Die ersten Wochen hatte er in einem Pilgerheim gewohnt, bevor er in das Mehrfamilienhaus gezogen war, das sie nach einem kurzen Fußweg erreichten. Leonardo bewohnte mit Marie Ines und ihren drei Kindern eine der sechs Wohnungen. Ihre gemeinsame Tochter war mit 10 Monaten die jüngste von insgesamt

20 Bewohnern. Beim Abendessen, das sich in der großen Küche des Paares über den ganzen Abend hinzog, lernte Domenico viele der übrigen Hausbewohner kennen. Auch Fernando, den mit 85 Jahren ältesten Bewohner.

Domenico wurde von Marie Ines, die er auf Anfang bis Mitte zwanzig schätzte, direkt ins Familienleben einbezogen. Er half beim Abwasch, schnitt das Gemüse, deckte den Tisch und durfte zur Belohnung Tochter Susana füttern. Nebenher erfuhr er alles über Leonardos Namensgeber, den brasilianischen katholischen Theologen Leonardo Boff. Er selber nennt sich Befreiungstheologe und setzt sich für die Menschenrechte der Armen ein. Mit 21 Jahren trat er 1959 in den Franziskanerorden ein und empfing 1964 die Priesterweihe. Danach ging er für Gaststudien nach Europa. Während seines Studiums an der Ludwig-Maximilians-Universität München von 1965 bis 1970 promovierte er in Dogmatik, wobei er nicht nur mit dem zweiten Gutachter seiner Doktorarbeit, Joseph Kardinal Ratzinger, immer wieder in heftigen Streit geriet.

Als Marie Ines zum Essen eine riesige Portion des brasilianischen Nationalgerichts Feijoado Completa für die nun auf 10 Leute angewachsene Gesellschaft auftrug, machte sie keinen Hehl aus ihrer kritischen Haltung gegenüber Papst Benedikt XVI. „Was hilft es den ärmsten der Armen, wenn ein Papst mit wissenschaftlichem Ehrgeiz im Staub vergangener Jahrhunderte forscht?"

Während der Diskussion, die das gesamte Abendessen begleitete, hielt Leonardo sich mit seiner Meinung zurück. Dafür kritisierte vor allem der 85-jährige Alfonso Papst Benedikts Vorgänger Johannes Paul II. wegen dessen Abneigung gegen Leonardo Boff. Alfonso machte zudem die römische Kurie dafür verantwortlich, dass sich die Katholische Kirche in Südamerika auf dem Rückzug befinde. „In dieses Glaubensvakuum stoßen immer mehr radikal-evangelikale Sekten. Sie verstehen es sehr gut, die Sehnsüchte der Menschen nach Spiritualität und Glauben mit einfachen Botschaften und effektvollen Auftritten zu bedienen", regte sich Alfonso auf. Versöhnlich wurden seine Worte und seine Gesichtszüge entspannten sich, als er von Papst Johannes XXIII. schwärmte. Der aus Oberitalien stammende Angelo Giuseppe Roncalli wurde am 28. Oktober 1958 kurz vor seinem 77. Geburtstag auf den Stuhl Petri gewählt. „Dieser Papst sprach die Sprache der einfachen Menschen und er machte kein Geheimnis aus seiner Vorliebe für die leiblichen Freuden der guten Küche seiner Heimat." Alfonso zitierte den berühmten Satz aus seiner Rede zur Papstkrönung: „Ich bin Joseph, Euer Bruder!"

Domenico nahm sich fest vor, im Internet über diesen Papst zu recherchieren. Besonders hatte es ihm ein anderer Spruch angetan, den Alfonso ebenfalls zitierte: „Johannes, nimm dich nicht so wichtig!"

In der durch Johannes XXIII. posthum aufgeheiterten Stimmung löste sich die Tischgemeinschaft schnell auf. Bevor Leonardo sich mit den beiden Jungen von Maria zurückzog, um sie ins Bett zu bringen, parkte er Töchterchen Susana bei Domenico, die sich auf seinem Arm sichtlich wohl fühlte. Die ebenfalls im Haus wohnende ehemalige Ordensschwester Jolina, die mit Maria den Tisch abräumte, äußerte erst im kleinen Kreis ihr Unverständnis über den Vatikan: „Wieso ignoriert die Katholische Kirche dieses unglaubliche soziale Ungleichgewicht in Südamerika?" Auch sie fühlte sich besonders von Johannes Paul II. während ihrer Ordensarbeit in den Armenvierteln von Brasilien vergessen und alleingelassen. „Er nannte Leonardo Boff und andere Menschen, die sich gegen ausbeutende Gewalt zur Wehr setzten, Marxisten. Sicher war er traumatisiert von der kommunistischen Unterdrückung in Polen. Vielleicht hat er auf die falschen Ratgeber gehört. Boffs Guerilla-Glaube, der den Menschen hilft, wurde verwechselt mit blutigem Guerillakrieg, der Menschen tötet."

Als Leonardo der Jüngere, wie Marie Ines ihn zuvor genannt hatte, zurückkam, hatte er den letzten Teil des Gesprächs mitbekommen. „Bist du Marxist, Leonardo?", fragte Domenico, um ihn zu provozieren.

„Ich bin Theologe, das reicht mir", entgegnete er lachend, „genau wie Leonardo der Ältere. Hilft Marxismus wirklich den Armen oder verstecken sich dahinter nicht wieder machthungrige und populistisch-eitle Politiker? Freiheit und Gerechtigkeit darf nicht nur gepre-

digt, sondern muss auch gelebt werden. Jesus war kein Marxist, aber er hat sich für die Armen und Kranken eingesetzt."
Von Marie Ines erfuhr Domenico, dass Leonardo Boff im ökologischen Reservat Jardim Araras bei Petrópolis mit der Menschenrechtlerin Marcia Maria Monteiro de Miranda und ihren sechs Kindern verheiratet ist.

„Hast du Kinder, Domenico?"

„Nein. Ich bin nicht mal verheiratet."

„Na und? Bin ich auch nicht und habe sogar drei Kinder. Ist schon eine verrückte Welt. Wer Priester werden will, um auch Frauen und Kindern beizustehen, darf nicht heiraten. Und die, die dürfen, wollen nicht. Willst du Kinder haben, Domenico? Du gibst ganz sicher einen guten Vater ab." Sozusagen als Bestätigung tat die auf Domenicos Arm fest eingeschlafene Susana einen tiefen, zufrieden klingenden Seufzer.

„Klar will ich. Und wer hat gesagt, dass ich nicht heiraten will? Fragt sich nur, wann und wen? Uups, Carlotta. Ich wollte sie anrufen." Nachdem ihm Jolina das schlafende Kind vom Arm genommen hatte, schaute Domenico erst auf die Uhr und dann auf sein Mobiltelefon. Fast neun Uhr, kein Anruf. Er erinnerte sich immer noch nicht, was sie vereinbart hatten. Musste er ein schlechtes Gewissen haben? Schließlich konnte auch Carlotta anrufen.

„Nun ruf sie schon an, Domenico. Sonst wird das nie was mit euren Kindern."

Offenbar hatte Leonardo seine Gedanken mitgehört. Er musste ungewöhnlich lange warten, bis Carlotta sich meldete. Als er im Hintergrund Feierlärm hörte, bereute er augenblicklich angerufen zu haben. Über den abwechslungsreichen Tag, das Treffen mit Leonardo und das lebendige Abendessen hatte er total vergessen, dass sie heute beim Klassentreffen war. „Hi Carlotta. Störe ich? Wie läuft's beim Klassentreffen?"

„Hi Domenico. Du, ich verstehe dich kaum, hier ist richtig was los. Wenn es nichts Besonderes gibt, lass' uns morgen telefonieren. Im Moment ist echt schlecht. OK?"

„OK, bis morgen. Viel Spaß noch."

Und wieder hatte Domenico den Eindruck, dass Leonardo seine Gedanken lesen konnte, der bedauernd seine Schultern hochzog. Konnte er selber seine plötzliche Idee ernst nehmen, die ihm durch den Kopf gegangen war, kurz bevor Carlotta sich meldete? Sie zu fragen, ob sie ihn heiraten wollte, ob sie Kinder mit ihm haben wollte, während er dafür schnellstmöglich sein Studium beenden würde? Viel zu verrückt, dieser Gedanke.

Nach Leonardos fesselnder Schilderung seiner Kindheit und seines Studiums, konnte Domenico sich ihn nicht nur als Priester, sondern sogar als Bischof einer modernisierten Kirche vorstellen.

„Wie findet ihr meine Idee, dass Leonardo irgendwann Papst wird?" Domenico hatte seine Frage bewusst auch an seine Freundin gerichtet. Da beide sich gegenseitig ansahen und keiner antwortete, ergänzte er seine Frage: „Wäre mal an der Zeit, dass ein Papst weiß, was es bedeutet, Kinder und Familie zu haben. Dann erst sollte er Enzykliken schreiben über Liebe, Sex und Verhütung."

Marie hatte inzwischen eine Antwort gefunden: „Ich kann mir Leonardo sehr gut als Papst vorstellen. Ihn und auch mich. Ja, durchaus. Ich wäre dabei. Aber erst wenn die Kinder groß sind. Ein Papst, der Kinder hat, denkt nicht mehr nur in Jahrhundertschritten."

Domenico sah an Maries Gesicht, dass sie ihre Antwort ernst meinte. Auch Leonardos Antwort war überraschend klar: „Unter den jetzigen Umständen, nein. Die Welt passt nicht zu diesem wichtigen Amt und ich noch viel weniger. Aber später, in vierzig bis fünfzig Jahren? Wenn die Kirche eine Weltordnung und Moralvorstellung gefunden hat, die den Menschen dient und sie eint? Wenn mit und nicht gegen Menschen nach Antworten gesucht wird, ohne in antiquierten Dogmen zu verharren, warum nicht? Dann aber nur nach dem Vorschlag meines Namensheiligen Boff. Er plädiert für einen Papst auf Zeit. Ich mache es zweimal vier Jahre, mit Verlängerungsoption der Unfehlbarkeit."

Zärtlich zog Marie Ines ihn auf ihren Schoß und gurrte: „Vergiss die Unfehlbarkeit. Gerade wegen deiner Fehler liebe ich dich." Dann schnitt sie Leonardo mit einer Küchenschere zwei Locken aus seinem üppigen Haar, legte sie in zwei kleine Klarsichttüten und übergab eine davon in übertriebener Feierlichkeit Domenico. „Die heben wir gut auf und werden sie weiter vererben. Wenn man ihn in 100 Jahren selig spricht, sind das heilige Reliquien."

Domenicos Namensvorschlag Papst Vulgus I. wurde in feierlicher Fröhlichkeit angenommen. Da es inzwischen so spät geworden war, dass keine U-Bahn mehr fuhr, machte Domenico sich mit einem von Leonardos Fahrrädern, einem knallroten Bianchi Pista Singlespeed, auf seinen luftigen Heimweg.

PAPST PIUS III. IST TOT

Schon in der Nacht zum 18. Oktober 1503 hatte in Rom Regen eingesetzt, über dessen Heftigkeit selbst die ältesten Menschen sich erstaunten. Er prasselte auf die Dächer herab und die Sturzbäche verwandelten die unbefestigten Straßen in reißende Bäche. Begleitet von dieser Sintflut, verbreitete sich im Morgengrauen die Nachricht in Rom wie ein Lauffeuer: Papst Pius III. war gestorben – nach einem Pontifikat von nur einem Monat. Aus den kleinsten Hütten und aus den herrschaftlichen Palästen traten die Menschen hervor, um seinen Tod zu beklagen. Kaum jemand ließ sich von den Fluten des um den Papst weinenden Himmels abschrecken, um zum Vatikan zu gehen. Notdürftig durch gewachste Tücher geschützt, kämpften sie sich durch die in tiefem Schlamm aufgeweichten Gassen. Die Engelsbrücke staute den Pilgerstrom, so dass von dort aus die Menschen nur vereinzelt oder in kleinen Gruppen zum Vatikan gelangten. Zwiegespalten war das Empfinden der vom Regen Durchnässten. Bei einigen herrschte zuvorderst die Angst vor neuer Herrschaft des Borgia-Clans in Gestalt des gefürchteten Cesare, bei den meisten jedoch überwog erst einmal die Trauer um den verstorbenen Papst.

Diese Trauer war umso größer, da sie für den zuvor verstorbenen Papst Alexander niemand empfunden hatte. Gegen diese traurige Flut von Regen und Menschen kämpfte Luigi sich zum Wohnsitz des Bischofs Rovere vor, um mit ihm das Konklave vorzubereiten. Trotz der Mühsal des Weges war er bester Stimmung, denn auf diesen Tag glaubte er sich gründlich vorbereitet zu haben. Gerade, als er sich nah an eine Hauswand drückte, um einem laut klagenden Weib auszuweichen, wurde er plötzlich in eine dunkle Ecke gezogen. Dies ging so schnell, dass ihm nicht einmal Zeit blieb, wirkliche Angst vor einem Überfall zu haben. Trotz des heftigen Regens und der immer noch herrschenden Dämmerung hatte er Alberto erkannt.

„Luigi, auch wenn ich Euch einige Stunden meiner übelsten Qualen zuschreibe, weiß ich inzwischen, dass ich Euch gerade deshalb mein Leben verdanke. So lasst Euch von mir das Neueste von Cesare berichten. Und das bedeutet wahrhaftig nichts Gutes für Euch und Eure Pläne. Er hält sich immer noch im Vatikan versteckt und spielt nach seinem Schauspiel des Sterbenskranken nun den zutiefst trauernden Papstvertrauten. Welchen Nutzen er daraus zu ziehen gedenkt, ist mir nicht bekannt. Doch ich weiß, dass er von Euren Plänen für den neuen Petersdom erfahren hat, die Rovere das nächste Konklave sichern sollen. Offenbar verfügt er immer noch über gut informierte Spitzel in Rom. Und er hat einen Gegenplan."

„Aber unser Plan ist perfekt!"

„Leonardo!", zischte Alberto, bevor er Luigi hastig aus der Ecke in die Dunkelheit eines Hauseingangs zog. Gerade noch rechtzeitig, denn von ihrem neuen Versteck aus sahen sie zwei bewaffnete Männer in der Ecke, in der sie selber vor wenigen Augenblicken noch gestanden hatten. Alberto hatte inzwischen den festen Handgriff um Luigis Arm gelöst, bevor er flüsternd weitersprach, nachdem die Männer wieder verschwunden waren. „Borgias Leute. Er vertraut niemandem mehr, nicht einmal mehr Gott, obwohl er an ihn glaubt. Ich werde einige Zeit aus Rom verschwinden. Doch so viel noch: Im Jahre 1502 war Leonardo da Vinci für 10 Monate Militäringenieur von Cesares Heer. Mit dieser Nachricht will Cesare kurz vor dem Konklave Eure Baupläne für den Kirchenbau verseuchen."

Luigi war sprachlos, doch bevor er von Alberto weitere Informationen erfragen konnte, war dieser wie vom Erdboden verschwunden. Erst jetzt übermannte ihn heftige Angst, wurde ihm deutlich, dass Cesare Borgia immer noch eine Gefahr für Rovere, ja für ganz Rom war. Und eine Gefahr vor allem für sein eigenes Leben. Weil er noch eine Weile in seinem Versteck verharrte, kam er verspätet bis auf die Haut durchnässt und völlig niedergeschlagen zum Treffen. Als er die Neuigkeiten erzählt hatte, war die Stimmung der Trauerkleidung ähnlich, die Rovere wegen des Todes von Pius III. angelegt hatte.

„Cesare gibt offenbar niemals auf, selbst wenn er schon im Grab liegt, wird er noch versuchen, Papst zu werden", grummelte der Bischof vor sich hin. „Und deine Informationen sind absolut glaubhaft?", fragte er, ohne eine Antwort abzuwarten. Denn er hatte gelernt, sich auf Luigis Aussagen zu verlassen. So schob er eine weitere Frage hinterher: „Was bleiben uns für Möglichkeiten? Kein Baumeister verschafft uns in der Kürze der Zeit Pläne, die mit denen Leonardos mithalten können."

Weniger die eigene Ratlosigkeit verstörte Rovere als die Tatsache, dass alle seine Hoffnungen auf diesem unscheinbaren Manne ruhten. Jetzt erst, nachdem Luigi in seiner eigenen Ratlosigkeit zusammengefallen schien, wurde dem Bischof bewusst, wie weit er sich auf ihn eingelassen hatte.

„Zuerst müsste man mit Leonardo reden", antwortete Luigi. „Vielleicht ist er bereit, gegen gutes Salär die Pläne einem anderen Baumeister zu überlassen."

„Und wer sollte dieser andere Baumeister sein?", fragte Rovere, wobei er über die Zähigkeit staunte, die trotz der deutlichen Niedergeschlagenheit noch in Luigi steckte.

„Der junge Michelangelo wäre der Beste. Bramante akzeptiert niemals die Pläne eines anderen Baumeisters."

„So rede mit beiden", stimmte Rovere zu.

Danach drängte er zum Abschied, denn es galt, dem verstorbenen Papst im Vatikan die letzte Ehre zu erweisen. Luigis Befürchtung, dass dort Gefahr durch Cesare Borgia drohte, der sich immer noch im Vatikan aufhielt, wischte der Bischof mit trotzigem Kampfeswillen fort. Während seine Eminenz mit seiner Kutsche losfuhr, ging Luigi den mühsamen Weg durch die Regenfluten zum Vatikan zu Fuß. Mit jedem Schritt spürte er deutlicher die Gefahr, die den uneinsichtigen Rovere erwartete. Kaum dass er sich mit List, Körpereinsatz und dank seiner kleinen Statur durch das Nadelöhr Engelsbrücke gezwängt hatte, sah er die schier endlose Schlange von Menschen, die vor dem Petersdom geduldig auf Einlass warteten, um dem Papst ein letztes Mal die Füße zu küssen. Er würde Stunden brauchen, um bis zu dem aufgebahrten Leichnam vorzudringen.

„Was einmal funktioniert, geht auch ein zweites Mal." Derart selbstermuntert, ging Luigi zu jener Tür, durch die er seinerzeit mit Gianni im Vatikan Einlass bekommen hatte. Tatsächlich wurde ihm auf das bekannte Klopfzeichen wieder von Ismail geöffnet, und diesmal musste er nur sein Begehren nennen. Von dem Blinden auf eine kurze Reise durch die Dunkelheit der Katakomben geführt, fand Luigi sich alsbald im Petersdom wieder. In der ehrfürchtigen Stille nahm niemand Anstoß, als er sich weit vorn in den Strom der Trauernden einreihte. Luigi war sofort gefangen von der feierlichen Stimmung, die dort von traurig-leiser Musik getragen wurde. Selbst der Tag schien aus seiner Trauer nicht erwachen zu wollen; denn es fiel nur graufahles Licht durch die Fenster. Die Trauernden warteten geduldig in der Schlange, um vor dem in warmes Kerzenlicht getauchten toten Papst Pius niederzuknien und seine Füße zu küssen.

Kurz bevor Luigi beinahe bis zu ihm vorgedrungen war, heftete sich sein Blick, einer plötzlichen Eingebung folgend, auf eine der Totenwachen. In Trauerkleidung verhüllt, den Blick ehrfurchtsvoll gesenkt, stand er im Dämmerlicht. Da bemerkte Luigi, wie durch dessen Körper plötzlich ein heftiges Zucken ging, so als würde er nach etwas in seinem Gewand greifen. Cesare Borgia! Niemand hatte ihn erkannt. Rovere hatte die Kirche betreten und jeden Moment würde er mit weiteren Geistlichen vor dem aufgebahrten Papst stehen. Luigi überlegte fieberhaft, wie er Rovere warnen oder schützen konnte, ohne den Frieden der Totenandacht zu stören. Die Zeit war knapp. Kirchendiener begannen, die Gläubigen, die vor dem Leichnam beteten, mit freundlichem Druck fortzuführen, um den kirchlichen Würdeträgern eine ungestörte Andacht zu ermöglichen. Da kam Luigi zu Hilfe, dass ein vor dem Verstorbenen kniendes gebrechliches Mütterchen von heftigen Weinkrämpfen geschüttelt wurde. In der daraus entstehenden Unruhe hob Cesare, wenn auch nur kurz, seinen Kopf, so dass die Umstehenden sein Gesicht sehen konnten.

„Er ist es. Dieser Menschenschinder wagt es, Trauer zu heucheln. Cesare Borgia!", rief Luigi gerade so laut, dass es sowohl dieser selbst als auch die unmittelbar vor und hinter ihm trauernden Menschen hörten. Auch sie erkannten nun Cesare und wiederholten mit Luigi den Namen des Verhassten in rhythmisch schneller Folge, wobei sie besonders die Zischlaute überbetonten. Dieses vermischte sich mit der Musik und war in der unmittelbaren Umgebung immer deutlicher zu vernehmen, ohne dabei die Totenruhe zu stören. Der mächtige Cesare Borgia, vor dem sich immer noch halb Rom fürchtete, flüchtete vor dem kleinen, immer noch heftig zischenden Luigi Piemonte. Dabei gelang es ihm nur mit Mühe, die Bewegungen so zu steuern, dass nur diejenigen, die vorne standen, sein Fortgehen als Flucht erkannten.

Auch Rovere hatte die Situation augenblicklich erfasst. Nachdem er dem Flüchtenden einen vernichtenden Blick hinterher gesandt hatte, nickte er Luigi kaum wahrnehmbar zu, um dann einem der Kirchendiener etwas zuzuflüstern. Dieser führte die vor Luigi warteten Gläubigen zu ihrem stillen Abschied vom Papst. Nachdem diese gegangen waren, schritten die Geistlichen gemeinsam mit Rovere zu dem Verstorbenen. So durfte Luigi ihrer stillen Andacht aus unmittelbarer Nähe beiwohnen, beinahe so, als wäre er einer der Ihren.

Bei einem Gespräch mit Luigi während der Begräbnisfeierlichkeiten hatte Franka Franguinetti sich bereit erklärt, mit Michelangelo und Leonardo über die Pläne zu reden. Leider blieben ihre Gespräche mit den beiden unversöhnlichen Rivalen ohne Erfolg. Offenbar hatten sie erfahren, dass auch mit dem jeweils anderen Künstler Gespräche geführt wurden. Während Leonardo Franka nicht einmal zu einem Gespräch empfing, schien zumindest Michelangelo nicht völlig abgeneigt, den Papst beim Bau dieser Kirche zu unterstützen. Gegen angemessenes Salär und zu gegebener Zeit.

„Und wenn wir das Konklave verzögern?", schlug Franka vor, als sie, Bischof Rovere und Luigi am Vorabend des Konklaves ihre Möglichkeiten überdachten.

Luigi schüttelte energisch den Kopf über Frankas Vorschlag, doch Rovere war es, der ihr widersprach: „Niemals! Dafür sind die Vorbereitungen schon zu weit. Eine Verschiebung würde die Unsicherheit und die Angst in Rom verstärken. Wir brauchen schnellstens einen neuen Papst. Auch ohne diese Pläne lasse ich mich zum Papst wählen. Und wenn dieses Konklave hundert Tage dazu braucht." Er hatte sich derart in Wut geredet, dass sein Kopf rot angelaufen war.

Dennoch mischte Luigi sich ein: „Und Ihr denkt, Cesare würde Euch die hundert Tage Zeit lassen, ohne dass er versuchte, Euch zu stören?"

„Dann werde ich die Bischöfe in der Engelsburg festsetzen und dort bei Wasser und Brot halten." Roveres Kopf schien kurz davor zu platzen, als er hastig aufsprang und den Raum verlassen wollte. Kurz bevor er die Tür erreicht hatte, hörte er Luigis Stimme.

„Eine Möglichkeit bleibt, Exzellenz." Wie schnell der Bischof sich wieder beruhigte und wieder geduldig Platz nahm, erstaunte vor allem Franka.

„Sprich, mein Sohn", sagte er mit schmalen Lippen.

„Die Pläne von Leonardo. Überlasst sie mir für eine Nacht. Und morgen früh, wenn ich sie Euch zurückgebe, entscheidet Ihr, Euch mit oder ohne sie wählen zu lassen."

„Gib dem Knaben die Pläne, Franka. Gib sie ihm."

Diesmal hielt niemand den Bischof auf, so dass Franka und Luigi noch leise eine ganze Weile allerlei miteinander flüsterten, bevor auch sie den Raum verließen.

Als Rovere am frühen Morgen denselben Raum wieder betrat, in dem Luigi und Franka bereits die Pläne ausgebreitet hatten, sah er in seiner Zerknirschtheit nicht aus wie der zukünftige 216. Papst. Auch Luigi und Franka sah man nicht an, dass sie die ganze Nacht in Luigis Stadtarchiv und der Apostolischen Bibliothek des Vatikan verbracht hatten. Rovere stürzte sich ungeduldig auf die Pläne. Als er sah, dass es offenbar genau die Pläne waren, die er Luigi am Abend zuvor überlassen hatte, wurde er wieder zornig. „Was soll ich mit diesen von Borgias Kriegsminister Leonardo pestverseuchten Plänen? Man wird mir damit unter meinem bischöflichen Gesäß ein Feuer entfachen. Und daraus wird kein weißer Rauch aufsteigen."

Als Rovere in das ruhige Gesicht von Luigi schaute und dort dieses kaum wahrnehmbare Lächeln seiner Augen sah, ahnte er, dass er etwas übersehen haben musste. Aber auch nach erneutem Hinsehen wusste er nicht, woraus Luigi seine Ruhe bezog.

„Leonardos Pläne? Leonardo mag ein weiser und alter Mann sein. Dennoch wird es ihm nicht gelingen, die Urheberschaft für Pläne zu beweisen, die von Papst Nikolaus V. aus dem Jahre 1452 stammen - Leonardos Geburtsjahr übrigens."

Rovere riss die Pläne zu sich heran. Es waren auf den Strich genau dieselben Pläne, die Leonardo für ihn erstellt hatte. Der Unterschied lag lediglich in der Signatur der Blätter. Diese Signaturen verwiesen nicht auf Leonardos Urheberschaft, sondern enthielten ein Datum aus dem Jahre 1452. Bevor Rovere eine Frage formulieren konnte, führte Luigi weiter aus:

„Jeder kann sich im Stadtarchiv von Rom und in der Apostolischen Bibliothek davon überzeugen, dass diese Pläne seit dem Jahre 1452 dort liegen. Es sollte Euch leicht fallen zu erklären, dass Ihr den Schatz dieser Baupläne gehoben habt. Eure Worte werden die Bischöfe zudem überzeugen, dass diese Pläne nur ein Bruchteil Eurer gesamten Botschaft sind. Mit diesem Euren Satz ‚Erschaffe einen Ort' werdet ausschließlich Ihr als zukünftiger Papst in die Geschichte eingehen und nicht Papst Nikolaus V., der diese Pläne von einem unbekannten Baumeister erstellen ließ."

Rovere sah Luigi ungläubig an, raffte entschlossen die Pläne zusammen und schritt mit bedeutender Miene zum Konklave. Um den Bewohnern Roms und den Bischöfen zu zeigen, dass er sich von niemandem einschüchtern ließ, hatte er das Konklave nicht in die Engelsburg verlegt.

Viele Fragen blieben unbeantwortet, weil niemand sie stellte: wie hatte Luigi es in dieser Nacht geschafft, dass alle Einträge und Kopien bestätigten, dass die alten Pläne von Papst Nikolaus exakt denen von Leonardo entsprachen? Gab es ein Gespräch noch am Tage des Konklaves, in dem man Leonardo überredete, nicht auf der Urheberschaft jener Pläne zu bestehen? Zahlte man dem Meister ein ansehnliches Honorar für ein Bild, das niemand je sah? Ein Bild, welches der Auftraggeber nie abgeholt, nie bezahlt hatte? Ein Bild, das angeblich La Bella Principessa zeigt, Tochter eines Mailänder Herzogs, die kurz nach ihrer Hochzeit verstarb? Stimmte es, dass der Meister plötzlich genügend Geld hatte, sich alsbald neuen kostspieligen Aufgaben zu widmen, zu denen vorher die Mittel nicht ausgereicht hatten?

ARRIVEDERCI ROMA

Am nächsten Tag wartete Domenico bewusst, bis Carlotta sich bei ihm meldete. Was sie jedoch erst nachmittags tat, gerade als er auf dem Weg zu einem Studienseminar mit Leonardo war. Sie verabredeten sich zum Abendessen bei ihren Eltern, bevor Carlotta am nächsten Morgen mit ihrer Mutter abreisen würde.

Domenico kam pünktlich und wartete mit den Eltern über eine Stunde auf Carlotta. Sie wirkte ungewöhnlich abgehetzt und schon nach wenigen Minuten standen bei ihr alle Zeichen auf Sturm. Die Frage ihres Vaters nach der Klausur beantwortete sie noch mit einem kurzen „Geht so." Aber schon die Frage der Mutter, ob sie ihren Koffer gepackt habe, war offenbar zu viel. „Kannst du mir sagen, wann ich das bitte gemacht haben sollte? Gestern den ganzen Tag Uni, Klassentreffen bis spät abends und heute mitten in der Nacht wieder raus. Dann wieder den ganzen Tag Uni, Klausur, Seminar. Das volle Programm! Mir steht dieser ganze Scheiß so weit oben. Wie soll ich das alles schaffen?"

„Das Leben spielt sich ab zwischen dem, was man erreichen kann und will", bemerkte ihre Mutter, erntete bei ihrer Tochter dafür aber nur einen giftigen Blick.

„Und können möchten darf", ergänzte Domenico. Jedoch nur für sich in Gedanken. Um diesen absurden Satz zu vertreiben, überlegte er, Carlotta unverfänglich nach dem Klassentreffen zu fragen. Wie schon am Vorabend mit Leonardo schienen ihm erneut seine Gedanken auf die Stirn geschrieben. Denn Carlotta kam ihm zuvor:

„Ich werde um acht Uhr eine Presseerklärung herausgeben. Da steht dann alles drin. Auch wie es auf dem Klassentreffen gestern Abend war. Ganz sicher wird bald auch danach jemand fragen."

Während Domenico noch nachdachte, wie er darauf reagieren sollte, antwortete Carlottas Vater sehr schnell und in einem Ton, der keinerlei Raum für Diplomatie ließ: „Schluss jetzt mit diesem Gezicke, Carlotta! Lass deine schlechte Laune nicht an uns aus."

Als Carlotta wütend aufspringen wollte, drückte Domenico sie vorsichtig zurück aufs Sofa und erhob sich. „Irgendwie scheint das heute nicht zu passen. Du hattest einen harten Tag an der Uni. Ich geh mal lieber, damit du dich in Ruhe auf deine Reise morgen vorbereiten kannst." Trotz seiner inneren Aufregung klang seine Stimme ruhig und gefasst.

Vor den erleichterten Blicken ihrer Eltern stand Carlotta auf, umarmte Domenico und entschuldigte sich bei ihm und ihren Eltern. Beim ersten Glas Prosecco, den der Vater schnell herbeischaffte, machte die Mutter einen Vorschlag: „Ich brauche für das Essen noch eine gute Stunde. Während dieser Zeit sortierst du dich mit deinen Sachen für morgen in aller Ruhe. Die Männer helfen mir in der Küche, decken den Tisch und kümmern sich um die Getränke. Bleibt Domenico heute Nacht hier?"

Domenico bemühte sich nirgendwohin zu schauen, vor allem nicht zu Carlotta, die jedoch sehr schnell antwortete: „Ja doch. Auf jeden Fall! Oder?" Erst als Domenico ihren Fragezeichenblick mit einer zustimmenden Geste beantwortete, war die Stimmung im Raum endgültig entspannt – wie nach einem kräftigen Sommergewitter. Das außergewöhnliche Essen, der exzellente Wein, unter anderem ein Barolo aus seiner Heimatregion Piemont, taten ihr Übriges. So folgte dem lockeren Abend eine intensive Nacht, die noch bei Carlottas und Domenicos Frühstück nachschwang.

„Frühstücken deine Eltern nicht mit?" „Mutter frühstückt immer sehr früh, Vater spät oder gar nicht."

Vor allem die unausgesprochenen Gedanken füllten die Zeit bis zu ihrem bevorstehenden Abschied, bald schon eingeleitet von den Worten „Ist ja nur für eine Woche", abgeschlossen von inneren und äußeren Tränen.

Domenico und der Conte standen reichlich verloren nebeneinander vor dem Haus, als Carlotta und ihre Mutter ihnen ein letztes Mal aus dem offenen Mini Cabriolet zugewunken hatten, bevor sie aus ihrem Blickfeld verschwanden. Bei einer gemeinsamen Tasse Kaffee in der Küche mit dem Conte fühlte Domenico sich ein Stück mehr angenommen von der Geschichte dieses Hauses. Für den folgenden Tag lud ihn der Conte ins Haus zum Abendessen ein.

NOS SUMUS PAPA – WIR SIND PAPST!

Cesare Borgia gelang unerkannt von den Wachen der Orsini die Flucht aus dem Vatikan, als schon am ersten Tage des Konklaves, am 1. November 1503, erneut der Ruf durch Rom erging:

„Annuncio vobis gaudium magnum: Habemus Papam!"

Und er hatte nun wirklich allen Grund, Rovere zu fürchten, der zum 216. Papst gewählt worden war und sich fortan Julius II. nannte. Auch wenn Cesare noch mehrmals die Flucht gelingen sollte, war es mit der Schreckensherrschaft der Borgias vorbei: 1504 wird er nach Spanien verbannt und dort verhaftet. Zwei Jahre später befreit ihn sein Schwager, König Jean d'Albret von Navarra. Als dessen Soldat gerät er 1507 während der Belagerung von Viana in einen Hinterhalt. Obwohl er ihn erkennt, ignoriert ihn der heißblütige Cesare in seiner für ihn typischen Art und wird erschlagen. „So ist er denn unter Achtung seiner eigenen Grundsätze gestorben. Einen gewissen Respekt ringt mir dies ab", wird Luigi diese Nachricht später für sich kommentieren.

Dem neu gewählte Papst Julius II. gratulierte Luigi mit den Worten:

„nos sumus papa" – wir sind papst!

NOMEN EST OMEN

„Luigi hat es also geschafft. Rovere ist Papst", freute sich Domenico und legte müde das alte Buch ERSCHAFFE EINEN ORT zur Seite, in dem er schon wieder bis tief in die Nacht gelesen hatte. Er vermutete in der Namenswahl von Papst Julius ein deutliches Zeichen, dass er als neuer Papst dem berühmten Julius Cäsar an kämpferischer Entschlossenheit in nichts nachstehen werde. Er nahm sich vor, diese Überlegung mit dem Conte beim Abendessen weiterzuführen.

IN BESTER GESELLSCHAFT?

Papst Julius II. hielt Wort, sich weiterhin für den Neubau des Petersdomes einzusetzen. Luigi wurde in die im Jahre 1504 begründete Baukommission berufen. Sein Gesicht glühte in einer ungewohnt belebten Farbe, als der Papst ihn den übrigen Mitgliedern der Baukommission vorstellte. Er gehörte als Einziger nicht zu den bekannten Persönlichkeiten Roms. Alle anderen waren Künstler, kirchliche Würdenträger oder einflussreiche Geschäftsleute. Einige von ihnen hatte er bei Donna Annas Hochzeit gesehen, doch jetzt erst fühlte er sich von ihnen wahrgenommen. Man interessierte sich immer mehr für die Baupläne des neuen Petersdoms.

Donna Annas Vater hatte Luigi in der Basilika Sankt Clemente einen frei gewordenen Sitzplatz im Innenraum besorgt. Vorerst nur in der letzten Reihe, dennoch füllte sich seine schmale Brust mit Stolz, wenn er dort von dem einen oder andern mit einem Kopfnicken begrüßt wurde. Bald, so rechnete er sich aus, würde ihm ein Platz in einer der vorderen Reihen zustehen. Die Geduld, die er sich selbst dabei angemahnt hatte, war schnell aufgebraucht, als das Interesse an ihm und auch die Begrüßungen immer spärlicher wurden. Als sie schließlich beinahe gänzlich ausblieben, fühlte er sich fremd und fehl am Platz. Wie entspannter war dagegen die Stimmung in der Kirche Quattro Coronati, in die er nur noch ging, wenn Schwester Majella Lauda dort im Gottesdienst die Flöte spielte. Wie wünschte er sich, von Donna Anna so strahlend angelächelt zu werden wie von ihr. Dennoch beließ es Luigi bei dieser Aufteilung der Besuche, die ihn häufiger in die Kirche Sankt Clemente führte. Schließlich musste er als Mitglied der Baukommission sich in Roms Gesellschaft zeigen. Dies wollte er Schwester Majella bei nächster Gelegenheit erklären.

Für ihn häuften sich nun Einladungen zu Feiern und festlichen Abendessen. Frankas Behauptung, dass dies vor allem auf das Interesse gewisser Damen zurückzuführen war, demonstrierte sie ihm schon beim nächsten Fest, als sie bei Clawdia, der Witwe eines bekannten Künstlers, eingeladen waren. Franka machte Luigi auf zwei

Gruppen aufmerksam. In der einen standen nur Männer, in der anderen nur Frauen beisammen, jeweils in intensive Gespräche vertieft. Tatsächlich schienen die Frauen über ihn zu reden, denn immer wieder schaute wenigstens eine von ihnen zu ihm herüber. Die Männer dagegen waren nur mit sich selbst beschäftigt. Zuerst führte Franka Luigi zu den Männern. Obwohl sie ihn in der Runde vorgestellt hatte, galt das männliche Kopfnicken ausschließlich der schönen Franka. Auch bezog niemand Luigi in die Gespräche ein.

Wie anders, als Franka anschließend Luigi den Frauen vorstellte! Deren Aufmerksamkeit war sofort derart lebhaft, so dass er Mut fasste, sich erst bescheiden, dann immer intensiver am Gespräch zu beteiligen. Besonders die Gastgeberin Clawdia fand besonderes Interesse an seinen Plänen zu seiner Höheren Aufgabe. Luigi gefiel ihr leuchtendes Haar und die Üppigkeit ihrer Schönheit. Nichts schien somit selbstverständlicher, als dass sich ihr gegenseitiges Wohlinteresse auf die folgende Nacht ausdehnte. Seither verbrachte Luigi die Sonntage im Hause der schönen Clawdia.

Zu seinem Erstaunen nahm das Werben anderer Frauen durch seine öffentlich bekannte Affäre mit Clawdia nicht ab, sondern eher noch zu. Er glaubte diese erstaunliche Beobachtung prüfen zu müssen, so dass er in der Folge auch einige Tage und Nächte mit Sonia verbrachte, wenn ihr vielbeschäftigter Gatte zu Geschäften in Deutschland weilte. Über diese Begegnungen gestaltete sich Luigis private Zeit sehr anregend. Wohingegen die Treffen der Baukommission immer seltener wurden und die Ergebnisse weit hinter seinen Vorstellungen zurückblieben.

Auch mit seinem Bruder traf er sich immer seltener. Schließlich lag die Höhere Aufgabe nun beim Papst und der Baukommission und somit weit weg von Gianni. Dies war nach Luigis Vermutung auch der Grund der sich entwickelnden Spannung zwischen ihnen. Angefangen hatte es mit Giannis kritischen Blicken auf Luigis neue Kleider, die er sich seit einiger Zeit aus Florenz kommen ließ. Er konnte es sich leisten, weil man offenbar mit seiner Arbeit zufrieden war und sein Salär reichlich auf ein Konto floss, das er bei einer Bank eingerichtet hatte. Des Bruders Blicke wurden immer kritischer und die Bemerkungen immer spöttischer. Dies ging so weit, dass Luigi sich immer unwohler fühlte und seinen Bruder darauf ansprechen wollte. Er kam jedoch davon ab, weil er den Grund gefunden zu haben glaubte. Sein Bruder war ganz offensichtlich ein wenig neidisch auf seine Stellung in Roms besserer Gesellschaft. Vielleicht war er zusätzlich mit seiner Arbeit im Kloster überfordert. Wie Luigi zugetragen wurde, hatte man ihm Aufgaben im Vatikan und im römischen Klerus übertragen. Darüber, ob die Gerüchte stimmten, dass er regelmäßig mit Papst Julius zusammentraf, hatten die Brüder nie gesprochen. Vielleicht waren Luigis Andeutungen darüber zu undeutlich, vielleicht wich Gianni seinem Bruder bewusst aus. Für Luigi jedenfalls gab es Gründe genug, die Besuche bei seinem Bruder noch mehr einzuschränken. „Die so eingesparte Zeit tut nicht nur meinem Bruder gut, sondern gibt auch mir Gelegenheit, meinen gesellschaftlichen Verpflichtungen nachzukommen", gab Luigi sich selber die Bestätigung.

Da die Sitzungen der Baukommission noch seltener wurden, beschränkte sich Luigis gesellschaftliches Leben nahezu ausschließlich auf die Feiern und Feste in Rom. Inzwischen hatte er begonnen, selber seine Frauenwahl zu treffen. Die erste eigene Wahl entschied sein Ohr. Noch bevor er Ilaria sah, die einzige Tochter eines römischen Stadtadligen, hatte sie ihn mit dem Wohlklang ihrer Stimme umfangen. Wie sehr sie ihn im Stimmenklang an Donna Anna erinnerte, wurde ihm vor allem bewusst, als die samtene Fülle ihrer Stimme schon in der folgenden Nacht ihn sanft umschloss – wie auch die Sinnlichkeit, die daraus sich ergoss.

Nicht dass er fortan seinen anderen Geliebten überdrüssig geworden wäre. Dafür erinnerten Clawdias kupfern schimmerndes Haar und Sonias tiefbraune Augen ihn viel zu sehr an Donna Anna. Dass Luigi nicht nur beim Essen und bei den Weinen der Vielfältigkeit der Auswahl erlegen war, störte im wählerischen Rom offenbar niemanden. Die Diskretion hielt man höher als die Moral, was das Gewissen der Beobachteten ebenso beruhigte wie das der Beobachter.

Nach dem, was Luigi erreicht hatte, konnte er ein zufriedener Mann sein. Doch etwas tief im Inneren störte diese Zufriedenheit. Es schien ihm Undeutliches mit der Stimme seines Bruders zuzuflüstern. Da Gianni niemals an den Festen teilnahm, sahen die Brüder sich überhaupt nicht mehr. Im selben Maße, wie die Worte jener inneren Stimme immer deutlicher wurden, vermisste er Gianni. Es waren die langen Nachmittage, an denen er sich fest vornahm, seinen Bruder aufzusuchen, um sein Urteil in der einen oder anderen Sache zu erfragen. Nachmittags schien die vergangene Nacht fern, die kommende war noch nicht in Sicht. Doch bis er sich mit allen seinen Angelegenheiten geordnet hatte, schien es ihm zeitlich unpassend, ihn zu stören.

So war es letztlich Gianni, der seinen Bruder aufsuchte, weil Luigis Geburtstag bevorstand. Wäre er tatsächlich bereit gewesen, ihn dieses Jahr das erste Mal ohne seinen Bruder zu verbringen, um ihn stattdessen mit seinen neuen Freunden zu feiern? Eine Frage von Gianni zeigte indes, wie undurchführbar dieser Wunsch gewesen wäre. „Wo willst du es feiern, dein Fest? Dein Freund Papst Julius II. wird dir den Vatikan sicher nicht öffnen."

Giannis Worte trafen tief. Gerade die Erwähnung des Papstes sollte er noch lange bereuen. Zumal er von Luigis Enttäuschung wusste, dass der Heilige Vater sich weder um ihn noch um die Höhere Aufgabe zu kümmern schien. Zusätzlich hatte Gianni damit schonungslos deutlich gemacht, dass Luigi niemanden seiner Freunde bitten konnte, bei einem von ihnen dieses Fest auszurichten. Dadurch wären seine eigenen bescheidenen Lebensverhältnisse allzu deutlich geworden. In seiner Unzufriedenheit darüber begann Luigi, Gianni dafür verantwortlich zu machen, den Freunden den Tag verschweigen zu müssen.

„Wir werden wie die Jahre zuvor den Tag in Angemessenheit feiern. Lass dich von mir überraschen." Damit vermochte Gianni seinen Bruder denn doch einigermaßen zu versöhnen. Aber erst viele Jahre später, wenn Luigi seine Geburtstage ohne seinen Bruder verbringen muss, wird er die besondere Bedeutung der Gemeinsamkeit wirklich schätzen lernen.

Der Tag begann für die Brüder schöner denn je zuvor und nichts deutete darauf hin, wie schlimm er enden sollte. Als Gianni Luigi am

Morgen abholte, ließ er ihn über den geplanten Ablauf im Unklaren, um die Momente der Spannung auszudehnen. Den Frühgottesdienst feierten sie auf Luigis Wunsch in der Basilika Quattro Coronati, wo zu seiner ersten Freude Schwester Majella Lauda die Flöte spielte, wie sonst nur an ausgewählten Festtagen. Die nächste Überraschung war eine Mahlzeit im Freien auf dem Monte Aventino, im Park der Basilika Santa Sabina. Vor dem Abend mit einem angekündigten Höhepunkt blieb ihnen der Nachmittag. Der verging in erinnerter Zweisamkeit an Orten ihrer Kindheit mit dem abschließenden Besuch am Grab des Onkels Frederico, in Ersatz für die allzu ferne Ruhestätte ihrer Eltern.

Der Abend, mit Spannung erwartet, brachte denn doch noch eine Feier mit Freunden. Donna Anna hatte ihre Gesellschaft und ihr Haus freudig eingebracht. Auch Franka hatte sofort zugesagt und hierfür die Einladung für ein anderes Fest ausgeschlagen. Die Ehemänner der beiden Damen, die mit Bramante nach Mailand gereist waren, vermisste niemand. In dieser überaus lebendigen Gemeinschaft erlebte man Luigi in natürlicher Stimmung wie lange nicht mehr. Erst mit Fortschritt des Abends verdunkelte sich seine Stimmung. Vielleicht, weil der lebhafte Tag seinen Tribut zollte? Vielleicht, weil Gianni den wachsenden Übermut seiner Scherze nicht zu zügeln vermochte? Zusammen mit Franka hatte er einige Mitglieder der Baukommission äußerst treffend nachgeäfft, was für größere Heiterkeit sorgte. Nur bei Luigi nicht. Und Gianni erkannte nicht, dass er dabei war, die wiedergewonnene Eintracht zu verspielen. Allein Donna Anna gelang es, Luigis aufkommende Verdrossenheit mit einigen wenigen Bemerkungen zu vertreiben. So war die Stimmung nicht schlecht, als die Brüder sich auf den nächtlichen Heimweg machten. Vielleicht hätte Gianni besser auch die letzte kurze Strecke geschwiegen. Die Gabelung, an der sich ihre Wege trennen würden, konnte nicht mehr weit entfernt sein. Ganz sicher wäre die Stimmung weniger angespannt gewesen, hätte Luigi seinem Bruder nur ein wenig Anerkennung ausgesprochen für den von ihm sorgfältig und liebevoll ausgerichteten Festtag.

„Eine kleine Geburtstagsfeier mit wirklich guten Freunden kann ebenso schön sein wie ein großes Fest mit Roms erster Gesellschaft." Mit diesem Satz glaubte Gianni offenbar, sich das erhoffte Lob einfangen zu können wie einen Fisch.

„Ja, es war ein schöner Geburtstag. Aber willst du ihn zu guter Letzt verderben, indem du mir wieder meine Freunde neidest? Menschen, mit hohem Ansehen in Roms Gesellschaft? Menschen, die bekannt sind mit den berühmten Künstlern unserer Zeit, Leonardo da Vinci, Sandro Botticelli?"

Luigi hätte in seine Worte nur einiges mehr an Dankbarkeit legen müssen oder Gianni seine wütende Antwort darauf auch noch ein drittes Mal runterschlucken sollen. Dann hätte man den Streit und das folgende schwere und lange Zerwürfnis vielleicht noch verhindern können.

„Du hast in der Aufzählung der genialen Bekannten deiner Freunde den Künstler Raffael vergessen, dem du zweifelsfrei nacheiferst. Du trägst das Haar wie er, kleidest dich wie er und inzwischen sprichst du wie er. Wofür? Um die erotische Lust der Frauen zu steigern?"

Indem Gianni diese Worte in großer Schärfe gesprochen hatte, erreichten die Brüder die Gabelung ihrer Wege. Gerne hätte Gianni die soeben im Dunkel der Nacht verklungenen Worte zurückgezogen, wäre ihm eine solche Möglichkeit geblieben. So jedoch schlugen, beleidigten und demütigten sich die erregten Brüder weiterhin mit schmerzvollen Worten. In einer Art, die sie nie für möglich gehalten hätten.

„Wieso vergleichst du mich mit diesem geschniegelten Affen Raffael, der jedem Weibe hinterherrennt, nur um an einen Auftrag des reichen Ehemannes zu kommen?"

„Werde einfach Künstler. So wie du Raffaels Fähigkeiten einschätzt, dürfte es dir nicht schwerfallen. Zumindest was den Erfolg bei den Frauen betrifft, bist du ihm ebenbürtig. Zudem gefällt dir seine Kunst gut genug, dass du im Geheimen drei seiner Bilder gekauft hast."

Die harmonische Gemeinsamkeit des vergangenen Tages war jäh zertrümmert. Donna Anna, die Einzige, die hätte beschwichtigen können, schlummerte ahnungslos und fern von ihnen.

„Die Bilder habe ich günstig gekauft und werde sie später mit Gewinn verkaufen. Spätestens, wenn dieser weibstolle Affe tot ist. Aber dies missgönnst du mir ebenso wie meinen Erfolg in Roms Gesellschaft. Soll ich mich wieder in meinem Archiv verkriechen? Du hast mich doch dazu ermuntert, etwas aus meinem Leben zu machen, anstatt mich in der gesichtslosen Menschenmasse zu verstecken. Ist es meine Schuld, dass du immer noch nur der bist, der du immer schon warst?"

Nun fühlte auch Gianni sich angegriffen, und es loderte lichterloh auf, was schon lange zwischen ihnen geschwelt hatte. Lautstark warf er seinem Bruder vor, sich und seine Stellung in Roms Gesellschaft und der Baukommission maßlos zu überschätzen. Mit seiner geckenhaft aufgeputzten Kleidung und seiner selbstzufriedenen Art könne er jedoch nur die Frauen beeindrucken, deren Lebenssinn es zu sein scheint, auf den Festen ihre Kleider zu lüften, um sich des Nachts ihrer vor Luigi lustvoll zu entledigen. Luigi warf daraufhin ebenso lautstark seinem Bruder vor, neidisch auf seine neu gewonnene gesellschaftliche Stellung und seine Lebensfreude zu sein, während er selber hinter seinen düsteren Klostermauern lebe wie sein eigenes Grabmal.

„Entbehrungschristentum überlasse ich gern euch frommen Klosterbrüdern. Ich dagegen spüre endlich die Wertigkeit des Lebens", entgegnete Luigi ärgerlich.

„Kann es sein, dass du Wertigkeit verwechselst mit Lust?"

„Was willst du mich lehren über Lust?"

„Wahrlich nichts! Über Wertigkeit und die Freude am Leben diesseits und jenseits des christlichen Glaubens dagegen sehr viel."

„Und was ist mit der Wertigkeit, die Papst Julius in mir und meiner Höheren Aufgabe sieht? Vor allem mein Einfluss auf ihn war dir von Beginn an ein Dorn im Auge. Deiner Meinung nach hätte dir, dem Manne Gottes, dieser Einfluss zugestanden."

„Gerade was dein und mein Verhältnis zu Papst Julius angeht, hast du unrecht", warf Gianni ein. Dabei bedauerte er, dass im Streit erneut Papst Julius erwähnt wurde. Wie sollte er seinem Bruder jetzt noch die Neuigkeiten mitteilen, die er nicht länger verschweigen durfte? Tiefe Verzweiflung erfasste ihn, denn der Graben zwischen ihnen war so breit wie der Tiber, an dessen Ufer sie standen und einander mit ihren Worten tief verletzten.

„Hast du wirklich schon vergessen, von wem der Satz ‚Erschaffe einen Ort' stammt, den der Papst in Rom in aller Munde gebracht hat? Jedenfalls nicht von meinem gottesklugen Bruder!", schimpfte Luigi, während Gianni weiter darüber nachdachte, wie er von der Aufgabe berichten konnte, mit der Papst Julius ihn betraut hatte.

„Nein, Luigi, ich habe es nicht vergessen."

„Ohne mich wäre er nicht einmal mehr Bischof, sondern tot." Luigi hatte sich derart in Erregung gesprochen, dass er erst einmal eine Atempause benötigte.

„Das ist kein Grund, dich selber für wichtiger zu halten als deine Höhere Aufgabe. Was wären alle unsere Ideen und Taten ohne den Papst? Warum, glaubst du, hat Julius deine Idee zu seinem Credo gemacht? Um dir, Luigi Piemonte, dem großen Stadtarchivar von Rom, ein ewiges Denkmal zu setzen? Niemals! Wach auf aus deinen Träumereien. Sich selber will er ein Denkmal setzen. Beim neuen Petersdom, wenn er denn je gebaut wird, kehrt man wie bei der alten Basilika die Treppe stets von oben nach unten."

Nur mühsam gelang es Gianni, noch einmal seinen Ton zu mäßigen. Und fast schien es, dass er seinen Bruder zum Nachdenken gebracht hatte, als er ihn nochmals davor warnte, sich zu überschätzen und zu weit nach vorn in Roms Gesellschaft vordringen zu wollen. Doch Luigi war einfach zu erschöpft und überfordert von der Heftigkeit ihres Streites. So verloren sich die verzweifelten Warnungen seines Bruders in der Dunkelheit der Nacht, in der jeder in seine Richtung verschwand, ohne dass ein Wort oder eine Geste die Möglichkeit einer Versöhnung angedeutet hätte, obgleich sie beide diese herbeisehnten.

Wie viel Traurigkeit, wie viel verlorene Lebenszeit wäre ihnen erspart geblieben, hätten sie mehr Verständnis gezeigt füreinander. Schließlich hatte jeder in seiner Weise Recht. Luigi, weil er sein gewachsenes Selbstbewusstsein nie wieder in der bisherigen Unscheinbarkeit seines Körpers verbergen wollte und Giannis Ratschläge als Bevormundung und Einmischung in sein neues Leben sah. Gianni, weil seine Lebenserfahrung ihn sehen ließ, dass Luigi vom Erfolg bei den Frauen und oberflächlichen Schmeichlern betäubt war. Ebenso wusste er, dass in Rom jeder nur darauf aus ist, sich in seiner vermeintlichen Bedeutung vor allen anderen darzustellen. Wer dabei nützlich ist, wird für eine gewisse Zeit hofiert und akzeptiert. Doch niemand, der sich in Rom für wichtig hält, lässt seine vermeintlichen Machtbefugnisse Infrage stellen.

Nicht einmal vom Papst! Auch wenn Gianni mit seiner Einschätzung über Julius' eigenes Geltungsbedürfnis genau richtig lag, konnte selbst er nicht annähernd ahnen, welche Bürde dieses Amt darstellte. Niemand wohl, der es nicht selber je bekleidete, wird dies können. Auch Julius konnte nicht wissen, wie viel Mühe ihm noch bevorstand. Mühe beim Kampf um ein starkes und unabhängiges Papsttum, das nach der Herrschaft des Borgia-Clans bis in seine Grundfesten erschüttert war. Dieser Kampf um Erneuerungen und Reformen fand beinahe täglich statt. Hinter den scheinbar sicheren Mauern des Vatikans konnte er die Machtverhältnisse schon bald mit viel Mühe und großer Autorität nach seinen Vorstellungen regeln. Außerhalb Roms jedoch würden die Auseinandersetzungen um Macht und Herrschaft sein gesamtes Pontifikat über andauern.

Nach der endgültigen Entmachtung von Cesare Borgia gewann der Papst Perugia und Bologna für den Kirchenstaat zurück. Auch Venedig musste die besetzten Städte der Romagna zurückgeben, als er sich 1511 mit Venedig und Spanien zur Heiligen Liga verband. Vieles davon erreichte er nur durch Kriege und große Härte gegen seine Widersacher. Mit Hilfe der schweizerischen Eidgenossen sollte es ihm sogar gelingen, die Franzosen vorübergehend aus Italien zu vertreiben. Julius II. legte Wert darauf, bei allen Auseinandersetzungen trotz seines Alters von mehr als sechzig Jahren als vorderster

Kämpfer ins Schlachtfeld zu ziehen. Wenngleich nicht wenige kritische Stimmen den Wahrheitsgehalt dieser Heldenhaftigkeiten in allerhöchste Zweifel stellten, wurde sein Kampfeswille immer mehr zum bestimmenden Merkmal seines Pontifikats.

Anders als sein lebenskluger Bruder bekam Luigi von diesen politischen Auseinandersetzungen so gut wie nichts mit. Er blickte auf die Welt wie durch einen engen Tunnel, an dessen Ende seine Kirche, der neue Petersdom, stand. Die Gestalt dieser Kirche hatte sich indes in seinen Vorstellungen ebenso wenig eingestellt wie eine Ahnung über die Länge des Weges bis zu seiner Vollendung. Erst viele Jahre später erkennt Luigi, dass der Bau des neuen Petersdoms für Papst Julius während seines Pontifikats letztendlich mehr zum Problem als zur Ehre wurde. Erst lange nach seinem Tod wird der Petersdom als zeichensetzendes Gebäude alles überdauern, was Julius erreicht haben wird. Dieses schien Luigi in seinem konzentrierten Blick auf diesen Dom in gewisser Weise vorwegzunehmen. Doch diese Weitsicht war zu jener Zeit so unbegreiflich, dass Gianni sie nur als Selbstüberschätzung deuten konnte. Dies alles greift der Zeit jedoch zu weit voraus in dieser Nacht des heftigen Zerwürfnisses zwischen den Brüdern, die entfernter voneinander waren wie je zuvor.

DOMENICO UND DER CONTE

Domenico stand beinahe auf die Minute zur verabredeten Zeit vor der Haustür, hinter der ihn erstmals nicht Carlotta erwartete. Am Vormittag hatte er mit dem Conte in einem kurzen Telefonat die jeweiligen Neuigkeiten über die Reisenden ausgetauscht. Dass Domenico viel mehr wusste als er selbst, bestärkte den Conte in seiner Einschätzung, dass sich zwischen den jungen Leuten etwas Ernstes anzubahnen schien.

Er unterstrich dies, als er nach der Vorspeise eine Flasche Barolo aus dem Jahr 1984 servierte. Domenico hatte Carlottas Vater bisher neben seiner gepflegten Sprache auch wegen seiner intensiven Gesten wahrgenommen. Je länger sie beisammensaßen, bemerkte er, wie viel von ihm sich über das Spiel seiner Hände ausdrückte. Als er die Gläser füllte, stellte Domenico sich vor, wie er seinerzeit seine einzige Tochter im Babyalter ähnlich zärtlich gehalten hatte wie jetzt diese zweifellos sehr wertvolle Flasche Barolo.

„Guter Jahrgang. Carlottas und mein Geburtsjahr."

Das zufriedene Gesicht des Contes zeigte, dass er diese offensichtliche Prüfung bestanden hatte. Zu deutlich war das Etikett der Flasche ihm zugedreht. Beseelt von Wein und Stimmung brachte Domenico das Gespräch auf die Wahl von Papst Julius II. „Der von Bischof Rovere gewählte Papstname Julius sollte vermutlich an Julius Cäsar erinnern", begann er mit dessen Namenswahl.

„Zumindest als deutliches Zeichen, dass man einen vitalen Tat- und Machtmenschen gewählt hatte. Weniger im üblichen Sinne fromm, aber doch, in Anspielung auf den Borgia-Papst, im Amt moralisch anständig", stimmte der Conte ihm zu.

Domenicos Vermutung, dass eventuell Pläne zum Bau des Petersdoms eine Rolle bei der Papstwahl gespielt haben konnten, wollte der Conte nicht ausschließen. „Mit einem eigenen Thema allein konnte er das Konklave nicht entscheiden. Doch ebenso wusste er, ohne ein Thema war eine Wahl sehr schnell verloren. Beim Konklave zuvor gegen den Borgiapapst Alexander hatte er es bitter erleben müssen, dass eine Papstwahl nicht so stattfindet, wie man sich die

Wahl eines Bürgermeisters oder eines anderen Politikers vorstellt. In der Politik geht meist eine große Debatte voraus. Doch so geschieht das nicht im Konklave. Jeder überlegt und jeder betet auch darüber. Und so ist das am Ende die Führung des Geistes Gottes, die sich vollzieht im einzelnen Gewissen jedes Wählenden."

Nachdem der Conte die Gläser erneut mit der über die Jahre gereiften Frucht von 1984 gefüllt hatte, erzählte er, was zum Verlauf des Konklaves vom 31.10.1503 überliefert war. „Nachdem das Heilige Kollegium identisch mit dem der vorangegangenen Wahl war, mussten ähnliche Machtblöcke erwartet werden wie bei der Wahl von Pius III. Wie zuvor war es wieder Kardinal d´Amboise, der einen Kandidaten vorschlug, der diesmal jedoch schon im ersten Wahlgang 37 der 38 Stimmen erhielt. Giuliano Kardinal della Rovere, der 60-jährige Neffe von Papst Sixtus IV."

Hier unterbrach Domenico die Ausführungen des Contes: „Also muss man bei dieser Papstwahl eindeutig von Simonie, Vetternwirtschaft, ausgehen. Schließlich war es Sixtus IV. der seinen Neffen am 16.12.1471 zum Kardinal ernannt hatte."

„Simonie nennt man den Kauf oder Verkauf eines kirchlichen Amtes, von Pfründen, Sakramenten, Reliquien oder Ähnlichem. Auch bei Julius kann man davon ausgehen. Wie sein Onkel war auch er in kümmerlichen Verhältnissen aufgewachsen. Nach seiner Ernennung zum Kardinal von St. Pietro in Vincoli und übergab ihm sein Förderer nach und nach die Bistümer Carpentras, Avignon, Verdun, Lausanne, Viviers, Albano, der Sabina und Ostia, wodurch er einer der reichsten Kardinäle wurde. Dies bereitete ihm ganz sicher viele Wege, aber etwas aus diesen Möglichkeiten zu machen, lag ausschließlich an ihm. Sein wechselvolles Leben war ihm dabei eine gute Schule und machte aus ihm einen Machtmenschen vom Gepräge des XV. Jahrhunderts. Er war ehrgeizig und sein starkes Selbstbewusstsein war gewürzt mit jähzorniger Wut. Theologische Antriebe hatte er nicht mehr als die Borgia- oder Medici-Päpste. Daher passten seine Fähigkeiten besser zu einem großen Staatsmann als zu einem Priester. Gerade deshalb war Julius' Wahl zur damaligen Zeit das Beste, was der Katholischen Kirche widerfahren konnte. Kaum, dass er mit seinen 60 Jahren auf dem päpstlichen Thron saß, verbot er übrigens unter schweren Kirchenstrafen für die Zukunft den Erwerb des Papstthrones durch Simonie. Durchaus erfolgreich, wie man heute weiß."

Der Conte und Domenico hätten noch die ganze Nacht miteinander reden können. Doch als die alte Standuhr mit ihren dunklen zwölf Schlägen die Tage teilte, beendeten sie ihren anregenden Abend mit dem festen Vorsatz, sich bald wieder zu treffen.

Obwohl es schon wieder nach Mitternacht war, unterbrach Domenico seinen Weg in seine Unterkunft in dem Park, in dem er vor wenigen Tagen mit Carlotta zur fast gleichen Stunde gesessen hatte. Auf seinem endgültigen Heimweg ging ihm noch einmal das Gespräch mit Carlottas Vater durch den Kopf und auch die Namenswahl des Bischofs. War es Luigis Idee, den Namen Julius II. zu wählen? Je länger er darüber nachdachte, glaubte er eher an eine jener intellektuellen Spitzfindigkeiten von Gianni, in die er sich immer besser hineinversetzen konnte. Am nächsten Tag recherchierte er bei Wikipedia, welche Auswirkungen diese Papstwahl für die damalige Zeit hatte. Er fand heraus, dass Julius wie andere weltliche Herrscher der Renaissancezeit die persönlichen und staatsmännischen Interessen mit einem groß angelegten Mäzenatentum verband. Ganz nach Luigis Plan, den er mit Gianni entwickelt hatte. Auch sonst hatte Julius II. viele Maßstäbe gesetzt. Neben seiner eigentlichen Rolle als geistliches Oberhaupt der Christlichen Kirche wurden vor allem seine Verdienste als italienischer Territorialfürst anerkannt.

DAS LEBEN – EIN BUNTER KREISEL?

Nach dem heftigen Streit mit seinem Bruder plagten Luigi ständige Kopfschmerzen, so dass er in der Apotheke nach einem Mittel dagegen fragte. Mehr als je zuvor fühlte er sich an diesem Morgen von Vanessas Schönheit und Unschuld angezogen. Doch er war zwischen seinem Verlangen zu Vanessa und seiner Sorge, ob er je wieder genügend Liebe in sich spüren würde, hin- und hergerissen. In diesem Zwiespalt wollte er hastig das Tütchen nehmen, das sie ihm reichte. Doch schnell umfasste sie seine Hand, Tränen rollten über ihre blassen Wangen.

„Luigi. Ich werde sterben." Er spürte, wie die Sanftheit ihres Händedrucks sich wandelte in feste Verzweiflung. Noch bevor er antworten konnte, bedeutete sie ihm mit einem traurigen Blick zu schweigen. „Wenn du mir beistehen willst, komm heute Abend zu mir. Ich rechne fest mit dir."

Luigi fand an diesem Tag keine Ruhe. Sowohl zur Sitzung der Kommission, auf die sein Ehrgeiz so sehnsüchtig gewartet hatte, als auch zu Sonias Fest, zu dem er am Abend eingeladen war, ließ er sich entschuldigen. Den Nachmittag lief er ruhelos durch die Straßen. In den Basiliken Sankt Clemente und Quattro Coronati zündete er unzählige Kerzen an. So verging ihm die Zeit unendlich langsam, bis er zum Abend vor der Apotheke stand. Vanessa öffnete ihm, noch bevor er geklopft hatte. Entgegen ihrer Tränen am Vormittag erzählte sie sehr gefasst, dass sie an der unheilbaren Krankheit wie ihre Mutter leide und sehr bald sterben müsse.

„Nein, Luigi, niemals würde ich dich mitreißen in diesen Abgrund." Sie hatte gespürt, dass seine Hand kurz gezuckt, sich dann aber doch nicht von ihrem sanften Händedruck gelöst hatte. „Du hast diese Krankheit nicht zu fürchten. Doch für mich ist sie unaufhaltsam und mir bleibt wenig Zeit zu leben."

Erst jetzt brach aus ihr die Flut der Tränen, die sie bislang zurückhalten konnte. Luigi nahm sanft ihren Kopf und drückte ihr tränenfeuchtes Gesicht an seine Wange. „Sag, wie kann ich dir helfen? Du batest mich um Hilfe."

„Deine Liebe, Luigi. Ich spürte sie in dir, schon als du das erste Mal zu mir kamst. Auch wenn ich immer wusste, dass diese einer anderen Frau galt, war dies die Art und Fülle, wie ich sie für dich fühle. Jetzt, wo ich weiß, dass mir diese Liebe in meinem Leben nicht mehr beschieden sein wird, erfülle mir einen letzten Wunsch. Schenke mir ein Stück davon. Nur für eine Nacht."

Und Luigi führte sie sanft in ihre Kammer, um dort, in sachtem Verlangen, zart zu entführen ihre Unschuld. Und mehrmals noch durfte die selige Vanessa in dieser Nacht naschen von der süßen Frucht der Liebe.

Bald schon verschlechterte sich Vanessas Zustand. Nachdem sie am Morgen sowie nochmals am Nachmittag den sich sorgenden Luigi beschwichtigend fortgeschickt hatte, befiel sie am Abend ein heftiger Fieberanfall. Am frühen Morgen des nächsten Tages, als Luigi, von Unruhe geplagt, sie erneut aufsuchte, kam sie noch einmal zu Bewusstsein, als er ihre vom Fieber heiße Hand an seine Lippen führte. „Luigi." Ein freudiges Strahlen ging über ihr Gesicht, als sie ihn sah.

Hilflos suchte Luigi nach Worten, die Sterbende zu trösten. Sie hatte ihre Augen wieder geschlossen, und er spürte, wie langsam die Lebenswärme aus ihrer Hand entwich. Noch einmal öffnete sie ihre Augen, als im selben Moment auch Luigi seinen Bruder Gianni neben sich spürte, nach dem man geschickt hatte. Und so standen sie der Sterbenden bei, jeder eine Hand fest umschlossen haltend. Vanessas Augen leuchteten, als sie die letzten Blicke ihres jungen Lebens zwischen den beiden Brüdern gerecht verteilte. Die Augen wieder geschlossen, sprach sie ihre letzten Worte: „Luigi, die tief gespürte Nähe dieser Nacht mit dir nehme ich auf ewig mit in eine neue Welt, die bald schon wird sich mir erschließen."

Luigi erkannte sofort die von Gianni gesprochenen Bibelworte über die Liebe des Freundes und der Freundin aus dem Hohelied Salomos, denen Vanessa mit einem entspannten Ausdruck ihres totenblassen Gesichts zuhörte. Den Worten, die sie aus dem Leben trugen:

Er küsse mich mit dem Kusse seines Mundes; denn deine Liebe ist lieblicher als Wein. Es riechen deine Salben köstlich; dein Name ist

eine ausgeschüttete Salbe, darum lieben dich die Jungfrauen. Zieh mich dir nach, so laufen wir. Der König führte mich in seine Kammern. Wir freuen uns und sind fröhlich über dir; wir gedenken an deine Liebe mehr denn an den Wein. Die Frommen lieben dich.
Ein letzter Händedruck und ihr Sterben war vollbracht. Man schrieb den 6. Mai 1505.

Auf der Beerdigung, zu der nach Vanessas letztem Wunsch Gianni die Grabrede hielt, sahen die Brüder sich wieder. Doch zu mehr als zu einer wortlosen Umarmung sah Luigi sich nicht in der Lage. Hilflos wich er Giannis Versuch zu einem Gespräch aus, indem er die Beerdigung vor allen anderen verließ, obwohl er sich nichts mehr gewünscht hätte, als Worte der Versöhnung mit ihm auszutauschen. Ein kalter ebenso unsichtbarer wie undurchdringlicher Schleier hielt ihn davon ab.

Indes, das Leben ging seinen Gang. Die wenigen Gespräche der Baukommission blieben weiterhin ohne wirkliche Fortschritte, die Feste sowie die darauf folgenden Liebesnächte liefen ab wie gewöhnlich und man erging sich in einem nur von sich selbst profitierenden Frohsinn. Gab es die von Julia versprochene Einheit vom Himmel, der Liebe und dem Fortbestand der Menschen wirklich? Warum musste dann Vanessa nach ihrer gemeinsamen Liebesnacht sterben? Unter diesen Gedanken und der immer schwerer werdenden Decke der Gewohnheiten breitete sich in Luigi eine zunehmende Unzufriedenheit und Leere aus. Sein Leben drehte sich im Kreis, wie diese Kreisel, mit denen die Kinder seit neuestem in Rom spielten. Je schneller die Kinder das Spielzeug drehen, desto rascher verschwimmen die darauf gemalten bunten Figuren in einem plötzlichen Augenblick der Farbvermischung zu einem wechselnden Farbenspiel. Wobei sich von genau diesem Augenblick der Farbvermischung eine eigene, stark verzögerte Geschwindigkeit entgegengesetzt zur Drehung einstellt.

Einen solchen Kreisel hatte sich eines Abends Andreu-Angelo, ein Künstler der Aktionen, wie er sich nennt, zum Vorbild genommen. Auf Geheiß von Kathia Bolidori, der unlängst zur Witwe gewordenen Gräfin. Man raunte in Rom, dass sie ein wenig nachgeholfen hatte, damit ihr Gatte in den Krieg ziehen musste. So hielt sich ihre Trauer in Grenzen, als er im Feld fiel und in allen Ehren beigesetzt wurde. Dem Wunsch der schönen Gräfin, sich anlässlich ihres nicht genauer gezählten Geburtstages etwas Besonderes auszudenken, war Andreu-Angelo einfallsreich nachgekommen. In der Gestalt, dass er einen solchen Kinderkreisel in Übermenschengröße nachgebaut hatte. Umstellt von Spiegeln stand dieser Kreisel in der Mitte des großen Ballsaales. Beleuchtet mit hunderten von Kerzen und Öllampen, von den Gästen bewundert. Luigi war der Erste, der erkannte, was für eine Bewandtnis es mit den bunten aufgemalten Figuren auf sich hatte. Jeder zur Feier Geladene fand sich auf diesem Kreisel wieder. Und Luigi sah sich nicht einmal schlecht getroffen. Auf der Spitze schwebte die Figur der Gräfin in ihrer üppigen Schönheit. Überstrahlt nur von ihrer persönlichen Anwesenheit.

Sie erklärte das Spiel für eröffnet und erläuterte der fiebernden Gesellschaft die Regeln. Als Erstes hatte sich jeder vor seiner Figur aufzustellen, was nur unter heftigem, gegenseitigem Necken vonstattenging. Nun begannen kräftige Diener, mit nackten, schon bald von Schweiß glänzenden Oberkörpern den schweren Kreisel zu drehen. Angetrieben durch Musik, deren Rhythmus sich mit dem zunehmenden Tempo der Drehbewegung ebenfalls steigerte. Jetzt umtanzten die sich an den Händen haltenden Feiernden den sich immer schneller drehenden Kreisel - entgegen seiner Drehrichtung. Bevor die Musik und die Stimmen noch lauter wurden, gab die Gräfin die wichtigste Regel bekannt: Wer als Letzter der Tänzer vermochte aufrecht stehen zu bleiben, der sei der Gewinner dieses Abends.

Den ausgelobten Preis hörte Luigi nicht mehr. Denn der Takt der Musik, die Wärme der Kerzen, die Farben, tausendfach reflektiert von den Spiegeln, vermischt mit den immer lauter werdenden Stimmen der ausgelassenen Tänzer und dem mitreißenden Rhythmus, verwirrten ihm langsam die Sinne. Alles verschwamm zu einem unbeschreiblichen Ganzen. Von einem Augenblick auf den anderen, ganz so wie bei den Kinderkreiseln im Augenblick der Farbvermischung. Alle Farben vereinigten sich in einer schwebenden Wolke, getragen vom Klangteppich des wild ausufernden Tanzes. Obwohl das Drehen mit den anderen Tänzern immer schneller geworden war, verzögerten sich in Luigis Wahrnehmung genau mit dem Augenblick der Farbvermischung die Bewegungen um ihn herum. So, als verzögerte man die Welt um ihn. Luigi war, als schwebte er in einem Meer von flüssig warmem Honig, als um ihn herum ein Tänzer nach dem anderen im Honig versank.

Als er wieder zu sich kam, lag er fast gänzlich entkleidet auf einem Bett in einem Raum, in dem er zuvor nie gewesen war. Er brauchte eine Weile, um sich zu erinnern, was sich am Abend ereignet hatte. Es war die Gräfin, die sich, spärlich verhüllt und wild duftend, neben ihm niedergelassen hatte. Als die letzte Kerze gelöscht war, spürte er ihren warmen Atem, als sie ihm sanft ins Ohr flüsterte: „Luigi, so habe ich dich nie erlebt. Du warst von allen der wildeste und ausdauerndste Tänzer. So hast du ihn dir verdient, den Preis dieser Nacht." Und einmal mehr verlor Luigi, zusammen mit seinem letzten Kleidungsstück, jegliches Gefühl von Zeit in der Fülle dieser Nacht.

Dieser ließen Luigi und die Gräfin noch viele weitere Nächte folgen, und Luigi verbrachte nun nicht mehr nur die Sonntage bei der schönen Kathia. Der ständige Luxus lenkte ihn ab von seinen schweren Gedanken. Wohlriechende heiße Bäder nach einer aufregenden Nacht, danach ausgiebiges Schlemmen. Die Nachmittage nach einem Schlaf auf der Terrasse verbrachte Luigi häufig in der umfangreichen Bibliothek. Da ihm auch die elegante Kleidung des verstorbenen Gatten wie angemessen passte und, wie die Gräfin fand, gut kleidete, fühlte Luigi sich bald selber wie ein Graf. Auf den Gesellschaften ging er Sonia und Clawdia sorgsam aus dem Weg. Sein Ansehen bei den übrigen Gästen schien indes stark gestiegen. Nicht zuletzt, weil viele Künstler und Geschäftsleute, die ihn in der Baukommission bisher kaum beachtet hatten, der Gräfin auch tagsüber ihre Aufwartung machten.

Luigi versuchte diese Besuche zu nutzen, um seine Ideen für den Bau des Petersdoms vorzutragen. Doch die Gräfin beendete diese Gespräche meist sehr schnell. In den wenigen Fällen der guten Laune mit den Worten: „Ach Luigi, immer denkt ihr Männer an eure Geschäfte."

Als ihre Worte immer schroffer wurden, kränkten sie Luigi zunehmend. Erschwerend kam hinzu, dass er bei den wenigen Sitzungen der Baukommission noch immer kein Gehör fand. Auch nicht bei denen, die so häufig im Salon der Gräfin die Zeit mit ihr und ihm teilten. Manchmal glaubte Luigi außerhalb von Kathias Palazzo ein anderer Mensch zu sein. Denn jene, die ihm und der Gräfin zuvor noch ihre Aufmerksamkeit geschenkt hatten, schienen ihn bei der nächsten Sitzung nicht mehr zu kennen. Beschlüsse oder Pläne wurden dort längst nicht mehr gefasst. Als dann auch noch auf die Vorträge verzichtet wurde, die man gelegentlich zu besonderen Themen hielt, flossen die Treffen spärlicher dahin als der Tiber in diesen heißen, trockenen Sommermonaten.

Zur ersten Sitzung nach einer längeren Sommerpause hatte sich der päpstliche Primicerius Giovanni Almondo angekündigt. Da er zu Beginn nicht anwesend war, wurden die Gespräche nur in kleinen Gruppen geführt. Dabei plauderte man fast ausschließlich darüber, wo und mit wem man die Sommermonate verbracht hatte. Luigi war nicht an diesen Gesprächen beteiligt. Ein Grund war, dass niemand wissen wollte, wo er seinen Sommer verbracht hatte. Ein zweiter war Luigis Aufregung. Er hatte sich vorgenommen, vor der Kommission und dem Primicerius einen nicht angekündigten Vortrag zu halten, mit dem Thema „Wie beeinflusst der Glaube an Gott die Architektur Roms?" Wie viele Tage und Abende Luigi hierfür in der gräflichen Bibliothek verbracht hatte, wusste er nicht, denn die Zeit dafür war für ihn kein Opfer. Für die Gräfin hingegen schon. Empört über diese Vernachlässigung war sie nach Mailand gereist, ohne Luigi davon zu unterrichten. Die abgereiste Kathia vermisste er nicht. Dafür umso mehr die plötzlich ausbleibenden Besuche der Künstler und Geschäftsleute. Gerade vor der Sitzung hätte er gerne mit ihnen über diesen Vortrag gesprochen.

In dieser Aufregung wartete er nun also darauf, dass die Sitzung endlich beginnen möge. Doch kaum, dass sie begann, war sie schon wieder beendet. Plötzlich und kaum mehr erwartet stand Giovanni Almondo im Raum und nahm sich nicht einmal die Zeit, Platz zu nehmen. In dürren Worten verkündete er, der Papst habe beschlossen, die Sitzungen bis auf weiteres einzustellen. Der Heilige Vater werde zu gegebener Zeit eine gänzlich neue Kommission ins Leben rufen. Ihr besonderes Augenmerk solle auf die christliche Ethik gerichtet sein, unter dem Siegel der Vernunft.

Damit hatten offensichtlich auch die nicht gerechnet, die sich immer ihres besonderen Einflusses auf Papst Julius gerühmt hatten. Denn im Raum war es so ruhig wie auf einem römischen Friedhof zur tiefnächtlichen Stunde. Daher verhallte Giovanni Almondos Schlusssatz wirkungsvoll: „Die Gelder fließen vorerst weiter. Dafür erwartet der Heilige Vater, dass alle Anwesenden sich für die Berufung in die Ethikkommission bereit halten. Abreisen aus Rom sind bei mir anzumelden."

Erst nachdem der Primicerius den Raum schon eine Weile verlassen hatte, kam langsam wieder Bewegung in das zähe Schweigen der soeben aufgelösten Kommission. So wie nach einem längeren Gang durch winterliche Kälte vor einem Feuer erst nach und nach die Wärme die steifen Knochen wieder beweglich macht. In den leisen und nur einzelnen geführten Gesprächen behaupteten einige wichtigtuerisch, dies längst gewusst zu haben. Der Papst persönlich hätte sie jedoch zu striktem Stillschweigen verpflichtet. Andere dagegen suchten die Schuld bei ihren Lieblingsgegnern. Martino Martoni, der Sprecher der Bildhauer, machte die ständigen Querelen und Halsstarrigkeit der Maler für diesen übereilten Entschluss des Papstes verantwortlich. Raffael verließ als Erster laut schwadronierend den Raum. Er war sich völlig sicher, dass der Papst ihn recht bald schon zur privaten Audienz laden würde, um fortan ausschließlich auf seine genialen Einfälle und Pläne zurückzugreifen. Die Auflösung der Kommission sollte hierfür lediglich die Legitimation schaffen. Die ergebene Antwort des ständig um ihn herum hündelnden Sekretärs hörte Luigi nicht mehr. Raffael war als Einzigem erlaubt, sich von einem Sekretär begleiten zu lassen.

Nach und nach hatten auch die übrigen Teilnehmer den Raum verlassen. Nur Luigi saß immer noch fassungslos vor seinem nun vergebens ausgearbeiteten Vortrag. Da setzte sich der Bankier Luca Cordelo zu ihm und klopfte ihm ermunternd auf die schmalen Schultern. Cordelo, Spross einer alten Adelsfamilie aus dem Piemont, war für Luigi so etwas wie ein väterlicher Freund geworden. Von Franka Franguinetti empfohlen, hatte er durch seine klugen Ratschläge in Geldanlagen Luigi zu einem bescheidenen Wohlstand verholfen.

Luigi hatte auch seinen Rat eingeholt, als er Teile seiner Gelder dazu verwendet hatte, Gemälde junger verheißungsvoller Künstler zu kaufen oder in Auftrag zu geben. Vor allem Luigis erstes Bild in seiner über die Jahre immer größer werdenden Sammlung sollte schnell einen beträchtlichen Wert erreichen. Franguinettis damaliger Gehilfe Domenico hatte Luigi und Julia als Romeo und Julia gemalt. Domenico wird sich über die Jahre fern von Rom zu einem begehrten und hoch bezahlten Künstler entwickeln. Während seiner Zeit in Rom hatte Luigi zu ihm eine enge Freundschaft gefasst. Er hatte Hochachtung vor Domenico, weil dieser niemals den Verlockungen Roms erlegen war. Außerdem entdeckte er mit Luigi zahlreiche Werke der Antike. Seine Zeit in Rom sah er an als eine Art persönlicher Lebensreife. Dort wird er später die revolutionären Werke wie Raffaels Stanzen und die Deckenfresken Michelangelos in der Sixtinischen Kapelle förmlich in sich aufsaugen. So schafft Domenico später mühelos die Rückkehr in seine Heimatstadt. Dort, in Siena, wird er seinen Erfolg mühelos fortsetzen. Bekannt und wohlhabend wird er durch seine Arbeiten an den Fresken für die Cappella del Manto im städtischen Hospital Santa Maria della Scala und an der Fassade des Palazzo Borghesi. Ab 1519 erstellt er im Palazzo Venturi einen allegorischen Freskenzyklus zum Thema familiärer Tugend. Als Domenico di Giacomo di Pace Beccafumi, genannt il Mecherino, malt er 1529 die Decke in der Sala del Concistoro im Palazzo Pubblicco.

„Rom ist kein Boden für kollektive Arbeit. Schon von Beginn an, bei den ersten Herrschern Roms war dies so." Diese Worte, vom Bankier Luca Cordelo an den immer noch schweigend vor sich hinstarrenden Luigi gerichtet, standen für Domenico di Giacomo di Pace nie außer Zweifel. Und für Luigi wurden sie nach dem überraschenden Ende der Sitzung nur langsam zum Trost. In einer für ihn so typischen einfachen und klaren Analyse führte Cordelo seinen Gedankengang weiter aus, um Luigi die Beweggründe des Papstes deutlich zu machen: „Nicht umsonst hat es die Päpste damals nach der Kirchenspaltung aus Frankreich wieder hier nach Rom getrieben. Und deshalb wird keiner mehr sich von hier vertreiben lassen. Hier in Rom ist der Ort für ihn als umfassender Herrscher. Selbst wenn die Fäden der Welt sich um Rom und um den Papst immer enger schnüren, wird er bleiben hinter seinen Mauern aus Stein und Glauben. Beide gleichsam fest miteinander verankert. Und dennoch muss jeder Papst erneut um diese Stellung in Rom kämpfen. Kämpfen gegen Kräfte innerhalb der Mauern des Vatikans, aber auch außerhalb. Genau in diesem Kampf befindet sich zurzeit Papst Julius II."

„Erschaffe einen Ort." Immer noch im Zustand des Schreckens murmelte Luigi diesen Satz so leise, dass Cordelo ihn nicht verstehen konnte. So hatte er sich die Bedeutung seines Satz nicht vorgestellt. Cordelo hob die Papiere mit dem Vortrag vom Boden auf, die aus Luigis erschlaffter Hand gefallen waren. Bedächtig begann Cordelo darin zu lesen, wobei er mehrmals anerkennend nickte.

„Gut analysiert, verständlich geschrieben. Ich schätze Eure guten Ideen. Lasst Euch durch die heutige Entscheidung davon nicht abbringen. Ich würde Euer Manuskript gerne in aller Ruhe lesen, wenn Ihr erlaubt." Cordelo hatte das Dokument bereits an sich genommen, bevor Luigi mit seinem wortlosen Nicken sein Einverständnis erklärt hatte. Dann fuhr er fort in seinen Bemühungen, Luigi wieder Mut zu machen. „Die Arbeit am Dom wird weitergehen. Die neu zu gründende Kommission der Ethik wird die Arbeiten lediglich verzögern. In Rom läuft die Zeit nicht wie andernorts. Auffälligkeit bedeutet nicht immer Erfolg, und großen Worten folgen nicht automatisch große Taten. Oft ist es besser, etwas zu wagen und viel weniger darüber zu sagen."

So, als hätte man diesen Satz für ihn gesprochen, kam Cordelos Cousin dazu, der sich stets wichtig nehmende Bischof Andrea Cordelo und begann auf Luca einzureden: „Endlich hat der Heilige Vater erkannt, dass dieser Neubau undurchführbar, unnötig, ja unsittlich ist. Niemand darf einen Dom von diesen Ausmaßen bauen. Nicht einmal der Heilige Vater." Luca Cordelo warf Luigi einen vieldeutigen Blick zu und schob seinen wild gestikulierenden Cousin vor sich her aus dem Raum.

Luigis Gedanken und seine Schritte, die ihn rastlos durch Rom trieben, waren äußerst wirr und wechselten ständig die Richtung. Irritierten ihn eben noch die abfälligen Äußerungen von Bischof Andrea Cordelo, dass niemand diesen Neubau brauche und wolle, bestärkten ihn in der nächsten Straße wieder die aufmunternden Worte von Luca Cordelo, an seinem Gelübde festzuhalten. Doch lag der Fortgang noch in Luigis Einfluss, wenn nicht einmal der Papst diese Kirche zu bauen vermochte? Der Papst als der irdische Vertreter von Petrus und Giannis Gott, denen er sein Gelübde geleistet hatte.

Nach diesen Irrwegen fand er sich plötzlich am Monte Aventino wieder, im Park der Basilika Santa Sabina. Luigi fühlte, er musste sich entscheiden. Sollte er weitergehen auf dem zweifelbehafteten Weg zu seiner Höheren Aufgabe? Sollte er seine Liebesaffären fortführen, obgleich sie ohne wirkliches Liebesgefühl waren, wie er es bei Donna Anna, Julia und Vanessa noch deutlich verspürt hatte? Als ihn sein jetzt wieder gerader Weg an Vanessas Grab geführt hatte, war zumindest ein Entschluss gefasst: weder zu Kathia noch zu Clawdia würde er zurückgehen. Nach einem schüchternen Gebet, einigen stillen Tränen und einem unbeholfenen Bekreuzigen verließ er den Ort, der ihn zu stark an seinen Bruder erinnerte. So stand er bald schon am Eingang zu dessen Kloster. Viele Worte des Bedauerns und der Entschuldigung warteten darauf, ausgesprochen zu werden, eng verbunden mit der Bitte um Rat und Beistand. Wegen der fortgeschrittenen Abendstunde war das Tor bereits verschlossen. Dennoch ließ man ihn auf sein heftiges Klopfen ein. Anstatt zu Gianni führte man ihn zum Abt, der eine für ihn niederschmetternden Nachricht hatte.

DAS GESICHT EINER STADT

Domenico lief am Morgen ziellos durch Rom. Hatte diese Stadt ohne Carlotta ein anderes Gesicht bekommen? Oder verglich er, was er jetzt sah, mit dem Bild der Stadt aus dem Buch Geschichte der Stadt Rom im Mittelalter von Ferdinand Gregorovius, in dem er morgens gelesen hatte? Die Schilderungen über das Stadtbild Roms stammten ungefähr aus dem Jahr 1500, aus der Zeit also, in der Luigi Piemonte begonnen hatte, seine Lebensgeschichte aufzuschreiben.

Wenn der Pilger in das bewohnte Rom hinabsah, erblickte er die dichten Viertel im Marsfelde, schwarze Häusermassen und labyrinthische Gassen, gegen die untere Via Lata immer lockerer werdend. Als hervortretende Gestalten zeigten sich ihm die vielen Türme Trasteveres und hoch droben die Gärten des Janiculus mit S. Onofrio; im Borgo der alte St. Peter mit dem Obelisk zur Seite, die schon großartige Masse des Vatikan, das Belvedere, die Rundtürme der Leonischen Mauer, in der Tiefe das langgestreckte Hospital Santo Spirito und die finstere Engelsburg. In der eigentlichen Stadt stellten sich ihm als bedeutende Erscheinungen dar der orsinische Palast auf Monte Giordano, das Pantheon mit seiner flachen Kuppel, die Minerva, der Platz Navona, die Säule Marc Aurels ohne Statue auf ihrer Spitze und einzelne meist betürmte Paläste, die Cancellaria, die Universität, die Paläste Borgia, Massimi, Nardini, Valle, Caffarelli, Cesarini und der größte Roms, der von San Marco.

Er sah den Corso als eine lange lückenhafte Straße mit einigen Kirchen, Gebäuden und zertrümmerten Triumphbogen und mit vielen Gärten gegen den Platz del Popolo sich fortziehen und das bewohnte Rom begrenzen. Denn darüber hinaus erblickte er nur Gärten bis zum Pincio und Quirinal und kaum hie und da eine kleine Kirche, wie die im Bau begriffene S.Trinità auf dem Pincio, und sparsam zerstreute Häuser.

Konnte er Carlotta schon nach so kurzer Zeit vermissen? War es wirklich erst wenige Tage her, dass sie zueinander gefunden hatten? Wie unterschiedlich doch die eigentlich klar messbare Zeit vergeht.

Mit Carlotta sprach er darüber nicht, als er mittags mit ihr telefonierte. Er hatte ihr auch nichts von seiner Verabredung für den Nachmittag mit ihrem Vater in dessen Lieblingscafé erzählt. Sicher hätte er dann schon von ihr erfahren, dass ihre Eltern sich vor 28 Jahren dort, am Piazza Navona, kennen gelernt hatten. So erfuhr Domenico von ihrem Vater die Geschichte, ohne die es Carlotta nicht geben würde.

„Genau an diesem Tisch, genau auf diesem Platz, wo du jetzt sitzt, hat sie gesessen." Der Conte hatte Domenico zum ersten Mal mit „du" angesprochen. Noch bevor er darüber nachdenken konnte, ob ihm dies automatisch das Recht gab, ihn ebenfalls zu duzen, sprach der Conte weiter: „Schon ab dem Moment, als ich Francesca zum ersten Mal sah, gab es für mich keinen anderen Platz als in ihrer unmittelbaren Nähe. Zunächst in diesem Café, später dann im Leben. Es war der 15. Juni 1982 und wir kamen damals über Abba ins Gespräch."

„Abba?", fragte Domenico ungläubig.

„Genau, Abba. Francesca las gerade im Corriere della Sera die Presseerklärung von Abba, dass die Gruppe sich nicht trennen würde."

„Sie und Ihre Frau waren Abba-Fans?" Domenico versuchte vergeblich, sich Carlottas Eltern in der 70er-Jahre-Mode vorzustellen, nach Abba-Musik tanzend.

„Überhaupt nicht. Francesca studierte Musik und wollte Opernsängerin werden, und auch ich hörte ausschließlich klassische Musik. Doch niemand kam damals an Abba und ihrer Musik vorbei. Bei unserem Gespräch in diesem Café bildete sich plötzlich ein gemeinsames berufliches Interesse an Abba". Der Conte kostete Domenicos ungläubigen Gesichtsausdruck aus, fuhr dann aber fort: „Wir beide hatten hier an diesem Tisch die Idee entwickelt, jeweils unsere Doktorarbeit über Abba zu schreiben."

Domenico verstand nun überhaupt nichts mehr. Nachdem der Conte die zweite Runde Espresso bestellt hatte, fuhr er fort in seiner Erzählung: „Francescas Thema war ‚Mythos Musik – zwischen Kunst und Marketing'. Die Protagonisten neben Abba waren Herbert von Karajan, Luciano Pavarotti, Placido Domingo, Andrew Lloyd Webber und die Beatles."

„Schönes Thema für eine Musikerin. Und wie lautete das Abba-Thema eines Diplomaten?"

„Welchen Anteil hatte die ABBAMania am Zusammenschluss Europas?"

Es war das erste Mal, dass Domenico den Conte laut lachen hörte, als der ihm aufmunternd auf die Schulter klopfte. „Das kann man nur verstehen, wenn man damals gelebt und zudem mit dem diplomatischen Dienst verbunden war. Tatsächlich schlug Europa das erste Mal seit dem Zweiten Weltkrieg gemeinsam im selben Rhythmus – in dem der Abba-Musik. West- und Osteuropa, wohlgemerkt."

„Nicht schlecht, im Tanzbärenschritt von Abba." Domenico begann leise den Refrain des Abba-Lieds ‚Knowing me Knowing you' zu singen und gleichzeitig dessen Rhythmus zu trommeln. Tatsächlich begannen alle Gegenstände auf dem Tisch klappernd danach zu tanzen.

„Die Flower-Power-Zeit aus den 60er Jahren verfolgte die Jugend Osteuropas nur aus dem Untergrund. Das Abba-Europa war schon das Europa nach der Entspannungspolitik von Willy Brandt und Egon Bahr. Und das Europa der KSZE-Konferenz in Helsinki."

„Die Konferenz über Sicherheit und Zusammenarbeit in Europa. Trat dort Abba auf?"

Der Conte musste erst Domenicos Gesichtsausdruck entschlüsseln, um die nicht ganz so große Ernsthaftigkeit dieser Frage einzuordnen. „Wäre damals wirklich passend gewesen. Denn deren Erfolgsgeschichte lief nahezu parallel zur KSZE. Abba formierte sich zwischen 1972 und 1973 zur Band. Ebenso wie die KSZE. Ab dem 22. November 1972 verhandelten die Botschafter der europäischen Staaten blockübergreifend, unter ihnen auch mein Vater. Über Jahre wurden die Struktur, die Arbeitsweise der eigentlichen Konferenz sowie die wichtigen Themen der Hauptverhandlung festgelegt. Das Thema ‚Unveränderlichkeit der Grenzen' war noch relativ einfach zu formulieren. Den Ostblock jedoch auf die Themen ‚Menschenrechte' und ‚Freizügigkeit' einzustimmen und zur Unterzeichnung der Schlussakte von Helsinki am 1. August 1975 politisch-moralisch zu verpflichten, war schon eine Meisterleistung der

Diplomatie. Auch wenn dies kein völkerrechtlicher Vertrag war, konnte man sich fortan auch in Osteuropa darauf berufen. Dadurch war diese Schlussakte die Grundlage eines geregelten Miteinanders in Europa."

„Abbas Erfolg begann etwas früher, auf dem Eurovision Song Contest am 6. April 1974 in der englischen Stadt Brighton", las Domenico von der Wikipedia-Seite ab, die er von seinem Smartphone aufgerufen hatte. Während der Conte noch nachrechnete, dass Domenico und Carlotta erst zehn Jahre später geboren wurden, fuhr Domenico fort: „Langsam begreife ich, was Abba tatsächlich für Europa geleistet hat."

„So wurde Abbas ‚Waterloo' – wenn auch nicht sofort – für Europa der Beginn einer wunderbaren Freundschaft, sowie ein wichtiger Anfang zur Beendigung der Teilung Europas", ergänzte der Conte.

Die Pause, von beiden in übertriebener Ehrfurcht zelebriert, unterbrach Domenico: „Waren Sie damals schon Diplomat?"

„Nein. 1975 begann ich mein Studium der Politikwissenschaften, erst in London, später hier in Rom. Ich habe damals die gesamte Entwicklung unmittelbar über meinen Vater verfolgt. Es stand immer fest, dass ich in seine diplomatischen Fußstapfen treten würde. Später habe ich tatsächlich den Bereich KSZE von ihm übernommen, was uns letztlich nach Deutschland geführt hat."

„Und was ist aus den Doktorarbeiten geworden?"

„Carlotta."

Domenico erfuhr nun auch den Rest der Liebesgeschichte zwischen Francesca und dem Conte, die dieser gegen den anfänglichen Widerstand seiner Familie durchsetzte. Die daraus resultierende Sorge Francescas, von der traditionsbedachten Familie nicht akzeptiert zu werden, ließ in Domenico die Momente seiner eigenen Unsicherheit jener Nacht wieder aufleben. Würde auch er wie Francesca eine so nachhaltige Rolle in der Geschichte von Carlottas Elternhaus spielen? Selbst seine Zweifel daran wollte er sich zum jetzigen Zeitpunkt seiner Beziehung zu Carlotta nicht zugestehen. Dafür war es einfach zu früh. „Eine kurze Geschichte einer langen Liebe", bemerkte er, für seinen eigenen Geschmack ein wenig trivial und eher zu einem Abba-Lied passend.

„Ein Jahr später haben wir geheiratet, und ein weiteres Jahr später kam Carlotta. Und jetzt wird sie ihr Studium abschließen, ihrer Wege gehen und irgendwann eine eigene Familie haben."

Das, was sich Domenico dazu nun doch wieder in den Sinn drängte, drohte die Gesprächspause noch mehr zu verlängern. So wechselte er bewusst das Thema: „Wir hatten unser Gespräch beim Abendessen mit der Wahl von Papst Julius II. beendet. Was ist heutzutage wichtig, um zum Papst gewählt zu werden?" Der Conte antwortete nicht sofort. Vielleicht kreisten auch seine Gedanken noch zu sehr um Carlotta und ihr weiteres Leben. So konnte Domenico seine Frage erweitern: „Muss ein Papst..., nein, anders gefragt, darf ein Papst heute noch einen so ausgeprägten Willen zur Macht haben wie damals Borgia, Rovere und später die Medici?"

„Kirchenpolitisch auf jeden Fall. Hier war und wird es immer wichtig sein, sich in der weit verästelten Kirchenstruktur zu behaupten. Eine aktive weltpolitische Rolle spielte der Papst vor allem wieder durch die Wahl von Karol Wojtyla im Oktober 1978 zum Papst Johannes Paul II. Anders als einige seiner Vorgänger, die nur durch ihre aktive Passivität Politik machten und sich nicht gegen Faschismus und Gewaltherrschaften auflehnten. Papst Johannes Paul II. hatte durch sein aktives Eingreifen entscheidenden Anteil am Ende des Kalten Krieges und des Zusammenbruchs des Stalinismus in Osteuropa. Selbstverständlich neben der gesamten Entspannungspolitik zu jener Zeit."

„Und Abba, deren Rhythmus den eisernen Vorhang in den Grundfesten erschüttert hat", ergänzte Domenico und widerstand der Versuchung, erneut im Abba-Takt auf dem Tisch zu trommeln.

„Vielleicht hat Wojtyla wirklich Abba gehört. Denn wie Rovere war er ein zeitnaher, pragmatischer Mensch. In jungen Jahren als Fußballspieler und auch sonst bis in die Anfangsjahre seines Pontifikats sportlich und dem Zeitgeist zugewandt. Seine Zeit als Papst war geprägt durch seinen Willen zur Konfrontation und seiner Authentizität, wie man heutzutage sagt. Diese Glaubwürdigkeit führte ihn vor allem bei jüngeren Menschen in die Beliebtheitshöhen eines Popstars."

„Interessant dabei, niemand der jungen Leute hielt sich an seine absolut altmodische Sexualmoral. Ich hatte eine Freundin...". Domenico wurde unterbrochen, weil sein Mobiltelefon eine SMS meldete. „Ganz sicher von Carlotta! Darf ich?" Ohne die zustimmende Geste des Contes abzuwarten, öffnete Domenico die SMS, die tatsächlich von Carlotta war. „Sie sind erst jetzt in ihrem Hotel in Mailand angekommen. Irgendein Stau auf der Autobahn. Sie haben keine Zeit anzurufen, weil sie sich für die Oper aufbrezeln müssen. Grüße auch an Sie." Domenico hatte durch seine schnelle Überlegung zu der Sie-Anrede vergessen, wo er seine Ausführungen unterbrochen hatte.

„Deine Freundin, deine frühere Freundin", half ihm der Conte weiter.

„Richtig. Im Zimmer einer früheren Freundin hingen Poster von Jimi Hendrix und Jim Morrison neben denen von Papst Johannes Paul II., Martin Luther King und Che Guevara. Guevara wurde übrigens acht Jahre nach Papst Johannes Paul geboren."

„Fraglos Idole der unterschiedlichsten Art", bemerkte der Conte nachdenklich und amüsiert.

„Aber nicht so gegensätzlich, wie es scheint. Denn jedes dieser Idole steht für die bereits erwähnte Authentizität. Gerade junge Leute brauchen Menschen, an denen sie sich orientieren können, von denen sie ihre Werte beziehen."

„Welche Werte waren das bei diesen Idolen?"

„Der Traum von Freiheit, Gleichheit, Brüderlichkeit", antwortete Domenico wie aus der Pistole geschossen.

„Allons enfants de la Patrie,
Le jour de gloire est arrivé!"
intonierte ebenso spontan der Conte mit erstaunlich klarer Singstimme die Marseillese.

„Der Wunsch nach Freiheit und Selbstbestimmung dieser Popstars sprach zwar viele Menschen an, war dabei aber hauptsächlich auf deren eigenes Leben gerichtet, bis hin zu ihrem Tod. Sex, Drugs and Rock 'n Roll. Aber zwei Dinge einte sie alle." Domenico genoss jetzt die Neugier des Contes und verlängerte sie genüsslich durch eine Kunstpause. Erst als sein Zuhörer mit einem erwartungsvollen „Und?" die Nennung der Gemeinsamkeiten einforderte, sprach er weiter: „Ihr Tod, bei konsequenter Achtung ihrer eigenen Prinzipien und ihrer Werte. So fraglich und unterschiedlich sie auch waren."

„Interessanter Gedanke. Und das Zweite?"

„Die Musik bzw. der Gesang." Domenico gab dem Conte Zeit, über beide Gedanken nachzudenken, und wartete daher geduldig auf dessen Antwort.

„Stimmt. Gesang macht Mut und putscht auf. Egal ob im Rockkonzert, in einem Kampflied oder ein Kirchenlied", stimmte der Conte ihm endgültig zu. Domenico hätte sich nicht gewundert, wenn er dazu die Internationale angestimmt hätte.

Entgegen seiner früheren Gewohnheit hatte Domenico nach Carlottas SMS sein Telefon nicht stumm geschaltet. So bekam auch der Conte mit, dass er soeben wieder eine SMS erhalten hatte.

„Ständig online. Vielleicht wieder Carlotta?"

Domenico las die Nachricht. „Nein, ein Flashmob."

„Ein was?"

„Schwer zu erklären." Domenico schaute erst auf die Uhr, dann in das interessierte Gesicht des Contes. Durch ihr Gespräch war eine Vertrautheit zwischen ihnen entstanden, die ein förmliches „Sie" wie bisher irgendwie unmöglich machte. Doch auch das „Du" kam ihm nicht über die Lippen. So vermied er die direkte Anrede. „Noch Zeit?"

Der Conte schaute auf die Uhr. „Wie lange?"

„Keine Ahnung. Zwei Stunden vielleicht."

„OK!"

„Dann auf zum Petersplatz. Wir werden erwartet."

ALLEIN IN ROM

Luigi konnte kaum fassen, was der Abt ihm in mitfühlendem Ton verkündete. Gianni hatte im Morgengrauen Rom verlassen. Wohin, wollte er ihm nicht sagen. Stattdessen übergab er einen Brief seines Bruders, den Luigi durch einen Schleier von Tränen entgegennahm. Wortlos und nur mit einer müden Handbewegung des Abschieds verließ er das Kloster. Seine immer hastiger werdenden Schritte beschleunigten sich bis zu einem schnellen Lauf, ohne dass er wirklich wusste, wohin ihn sein Weg führen sollte. Erst als er völlig außer Atem war und vor Schmerzen in der Brust keinen Schritt mehr gehen konnte, sah er, wo er sich befand. Völlig erschöpft und ratlos setzte er sich auf den Stein, auf dem er in jener Nacht mit Julia nach dem Überfall gesessen hatte. Erst jetzt nahm er den Brief heraus, den er in seinem Hemd über seinem wild schlagenden Herzen verborgen hatte. Doch wegen der nun herrschenden Dunkelheit konnte er die Zeilen erst lesen, als er seit langer Zeit mal wieder in seiner bescheidenen Kammer saß.

„*Wann du kommst, mein geliebter Bruder, weiß ich nicht. Umso sicherer bin ich mir, dass du kommst. Ich hatte einige Male versucht, dich aufzusuchen, um die Dinge, die mein Leben verändern, dir persönlich darzulegen. Doch leider habe ich dich nie angetroffen. Ich werde Rom verlassen, wohl für längere Zeit. Papst Julius hat mich zu seinem Nuntius in Deutschland ernannt. Schon an deinem Geburtstag hatte ich nach einer Möglichkeit gesucht, mit dir darüber zu reden. Doch du weißt selber, wie wenig wir in dieser Nacht miteinander reden konnten, ohne uns dabei zu verletzen. Ich habe diese schwierige Aufgabe in Deutschland angenommen, bevor ich meinem eigenen Grabmal zu ähnlich werde.*"

Diese Nachricht warf Luigi nun völlig aus dem Gleichgewicht. So, als hätte man ihm damit das letzte Stück Boden unter den Füßen weggerissen. Der Papst war an seiner Höheren Aufgabe nicht mehr interessiert, Donna Anna lebte in Mailand, seit ihr Mann dort für Bramante arbeitete. Die Franguinettis hatte ein großer Auftrag nach Pisa geführt, die Baukommission war aufgelöst. Die ausbleibenden

Einladungen zu den Festen konnte er verschmerzen, ebenso die Tatsache, dass seine Arbeit im Stadtarchiv ein junger Mann übernommen hatte. Zumindest hatte man seine Bezüge nicht gestrichen, und er hatte weiterhin jeder Zeit Zugang zum Archiv. Was also hielt ihn noch in dieser Stadt? Um sie zu verlassen, brauchte er jedoch die Erlaubnis des Primicerius. Vielleicht konnte er bei dieser Gelegenheit erfahren, wo in Deutschland sich Gianni aufhielt.

Seine heimliche Hoffnung, vielleicht sogar von Papst Julius empfangen zu werden, erfüllte sich nicht. Schon um bei dessen Primicerius Giovanni Almondo vorgelassen zu werden, verbrachte Luigi lange Zeit des Wartens. Als er schon erwog, den kleinen Raum zu verlassen, öffnete sich die Tür von Almondos Arbeitszimmer. Heraus kam Luca Cordelo, der ihn freudig begrüßte. Obwohl Luigi ihn nicht danach gefragt hatte, kam Cordelo auf seine Ausarbeitung ‚Wie beeinflusst der Glaube an Gott die Architektur Roms?' zu sprechen. Vom Papst mit wichtigen Finanzangelegenheiten betraut, hatte er noch keine Zeit gefunden, sie zu lesen, versprach jedoch, dies bald nachzuholen.

Kaum, dass man sich verabschiedet hatte, wurde er zum Primicerius vorgelassen. Das Gespräch war kurz, die Botschaft eindeutig:. „Der Heilige Vater hält große Stücke auf Euch und kann Euch zurzeit in Rom nicht entbehren. Deshalb verschiebt Eure Geschäfte." Die Frage nach Giannis Aufenthaltsort hatte sich dadurch erledigt. Ohne päpstliche Erlaubnis konnte er Rom nicht verlassen, ohne dadurch sich und seinem Bruder zu schaden. Zudem war unsicher, ob dieser ihn überhaupt zu sehen wünschte. Dies schmerzte ihn umso mehr, weil sein Bruder in allem Recht behalten hatte. Luigi war nichts ohne ihn und fühlte sich unbedeutend ohne seine Höhere Aufgabe. Das erste Mal in seinem Leben spürte er die Trägheit der Gegenwärtigkeit, wenn die Dinge sich nicht ändern. Früher, in seinem ersten Leben, wie er die Zeit vor seiner Höheren Aufgabe nannte, hatte er nie darüber nachgedacht, ob Zeit einfach nur vergeht. Erst durch seine Höhere Aufgabe hatte er gelernt, dass Zeit sich füllt mit Dingen, die einem im Leben wichtig sind. Dazu gehörte auch Gianni, und wäre es nach seinen Träumen gegangen, hätte auch Donna Anna dazu gehört. Doch nichts davon war ihm geblieben.

Als er Almondos Arbeitszimmer verließ, kam ihm der zweite der Cordelos entgegen. Bischof Andrea Cordelo, Luca Cordelos frommer Cousin und wie Luigi Mitglied der aufgelösten Baukommission. Er begrüßte Luigi mit einem überzuckerten Lächeln.

Seine Versuche, die Rundgänge durch die Straßen und Kirchen Roms wieder aufzunehmen, gab Luigi sehr schnell auf. Die grauen Fassaden, die dunklen, übelriechenden Gassen verschlechterten seine Stimmung nur. Allein die sonntäglichen Gottesdienste, die er nun wieder ausschließlich in der Kirche Quattro Coronati besuchte, hellten mit dem freudigen Gesichtsausdruck von Schwester Majella Lauda sein Leben etwas auf.

Wie schlecht seine Stimmung war, wurde dadurch deutlich, dass es ihn an den finstersten Ort zog, den er in Rom kannte. Zur ‚Hölle der Lebenden' in Trastevere, wo er dem bedauernswerten Alberto den wahrlich höllischen Trank verabreicht hatte. Von alleine hätte er nicht einmal mehr dorthin gefunden. Gerade als er das dritte Mal daran vorübergegangen war, hörte er eine vertraute Stimme: „Das schlechte Gewissen führt den Übeltäter immer wieder an den Ort seiner Untaten zurück."

Es war Albertos Stimme, die Luigis Laune wieder auf einen annehmbaren Stand brachte. Sein damaliger Gegner und späterer Helfer hatte das Etablissement vor kurzem übernommen, nachdem der frühere Wirt von einem betrunkenen Gast mit einem Messer geradewegs in die ‚Hölle der Toten' befördert worden war. Alberto schilderte, wie er als Erstes die gesamte Einrichtung am Tiberufer aufgeschichtet und dort ein Freudenfeuer entfacht hatte. Den bisherigen Gästen hatte er sämtliche Getränkevorräte ohne Bezahlung ausgeschenkt, mit der Maßgabe, sich nie wieder bei ihm blicken zu lassen. Mit Mara, die inzwischen wieder ihren richtigen Namen Maria angenommen hatte, hatte er die Räume komplett ausgeräuchert. Ihre gemeinsamen Ersparnisse sowie ihr Fleiß machten alsbald aus der ehemaligen Hölle die saubere Osteria Cantina Alberto. Schnell sprach sich nicht nur in Trastevere herum, dass man dort bereits für kleine Münzen schmackhaftes Essen und gute Getränke bekommen konnte.

An vielen Abenden, aber häufig auch tagsüber, war Luigi fortan dort zu finden. Alberto war ihm dankbar für gute Anregungen in geschäftlichen Angelegenheiten sowie für kleinere Arbeiten und Besorgungen, mit denen Luigi gelegentlich aushalf. Der wahre Grund indes für seine häufige Anwesenheit hatte auffallend helle Haare, lange Beine und hörte auf den deutschen Namen Haydi.

Luigi, schon am ersten Abend der letzte Gast, saß noch in der Gaststube, als Albertos junge Aushilfe mit Maria aus der Küche kam. Des Wirts guter Beobachtung blieb nicht verborgen, dass sich augenblicklich Haydis Silberblick und Luigis verträumte Augen fest ineinander verschlungen hatten. In offener Freundschaft sowohl zu Luigi als auch zu Haydi warnte Alberto frühzeitig vor des Freundes Schwäche, den Regungen seines Herzens meist spontan zu folgen. Dass Luigi dem nicht widersprach, hielt die muntere Haydi nicht davon ab, sich auf Luigis Liebesgefühle einzulassen. Schon am ersten Abend folgte sie ihm in seine Kammer, wo sie fortan hauptsächlich die Nächte verbrachten. Durch Haydi gewann Luigi schnell seine frühere Lebensfreude zurück. Drohte er wieder in Trübsinn zu verfallen, munterte sie ihn auf mit ihrer, wie Luigi es nannte, gefleckten Sprache. Das auch in ihrer Melodie übernommene Italienisch war für Luigi die grüne Wiese, die eingestreuten deutschen Ausdrücke die farbigen Blumen auf dieser Sprachwiese.

Haydis sonniges Gemüt erwärmte ihnen die Tage und das Feuer ihrer Liebe die Nächte. Dies denn begleitete die Liebenden über die trüben Herbsttage bis in die erste Winterzeit. Darüber entwickelte sich Luigis Liebesfeuer sogar zu einer tiefergehenden Zuneigung, die ihn wieder an die Kraft der Liebe glauben ließ. Doch den nächsten Frühling erlebten diese Gefühle nicht mehr. Die Liebe kommt, die Liebe geht, ganz wie von Alberto befürchtet. Jedoch mussten er und Maria Luigi trösten, weil es Haydis Liebe war, die mehr und mehr nachgelassen hatte. „Unsere Herzen schlagen nicht mehr im selben Takt und unsere Gefühle singen nicht dieselbe Melodie", so

Haydis musikalische Begründung, dass sie ihren himmlischen Silberblick von Luigi, zumindest in Liebesdingen, abwendete.

Zur Erleichterung aller schlug Luigis Herz nach einigen Tagen tiefer Traurigkeit bald wieder beinahe im normalen Takt. Den Weihnachtsabend verbrachte man schon wieder gemeinsam mit Alberto und Maria. Dass den ehemals Liebenden ihr gegenseitiges Wohlergehen auch fortan eine Herzensangelegenheit blieb, wird die Zukunft schon bald zeigen: Über Luigi wird Haydi ihren späteren Ehemann Hannes kennen lernen, der wie sie aus Deutschland stammt. Mit Luigis Hilfe werden sie sogar ein eigenes Lokal einrichten, wie es in dieser Art in Rom völlig neu sein wird. Zu den üblichen Gastlichkeiten wird man dort abwechslungsreiche Kurzweyl in Form von Musik und Gesang sowie szenarische Darbietungen genießen. Die beiden Kinder des Paares dürfen sich zudem lebenslang Luigis großherziger Patenschaft erfreuen.

Der Januar in diesem Jahr brachte eine Kälte, wie Rom sie nie zuvor erdulden musste. Besonders nachts fehlte Luigi nun doch Haydis wärmende Nähe. Er beschloss, Rom zu verlassen, diesmal ohne sich beim Papst abzumelden. Kaum dass er seine Reisekasse mit Geldmitteln von seinem Bankkonto gut ausgepolstert hatte, überbrachte ihm ein Bote eine Nachricht: Der Heilige Vater wünsche ihn umgehend zu sprechen.

Luigi hatte erwartet, Papst Julius II. wenn nicht in guter, zuversichtlicher, dann zumindest in päpstlich würdiger Stimmung zu erleben. Doch da sah er sich getäuscht. Denn ihr Gespräch begann in einer überaus streitbaren Atmosphäre. Julius verfügte über ausgezeichnete Kenntnisse seines Lebenswandels. Sogar war ihm zur Kenntnis gekommen, dass er seine Abreise aus Rom vorbereitet hatte. Luigis Stimmung sank darüber so tief wie die Wintertemperatur in Rom in diesem Januar im Jahre 1505. Daher leugnete er seine Reisepläne nicht, sondern schob sie, seine Vorwürfe gegen den Papst nicht verbergend, auf den Stillstand der Arbeiten zum Neubau von St. Peter.

Julius, nun schon über ein Jahr auf dem Stuhle Petri, war es nicht mehr gewohnt, mit Vorwürfen konfrontiert zu werden. Vielleicht fiel seine Reaktion deshalb so temperamentvoll aus. Der Bau dieser Kirche, so ließ er den immer kleiner werdenden Luigi wissen, sei schließlich nicht die einzige seiner Aufgaben. In seiner Heftigkeit und Gereiztheit nannte er nur die wichtigsten der vergangenen Monate. Auffallend war, dass der Papst entgegen seiner früheren Art sich nun einer kurzen, deutlichen Sprache bediente. Zusätzlich hatte er sich angewöhnt, mit seinem Stock heftig auf den Tisch zu schlagen, worüber Luigi jedes Mal zusammenfuhr. Doch dann gelang es Luigi, sich aus Julius' lebhaften Darlegungen zurückzuziehen und diese lediglich als auf- und abschwellendes Worterauschen wahrzunehmen, ohne den Sinn mitzubekommen. In diesem Wahrnehmungsschatten fragte er sich, ob er sich freuen oder ärgern solle, hier zu sitzen? Und überhaupt, welchem Umstand hatte er dies zu verdanken? Weil der Papst ihn benötigte oder weil er Rom verlassen wollte? Doch wie konnte Julius von seinen Reiseplänen erfahren haben? Luigi verblieb nicht in der Situation, weiter darüber nachzudenken, denn das Sprachrauschen wurde zusehends ruhiger, so dass Luigi immer mehr verständliche Worte und deren Sinn mitbekam.

Nun wieder in seiner früheren ruhigen Art des Sprechens schilderte Julius die heftigen Widerstände gegen die Ausmaße der Baupläne. Unumstritten war, dass sein Credo ‚Erschaffe einen Ort' sich nur auf die heilige Stätte des vatikanischen Hügels beziehen konnte. Höchst umstritten jedoch war, dass die über tausend Jahre alte konstantinische Basilika mit den vielen Papstgräbern und dem Petrusgrab weichen sollte. Neben zahlreichen Bischöfen hatte sich auch der mächtige römische Stadtadel dieser Ablehnung angeschlossen. Julius grollte und war kurz davor, wieder seinen Stock zu ergreifen: „Diese Schranzen haben sich nie um religiöse Angelegenheiten gekümmert. Dafür nutzen sie jetzt jede Möglichkeit, sich in meine Angelegenheiten einzumischen."

Auf Luigis Einwand, dass doch er, der Papst, die Entscheidungen treffe, entstand eine längere Pause. Julius überlegte, dass Luigis Gutgläubigkeit bis hin zur Naivität so überhaupt nicht zu dem passte, was dieser unscheinbare Mann alleine für ihn erreicht hatte. Und Luigi fragte sich, ob es richtig und vor allem wichtig sei, sich mit dem Heiligen Vater zu streiten, anstatt seinen Bruder aufzusuchen. Damit war er bei der Frage angekommen, ob er die Höhere Aufgabe ohne seinen Bruder weiterführen konnte. Ja, er fragte sich sogar, ob er überhaupt ohne seinen Bruder leben wollte.

Und wieder unterbrach ihn der Papst bei diesen Gedanken. Dessen Ruhe hatte sich zu einer gewissen Niedergeschlagenheit gewandelt, als er erklärte, dass er manches Mal sich wünschte, die Bürde dieses Amtes, dieser Kelch des Herrn, wäre an ihm vorübergegangen. „Mein Sohn, um unsere Aufgabe steht es wahrlich nicht gut. Aus allen Richtungen wirft man mir Steine in den Weg." Doch schon als Julius darlegte, wie wenig bei den endlosen Sitzungen der Baukommission herausgekommen war, wurde er wieder kämpferisch. Und wieder waren seine Informationen erstaunlich detailliert. Seine Genugtuung, dass er die päpstliche Meinung über viele Missstände teilte, behielt Luigi bis auf gelegentliches Kopfnicken sorgsam für sich. „Mein Sohn, Rom zerfällt immer mehr in verschiedene Lager und Interessen. Mein Ort mit diesem neuen Dom soll Rom einen, soll zur gemeinsamen Idee der Römer werden. Doch nur, wenn sie zu diesem Ort stehen, wird dieser stehen für Rom und die Römer! Um dies zu erreichen, rechne ich weiter auf deine Mitarbeit. Du verstehst es wie kein Zweiter, selbst aus Steinen, die man dir in den Weg legt, noch etwas zu bauen. Zudem brauche ich dein geerdetes Urteil. Mit deiner Ausarbeitung ‚Wie beeinflusst der Glaube an Gott die Architektur Roms?' hast du beachtliche Fähigkeiten unter Beweis gestellt. Suche mir schnellstmöglich einen geeigneten Baumeister. Die Zeit, dass die Menschen zu diesem Ort kommen, werde ich nicht mehr erleben. So will ich zumindest von eigener Hand den Grundstein legen. Wenn es Gott gefällt, sehe ich auch noch die ersten Säulen zum Himmel wachsen."

Luigis Ärger und Unzufriedenheit war von diesem Moment an verschwunden, als hätte es sie nie gegeben. Julius' nachdenkliche Worte über den eigenen Tod lösten auch in ihm Gedanken über die Begrenztheit des Lebens aus. Nichts auf dieser Erde ist für die Ewigkeit, hatte Gianni ihm einmal gesagt. An diesen Tag, an dem er an den eigenen Tod dachte, würde Luigi sich sein ganzes Leben erinnern, weil auf dieses Datum die Urkunde datiert war, die Papst Julius II. ihm überreichte. Von ihm unterzeichnet, verbriefte sie Luigi in Anerkennung besonderer Dienste ein lebenslanges Wohnrecht in einer Wohnung im Palazzo Alidosi in unmittelbarer Sichtnähe auf St. Peter. Wie viele Jahre und wie viele Päpste dieses verbriefte Recht überdauern sollte, konnte Luigi an jenem 5. Januar 1505 nicht ahnen.

Die Wertigkeit dieser Anerkennung wurde Luigi dagegen sofort klar, als er seine neue Wohnung besichtigte. Hier in diesen drei großen, hellen Räumen, zwei sogar mit Glasfenstern und eines mit beheizbarem Kamin, würde er die meiste Zeit seines kommenden Lebens verbringen. Die komplette Möblierung, die frisch gestrichenen Wände, die weichen Teppiche, die kunstvollen Kassettendecken strahlten Werte aus, die er in den Jahren zuvor nie vermisst hatte. Doch seit er diesen Luxus in den Häusern seiner Geliebten kennen gelernt hatte, wusste er diese Art des Lebens zu schätzen.

Wären seine Gedanken ebenso leicht geblieben, wenn er geahnt hätte, wie viele Jahre er hier verbringen würde? Reicht die Phantasie eines Menschen aus, sich vorzustellen, wie sich in dieser Zeit der Ausblick verändern wird, auf die ehrwürdige konstantinische Basilika St. Peter, erbaut vor mehr als tausend Jahren?

AUF DEM PETERSPLATZ

Unterwegs zum Petersplatz erklärte Domenico die einfachen Regeln eines Flashmobs. Da die Follower aufgefordert waren, nach ihren Möglichkeiten Verpflegung mitzubringen, kaufte der Conte im Feinkostgeschäft und in einer Pizzeria so viel ein, um damit eine komplette Fußballmannschaft zu verköstigen.

Schon auf der Ponte Vittorio Emanuele erkannte Domenico Leonardo, den angehenden Priester aus Brasilien, und seinen Kommilitonen Gianluca. Obwohl Domenico seine Freunde und den Conte mit ihren vollen Namen vorstellte, duzten die drei sich, als wären sie Studienkollegen oder alte Freunde. Domenico wich weiterhin der persönlichen Anrede aus, benannte den Conte jedoch fortan mit dessen Vornamen: „Enzo und ich haben darüber diskutiert, warum Kardinal Ratzinger zum Papst gewählt wurde? Nie hat eine Papstwahl ein so breites Medienecho hervorgerufen."

„Dies gilt nur für die Wahl selber", widersprach Leonardo. „Diesen Medienhype hat Papst Johannes Paul II. ausgelöst. Sogar ohne Twitter und Facebook. Er war es, der die Katholische Kirche gezielt mit Hilfe der Medien in eine globalisierte Welt führte. Er reiste ständig mit einem großen Tross Journalisten durch die Welt. Er hat den Begriff ‚Embedded Journalism' zwar nicht erfunden, aber vielleicht die Methode. Ein Global Prayer sozusagen."

„War Johannes Paul II. populärer als Jesus?"

Leonardo lachte auf Enzos Frage. „Verstehe. Er und Jesus haben das sicher mit John Lennon inzwischen geklärt. Nein, niemals. Alles, was Johannes Paul II. ausdrücken wollte, war Jesus Christus und seine Botschaft."

Inzwischen hatten sie den Petersplatz erreicht. Während Enzo die eingekauften Speisen auf den Stufen des Petersdoms ausbreitete, holte Leonardo ein Smartphone aus seiner schwarzen Gürteltasche, in der Domenico eher eine Bibel vermutet hätte. Aus dem Internet, bei YouTube, spielte er die Verkündung Habemus Papam von Papst Johannes Paul II. aus dem Jahre 1978 vor. Sie staunten, wie spannend dieser frühchristlich-päpstliche Videoclip, wie Leonardo ihn nannte, gestaltet war. Nachdem er auch die Verkündung Papst Benedikts XVI. vorgespielt und sich am improvisierten Buffet bedient hatte, kam er auf Domenicos Frage zurück: „Warum wurde Ratzinger vor fünf Jahren gewählt? Gute Frage." Über das Gesicht von Leonardo ging ein vielsagendes Lächeln: „Meistens sucht man bei einem neuen Papst das, was man beim vorigen Papst vermisst hat. Daher bin ich froh, dass du nicht fragst, was man heutzutage von einem Papst erwarten würde."

Leonardo hatte seine Ausführungen immer wieder unterbrechen müssen, weil er ständig von meist jungen Leuten begrüßt wurde, die ihn kannten. Zuletzt von Demba, einem jungen Mann aus Gambia. Nachdem dieser sich zu ihnen gesetzt hatte, zog Leonardo kurzentschlossen die Kapuze seines Sweaters tief ins Gesicht, um unerkannt weiterreden zu können: „Johannes Paul II. war ein pragmatischer Papst und kein wissenschaftlicher Theologe. Ratzinger, der seit 1981 als Präfekt die Kongregation für die Glaubenslehre leitete, war sozusagen sein theologisches Gewissen und daher allererste Wahl als Wertewächter der Katholischen Glaubenslehre. Diese Basis hat Ratzinger in der langen Zeit, die er hatte, hervorragend genutzt, sich auf das Konklave vorzubereiten. Außerdem nutzte er clever sein Recht, als Rangältester der Wahlberechtigten die Votivmesse Pro eligendo papa vor dem Konklave am 19. April 2005 zu halten. Am Hochaltar von Sankt Peter, wo sonst nur der Papst die Messe zelebriert, verkündete er ganz klar schon sein künftiges Pontifikats-Programm. Obwohl bereits 2000 Jahre alt... Nein, nicht Ratzinger!", unterbrach Leonardo sich selber lachend. „Der Brief des Apostel Paulus an die Epheser über die Reife des Glaubens ist so alt, aber für Ratzinger immer noch hochaktuell." Leonardo war es inzwischen unter seiner Kapuze zu warm geworden, so dass er sie zurückzog, bevor er begann, Teile aus der Predigt zu zitieren: *„Dass wir nicht mehr unmündig seien und uns bewegen und umhertreiben lassen von jeglichem Wind der Lehre durch Bosheit der Menschen und Täuschungen, womit sie uns beschleichen und uns verführen."*

Darüber wurde er von drei jungen Asiatinnen erkannt und begrüßt, die seine Einladung zu bleiben gerne annahmen. Diese Unterbrechung nutzte Domenico zu einer Bemerkung: „Verführungen und Täuschungen kennzeichneten schon immer Politik und Religion."

Während die drei Neuankömmlinge, die aus Japan stammten, sich an Enzos Buffet bedienten, sprach Leonardo weiter über Ratzingers Predigt: „Er verglich das moderne Denken der letzten Jahrzehnte mit ihren ideologischen Strömungen zwischen Marxismus und Liberalismus mit einem im Sturm schwankenden Schiffchen."

Erneut mischte Domenico sich ein: „Genau. Darüber ist seiner Meinung nach eine Diktatur des Relativismus entstanden, die nichts als endgültig anerkennt und als letztes Maß nur das eigene Ich und seine Gelüste gelten lässt." Zur Bestätigung aß er genüsslich ein Stück Käse vom Buffet und überließ Leonardo wieder das Gesprächsführung.

„Und es brauche einen Steuermann, der mit unerschütterlichem Vertrauen auf Christus das Schiff der römischen Kirche lenke, verlässlich Kurs halte und den Bootsinsassen die Angst nehme. Selbstredend, dass Ratzinger dieser Kapitän Bligh der christlichen Seefahrt sein wollte. Auch wenn er später damit kokettierte, zu seinem Gott gebetet zu haben, der Kelch dieses Amtes möge an ihm vorübergehen, war es immer sein Ziel, Papst zu werden."

„Gönnen wir ihm seinen Erfolg", mischte sich nun Domenico wieder ein. „Ebenso seine Zweifel, genährt durch die folgende Wucht der medialen Aufmerksamkeit weltweit. Ich gebe Benedetto sogar absolut Recht, dass die Menschen nicht mehr unmündig sind. Früher stand ein dickes, fettes Ausrufezeichen hinter der Religion. Heute dagegen ist es ein Fragezeichen. Ich behaupte, dieser sogenannte Relativismus ist die Weiterführung der Individualisierung der Menschen. Begonnen im Mittelalter, fortgeführt in Renaissance und Neuzeit, bis in die Jetztzeit, ist sie alle Male besser, als unmündig das wiederzukäuen, was vor vielen Jahrhunderten festgelegte wurde. Ungeachtet neuer Erkenntnisse, ungeachtet anderer Denkweisen, ungeachtet veränderter Perspektiven. Nur wer dumm ist, muss alles glauben und geistig Vorgekautes wiederkäuen." Domenico hatte seine lebhaften Worte an Leonardo gerichtet. So sah er nicht die verwunderten Gesichter der drei jungen Japanerinnen, die ihm zuhörten, als er weiter lebhaft ausführte: „Dieses als Sich-treiben-lassen hierhin und dorthin zu bewerten, ist meiner Meinung nach eine falsche Deutung. Denn das Leben ist ein ständiger Fluss. Niemals mehr kommen wir zur Quelle dieses Lebensflusses. Also dorthin, wohin einige Radikalkleriker, egal ob jüdisch, muslimisch oder christlich tickend, uns zurückzerren wollen. Niemals mehr geht es hinter die Lehre Galileis zurück. Vorgestern Ketzerei, gestern komplett von der Katholischen Kirche anerkannt, heute wieder Relativismus?"

„Dennoch darf die Kirche, dürfen die Menschen nicht jedem neuen Trend folgen bis hin zur Selbstabdankung der Kirche und des Papstes", mischte sich nun Enzo in das Gespräch ein. „Nicht alles Machbare darf gemacht werden, nicht jedes individuelle Anliegen ist legitim."

„Völlig deiner Meinung, Enzo", antwortete Domenico so schnell, dass er erst später bemerkte, wie leicht er die förmliche Sie-Mauer dauerhaft übersprungen hatte. „Der Papst und sein Klerus haben sozusagen ein baustatisches Problem. Sie waren über fast zweitausend Jahre das ethische Fundament der christlich orientierten Welt. Einer Welt, die sich ständig verändert. Als Architekt weiß ich, dass die statische Berechnung für die Festigkeit eines Fundaments ein schwieriges Abwägen bedeutet: Passt es sich wegen mangelnder Flexibilität nicht den ständigen Bewegungen an, bekommt es Risse und zerbricht. Ist es zu weich und folgt jeder kleinsten Bewegung, kann es niemals die notwendige Stabilität bieten."

„Gibt es in der Baustatik eine unnachgiebige Geschmeidigkeit?", fragte Leonardo, ohne eine Antwort zu erwarten.

In dem Moment erweiterte sich der Kreis um Wolfram und dessen Begleiter Thomas aus Deutschland. Domenico wünschte sich, Carlotta könnte ihren Vater sehen, wie locker er sich in Gesellschaft dieser jungen Menschen bewegte. Zumal Enzo von allen das beste Englisch sprach. Domenico konnte nicht einmal sagen, wann man ins Englische gewechselt hatte. Vermutlich, als die drei Japanerinnen dazu gekommen waren.

„Und was erwartet man von einem zukünftigen Papst?"

Alle, auch die beiden Neuen schauten erwartungsvoll zu Leonardo, an den Domenico seine Frage gerichtet hatte. „Ich hab's befürchtet, dass die Frage doch noch kommt. Von der katholischen Sicht aus sollte ein Papst prüfen, was ist wirklich christliches Fundament, was ist Fundamentalismus und was ist verkrustete Staubschicht. Dann sollte SIE unbedingt prüfen…". Als sein Blick auf die drei Japanerinnen ihm zeigte, dass sie seinen Scherz offenbar nicht verstanden hatten, sprach er weiter: „Vielleicht sollte ER, der zukünftige Papst, prüfen, ob es für die Menschen wichtig ist, sich ausschließlich auf die Katholische Glaubenslehre zu konzentrieren. Soll man wirklich, wie die meisten anderen Religionen auch, in zwanghaftem Konkurrenzdenken zueinander verkrampfen wie die Jahrhunderte zuvor? Wie wichtig sind theologische Unterschiede? Die wahren Gegner der Religionen sind die menschen- und lebensverachtenden Extremisten und Psychopathen. Egal, ob sie ihrem Wahnsinn einen pseudorevolutionär marxistischen, alttestamentarisch fundamentalen oder muslimischen Anstrich geben oder einfach nur Kriminelle und Ausbeuter sind. Ein neuer, religionsübergreifender Humanismus ist notwendig. Offenheit in versöhnter Unterschiedlichkeit, anstatt aggressiver Intoleranz innerhalb abwehrender Mauern. So kann Glaube der Gemeinschaft helfen, anstatt nur einer Religion."

Demba, der aufmerksam zugehört hatte, mischte sich nun in das Gespräch ein: „Nehmen wir doch Benedikt beim Wort. Wenn er sagt, man darf sich nicht mehr von den Bosheit der Menschen verführen lassen, bedeutet dies, wir müssen uns wehren gegen diese Diktatoren, Extremisten, Psychopathen und Kriminelle."

„Gerade das passiert im Moment", nahm Leonardo Dembas Worte auf. „Überall in der Welt ist der Wille der Menschen zur Freiheit erwacht. Man will selber über sich bestimmen. Was nicht heißt, dass es keine Regeln gibt. Aber man will diese Regeln mitbestimmen. Die Arabellion, der Aufstand gegen Diktaturen und Herrscherkasten hat es uns vorgemacht. Dort, wo die Macht ohne das Volk verteilt wurde, wird sie von den Menschen erkämpft. Leider nicht immer mit friedlichen Mitteln. Gerade die Araber mussten in den vergangenen Jahrzehnten mit hohem Blutzoll lernen, dass ein bewaffneter Kampf gegen militärische und politische Übermächte mit militärischen Mitteln neues Leid bringt und selten zu gewinnen ist."

Nun meldete sich Thomas zu Wort, dessen Interesse bisher hauptsächlich einer der Japanerinnen gegolten hatte: „Niemand weiß, ob die blutige Toyota-Revolution in Libyen Vorteile fürs Volk bringt."

„Toyota-Revolution?", fragte Domenico.

„Sie begann mit Toyota-Pick-Ups und endete durch Gaddafis Fluchtversuch in einem Toyota. Diese Arabische Revolution hat längst auf andere Länder übergegriffen und richtet sich inzwischen gegen raffgierige marktradikale Methoden, die Menschen und Erde zerstören. Dieser Widerstand bildet sich in Israel, Madrid, New York, London und Helsinki gegen ein Wirtschaftssystem, einen Kapitalismus, der sich nicht mehr an den Menschen orientiert. Diese Finanz- und Wirtschafts-Dinosaurier fressen in ihrer globalen Gier nach den Finanz- und Rohstoffmärkten inzwischen auch die Agrarmärkte leer."

Seit langem mischte sich nun auch Enzo wieder ein: „Ist dies wirklich eine neue Aufbruchsstimmung? Repräsentieren diese Versammlungen, Assamblea wie sie sich weltweit selber nennen, 99 % der Bevölkerung? Ihr wäret nicht die erste Generation, die vergeblich von einer Weltrevolution träumt."

„Genau das ist der Punkt", nahm Wolfram diesen Einwand auf. „Es geht nicht darum, Banken abzufackeln und das ganze Wirtschaftssystem zu stürzen, von dem wir schließlich alle ein Teil sind. Globalisierung und Kapitalismus sind nicht automatisch schlecht, sondern ausgeartet. In eine ideologische Borniertheit zu verfallen, wäre ebenso schlecht wie einzelne Person oder ganze Bevölkerungsgruppen zu verteufeln."

Jetzt meldete sich Gianluca aufgeregt zu Wort: „Einspruch! Du bist offenbar noch nicht lange in Rom, um die italienischen Verhältnisse zu kennen. Hier liegt die Ursachen unserer Misere durchaus an Personen bzw. Personengruppen."

„Stimmt. Ich bin erst seit zwei Tagen hier, komme aus Deutschland und habe einige Zeit in Skandinavien gelebt. Aber einen großen Teil meines Lebens verbringe ich im Internet. Ich weiß natürlich, welchen Politiker du genau meinst." Wolfram schob sich genüsslich ein Stück Pizza in den Mund und gab Gianluca damit Gelegenheit, zu antworten.

„Es geht nicht einmal nur um ihn und seine über Jahre zusammengekaufte Regierungsmehrheit, sondern um die ganze Generation korrupter Politiker und ihr Jahrzehnte altes Kasten- und Gefälligkeitssystem. Wir wollen von diesen Politwichsern unser Land zurück! Unter deren geldfetten Ärschen verschwindet nicht nur unser Parlamentarismus und das gesamte Volk, sondern auch weltweit das Vertrauen in Land und Leute." Gianluca war etwas irritiert, dass die Heiterkeit der Zuhörer auf seine Wutrede mit Verzögerung erfolgte, weil Enzo inzwischen einige seiner italienischen Ausdrücke gestenreich ins Englische übersetzt hatte.

Darüber ergriff Wolfram wieder das Wort: „Da gebe ich dir Recht. Das ist der schon genannte Kampf gegen Diktatoren. Aber selbst wenn ihr diese selbst……..zufriedenen Politiker zum Teufel gejagt habt, ist noch nichts gewonnen. Die ganze Welt ist ein einziges Polit- und Finanz-Karussell. Und der Treibstoff hierfür ist Geld, Gier und Korruption. Trotzdem darf der Protest nicht destruktiv sein und sich pauschal gegen Globalisierung und Kapital stellen. Unter den Empörten sind viele junge Menschen aus der sozialen Mitte. Eine ganze Generation fühlt sich betrogen um ihren fairen Anteil an der Gesellschaft. Gerade durch die Globalisierung wird dieser Protest zu einer kraftvollen, weltweiten Bewegung."

„Absolut!", stimmte Domenico zu. „Viele Hacker aus Deutschland, Frankreich und Schweden haben Revolutionshilfe für Blogger und Dissidenten in Syrien, Libyen und Ägypten geleistet, indem sie Server bereitgestellt und Anleitungen zur Umgehung von Internet-Zensur verteilt haben. Ein richtiges Wechselspiel, denn in Deutschland hat inzwischen die Piratenpartei erstaunliche Erfolge bei den Wahlen. Eine Bewegung stärkt die andere und man lernt voneinander."

Nun meldete Thomas sich wieder zu Wort, der inzwischen mit einer der Japanerinnen die Mobilnummern getauscht hatte: „Zu diesem Wechselspiel hat in Deutschland auch der Chaos Computer

Club beigetragen. Die haben den Einsatz von sogenannten Staatstrojanern aufgedeckt, über die sich danach Politiker der verschiedenen Parteien stritten haben."

„Was sind Staatstrojaner?", fragte ihn Lee, die Japanerin, der Thomas inzwischen noch ein wenig nähergekommen war.

„Das sind vom Staat auf privaten Computern eingesetzte hochgezüchtete Virenprogramme, die massiv die Privatsphäre der Bürger ausspähen. Ich zeig dir das nachher mal an meinem Computer", erklärte Thomas ihr.

„Du sprachst von neuem Humanismus, Leonardo. Könnte Jesus der Mittelpunkt von diesem übergreifenden Humanismus sein?" Es war Enzo, der mit seiner Frage versuchte, die Diskussion wieder an ihren Ausgangspunkt zu bringen.

„Interessante Idee. Zumindest, was seine Botschaft, seine Ideale, seinen Einsatz für die Menschen betrifft. Fragt sich nur, wie Vertreter anderer Religionen darüber denken."

Weil Leonardo offenbar selber über seine Antwort nachdenken musste, nahm Demba das Thema auf: „Wir Muslime respektieren und verehren Jesus, so wie wir auch anderen Gesandten Gottes mit Hochachtung und Ehrerbietung begegnen. Denn genau wie im Christentum wird Jesus im Islam auf wunderbare Weise geboren, mit dem Befehl Gottes, der auch den ersten Menschen Adam ohne irdischen Vater hervorgebracht hat. Im Koran in der Sure 3:59 lesen wir: Wahrlich, Jesus ist vor Gott gleich Adam; Er erschuf ihn aus Erde, alsdann sprach Er zu ihm: >Sei!< und er war."

Inzwischen waren die von Domenico geschätzten zwei Stunden vergangen, als Leonardo, Gianluca und Thomas zeitgleich ein neuer Flashmob erreichte. Diesmal zum Gebet im Orangengarten an der Basilika Santa Sabina auf den Monte Aventino. Domenico und Enzo lehnten eine Teilnahme ab. Die Auflösung der Gruppe wurde beschleunigt, durch einen Ausruf von Thomas: „Oh nein, bitte nicht Tinnitus!"

Bevor er sich mit Lee im Arm davonmachte, warnte er Domenico vor dem ungefähr zwanzigjährigen blonden jungen Mann, der zielstrebig auf die Gruppe zukam. „Wir nennen ihn Tinnitus, weil er plötzlich kommt, und man ihn kaum wieder loswird. Er selber nennt sich Titus, heißt in Wirklichkeit Theo Meyer. Er gehört zu den beneidenswerten Menschen, die alles wissen. Lasst ihn nur nicht merken, dass ihr Deutsch sprecht, sonst erlebt ihr das volle Programm, Tinnitus erklärt die Welt."

„Hey, Leute, was geht ab?" Tinnitus' Worte in breitem Sächsisch gingen ins Leere. Denn auch Leonardo, Gianluca und Wolfram waren bereits gegangen. Domenico und Enzo hatten es nicht mehr geschafft zu gehen und besprachen nun im lebhaften Italienisch die neueste Entwicklung an Roms Wertpapierbörse. Blieb Demba, den Tinnitus nun in grausigem Englisch in ein Gespräch verwickelte. „Sag Demba, was Tinnitus auf Englisch heißt, Enzo."

„Tinnitus!"

Das letzte Stück ihres gemeinsamen Weges gingen sie schweigend nebeneinander her. Enzo hatte vorgeschlagen, gemeinsam bis zur Tiberbrücke Ponte Sant' Angelo zu gehen, wo man sich trennen wollte. Doch vorher hatte er eine Überraschung für Domenico, die für diesen nicht einmal die letzte des ereignisreichen Tages bleiben sollte.

„Zu den derzeitigen Befreiungsbewegungen und Assambleas passt eher Rap als Abba Musik.", brach Domenico das nachdenkliche Schweigen. „Aber auch im Blues liegt neben Traurigkeit viel Aufbegehren, Aggression und Rebellion." Dabei dachte er speziell an einige Songs der amerikanischen Bluessänger Howlin' Wolf und Leadbelly.

Plötzlich war Enzo am Eingang der Herberge des Palazzo dei Penitenzieri auf der Via della Conciliazione stehen geblieben.

PLÖTZLICHES MISSTRAUEN

Luigi hätte zufrieden sein können mit der neuen Situation. Doch etwas störte ihn nach seinem Gespräch mit Julius. Noch mehr störte ihn, dass er nicht wusste, was es war. Doch jetzt galt es zuerst einen Baumeister zu finden. Dabei wurde ihm plötzlich klar, wie einsam er in Rom ohne seine Freunde war. Bei der Überlegung, wen er wirklich dazu zählen konnte, dachte er mit Schmerzen an den Streit mit seinem Bruder.

Papst Julius hatte zur Bedingung gemacht, niemanden aus der Baukommission zu Rate zu ziehen. Aus diesem Kreis zählte lediglich Luca Cordelo zu seinen Freunden. Fiel auch er unter den päpstlichen Bann? Würde Julius überhaupt erfahren, wenn er ihn befragte? Über diese Überlegungen fiel ihm plötzlich der Grund seines Unbehagens ein: Der Papst war nicht nur sehr gut über sämtliche Arbeiten in der Baukommission informiert, sondern auch über Luigis private Vorhaben. „Ein Papst gilt zwar als unfehlbar, doch derartige Informationen wird ihm nicht sein Gott zugeflüstert haben", sinnierte Luigi. Über seine Reisepläne hatte er lediglich mit Alberto und Maria gesprochen, denen er blind vertraute. Wie also hatte der Papst davon erfahren? Etwa über seine Reisekasse? Nur sein Bankier Luca Cordelo wusste von seiner Geldverfügung. Obwohl Luigi seinen eigenen Gedanken nicht trauen wollte, eilten diese weiter. Sein Gutachten, über das Julius ebenso Bescheid gewusst hatte, kannte nur Cordelo. War er ein Spion für Papst Julius? Stammten von ihm auch die genauen Informationen über die Arbeit der Baukommission?

Luigi wurde mit einem Male so übel, als hätte er von seinem eigenen Abführmittel getrunken. Das erste Mal seit langer Zeit ging er nicht zu Alberto, sondern ohne Mahlzeit direkt zu Bett. Auch dort fand er keine Ruhe. Überall glaubte er Augen zu sehen, die ihn beobachteten. Trotz seiner Müdigkeit schlief er schlecht und wurde von bösen Träumen geplagt. Dabei waren abwechselnd Julius und Cesare Borgia seine Verfolger. In seinem Traum lief er einem Mann mit zwei Gesichtern hinterher. Obwohl dieser nicht besonders schnell lief, kam er ihm nur langsam näher, denn seine Beine und Schritte waren schwer. Immer, wenn dieser Mann sich umdrehte, sah Luigi in das freundliche Gesicht von Luca Cordelo. Das Gesicht auf seinem Hinterkopf blieb dagegen seltsam verschwommen. Gerade, als er diesen seltsam doppelgesichtigen Mann beinahe eingeholt hatte, packten ihn im Traum von hinten Julius und Cesare. Er erwachte von seinem eigenen Schrei. Niemals! Niemals wollte er Cordelo diesen Verrat zutrauen. Es wurde schon hell, als Luigi wieder einschlief.

Erst am zweiten Abend nach dieser Nacht ging er wieder zu Alberto, der sich schon Sorgen gemacht hatte. Und sein Freund wusste Rat: „Stell Cordelo auf die Probe. Lass ihn etwas wissen, was nur er erfährt. Weiß es danach Julius, ist Cordelo der Spion. So hat Cesare Verräter überführt."

Für diesen Abend war Luigi nicht bereit, sich auf diesen Rat einlassen. Er selber kam sich vor wie ein Verräter gegen Cordelo. Zudem hatte er keine Informationen, die er weitergeben konnte. Doch schon am nächsten Abend vagabundierten die Gedanken wieder in seinem Kopf. Zudem bekam er Informationen, mit deren Weitergabe er sein Vertrauen zu Cordelo wieder endgültig herstellen wollte.

An diesem Abend machte Alberto Luigi mit Giuliano da Sangallo bekannt, einem Baumeister aus Florenz. Selbstverständlich hatte er von den Neubauplänen von St. Peter erfahren. Darüber gekränkt, dass er nicht vom Papst in die Baukommission berufen worden war, hatte er einen eigenen Entwurf erstellt. Doch mit seiner Kränkung verschwanden auch diese Pläne wieder. Erst einige Becher Wein, mit Alberto getrunken, spülten alles wieder hervor. So auch die Pergamentpläne, die Sangallo schon am nächsten Abend vor dem interessierten Luigi ausbreitete. Nach dem dritten Becher Wein überließ der verhinderte Baumeister Luigi die Pläne. Einen davon schickte er mit einer Notiz umgehend zu Cordelo und bat ihn um eine baldige Unterredung darüber. Vor diesem Gespräch, so Luigis ausdrücklicher Wunsch, sollte niemand davon erfahren.

Während er noch auf Cordelos Antwort wartete, bekam Luigi eine Nachricht vom Primicerius Giovanni Almondo. Der Heilige Vater wünsche eine dringende Unterredung. Tatsächlich hatte Julius von den Plänen erfahren. Darüber war Luigi so erschüttert, dass er es nur mit Mühe schaffte, ein Treffen mit Julius und Sangallo zu verabreden. Kurz darauf erhielt er auch von Cordelo die Einladung, mit ihm über diese Pläne zu sprechen. Luigi zitterte am ganzen Leib, als er sich bei dem sehr jungem Sekretär des Bankiers, Giacomo Lotte, anmeldete. Luigi erinnerte sich, dass Luca von ihm erzählt hatte. Er war der ehrgeizige Neffe Giacomo - genannt Giaco - seines Cousins Bischof Andrea Cordelo, auf dessen Wunsch Luca den jungen Mann angestellt hatte.

Im Gespräch mit Luca irrten Luigis Gedanken hilflos zwischen Verrat und Vertrauen so lange hin und her, bis er zu keinem vernünftigen Gedanken mehr fähig war und die Kontrolle über seine Worte verlor. Erst, als er wieder die kühle Luft im Freien einatmete, erinnert er sich bruchstückhaft, Cordelo lautstark beschimpft zu haben. An dessen Rechtfertigungen konnte er sich beim besten Willen nicht mehr erinnern. Hätte er geahnt, welch tragischen Verlauf diese Angelegenheit nehmen sollte, wäre er ganz sicher seiner Eingebung gefolgt, umzukehren, um noch einmal in Ruhe mit Cordelo zu reden. Doch in seiner Erregung verschob er dies auf den folgenden Tag. Zudem drängte die Zeit, denn bald schon war er mit Sangallo verabredet, um anschließend mit dessen Plänen beim Papst vorzusprechen.

Er staunte, dass Julius und Sangallo sich gut kannten. Daher war der Papst weniger als Luigi überrascht, dass Sangallo sich die Aufgabe als Baumeister nicht zutraute. Wobei seine dringenden Arbeiten in Florenz als Grund nur vorgeschoben waren. Immerhin konnte Julius ihn überreden, mit Luigi nach Florenz zu reisen, um Michelangelo als Baumeister zu gewinnen.

Noch am Abend reisten sie ab und kamen im Morgengrauen dort an. Obwohl Sangallo sich rühmen durfte, ein Vertrauter Michelangelos zu sein, empfing dieser sie erst am Nachmittag. Luigi vermutete, der Meister habe einen schlechten Tag, weil er sie äußerst unfreundlich empfing. Auch Luigis Vorschlag, am nächsten Tag über Michelangelos Reise zum Papst zu sprechen, verweigerte er sich mit groben Worten. Seine Zeit lasse es nicht zu, nach Rom zu reisen. Wenn Papst Julius etwas von ihm wolle, möge der nach Florenz kommen. Für Luigi war es unbegreiflich, wie jemand ein Kunstwerk erschaffen kann von der Feinfühligkeit seiner Pieta, um sich daneben aufzuführen wie ein ungehobeltes Brett.

Sangallo erklärte, dass Michelangelo für drei Dinge bekannt sei: Für seine begnadete Kunst, seine Unfreundlichkeit und seine Liebe zum Geld. Dennoch bereute Luigi nicht seine Reise nach Florenz. Er war zutiefst vom Zauber dieser Stadt befangen, die ihm Sangallo zeigte. Jetzt verstand er, warum Franka Franguinetti so von dieser in Schönheit und Gediegenheit ruhenden Stadt schwärmte. Vor allem bewunderte Luigi Michelangelos kolossale Carrara-weiße Marmorstatue des biblischen David vor dem Palazzo della Signoria. Sich selber wünschte er Davids Gelassenheit, mit der dieser dem Kampf seines Lebens entgegen sieht. Dem Künstler wünschte Luigi im Umgang mit seinen Mitmenschen zumindest ein Minimum der Sensibilität, die dieses marmorne Kunstwerk ausstrahlt. Darüber konnte er nun auch Michelangelo verstehen: Würde er an dessen Stelle diese Stadt verlassen, um in Rom zu leben?

Als Sangallo ihm die Stelle zeigte, an der man Savonarola verbrannt hatte, sehnte er sich doch wieder zurück in das ihm vertraute Rom. Er brannte förmlich darauf, Papst Julius die unfreundliche Botschaft von Michelangelo zu überbringen. So weit, dass Julius Michelangelo wie Savonarola verbrennen lassen solle, gingen Luigis Gedanken in seiner Wut indes nicht. Man verabschiedete sich bei der Herberge, wo sie am Morgen ihrer Ankunft einige Stunden geschlafen hatten. Nachdem Luigi dort sein bescheidenes Gepäck geholt hatte, blieb noch etwas Zeit bis zur Abfahrt der Abendkutsche nach Rom. Daher ging er in die nahegelegene Schänke, die ihm sein Zimmerwirt empfohlen hatte. Dort blieb es jedoch nicht bei der Abendspeise, die ihm die rothaarige Florentinerin Florence mit kühlem Wein und heißen Blicken servierte.

Dass Luigi doch nicht am Abend zurück nach Rom fuhr, kümmerte niemanden. Ebenso wenig, dass er die folgenden drei Tage und vor allem vier Nächte mit der feurigen Florence verbrachte. Luigi erfreute es, niemandem für diese Zeit Rechenschaft ablegen zu müssen. Da Florence für reichlich Speisen, Getränke und noch mehr feurige Liebe sorgte, taten sie an den Tagen und Nächten keinen einzigen Schritt aus ihrer Kammer. Erst als Florence nach der vierten Nacht sich um ihren plötzlich erkrankten Vater kümmern musste, machte Luigi sich müde auf den Weg nach Rom.

Die holprige Kutschfahrt weckte ihn immer wieder aus nur kurzen Phasen des Schlafes. Die heftigen Kopfschmerzen, die ihn quälten, waren vermutlich dem Wein geschuldet, mit dem Florence ihn reichlich versorgt hatte. Nicht einen Scudi hatte sie ihm dafür berechnet. Waren die feurigen Florentinerinnen der Grund, warum Sangallo in seiner Heimatstadt regelrecht aufgeblüht war? Erst, als die Kutsche die Piazza del Popolo erreicht hatte, erkannte Luigi, dass Rom ihn wieder hatte. Über den Corso ging die Fahrt vorbei an Kirchen, Gebäuden und zertrümmerten Triumphbögen, immer wieder unterbrochen von wild wuchernden Gärten. Erst jetzt erblühte in seiner Erinnerung das strahlende Bild von Florenz. Das erste Mal hatte er eine andere Stadt als Rom gesehen. Jetzt vermochte er zu vergleichen. Hier Florenz, die Stadt geprägt durch ihre Schönheit. Beinahe jeder Pallazzo ein architektonisches Meisterwerk, überstrahlt nur durch den Dom, mit seiner alles beherrschenden Kuppel. Gebaut in der Bewunderung für das römische Pantheon.

Und das Vorbild Rom, die Stadt, durch die er jetzt fuhr, was hatte sie außer dieser stillen Größe der Vergangenheit zu bieten? Die halbversunkene Trümmerwelt der cäsarischen Weltgeschichte. Auf dem Kapitol, wo sich einst der Mittelpunkt aller Größe Roms befunden hatte, weideten Ziegen. Überall Häuserklumpen, Trümmer und Reste von ehemals herrschaftlichen Palästen. Das jetzt von Rindern belebte Forum mit seinen uralten Kirchen, zerstörten Triumphbogen und halbverschütteten Säulen. Die von Efeu umschlungenen Mauern des Cäsarenpalasts und die zerbröckelten Quader des Colosseum bis hin zu den zersplitterten Kolossen der Caracallathermen.

Hier, in diesem Rom, wollte er mit seiner Höheren Aufgabe einen zentralen Platz des Lebens schaffen? Erschaffe einen Ort! Wie früher das Zentrum Roms, das Kapitol? Unerreichbar schien ihm dieses Ziel. Die Mächtigen des heutigen Rom duldeten nichts mehr dergleichen. Wer würde wem es zugestehen, dieses Zentrum? Der Papst dem römischen Stadtadel? Der römische Stadtadel dem Papst? Die Macht und der Einfluss der Päpste waren nie groß genug gewesen, einen zentralen Platz des Lebens und damit Rom seinen Mittelpunkt zu schaffen.

Die Residenz der Päpste hatte immer schon außerhalb Roms gelegen. Zuerst im Lateran, dann im vatikanischen Borgo. Umzogen von der Leonischen Mauer, verliert es sich von der düsteren Engelsburg aufwärts bis herab zu Santo Spirito. Der Dom St. Peter, der päpstliche Palast und das Kastell bildeten die vatikanische Stadt. Doch welches Bild zeigt allein die Basilika St. Peter, jener heiliger Ort der Pilger, das Petrusgrab? Wo ist seine Ausstrahlung mit seiner Marmortreppe, dem halbverfallenen Vorhof, dem Glockenturm? Auch die nächste Umgebung von St. Peter, die Bühne großer christlicher Feierlichkeiten, der Borgo, präsentiert sich in grauer Einfalt und Ärmlichkeit.

Noch trüber wurden Luigis Gedanken, als er überlegte, wie er Papst Julius die Ablehnung von Michelangelo überbringen sollte. Reichte der Einfluss des Papstes tatsächlich nicht einmal aus, Michelangelo nach Rom zu befehlen? Plötzlich rüttelte ein besonders tiefes Loch in seinem brummenden Kopf einen neuen Gedanken frei: Er erinnerte sich aus Frankas Erzählungen, dass zwischen den bekannten Baumeistern und Künstlern wie Leonardo, Bramante, Rafael und Michelangelo eine starke Rivalität bis hin zur Missgunst herrschte. Vielleicht konnte er diesen gegenseitigen Neid nutzen und einem Konkurrenten die Bauleitung andienen. Die Kutsche hatte inzwischen das genannte Ziel, den Vatikan, erreicht. Anstatt sofort den Papst aufzusuchen, gab er den Befehl, den Borgo wieder zu verlassen.

Während die Kutsche, vorerst ohne Ziel, wieder anfuhr, nahm Luigi erneut seinen Gedanken über einen passenden Konkurrenten zu Michelangelo auf. Den Affen Rafael wollte er nicht fragen und Leonardos Nähe zu Cesare Borgia war noch nicht vergessen. Blieb somit nur Bramante, zu dessen Wohnung Luigi sich fahren ließ. Aber auch bei ihm setzte sich Luigis Kette der Erfolgslosigkeit fort. Bramante war nicht einmal bereit, ihn zu empfangen. Erneut hatte Luigi Zeit verloren und seine Laune war zu schlecht, als dass er den Abend alleine verbringen wollte. Ohne seine eigene Wohnung aufzusuchen, schlug er den Weg zu Alberto ein, um gegen alles was ihn quälte, tapfer anzutrinken.

Und wieder war es eine Frau, die seine Pläne, aber vor allem seine Laune veränderte. Schon beim Betreten des Lokals war ihm Barbara de Byzanz mit ihrem schwarzen Haar, den dunklen Augen, ihrer grazilen Figur aufgefallen. Ihre in schwarz gehaltene Kleidung lockerte sie geschickt mit einem lila Kopftuch und einigen Schärpen auf, ebenfalls in Lila. Ihren Namen verdankte sie ihren Vorfahren aus Konstantinopel, wie Luigi von ihr selbst erfuhr, nachdem Alberto sie einander vorgestellt hatte. „Mich überzeugt die Weisheit griechischer Philosophen. Religionen mit ihren starren Behauptungen und teilweise zu strengen Regeln befremden mich. Wichtig ist, wie jemand mit sich, seinem Körper und seiner Seele umgeht – sowie mit den Rechten anderer Menschen. Kein Gott kann es gutheißen, Menschen in seinem Namen zu quälen, zu töten oder zu unterdrücken."

Barbara und Luigi fühlten sich von Beginn an als Vertraute im Geiste. Als er ihr von seiner Höheren Aufgabe erzählte, erinnerte Barbara dies an die Geschichte der Hagia Sophia. Luigi kannte sie nicht und drängte darauf, sie zu erfahren. Wie sehr sie ihre Heimat liebt, sah Luigi, als Barbara ihn in ihre kleine in einem Hinterhof verborgene Bleibe führte. „Nur hier, in dieser Oase für meine byzantinische Seele, kann ich dir die Geschichte der Hagia Sofia in einer diesem Bauwerk angemessenen Weise erzählen."

Mit diesen Worten verschwand sie hinter einem Vorhang, der zwischen zwei mächtigen Säulen gespannt war. So blieb Luigi ausreichend Zeit, sich in dem Raum umzusehen. Durch einen riesigen Spiegel, der fast eine gesamte Wand bedeckte, wirkte der Raum übermäßig groß und beinahe wie ein weitläufiger Tempel. Anders als in einem gewöhnlichen Spiegel sah man darin jedoch nicht das gespiegelte Bild des Raumes. Luigi wollte nicht glauben, dass die zwei großen und die vielen kleineren Wandteppiche in ihrem Spiegelbild völlig anders aussahen als auf der Wand, die sie komplett bedeckten. Diese unterschiedliche Ansicht betraf nicht nur die kunstvollen Motive sondern auch die warmen Farbtöne, in denen die Teppiche gewebt waren. Auch die Gesichter der Büsten und Köpfe und Skulpturen schienen im Spiegel einen anderen Gesichtsausdruck zu zeigen als bei ihrer direkten Betrachtung. Die auf kleine Holzplatten gemalten Tafelbilder, Ikonen, wie Barbara sie nannte, erinnerten Luigi an die Fresken in Roms Kirchen. Nie zuvor hatte er Kunstwerke in solch miniaturisierten Darstellungen gesehen. Die Arbeiten in Emaille, die aus Elfenbein geschnitzten Figuren, sowie den Gold- und Silberschmuck hätte Luigi in dieser Feinheit nie für möglich gehalten. Unter den dicken, weichen Teppichen schauten an einigen Stellen kunstvolle Mosaiken hervor. Später würde Barbara Luigi ihre umfangreiche Sammlung von Gemmen, Kameen, Gefäßen, Statuetten und Medaillen zeigen. Besonders stolz war sie auf ihre alten griechischen Bücher und Handschriften.

Luigi spürte, wie der intensive Duft, der ihn vom ersten Moment umspielt hatte, ständig zunahm und seine Sinne immer wieder veränderte. Den Quell dieses Duftes konnte er nicht wirklich zuordnen. Entströmte er den vielen Kerzen und Öllampen oder dem üppigen Blumenstrauß mit seinen großen weißen Blüten? Gerade, als Luigi sich in angenehmer Benommenheit auf einem Futon niedergelegt hatte, erklang leise, melodiös rhythmische Musik. Sie floss, wie er sah, aus einer kleinen mit Edelsteinen besetzten Musikdose, die mit einem goldenen Schlüssel aufgezogen wurde.

Die schon vorher ruhige Beleuchtung verdunkelte sich noch ein wenig, bevor Barbara sich aus dem kaum bewegenden Vorhang löste und auf einem Klangteppich der Musik in den Raum schwebte. In einen halbdurchsichtigen schwarzen und mit lila Fäden durchwirkten Schleier gehüllt, begann sie ihren Vortrag der Bewegten Worte. Begleitet vom Klang und dem Rhythmus ihrer Stimme, tanzte sie Luigi die Geschichte der byzantinischen Kirche Hagia Sophia zu Konstantinopel vor.

Das Wort Hagia Sophia stammt aus dem Griechischen und bedeutet Heilige Weisheit. In der Sprache von Barbaras ausdrucksstarkem Körper erlebte Luigi den Bau der Vorgängerkirche, der Megale Ecclesia, geweiht im Jahre 360 unter dem römischen Kaiser Konstantius II. Die nächste Strophe erzählte die Zerstörung am 23. Februar 532 bei einem Aufstand. Unter Barbaras Bewegungen, begleitet von Musik und Rhythmus der Spieluhr, sah Luigi die fünfschiffige Basilika regelrecht in sich zusammenfallen. Nach einem nur kurzen Moment der Bewegungslosigkeit erhob Barbara sich alsbald zu einer neuen, mächtigeren Kirche, der jetzigen Hagia Sophia. Wegen ihrer Bedeutung als Hauptkirche und christlichen Säule des Byzantinischen Reiches hatte Justinian I. sofort mit dem Neubau der mächtigen Kuppelbasilika beginnen lassen. Als byzantinischer Kaiser hatte er genügend Geld und Einfluss, eine Kirche zu versprechen, „wie es sie seit Adams Zeiten nicht gegeben hat und wie es sie niemals wieder geben wird."

Besonders der letzte Teil dieses Satzes, damals gesprochen von Justinian, jetzt bewegt vorgetragen von Barbara, erinnerte Luigi an sein Gelübde. Wie konnte er in Wettstreit mit dem mächtigen Kaiser Justinian treten? Sein Neid entbrannte vollends, als Barbara ihm vorspielte, wie schnell die Hagia Sophia erbaut worden war. Unter der Bauleitung des Architekten Anthemios von Tralleis und dem Mathematiker Isidor von Milet wurde die Kirche in nur fünf Jahren von über hundert Vorarbeitern und bis zu zehntausend Arbeitern fertiggestellt. Am 27. Dezember 537 von Kaiser Justinian I. geweiht, stand sie fortan neben den vier weltlichen Säulen: das römische Recht, die römische Verwaltung, die griechische Sprache und die griechische Kultur. Jede dieser Säulen stellte Barbara ebenso lebhaft dar wie die Szene, in der Kaiser Justinian mit seinem Triumphwagen in die Kirche fuhr und Gott dankte. „Ruhm und Ehre dem Allerhöchsten, der mich für würdig hielt, ein solches Werk zu vollenden. Salomo, ich habe Dich übertroffen."

Luigi war sich absolut sicher, dass Barbaras Stimmklang und Körperakustik Justinians Ausdruckskraft bei weitem übertraf. Bis zu diesem Abend hatte er nie ein anderes Bild dieser Hagia Sophia gesehen als das, welches Barbara ihm vorgespielt hatte. Dennoch war er so von der Mächtigkeit dieser Kirche beeindruckt, dass er mehr denn je am Gelingen seiner Höheren Aufgabe zweifelte. In Rom hatte selbst Papst Julius nicht genügend Macht, einen Bau zu erstellen wie diese Hagia Sophia. Konnte er mit seiner Höheren Aufgabe Justinian und damit auch Salomons Tempel erneut übertreffen? Würde seine Lebenszeit hierfür ausreichen? Barbara schien seine Gedanken erraten zu haben: „Luigi, nicht Macht und Geld allein entscheiden, sondern der Wille. Wille ist Energie und Energie schafft Großes."

Barbara war am Ende der Geschichte angelangt. Das Bestreben von Kaiser Justinian war es, mit diesem Bau Staat und Kirche in Byzanz zu vereinigen. Bald schon sollte Luigi sich daran erinnern. Dann, wenn mächtige Kräfte dieses Ziel auch für Rom durchsetzen wollen und nicht nur ihn damit in große Bedrängnis bringen werden.

In dieser Nacht kam es erst einmal zu einer Symphonia, einem engen Zusammenspiel der Liebe mit Barbara, in ihrer byzantinischen Oase. Noch bezaubert von dieser symphonischen Nacht, ermutigte Barbaras Klugheit und Anreiz Luigi am Morgen zu einer Frage: „Was reizt eine schöne und kluge Frau, wie du es bist, an mir? Einem kleinen Mann von nicht gerade vorteilhaftem Äußeren, wie ich es bin?" Luigi sah in den großen Spiegel, als wollte er selber das Erfragte entdecken. Etwas, was er bisher übersehen haben musste.

Barbara lachte ihr charmantes Lachen, nahm seine Hand und führte ihn zu ihrem Bett. „Nein, Luigi, du findest es nicht im Spiegel. Die Größe deines Körpers ist in der Tat recht unauffällig. Dies wird auch mein Spiegel dir bestätigen." Barbara ließ ihren Blick langsam an Luigi hinauf- und hinuntergleiten. Und es schien ihr zu gefallen, was sie sah. „Mit meinen Worten alleine kann ich es dir nicht erklären. Lass es mich deshalb in meinen bewegten Worten ausdrücken.

Wenn ich indes genau betrachte dich

Langsam, mit Beginn dieser Worte, bewegte Barbara sich mit ihren tänzerisch-weichen Schritten um Luigi herum. Wieder erklang eine Melodie. Er hatte nicht einmal bemerkt, wie Barbara diesmal eine andere Spieluhr aufgezogen hatte. Der Rhythmus ihrer Worte und deren Melodie waren im Einklang mit den leichten Bewegungen ihres Körpers. Allein ihre Blicke versprühten eine große Ungeduld, in der sie jede Gelegenheit nutzten, sich auf Luigis Körper munter zu tummeln.

Dein Körper ist so unansehnlich nicht
denn wohlgeraten sind die Proportionen

Luigi verfolgte jede ihrer Bewegungen. Wie Barbara sich ihm bis hin zur sanften Berührung näherte, um ihn dann alsbald wieder zu umflattern wie ein Schmetterling. Zart und munter zugleich.

Und dort, was dich zum Manne macht,
sind sie nicht einmal schlecht bemessen

Barbara war vor Luigi stehen geblieben, legte ihre warmen Hände um seine schmalen Hüften und fuhr fort in ihren bewegten Worten.

Das Offensichtliche jedoch,
das liegt verborgen im Gesicht

Barbaras Blick aus ihren dunklen Augen blieben nun auf Luigis Gesicht haften. So intensiv, dass er errötete. Ihre Stimme legte sich über Luigis Körper wie ein Schleier.

Von außen denn, wohl eher fahl wie Asche
doch voll der Wärme noch
vom kürzlich erst verlosch'nen Liebesfeuer

Barbara berührte mit ihren Händen Luigis Gesicht. So also fühlt es sich an, wenn der Schmetterling ihn berührt mit seinen zarten Flügeln.

Die Augen doch, die letztlich sind's,
die einer Frau wie ich es bin
die Sehnsucht weckt nach dir

Jetzt war es Luigi, der Barbara erst mit seinen Blicken verzehrte, gefolgt von seinen Händen, die über ihren Körper schwebten, um dann sich dem Liebesakt hinzugeben.

Luigi fühlte sich so behaglich in dieser byzantinischen Oase, dass es viel Feingefühl von Barbara nötig war, ihn zu bewegen, sie erst einmal zu verlassen. Tief versunken in seine Gedanken an die vergangene Nacht, machte er sich auf den Heimweg. Kurz bevor er seine Unterkunft erreicht hatte, schreckte er regelrecht zusammen, als ihn der Apotheker Claudio Carminato mit ernsthaft-sorgenvollem Gesicht ansprach: „Luigi, gut dass ich Euch antreffe, bevor Ihr Eure

Wohnung betretet. Denn dann wäre es zweifellos zu spät. Man erwartet Euch sehnsüchtig."

Luigi war nicht gewillt, sich von dem lästigen Carminato die Erinnerungen der Nacht verderben zu lassen. „Dass man mich voll Sehnsucht erwartet, scheint zur guten Sitte zu werden. Bislang hat mir dies nie geschadet." Mit diesem Einwand wollte er Carminato zur Seite drängen.

„Wenn Ihr darauf aus seid, von Paolo Bossi in einen finstern Kerker eingesperrt zu werden, wohlan. Dort werdet Ihr Zeit genug finden, darüber nachzudenken, wie Ihr Euch gegen seinen Vorwurf zur Wehr setzt." Carminatos Gesicht zeigte jenes hinterhältige Lauern, weshalb Luigi bislang versucht hatte, sich von diesem Mann fernzuhalten. Doch er spürte, dass dieser Mann diesmal etwas gegen ihn in der Hand hatte, was es ihm unmöglich machte, dem zu entrinnen.

„Wer ist Paolo Bossi und welche Vorwürfe macht er mir? Bin ich seinem Weib zu nahe gekommen?" Luigi war plötzlich von einer tiefen Angst befallen. Dieser Scherz, mit dem er sie vertreiben wollte, erstarrte in Carminatos Stimme, die kalt war wie der Winterwind am Tiberufer.

„Paolo Bossi, Generalkapitän von Rom, wird Euch niemals für so etwas verantwortlich machen. Dafür ist sein Interesse an der Weiblichkeit zu gering. Er macht Euch für den Mordanschlag auf Luca Cordelo verantwortlich."

DOMENICO, FABRICIO UND BARBARA

Nachdem Domenico sich von Enzo verabschiedet hatte, versuchte er vergeblich, Carlotta anzurufen. Offenbar war sie mit ihrer Mutter bereits auf dem Weg in die Oper. Zu gerne hätte er ihr erzählt, wie ihr Vater ihm soeben ein Zimmer besorgt hatte, das er alleine bewohnen würde. Stattdessen rief ihn Fabricio, Barbaras Mann, an und lud ihn spontan ein, zu ihnen zum Abendessen zu kommen. „Seit unserer Hochzeit haben wir uns nicht mehr gesehen. Eindeutig zu lange! Die Ausrede ‚keine Zeit' gilt nicht. Also bleibt nur ‚keine Lust' übrig."

Domenico hatte tatsächlich Lust und am Abend holte Fabricio ihn mit seinem Ferrari ab. „Schön, dass du so kurzfristig kommen konntest", begrüßte Barbara Domenico. „Die Idee, dich einzuladen, kam recht spontan, als Fabricios Bruder sich überraschend angekündigt hatte. So lernt ihr euch auch endlich mal kennen. Ich hatte heute Abend kurz mit Carlotta gesprochen, bevor sie zur Oper fuhr."

„Dann hattest du großes Glück, ich bin nur auf ihrer Mailbox gelandet", versuchte Domenico möglichst gleichgültig zu klingen.

„Wir haben auch nur ganz kurz gesprochen. Sie erwartete jeden Moment Eljero, der sie und ihre Mutter zur Oper abholen würde."

„Wer ist Eljero?" Domenico hatte den Namen von Carlotta nie gehört.

„Irgendein Schulfreund von Carlotta. Er studiert in den USA und ist zurzeit in Italien."

„Offenbar nicht nur zum Klassentreffen", murmelte Domenico.

Wohl beide waren froh, dass die immer länger werdende Gesprächspause von Fabricios Bruder und dessen Freundin unterbrochen wurde, die in die Küche kamen. „Das also ist der Mann, der für mich als Trauzeuge eingesprungen ist. Hallo Domenico, ich bin Stefano und das ist meine Freundin Carmen."

BOCCA ROSSA

Von Carminato erfuhr Luigi, dass Paolo Bossi zum Nachfolger von Cesare Borgia ernannt worden war. Er hatte bereits unter ihm gedient, war jedoch offensichtlich in keine seiner finsteren Machenschaften verstrickt. Da er mit den Verhältnissen in Rom gut vertraut war, hatte man ihm diese für Rom wichtige Stellung anvertraut. Zur Sicherheit war er direkt Papst Julius unterstellt. Nahezu willenlos folgte Luigi Carminato in dessen Haus. Schon auf dem Weg dorthin erfuhr er die Einzelheiten der Tat, die Bossi ihm zur Last legte.

Zwei Tage nach Luigis Abreise nach Florenz hatte Cordelos Frau ihren Mann blutüberströmt vor der Wohnung gefunden. Nur durch schnellste Hilfe konnte die starke Blutung gestoppt werden. Die Wunde stammte offensichtlich von einem Messerstich. In den von Bossi augenblicklich aufgenommenen Ermittlungen hatte Cordelos Sekretär Giaco Lotte ihm erzählt, dass Luigi Tage zuvor Luca Cordelo im Streit gedroht hatte, ihn umzubringen. Mehr hatte Carminato nicht erfahren können. Erst nach einem hastig getrunkenen Becher Wasser kamen Luigis Gedanken langsam wieder in Gang. „Was ist mit Luca? Lebt er?" Seine Stimme überschlug sich vor Verzweiflung. Cordelo reichte ihm wortlos einen weiteren Becher Wasser. „Hat man ihn nicht befragt? Er muss bezeugen, dass nicht ich es war."

Immer noch schwieg Carminato ungewöhnlich lange, bevor er antwortete: „Niemand weiß, ob er noch lebt. Er hatte viel Blut verloren, als man ihn fand, und war ohne Bewusstsein. Als Paolo Bossi ihn und seine Frau am Morgen nach dem Überfall erneut in ihrer Wohnung aufsuchen wollte, waren beide spurlos verschwunden." Carminato machte erneut eine Pause. Offensichtlich, um darüber nachzudenken, wie er Luigi helfen konnte. Luigi wusste, man würde ihn für zwei Morde verantwortlich machen, falls man ihre Leichen fände. Inzwischen hatte sein Gegenüber sein Nachdenken beendet: „Wo wart Ihr während der Tatzeit? Bevor Ihr Paolo Bossi diese Frage nicht beantworten könnt, solltet Ihr Euch möglichst fern von ihm halten."

Ja, natürlich, das war die Lösung! Carminato hatte ihn ein weiteres Mal gerettet. Luigi tat es nun schon leid, dass er vorher so wütend auf ihn gewesen war. „In dieser Zeit war ich doch in Florenz! Zuerst bei Michelangelo und danach vier Nächte bei der feurigen Florence. Sie wird dies bezeugen."

Luigis Gesichtszüge entspannten sich. Doch Carminato blieb nachdenklich. „Ihr werdet Bossi den genauen Namen und den Wohnort jener Frau nennen müssen. Außerdem wird Zeit vergehen, bis man sie befragt hat. Wie, sagtet Ihr, war der Name jener Dame?" Carminatos Gesicht hatte nun wieder etwas Lauerndes.

„Florence. Mehr als ihren Namen und die Farbe ihrer roten Haare und der grünen Augen kann ich nicht benennen." Luigis Zuversicht sank augenblicklich wieder.

„Ich kenne eine Frau, die der rothaarigen Florence gleicht. Ich kenne sie sogar so gut, dass sie ganz sicher bestätigen wird, dass Ihr Euch genau zur kritischen Zeit bei Ihr aufgehalten habt. Sie lebt allerdings in Rom und könnte Euren Aufenthalt bei ihr somit auch nur für Rom bestätigen."

Carminato schien seiner eigenen Lösung nicht zu trauen. Denn er bedrängte Luigi nicht weiter, als der dieses Angebot ablehnte: „Anstatt mich zu den Anschuldigungen zusätzlich in Lügen zu verstricken, muss man jene Florence aus Florenz ausfindig machen. Der Gastwirt! Er wird uns zu Florence führen. Und die wird sich ohne Zweifel an mich erinnern", war Luigi sich völlig sicher.

Carminato schickte augenblicklich einen Boten nach Florenz, der die Zeugin nach Luigis Angaben ausfindig machen sollte. Noch größer war Luigis Dankbarkeit, dass er für die Zeit des Wartens bei ihm bleiben durfte, um sich hier vor Paolo Bossi zu verbergen. Luigi und Carminato verbrachten so viel Zeit miteinander wie nie zuvor. Dass sein großzügiger Gastgeber mit ihm ausgerechnet über Kaiser Justinian aus Konstantinopel sprach, war ein offensichtlicher Zufall. Vor allem über Justinians Pläne der Vereinigung von Staat und Kirche im Byzantinischen Reich war Carminato erstaunlich gut informiert und zeigte dafür großes Interesse. Rom müsse es Justinian nachmachen, um endlich zurückfinden zu Zeiten der ruhmreichen Kaiser wie

Nero, Cäsar und Augustus. Wäre Luigi nicht zu müde gewesen, hätte er vielleicht in Carminatos Worten dessen finstere Entschlossenheit gespürt, gepaart mit tiefem Misstrauen gegen Papst und Kirche und deren Machtanspruch, der sich auf Gott berief. Sogar ihre Bauten schienen Carminato zu groß und zu prunkvoll. Als darüber die Rede auf die Ausbaupläne von St. Peter kam, riet Carminato Luigi zur Nachtruhe. Sobald der Bote mit den Zeugenaussagen jener Florence zurück sei, müsse Luigi sich den unangenehmen Fragen des Paolo Bossi möglichst ausgeruht stellen.

Als am nächsten Tag der Bote immer noch nicht zurück war, wurde Luigi ungeduldig. Obwohl Carminato dringend riet, sich weiterhin versteckt zu halten, ließ Luigi sich nicht davon abhalten, Alberto aufzusuchen, um auch von ihm Rat einzuholen. Wie sollte Paolo Bossi von seinem kurzen Besuch dort erfahren?

Leider behielt Carminato recht mit seiner Warnung. Bald schon stand Luigi außer Atem, nass und schmutzig wieder vor dessen Tür. Man hatte ihn offenbar bei Alberto erwartet. Alleine die Hilfe eines Fremden hatte ihm die Flucht durch einen beherzten Sprung in den Tiber ermöglicht. Inzwischen hatte Carminato Nachrichten von seinem Boten. An eine rothaarige Florence konnte sich der Wirt in Florenz nicht erinnern. Er konnte lediglich bestätigen, dass Luigi bei ihm zu Abend gegessen hatte und danach die Kutsche nach Rom erreichen wollte. Dies hatten im Übrigen auch sein Zimmerwirt und Sangallo bestätigt, die Carminatos Bote ebenfalls befragt hatte.

Luigi zitterte am ganzen Körper vor nasser Kälte und Niedergeschlagenheit. Er war nun bereit, das Angebot von Carminatos Freundin anzunehmen, die seine Anwesenheit in Rom bestätigen würde. Von seiner zwar falschen, jedoch bezeugten Rückkehr aus Florenz an bis zu der Zeit, wo Alberto seine Anwesenheit in Rom bestätigen konnte.

„Eine Kleinigkeit bleibt nur noch."

Kaum dass Carminato diesen leise gesprochenen Satz beendet hatte, wusste Luigi trotz seiner Müdigkeit, dass es nun an ihm war, seine Schuld zu begleichen. „Was muss ich tun?"

„Nicht viel", erwiderte Carminato übertrieben freundlich. „Den Papst dazu bringen, Michelangelo als Baumeister für Eure Höhere Aufgabe zu bestellen. Nicht mehr, aber auch nicht weniger." Dieses ‚nicht weniger' bezog sich dabei auf eine wichtige Bedingung: Seine rothaarige Freundin würde ihr befreiendes Zeugnis erst leisten, wenn Michelangelo fest im Dienste des Papstes stand.

Ein Briefbogen war schnell herbeigeschafft, auf den Luigi eine Botschaft an Michelangelo schrieb, die er Carminato offen übergab, so dass dieser sie lesen konnte: *Es scheint, als stehe Leonardo kurz davor, St. Peter in seiner Rhetorik des Geistes neu erstrahlen zu lassen.*

Luigi blieb die bescheidene Genugtuung, dass Carminato seine Anspielung auf die Rivalität der beiden Künstler nicht entschlüsseln konnte. Leonardo hatte mit dem Ausdruck ‚Muskelrhetorik' vor einiger Zeit Michelangelos Entwurfszeichnungen geringschätzt, welche die Schlacht von Cascina darstellten. Michelangelos Soldaten in der lebensgegenwärtigen Darstellung von nackten Männermuskeln standen in völligem Gegensatz zu Leonardos Kunstwerk seiner Kriegshelden aus der Schlacht von Anghiari. Der ältere der beiden rivalisierenden Künstler hatte seine Krieger mit tiefsinnigen Symbolen aus der Götterwelt versehen. Für die Kenner und Liebhaber dieser beiden künstlerischen Darstellungen der Körperlichkeit bleibt zu hoffen, dass Michelangelos Entwurfszeichnungen schon bald den Weg zum Wandfresko in Florenz finden. Direkt in der geplanten Nachbarschaft zu Leonardos Werk. So mag denn jeder Betrachter für sich entscheiden, welcher dieser Soldatendarstellungen der Kunstgiganten er sich zuneige.

Bei Michelangelo verfehlte Luigis knapper Satz seine Wirkung nicht. Schon nach kürzester Zeit stand Michelangelo im Dienst von Papst Julius II. und Carminatos rothaarige Freundin zu ihrem Zeugnis zugunsten Luigis. So war dessen Stimmung nicht wirklich schlecht, als er sich Paolo Bossi zum Verhör stellte.

Vieles von dem, was er bereits von Carminato erfahren hatte, bestätigte ihm Bossi. Neu war, wie Bossi seine Ermittlungen führte: Die Suche nach einem Täter beginne er immer damit, zu erforschen wer einen Grund für diese Tat habe. Ein solches ‚Motiv', wie er diesen Grund nannte, zeige nun einmal eindeutig auf Luigi. Daran ändere für den Moment auch Luigis ‚Alibi' nichts, wie er das Zeugnis von Carminatos rothaariger Freundin nannte. Dennoch erklärte er sich bereit, Luigi vorerst von einer Haft freizustellen. „Eins noch, Luigi Piemonte." Luigi hatte die Tür bereits geöffnet, um Paolo Bossi zu verlassen, als dieser ihm folgte, die Tür wieder schloss und mit leichter, ja beinahe gleichgültiger Stimme fragte. „Sagt Euch der Name Bocca Rossa etwas?" Als Luigi ehrlich verneinte, öffnete Paolo Bossi ihm persönlich die Tür. „Bis ich meine Ermittlungen abgeschlossen habe, solltet Ihr Rom auf keinen Fall verlassen. Zudem wünsche ich mir, dass Ihr Euch jeden zweiten Tag bei mir einfindet, um gemeinsam den Fortgang dieser unerfreulichen Angelegenheit zu bereden." Den letzten Satz hatte Bossi mit einem scharfen, befehlenden Ton gesprochen, der im völligen Gegensatz zum kameradschaftlichen Schulterklopfen stand, mit dem er Luigi endgültig verabschiedete.

Und wieder war es Carminato, der Luigi auf seinem Weg von Bossi zu seiner Wohnung ansprach. Nach einiger Mühe hatte sein Bote in Florenz doch noch die rothaarige Florence ausfindig gemacht. Sie hatten sie deshalb nicht gefunden, weil sie in Florenz unter dem Namen Bocca Rossa, der Rote Mund, bekannt war. Tatsächlich konnte sie Luigis Anwesenheit in Florenz bestätigen. Jedoch nur für eine Nacht und einen Tag. Carminato versicherte Luigi eilfertig, dass er diese Aussage für sich behalten werde.

Luigi durchfuhr Unbehagen, als ihm nun schon zum zweiten Male innerhalb kürzester Zeit jemand in vermeintlicher Freundschaft auf die Schulter klopfte. Damit leitete Carminato seine zweite Gegenleistung ein, die Luigi zu erbringen hatte. Darüber und über diese neuen Nachrichten war er derart eingeschüchtert, dass er Carminato in sein Haus gefolgt war. Dort präzisierte der Hausherr seine Forderung: „Verzichtet endgültig auf Eure Höhere Aufgabe. Die wahren Römer wollen diesen Neubau nicht. Wir haben das Pantheon und lieben unsere Basilika St. Peter. Sie allein steht für den Frieden, den Kaiser Konstantin mit der Christlichen Kirche geschlossen hat. Wer sie abreißt, versündigt sich an Gott, am Kaiser und an den wahren Römern!"

Carminato hatte für einen kurzen Moment seine Ruhe verloren, als er seine Worte trocken herausbellte. Luigi war zu tief in Gedanken versunken, um dem zu viel Bedeutung beizumessen. Erst später würde er sich an die Wut erinnern, die in diesen Äußerungen lag. Alsbald wieder Herr über seine Zunge, sprach Carminato in seiner üblichen Ruhe zu dem unglücklichen Luigi. Um Papst Julius, Michelangelo und deren gemeinsame Pläne brauche Luigi sich keine Gedanken zu machen. In Rom würden die Dinge bald vernünftig laufen. Carminato empfahl, anstatt sich mit seiner Höheren Aufgabe das Leben zu verderben, solle Luigi lieber mit einer schönen Frau auf Reisen gehen. Er mache dabei einen guten Tausch. Wesentlich besser sei es, in dieser Zeit warmes Fleisch – Caldi di Carne – zu genießen, während ein anderer seine Gedanken in kalten Marmor – freddo Marmo – meißele, um einer hohen Person den frommen Tod vorzubereiten. Jetzt war es an Luigi, die verschlüsselten Bemerkungen nicht sofort zu verstehen.

Als Luigi Carminato verlassen hatte, erkannte er umso deutlicher, in welch raffinierter Alibi-Falle er steckte: Die rothaarige Florence konnte mit einer Aussage aus ihrem roten Mund jeder Zeit das Zeugnis der großzügigen Römerin zu Fall bringen. Dieses neue Zeugnis indes reichte nicht aus, ihn vom Mordanschlag an Cordelo zu entlasten. Später würde er erfahren, dass Carminatos Freunde die Affäre mit Florence raffiniert arrangiert hatten. In Fortführung dieser Gedanken überlegte er, welche weiteren Gegenleistungen man von ihm noch einfordern konnte. Wollte er sich gegen solche wappnen, blieb ihm nur die Möglichkeit, entweder den wahren Täter zu finden oder den hoffentlich noch lebenden Luca Cordelo. Nur der konnte Luigis Unschuld beweisen. Da bisher niemand seine Leiche oder die seiner Frau gefunden hatte, durfte er hoffen, dass sie noch lebten. Für eine Flucht der beiden sprach, dass Luca Angst vor einem zweiten Anschlag des Täters haben musste. Luigi versuchte, wie Paolo Bossi zu denken und über das Motiv den wahren Täter zu finden. Wer hatte einen Grund, Luca nach dem Leben zu trachten?

„Natürlich! Der entlarvte Spion!"

Nach Luigis fälschlicher Anschuldigung gegen seinen Freund könnte Cordelo den wirklichen Missetäter erkannt und zur Rede gestellt haben. Aus Furcht vor Entdeckung und um Luigi zu belasten, hatte dieser dann versucht, Cordelo umzubringen. Luigi musste wieder ganz von vorn mit seiner Suche nach dem Spion beginnen. Diesmal wusste er, dass dieser auch vor einem Mord nicht zurückschreckte. Von solch bedrohlichen Gedanken durch die Straßen Roms getrieben, stand er plötzlich vor Cordelos Bankgebäude. Ohne wirklich zu wissen, warum, ging er hinein und wurde dort übertrieben freundlich von Giaco Lotte empfangen. Luca Cordelos tüchtiger Sekretär hatte offensichtlich die Aufgaben seines verschwundenen Chefs übernommen. Einer plötzlichen Eingebung folgend, hob Luigi sein gesamtes, nicht unbeträchtliches Vermögen ab.

Noch am selben Abend bekam Luigi Besuch von Paolo Bossi, der ihn ohne Umschweife fragte, ob er Rom verlassen wolle. Ebenso direkt sprach Luigi ihn an, dass die abgehobene Geldsumme der Grund für Paolos Verdacht sein müsse. Es war das erste Mal, dass er bei Bossi so etwas wie aufrichtige Anerkennung entdeckte. Ob dieser die Begründung glaubte, die Summe sei für die Bezahlung einiger Kunstwerke bestimmt, war Luigi einerlei. Für ihn stand nun endgültig fest: Giaco Lotte war der Spion und damit ganz sicher auch der Mörder von Luca Cordelo. Musste er nicht Paolo Bossi in diesen Verdacht einweihen? Ahnte vielleicht der Mörder inzwischen Luigis Verdacht gegen ihn und er selber schwebte in größter Lebensgefahr? Doch konnte er Paolo Bossi trauen? Da sich dieser bereits wieder verabschiedet hatte, beschloss Luigi, niemandem zu trauen und selber den Täter zu überführen.

Ausgerechnet jetzt erreichte ihn der Ruf von Papst Julius. Über den Verdacht gegen Luigi sprach der Heilige Vater nicht. Jedoch zeigte seine Bemerkung, jener möge Rom nicht gerade verlassen, wenn es mit der Kunst vorangehe, dass der Spion wie zuvor auch den Papst informiert hatte. Da Luigi nicht glauben konnte, dass Giaco Lotte Verbindung zum Papst pflegte, zweifelte er wieder an seinem Verdacht.

Doch blieb ihm vorerst keine Zeit, darüber nachzudenken. Denn man hatte ihn gerufen, um über den Stand der Planungen und über die Mitwirkung von Michelangelo zu sprechen. Als wenig später auch der Meister hinzukam, würdigte der ihn keines Blickes. Offenbar hatte er erwartet, der Papst würde Luigi fortschicken, um alleine mit ihm über die neuen Entwürfe zu sprechen. Hierfür machte Julius jedoch keinerlei Anstalten, so dass Michelangelo seine Entwurf-Kartons ablegte und sich mit schmalen Lippen verabschiedete. Dabei gab er als fadenscheinige Gründe an, sich um eine Unterkunft und andere wichtige Dinge kümmern zu müssen. Des Meisters mürrische Gesichtszüge hellten sich jedoch auf, als Papst Julius ein Dokument entrollte und darin eine Zahlungsanweisung über 50 Golddukaten als Anzahlung unterzeichnete. Mit dieser goldenen Dokumentenrolle in der Hand verließ Michelangelo wortlos den Raum.

Luigis Genugtuung über diesen kleinen Sieg verging schnell, als er Michelangelos Entwürfe sah: Es waren keine Baupläne, sondern Zeichnungen von Marmorfiguren. Er hatte die Todesangst von Papst Julius ausgenutzt, um ihn zu einem monumentalen Grabmal zu überreden. Auf Luigis Einwand, dass für ein derartig großartiges Kunstwerk kein Platz in Alt St. Peter sei, hatte Michelangelo bereits eine Lösung präsentiert: Er hatte herausgefunden, dass Luigi die Nikolauspläne für Julius vor dem Konklave gefälscht hatte. Zusätzlich hatte er herausgefunden, dass man nach den echten Erweiterungsplänen vor 50 Jahren bereits die sogenannten Nikolaus-Fundamente gebaut hatte. Entdeckt hatte der schlaue Michelangelo dies in Originalplänen, die Luigi in der Eile jener Nacht vor dem Konklave nicht komplett beseitigt hatte. Auf Grundlage dieser neuen-alten Pläne und der bereits vorhandenen Fundamente hatte Michelangelo deutlich gemacht, dass lediglich ein Ausbau der alten Basilika auf dem vorhandenen Fundament notwendig sei. Das Querhaus solle erweitert und ein neuer Chor angebaut werden. Dort könne man ohne Mühe dieses unvergleichliche freistehende Grabmal mit 42 Figuren – selbstverständlich in Marmor – mit dem oben thronenden Julius platzieren. Für den Papst, der nur noch an seinem Grabmal interessiert war, hatte sich damit ein großes Problem gelöst: Die zahlreichen

Altäre und Gräber der tausendjährigen konstantinischen Kapelle mussten nun nicht mehr zerstört werden, wie es für die ursprünglichen Neubaupläne notwendig gewesen wäre. Luigi erinnerte sich an Frankas Aussage, dass Michelangelo Bildhauer sei. Dieser Bildhauer hatte Luigis Kirche zu einer Grabkapelle degradiert.

Obwohl dies das Ende seiner Höheren Aufgabe bedeutete, verließ Luigi das Gespräch seltsam unberührt. Es war schließlich nicht seine Schuld, dass der Papst ihn herausgedrängt hatte. Zudem waren damit automatisch Carminatos Forderungen erfüllt. Das Einzige, was Luigi seinen mächtigen Gegenspielern hätte entgegensetzen können, war sein Gelübde. Doch was war es noch wert? Sein Bruder, der Einzige, mit dem er es geteilt hatte, zeigte kein Interesse mehr daran. Doch alle diese Überlegungen wurden verdrängt von seinen Gedanken an Barbara und vor allem an Luca Cordelo. Ihn musste er finden und aus seiner lebensgefährlichen Situation befreien, in die er ihn mit seinem ungerechtfertigten Misstrauen gebracht hatte.

Barbara, zu der ihn sein nächster Weg führte, erzählte er lediglich vom Scheitern seiner Höheren Aufgabe, ohne dabei Einzelheiten zu erwähnen. Ähnlich unbestimmt blieb Luigi, ob er sie nach Konstantinopel begleiten werde. Vorher müsse er unbedingt einem Freund helfen und sich selber von einem Verdacht befreien. Luigi war erleichtert, jedoch auch etwas verwundert, dass sie keine Einzelheiten wissen wollte.

Mit Alberto dagegen besprach er die weitere Vorgehensweise in allen Details. Der bestärkte ihn darin, Paolo Bossi nicht in seinen Verdacht gegen Giaco Lotte einzuweihen. Ebenso wenig den Papst, denn es fehle immer noch jeglicher Beweis. Zudem wussten sie nicht, wie die Informationen von Luca zum Papst gelangten. An eine direkte Verbindung von Lotte zu ihm glaubten weder Luigi noch Alberto. Also musste Giaco einen Verbündeten haben, der dem Papst nahestand. An ihn konnte Luigi nur über Giaco kommen. „Ich muss sie auf frischer Tat ertappen, wenn sie versuchen, Luca umzubringen", hatte Luigi schnell seinen Plan gefasst.

Alberto versuchte vergeblich, ihn von diesem für ihn und Cordelo lebensgefährlichen Plan abzubringen, hatte jedoch eine Idee, Cordelos Versteck herauszufinden: „Geh auf den Markt zu dem Stand, wo alle vernünftigen und wohlhabenden Menschen in Rom ihr Gemüse kaufen. Irgendwann wird Cordelos verkleidete Frau dort hinkommen."

Tatsächlich führte die als vermummte Muslima verkleidete Carmen Carminato ihn dorthin, wo beide sich versteckt hielten. Luigi ließ dem Papst über seine Entdeckung eine Botschaft zukommen, in der er schnellstmögliche Unterstützung für seinen Plan erbat, den Mörder zu überführen. Alberto würde zeitlich verzögert Giaco Lotte anonym über Cordelos Versteck informieren. So glaubte Luigi sich gut vorbereitet, als er das Versteck der Cordelos aufsuchte.

Zu seiner Erleichterung vertraute Cordelos Frau ihm. Gemeinsam verlegten sie den schwer verletzten Luca in eine andere Wohnung des Hauses. Mit Pieros Messer legte nun Luigi sich anstelle des Verletzten auf das Krankenlager. Er musste nicht einmal lange warten, bis die Tür geöffnet wurde. Trotz der Dunkelheit und der Verbände, die Luigi um seinen Kopf gewickelt hatte, erkannte er Giaco, der sich mit einem Messer auf ihn stürzen wollte.

Obwohl Luigi gehofft hatte, der Papst würde ihm rechtzeitig die ersehnte Hilfe schicken, war er darauf vorbereitet, sich zu wehren. Dabei kam ihm zugute, dass Giaco nicht mit dem Widerstand des vermeintlich schwer Verletzten gerechnet hatte. Doch er erwies sich als wendiger und gerissener Kämpfer. Es gelang ihm, Luigi das Messer zu entwenden und ihn auf das Krankenlager zu drücken. Als Giaco das Messer erhob, um es ihm in die Brust zu stoßen, rollte Luigi sich blitzschnell zur Seite und ergriff den vom eigenen Schwung aufs Lager gestürzten Giaco. Da immer noch keine Hilfe eingetroffen war, musste er versuchen, dem Mörder das Messer zu entreißen. Während des heftigen Ringkampfs stolperte Giaco über einen Schemel und stürzte. In seiner Verzweiflung griff Luigi den Schemel, um den am Boden liegenden Giaco damit unschädlich zu machen. Doch nach einigen kurzen Zuckungen bewegte Giaco sich nicht mehr, während sich unter seinem Körper eine Blutlache ausbreitete. Bei seinem Sturz hatte er sich das Messer tief ins Herz gestoßen.

In Panik verließ Luigi den Raum des schrecklichen Kampfes. Besser wäre es gewesen, er hätte geprüft, ob Giaco alleine gekommen war. Besser wäre es gewesen, er hätte ausgeharrt, bis die ersehnte Hilfe kam. Besser wäre es gewesen, nicht in die Wohnung zu gehen, in der das Ehepaar Cordelo sich in relativer Sicherheit befand. Doch wie konnte Luigi in seiner Angst und Ahnungslosigkeit wissen, dass er dadurch die Spur der nahenden Helfer zu ihm verwischte? Wie sollte er ahnen, dass er dadurch den wirklichen Täter zu Cordelo führen würde?

Luigi begann erst wieder im Anblick des hilflosen Cordelo und seiner ängstlichen Frau klar zu denken. Da immer noch keine Hilfe eingetroffen war, musste er vermuten, dass der Papst sein Hilfegesuch nicht erhalten hatte. Ihm blieb nun keine andere Wahl, er musste Carmen Cordelo zu Paolo Bossi schicken; denn eine dunkle Ahnung sagte ihm klar und deutlich: Die Gefahr war noch nicht vorbei.

Kaum, dass Carmen aufgebrochen war, verfluchte Luigi sich erneut für seine vorschnelle Entscheidung. Denn die dunkle Ahnung wurde zur Gewissheit, als er im Haus Geräusche hörte, obwohl niemand sonst dort wohnte. Luigi überlegte fieberhaft, wie er Luca in Sicherheit bringen konnte. Gäbe es Giannis Gott tatsächlich, würde er ihm dann nicht umgehend Hilfe senden? Tatsächlich hörte er eine ihm bekannte Stimme:

„Luigi, warum sucht Ihr nicht Hilfe bei Euren Freunden? Euren wirklichen Freunden. Der Papst gibt nur vor, Euer Freund zu sein, und Paolo Bossi hat nie einen Hehl aus seiner Feindschaft zu Euch gemacht." Hatte Giannis Gott mit Bischof Andrea Cordelo den ersehnten Helfer geschickt, welcher Luigi freundlich anlächelte?

Im verzweifelten Blick Luca Cordelos, des Bischofs Cousin, spiegelte sich indes die grausame Antwort: Bischof Andrea Cordelo war das gesuchte Bindeglied zwischen Giaco und Papst Julius. Mehr noch: Giaco war nur der schmutzige, kleine Handlanger von Andrea Cordelo, der nun den Mord an seinem Cousin selber vollenden wollte. „Ihr also habt die Informationen an den Papst weitergegeben", sagte Luigi in einer Weise, die seine Verzweiflung offensichtlicher machte als seine Überraschung.

Andrea antwortete lediglich mit einem zustimmenden Kopfnicken.

„Ihr also habt über die Gespräche der Baukommission an den Heiligen Vater berichtet."

Wieder nickte Andrea selbstzufrieden.

„Ihr also..", Luigis Stimme stockte, als er zu Luca sah, der mit geschlossenen Augen auf seinen baldigen Tod wartete. „Ihr also wollt Euren eigenen Cousin töten."

„Ja, Luigi. Ich musste mich entscheiden zwischen meinen Freunden und meinem Cousin. Ich hatte ihm die Wahl gelassen, sich mit uns zu verbünden. So wie auch Ihr noch immer die Wahl habt, Euch zu Euren wahren Freunden zu bekennen."

„Nennt Ihr Giaco meinen Freund? Er hat mich verraten und er wollte mich umbringen." Luigis Gedanken irrten zurück zum schrecklichen Kampf.

„Nicht Euch galt seine Attacke, sondern meinem verräterischen Cousin." Wieder erschien vor Luigis Augen das wutverzerrte Gesicht Giacos, den sein eigenes Messer gerichtet hatte. „Lassen wir es der Missverständnisse genug sein, Luigi. Macht nicht in den Fehler meines Cousins, Euch einer guten Sache zu verweigern. Geht mit uns gemeinsam den Weg der Macht, den Weg zum großen Frieden. Widmet Euch einer Aufgabe, die Eure Höhere Aufgabe weit in den Schatten stellt."

Andrea redete sich in eine wahre Euphorie. Hatte es Carminato lediglich bei Andeutungen belassen, erfuhr Luigi nun alle Einzelheiten: Andrea und Carminato waren die führenden Köpfe im Geheimbund Bocca Rossa, der Rote Mund, der sich in Wirklichkeit hinter der Bruderschaft ‚Bund der Alten Pflichten' verbarg. Andrea hatte sich dem Papst als Bischof als scheinbar demütiger Diener untergeordnet, indem er ihm wichtige Informationen verschafft hatte, Informationen über die Menschen, die der Papst mit wichtigen Aufgaben betraut hatte. Doch viel wichtiger waren die Informationen, die er als Vertrauter des Papstes seinen Freunden von Bocca Rossa zukommen ließ. Andrea Cordelo schilderte Luigi seine Vision einer neuen Menschenrasse, einer Rasse, die, den Göttern gleichgestellt, künftig die Macht ausüben wird. Erst in Rom und von dort aus in der gesamten Welt. Im Gegensatz zu früheren Herrschern richtet sie sich nicht gegen die Menschen, sondern setzt ihre Macht zu deren Nutzen ein. „Ihr Luigi, könnt teilhaben an unserer humanen Herrschaft. Der Höhere Mensch tritt an die Stelle Eurer Höheren Aufgabe, denn Rom braucht keine neue Kirche. Vom Pantheon aus erobern wir die Welt, entdecken neue Länder, bringen Glück und Wohlstand den Menschen, die unserer Sache dienen. Wir, die Starken, beschützen die Schwachen. Wer jedoch nicht für uns ist, stellt sich gegen uns und damit gegen alle aufrichtigen Menschen. Nur unsere Feinde müssen uns fürchten.

„Was ist mit Paolo Bossi, ist er einer der Euren?" Luigi nutzte eine Atempause von Andrea und tat, als wollte er auf das Angebot eingehen. In Wahrheit versuchte er herauszubringen, ob er von dieser Seite Hilfe erwarten konnte.

„Ihr hofft vergeblich, dass Carmen Cordelo Paolo Bossi zu Hilfe holt. Einer unserer Männer ist ihr gefolgt und wird sie bereits in Gewahrsam haben."

„Nur wenn Ihr Luca und Carmen nicht tötet, dürft Ihr auf meine Hilfe hoffen."

„Beide haben ihr Leben verwirkt, weil sie sich uns verweigert haben. Und Ihr seid nicht in der Position, Forderungen zu stellen. Dies ist keine Verhandlung! Weigert auch Ihr Euch, wird man Euch ebenso im eigenen Blute finden wie den heldenhaften Giaco. Der Ärmste wurde von Euch getötet, als er seinen Chef und seine Frau vor Euch schützen wollte. Paolo Bossi wird mir glauben, dass ich zu spät kam und lediglich mein eigenes Leben retten konnte, indem ich Euch tötete. Ihr habt die Wahl zwischen Tod und Macht."

Luigi überlegte fieberhaft. Niemals konnte er auf Andreas Vorschlag eingehen. Als einzige Möglichkeit blieb ihm, Andrea mit dem Messer zu töten, das in seinem Ärmel versteckt war. Jetzt also war er in der Situation, vor der er sich so gefürchtet hatte. Er musste töten, um weiteres Morden zu verhindern. Doch wird die Welt dadurch besser, wenn jemand stirbt, durch den die Welt schlechter geworden war? Wollte nicht auch Bocca Rossa töten für eine bessere Welt? Wie ähnlich können Gegensätze sein. Vielleicht war es dieser Rest von Zweifeln, der Luigi einen winzigen Moment zu lange zögern ließ. Der Moment, der zwischen seinem Schrei und seinem Angriff auf Andrea lag. Sein eigener Schrei, der klang, als käme er von einem Fremden, einem Verzweifelten.

Luigi hatte geglaubt, dass Andrea für einen Moment abgelenkt war, als dieser auf das Lager seines Cousins blickte. Luigi hatte alle seinen Mut und seine Kraft zusammengenommen und sich auf Andrea gestürzt. Doch der Angriff misslang gründlich. Andrea trat trotz seines gewichtigen Körpers einen behänden Schritt zur Seite - gerade in dem Moment, als Luigi ihm das Messer in die Brust stoßen wollte. Noch bevor er sich umdrehen konnte, um ihn erneut anzugreifen, hatte Andrea ihn von hinter so fest am Hals umklammert, dass er kaum noch atmen konnte.

Und erneut sah Luigi ein Messer dicht vor seinen Augen blitzen, sein eigenes, das Andrea ihm entwunden hatte. „Ihr imponiert mir, Luigi. Ihr habt tatsächlich Mut. Jetzt weiß ich, warum Carminato Euch unbedingt als einen der Unseren wollte. Ich gebe Euch die letzte Gelegenheit, Teil von Bocca Rossa zu werden. Der Rote Mund, der Rom wachküsst aus seinem nun schon Jahrhunderte währenden Schlaf. Die Welt, in der wir leben, ist die Welt, die wir uns bauen. Hier in Rom fließt seit jeher Kaiserblut, Augustusblut, Herrscherblut. Und dieses Blut gilt es wieder in Wallung zu bringen. Macht Euer Blut zu Herrscherblut, anstatt es unnötig für andere zu vergießen. Euch bleibt nur, unserem heiligen Zwang im blinden Gehorsam zu folgen oder zu sterben." Andrea zog seinen Griff noch ein Stück fester, als er seine Worte so laut in Luigis Ohr schrie, als ginge es um sein eigenes Leben.

Luigis Gedanken überschlugen sich. Sollte er zum Schein zustimmen, um damit sein Leben für den Moment zu retten? Doch wie lange konnte er dies vortäuschen? Ihm wurde klar, warum Bocca Rossa so viel daran gelegen war, seine Höhere Aufgabe zu verhindern. Die von ihnen angestrebte Vorherrschaft über Rom war gefährdet, falls es dem Papst gelänge, die einflussreichen Kräfte in der Stadt über den neuen Mittelpunkt Roms zu einen und tatsächlich einen gemeinsamen Ort zu erschaffen. Sein Blick auf den hilflos auf seinem Lager liegenden Luca vertrieb den Gedanken, zum Schein auf das Angebot einzugehen, augenblicklich. Wie Cesare Borgia würde auch Andrea von ihm als ersten Treuebeweis verlangen, Luca zu töten.

„Niemals. Eher will ich sterben!" Luigi konnte nicht einmal seinen Kopf schütteln, um seine klare Antwort zu bekräftigen. Den Schnitt durch seine Kehle glaubte er ebenso zu spüren, wie das eigene warme Blut. Sein letzter Blick galt den weit geöffneten Augen Luca Cordelos, der ihm als Nächster in den Tod folgen würde.

EINE NACHT WIE UNTER BRÜDERN

Domenico hätte nicht sagen können, was ihm mehr gefallen hatte an diesem Abend: Das gute Essen, der Champagner, der Wein? Oder doch eher die Gespräche, die sie führten? Er fühlte sich einfach nur wohl in dieser Gesellschaft. So also fühlt es sich an, wenn man einen Bruder hat. Denn ein wenig sah er sich als Bruder von Fabricio und Stefano. Auch an Luigi und seinen Bruder Gianni musste er denken. „Ich sei, gewährt mir die Bitte, in eurem Bunde der Dritte", ging es Domenico in seiner Weinseligkeit durch den Kopf. Diese Schiller-Worte waren der eindeutige Beweis, dass er ebenso Deutscher wie Italiener war. Er musste unbedingt die italienischen Klassiker lesen. Ohne zu wissen, woher, fielen ihm die Namen Petrarca, Dante Alighieri, Guido von Arezzo und Guido Guinizelli ein. Sollte er von Fabricio einen dieser Klassiker ausleihen, oder besser von Enzo?

Domenico hätte gerne mehr über Stefano und seine Filmproduktionsfirma in Rom und New York erfahren. Doch Fabricio fragte, wie es mit Domenicos Studium vorangehe. Als er hörte, wie positiv das Treffen mit seinem Freund und Kunsthistoriker Riccardo gelaufen war, beglückwünschte Fabricio sich nachträglich, die beiden auf seiner Hochzeit einander vorgestellt zu haben. Domenicos Entschluss, sich nicht mehr alleine auf die Architektur zu beschränken, die Auseinandersetzung darüber mit Professor Fausto und dessen offenbar heiße Affäre mit einer Studentin, fanden ebenso fröhliche Beachtung wie Domenicos Zukunftspläne.

„Ich werde mein Architekturstudium mit Kunsthistorie und Theologie verbinden. Die Grenzen zwischen Wissen und Glauben waren schon immer fließend. Wissen lässt uns Menschen unsere Grenzen überschreiten, die der Glaube uns aufzeigt." Hatte Domenico diese Worte noch voller Entschlossenheit begonnen, klangen die folgenden nicht mehr ganz so überzeugt. „Es kann aber genauso gut umgekehrt sein. Denn nur, wer an etwas glaubt, verschafft sich dazu das Wissen. Der Mensch ist das einzige Wesen, das Wissen und Glauben zusammenbringen kann. Aber ich bin kein Neurologe, kein Zoologe und kein Evolutionär. Was weiß ich also, ob meine These stimmt?

Wahrscheinlich sind meine Gedanken einfach wieder zu kompliziert."

Vom Alkohol umspült, irrten Domenicos Gedanken im Labyrinth zwischen dem eigenen Glauben und dem Wissen umher. Inzwischen wusste er nicht einmal mehr, wo seine Gedanken begonnen hatten. Aber Fabrizio war ihm gedanklich auf der Spur geblieben, denn er hatte eine Idee, wie man alles wieder ordnen könne: „Du denkst nicht zu kompliziert, sondern nur zu akademisch. Wir klären das ganz pragmatisch. Jetzt, hier und für immer. Domenico, noch etwas Wein für dich?"

„Ich glaube nicht, morgen muss ich recht früh zur Uni."

„Sehr gut. Ein typischer Konflikt zwischen Glauben und Wissen."

Fabricio stand auf, füllte Domenicos Glas bis zum Rand und sprach zu seinen Gästen, so als wären sie Studenten in einem erdachten Auditorium: „Signori, beobachten Sie genau die Reaktion der Versuchsperson. Sie weiß genau, sie sollte keinen Wein mehr trinken, glaubt aber, doch noch einen zu wollen."

Domenico nahm vorsichtig das Glas, drehte sich vom erdachten Auditorium weg und trank bedächtig einige Schlucke, bevor er sich wieder vorsichtig den ‚Studenten' zuwandte.

„Soweit die Reaktion des Homo Sapiens Romanus. Kommen wir nun zum zweiten Teil unseres Laborversuchs: Hier haben wir ein Stück Saltimbocca, das vom Abendessen übrig geblieben ist." Fabricio nahm den Teller und präsentierte ihn Carmen und Stefano. „Und nun, liebe Studenten, zu einem anderen Lebewesen. In seiner Ecke liegt Silvio. Als kluger Hund weiß er, um diese Uhrzeit gibt es für ihn nichts mehr zu fressen. Ebenso weiß er, vom Essen am Tisch bekommt er nie etwas. Wird er dennoch kommen, weil er entgegen besserem Wissen glaubt, das Stück Fleisch zu bekommen?"

In weinseliger Spannung beobachteten die Studenten, wie Silvio aus seiner Ecke gemächlich zum Tisch trottete und das Stück Fleisch beschnupperte, das ‚Professore' Fabricio auf den Boden gelegt hatte. Die Spannung im Auditorium stieg, als der Hund sich aufrecht vor seinen Herrn und Ernährer hinsetzte und ihn nicht mehr aus den Augen ließ. Erst nach einem kurzen „Si" schnappte Silvio sich das

Fleisch und verschwand damit schnell in seine Ecke. Domenico prostete mit seinem Glas Professore Fabricio und den Studenten zu, um es anschließend genüsslich zu leeren.

„Und was haben Sie jetzt bewiesen, Professore?", fragte Studentin Carmen. Auch Stefano schüttelte ratlos den Kopf.

„Der Hund ist disziplinierter und unkomplizierter als der Homo Sapiens Romanus", meldete Barbara dem sichtlich zufriedenen Professore, der die weinselige Vorlesung damit beendete.

Im weiteren Verlauf des Abends erzählte Stefano von seinem Filmprojekt, an dem er zurzeit in Rom und den USA arbeitete: Eine Fiktorie, wie er die Mischung aus Fiktion und Historie über italienische Einwanderer Anfang des 20. Jahrhunderts nannte. Domenico war versucht, von seinem Buch ERSCHAFFE EINEN ORT zu erzählen und seiner plötzlichen Idee, es zu verfilmen. Sogar die Besetzung des Luigi Piemonte mit Elijah Wood sah er deutlich vor sich. Doch wieder war es der mächtige Glockenschlag einer alten Standuhr, der die Tage teilte und zum Aufbruch mahnte. So behielt er auch die Idee für sich, seine eigene Rolle mit Robert Thomas Pattinson zu besetzen, der ihn in Filmen von Harry Potter und der Twilight-Saga begeistert hatte.

Gerne nahm er Stefanos Angebot an, ihn in die Stadt mitzunehmen. Auch im Auto ergab sich keine Gelegenheit, sein mysteriöses Buch zu erwähnen. Denn Stefano erzählte von einem seiner nächsten Filmprojekte: Die Fabelwesen, die er Miersche nannte, würden seine neuen Helden. Da er erst kürzlich auf sie gestoßen war, wusste er nur, dass sie boshaft, aber nicht bösartig sind und selbst nicht wissen, dass sie existieren. Daher grüßen sie niemals und haben keinerlei Unrechtsbewusstsein.

Domenico ließ sich an der Oper absetzen und ging von dort zu Fuß zu seiner Unterkunft. Erst als er gegen zwei Uhr in seinem Bett lag, dachte er darüber nach, ob er selber, ja ob sie alle überhaupt existierten. Auch Carlotta und ihr ehemaliger Schulfreund, der sie in die Oper begleitet hatte. Wie war noch gleich sein Name?

DEM TODE GEWEIHT

Ausgerechnet in Luca Cordelos angstgeweiteten Augen schien sich die Hoffnung auf Rettung zu spiegeln. Andreas eben noch tödlicher Griff um Luigis Hals lockerte sich. Dann fiel Andrea das Messer aus der Hand, bevor er röchelnd zu Boden sank.

„Das war denn wohl der allerhöchste Augenblick! Der Heilige Vater hatte Recht: Ihr habt die sieben Leben einer Katze." Paolo Bossi hatte diese Worte gesprochen.

Luigi sog gierig die Atemzüge ein, die ihm nicht mehr verblieben wären ohne Paolo Bossis wuchtigen und präzisen Messerwurf, der Andrea durch den Rücken mitten ins Herz getroffen und umgehend getötet hatte. Immer noch nach Luft ringend, setzte Luigi sich auf Luca Cordelos Krankenbett. Beide, vor wenigen Augenblicken noch dem Tod geweiht, hielten sich an den Händen und erfreuten sich der gegenseitigen Lebenswärme, die daraus strömte. Während Luigi nachrechnete, wie viele seiner angeblich sieben Leben er bereits verbraucht hatte, hörte er durch einen Schleier Paolo Bossis Schilderung:

Er hatte Luigi nie für den Täter gehalten. Es war Papst Julius' Idee, mit dem Bossi in ständigem Kontakt gestanden hatte, über Luigi den Täter zu entlarven. Noch wichtiger war ihnen, darüber zu den Hintermännern von Bocca Rossa zu gelangen. Zwar wussten Bossi und Julius von deren Existenz, ohne jedoch deren genaue Pläne zu kennen. Zudem hatten sie, genau wie Luigi, bis zu dem Mordanschlag den armen Luca in Verdacht gehabt. Andrea hatte Luigis Nachricht an den Papst abgefangen. Dennoch waren Paolos Leute ständig in Luigis Nähe, weil man ihn bereits über längere Zeit beobachtet hatte. Ihre Hilfe wäre trotzdem beinahe zu spät gekommen, weil man Luigi zwischenzeitlich verloren hatte. Erst Carmen hatte Bossi und seine Leute ins Haus geführt, und danach war es Luigis Verzweiflungsschrei bei seinem Angriff auf Andrea, der Bossi den Weg gewiesen hatte. Luigis Todesängste kehrten augenblicklich zurück, als Paolo zugab, den Wurf erst im allerletzten Moment ausgeführt zu haben, um aus Andreas Mund das notwendige Geständnis zu erfahren.

Zusammen mit den Informationen von Luigi aus seinen Gesprächen mit dem Apotheker Carminato, wurde schnell deutlich, wie weitreichend die Verschwörung von Bocca Rossa war. Auch Luca Cordelo war bald wieder so weit genesen, dass er den Hergang des Mordanschlags auf ihn schildern konnte. Genau wie von Luigi vermutet, hatte er nach dessen Anschuldigungen seinen Sekretär zur Rede gestellt. Denn nur der hatte Zugriff auf sämtliche Unterlagen. Noch in seinem Büro war Giaco über ihn hergefallen und hatte versucht, ihn mit einem Messer zu töten, bevor er in Panik das Gebäude verließ. Nur mit letzter Kraft konnte Cordelo sich schwer verletzt zu seiner Frau retten. Er ahnte, dass Giaco im Auftrag einflussreicher Hintermänner arbeitete, die erneut versuchen würden, ihn zu töten. Dass sein Cousin zu ihnen gehörte, hatte er mehr geahnt als gewusst. Da er grundsätzlich niemandem mehr trauen konnte, hatte er sich mit seiner Frau auch vor Paolo Bossi verborgen.

Carminato konnte sich seiner Verhaftung entziehen. Als Paolo Bossi dessen Apotheke stürmte, war er offenbar kurz zuvor geflohen. Zusammen mit Luigi fand Paolo die umfangreichen Herrschaftspläne von Bocca Rossa. Die Bruderschaft sollte unter den Anführern Carminato und Andrea Cordelo die Macht von Kirche und Kaiser vereinen. Papst Julius wollte man über die Neubaupläne des Petersdoms und des sündhaft teuren Grabmals wegen beim Volk und beim römischen Stadtadel in Misskredit bringen und anschließend töten. Das Pantheon sollte zum neuen Machtzentrum von Bocca Rossa werden. Herrschen sollten Carminato als Kaiser und Andrea Cordelo als Vertreter des Himmels - gemeinsam für das Volk und für eine neue, gerechte Welt!

Luigi erinnerte sich an die Träume des byzantinischen Kaisers Justinian, die denen von Carminato und Cordelo sehr ähnlich waren. Hatte nicht auch Barbara eine Symphonia, eine Vereinigung also, von Staat und Kirche angestrebt? Hatte Carminato Luigi nicht empfohlen, Barbara nach Konstantinopel zu folgen? Durch diesen dumpfen Schleier des Zweifels sah er die zahlreichen alten griechischen Bücher und Handschriften, die Bossi soeben in Carminatos Räumen gefunden hatte. Luigi erkannte sie als die Bücher, die Hieronymus in der Bibliothek von Giannis Kloster entwendet und als Spieleinsatz verpfändet hatte. Auch Barbara besaß einige solcher griechischen Bücher und Handschriften. Doch Luigi war einfach zu müde, dem Zweifel an Barbara in seiner Brust nachzugeben. Er wollte frei sein. Frei, Rom zu verlassen. Frei vom Verdacht. Jedoch auch frei von seiner Höheren Aufgabe? Frei, Barbara nach Konstantinopel zu folgen? Befand diese sich überhaupt noch in Rom oder war auch sie geflohen?

Beschwert mit diesen Zweifeln, fiel Luigi nach den Anstrengungen und Aufregungen der vergangenen Tage in einen tiefen Schlaf, aus dem ihn immer wieder wilde Träume rissen. Mal kämpfte er im Traum erneut gegen Giaco und Andrea, mal träumte er in den Armen von Barbara die Träume des byzantinischen Kaisers Justinian. Der hatte ihn mit dem Neubau einer neuen Kirche beauftragte, größer noch als die Hagia Sofia. Aus der Schwere dieser Träume blieb am Morgen eine einzige Frage: Gehört auch Barbara zu Bocca Rossa? Mit dieser Frage stand er am Morgen vor der Tür zu ihrer byzantinischen Oase. Zerrissen zwischen Sehnsucht und Angst vor der Wahrheit.

PIAZZA DEL POPOLO

Am Morgen schaffte Domenico es so grade noch, pünktlich zu seinem Tagesseminar zu kommen. Erst am frühen Abend erreichte er endlich Carlotta. „Was hat mein Vater, dir ein Zimmer besorgt?"
„Genau. Im Palazzo dei Penitenzieri auf der Via della Conciliazione mit Blick auf den Petersdom. Als wir an der Herberge vorbeigingen, fragte Enzo mich, ob ich immer noch ein Zimmer suche. Hattest du ihm erzählt, dass wir nicht mehr in Ruhe vögeln können, wenn mein Zimmerkollege einzieht?"
„Natürlich nicht! Nur, dass du eine neue Unterkunft suchst. Enzo? Ihr duzt euch? Jetzt erzähl doch mal. Lass dir nicht alles aus der Nase ziehen."
„Enzo hatte wohl vorher schon mit dem Eigentümer der Herberge, einem Studienfreund, telefoniert. Eine kurze Besichtigung, und schon war alles klar. Auch der Preis ist ok. Es ist ein Raum in einer ehemaligen 3-Zimmer Wohnung mit kleiner Küche und eigenem Bad. Das Haus ist aus dem 15. Jahrhundert. Enzo war richtig cool, und ich glaube, der Nachmittag hat auch ihm gefallen." Domenico schilderte Carlotta, wie sie beide den Nachmittag und er den Abend anschließend mit Fabricio und Barbara verbracht hatten.
„Langweilig scheint es dir jedenfalls nicht zu sein. Vermisst du mich denn auch ein bisschen?"
„Ein bisschen mehr als ein bisschen zu viel. Bleibt es dabei, dass ihr übermorgen zurückkommt? Ich zähle die Stunden, Liebes. Ich glaube, dein Vater vermisst euch auch."
Domenico telefonierte mit Carlotta von der Piazza del Popolo aus. Es war früher Abend und der Platz füllte sich langsam, vor allem mit jungen Leuten. Direkt ihm gegenüber auf den Stufen des Obelisk Flaminio saß eine Frau von Anfang zwanzig, mit langen dunklen gewellten Haaren. Als sie ihn aus ihren tiefbraunen Augen anlächelte, senkte Domenico verlegen seinen Blick.
„Hat er gesagt, dass er uns vermisst?"
„Indirekt."
„Warum geht sowas bei Männern immer nur indirekt?"

Domenico überlegte, ob er Carlotta nach Eljero Gusto fragen sollte oder einfach nur, ob auch Carlotta ihn vermisste. Da wurde ihr Gespräch durch Lärm von Sirenen und lautstarken Gesängen einiger Fußballfans gestört, die über die Piazza zogen. Danach brach die Verbindung ab. Der Akku seines Telefons war leer. Als Domenico aufschaute, sah er direkt in die Augen dieser jungen Frau. ‚Sie ist hübsch', dachte er, ohne den Blick von ihr abzuwenden.

„Du siehst aus und sprichst fließend wie ein Italiener, bewegst dich aber wie ein Deutscher", sprach sie ihn auf Deutsch an.

Domenico zuckte mit den Schultern und antwortete lediglich mit einem weiteren verlegenen Lächeln. Dabei bemühte er sich, nicht zu viel Interesse zu zeigen.

„Sicher stammst du aus Italien und lebst in Deutschland."

„Mag sein", antwortete Domenico knapp.

„Ich stamme aus Griechenland und bin in Deutschland aufgewachsen. Bist du immer so schüchtern?"

„Meistens." Ihre Augen schienen seinen Blick gefesselt zu haben. Die griechischen Klassiker. Die sollte ich unbedingt vor den Italienern lesen. Waren es ihre Augen, die Grübchen in ihrem Gesicht oder die schimmernden Haare, wovon ihn auch die griechischen Klassiker nicht ablenken konnten?

„Mein Name ist Karima."

„Schöner Name, passt zu dir. Klingt aber nicht unbedingt griechisch."

„Gut erkannt. Der Name ist marokkanisch und von meiner Mutter. Mein Vater war Grieche. Er nannte mich Barbara. Genau wie du finde ich Karima schöner. Findest du nur meinen Namen schön oder auch mich?"

Waren es ihre Augen oder doch die frechen Grübchen, die ihn herausforderten? „Attraktiv. Schönheit ist für mich ein umfassender Begriff. Dafür kenne ich dich zu wenig. Obwohl, irgendwoher kenn' ich dich." Damit hatte Domenico für sich endlich den Grund gefunden, seinen Blick nicht von ihr abzuwenden. Doch es gelang ihm nicht darüber nachzudenken, wo er sie schon gesehen hatte. Er wusste nur, dass es noch nicht allzu lange her war.

„Du bist schön und klug. Aber auch ich weiß einiges. Du heißt Domenico. Stimmt's?"

Neben ihnen hatten zwei offenbar amerikanische Schülerinnen zwei junge Italiener entdeckt und sich ihnen lautstark bemerkbar gemacht. Für diesen Moment der Ablenkung musste Karima Domenico aus ihrem Blick entlassen. „Stimmt sogar", antwortete er. Zu gerne hätte er gefragt, woher sie seinen Namen kannte. Nur, dafür hätte er sie wieder anschauen müssen, anstatt die schwarzen Ziegel auf der Kuppel von Santa Maria di Monte zu zählen.

„Gut möglich dass du mich schon mal gesehen hast. Willst du mich kennen lernen?"

„Nein!", antwortete er viel zu schnell, weil er wusste, dass es gelogen war. Sein Blick war zurück und noch tiefer als zuvor an ihre dunkelbraunen Augen gefesselt. Es war eindeutig das fordernde Blitzen dieser Augen, das die Fesseln immer enger zog.

„Ich weiß sogar, in welchem Studentenheim und in welchem Zimmer du wohnst und dass du Architektur studierst. Stimmt's?"

Domenico zuckte hilflos mit den Schultern.

„Bist du schwul?"

Wortlos ging er die wenigen Schritte, die sie trennten auf sie zu, beugte sich zu ihr und gab ihr einen langen Kuss auf ihren roten vollen Mund. „Reicht das als Antwort?"

„Absolut!" Karima hatte es die Sprache verschlagen. „No Chance, Domenico?"

„No Chance, Karima. Sorry."

„Mann, musst du verliebt sein."

„Ciao, Bella." Domenico spürte ihren Blick regelrecht auf seinem Rücken brennen. Hatte er es wirklich geschafft, sich von ihr abzuwenden?

„Ciao, Bello. Wie heißt die Glückliche?", rief Karima ihm noch hinterher.

„Carlotta", antwortete er, ohne sich noch einmal umzudrehen. Um nichts in der Welt wollte er sich noch einmal diesem Blick aussetzen.

„Ich wette, wir sehen uns wieder. Spätestens morgen Abend. Genau hier, um halb sechs? Ich werde da sein!"

Wie konnte er diese Worte aus seinem Hirn ausradieren? Er fühlte sich völlig leer. In seinem Kopf schien tatsächlich alles ausradiert. Bis auf Karimas Worte.

Verwirrt fuhr er mit der U-Bahn bis zur Haltestelle San Giovanni und ging zum Abendgottesdienst, zur Vesper in der Basilika Quattro Coronati. Anders als sonst fand er durch die schönen Stimmen der Augustinerinnen keine Ruhe. Die Begegnung mit Karima ging ihm nicht mehr aus dem Kopf. Auch nicht, als er nach vielen Umwegen durch Gassen, die er zuvor nie gegangen war, wieder vor seiner Zimmertür stand. Aber warum stand sie offen? Er wusste genau, dass er sie am Morgen abgeschlossen hatte. Hastig stieß er die Tür auf.

„Karima?" Domenico starrte auf sein Bett.

DAS JULIUS-GRABMAL

Die Angst hielt Luigi davon ab, ein zweites Mal an Barbaras Tür zu klopfen, die Sehnsucht indes hielt ihn am Ort fest. Erst, als eine alte Frau ihm versicherte, dass Barbara ihre Wohnung am Abend zuvor verlassen hatte und seither nicht zurück gekehrt war, konnte er sich für den Moment befreien. Doch in ihm blieb die Angst, dass Barbara mit Carminato geflohen war. Was lag näher, als sich bei Alberto in eine dunkle Ecke zu verkriechen. Von niemandem gesehen, von niemandem befragt, von niemandem gezwungen sich verantworten zu müssen. Nur sitzen und trinken, das würde ihm helfen, die Frage nach Barbara zumindest für die Zeit des Rausches zu vergessen.

„Luigi, die Welt um dich herum mag für kurze Zeit schöner aussehen, wenn du sie durch die Farben des Weines betrachtest. Doch, wenn du wieder auftauchst aus der trügerischen Süße, sieht die Welt trüber aus als zuvor." Franka Franguinetti, der Luigi auf dem Weg zu Alberto begegnet war, sprach ihm mit diesen Worten Mut zu. Anstatt bei Alberto saß er nun bei ihr und erzählte von seiner Niedergeschlagenheit.

„Deine Barbara kenne ich nicht. Von dem, was sich über sie in deinen Augen und Worten spiegelt, wird sie niemals den leeren Reden dieser verirrten Menschen glauben. Wenn sie bereit war, mit dir nach Byzanz zu gehen, wird sie niemals solchen Hohlköpfen folgen. Gehe also ein weiteres Mal zu ihr und frage sie. Vorher frage dich jedoch selber, ob du sie wirklich nach Byzanz begleiten willst. Prüfe, wie du zu deiner Höheren Aufgabe stehst. Weitermachen oder aufgeben?"

Während Luigi über diese Äußerungen nachdachte, nahm er sich ein Stück von Frankas Mandelkuchen, der in Rom bekannter war als sämtliche Kunstwerke ihres Mannes. Warum sollte er sich durch seine Höhere Aufgabe das Leben schwer machen? Sollte Giannis Gott ihn deshalb wieder zurück an das zu kurze Seil hängen, würde er es diesmal loslassen und während seines Sturzes nur noch an Frankas Mandelkuchen denken. „Meine Höhere Aufgabe ist tot. Niemand will diese Kirche und niemand braucht sie. Eine Kirche für einen

Gott, an den ich nicht einmal glaube? Selbst der Papst, der Oberste derer, die an diesen Gott glauben, hat kein Interesse an ihr. Sogar mein Bruder..." Luigi brauchte eine Weile, um den Namen auszusprechen: „Selbst Gianni hat Wichtigeres zu tun, als mich in meinem Wirrsinn zu unterstützen."

Franka, die bisher immer Rat gewusst hatte, schien von Luigis Trübsal angesteckt zu sein. Wortlos stand sie auf, holte ein Glas und eine Flasche mit hochprozentigem Trester und stellte beides vor Luigi hin. Der zögerte einen Moment, schob dann jedoch Glas und Flasche beiseite. Nach einem weiteren Stück Kuchen und einem neuen Becher Wasser, schaute er Franka aus traurigen Augen an. Nun griff sie nach der Flasche, goss das Glas voll, trank es in einem einzigen Zug aus, um es ein weiteres Mal zu füllen und vor Luigi zu stellen. Luigi erinnerte sich an den Streit mit seinem Bruder und an dessen Worte, sich und seinen Einfluss auf die Höhere Aufgabe nicht zu ernst nehmen. Hatte Franka seine Gedanken gelesen?

„Luigi, es ist deine Höhere Aufgabe, es bleibt dein Gelübde. Lass andere darüber denken, was sie wollen. Bevor die Welt sich wieder eintrübt, werden wir einen Plan entwickeln, wie wir deine Höhere Aufgabe wieder ins Gespräch bringen. Würden auf dieser Welt nur die Dinge gemacht, die die Menschen wirklich brauchen, wären mein Mann und die meisten seiner Künstlerkollegen ohne Arbeit. Ich kenne nur einen Mann, der uns helfen kann: Donato Bramante! Er versteht es, Menschen einzureden, was sie wollen, ohne es zu brauchen."

Nachdem nun auch Luigi das randvoll mit Trester gefüllte Glas in einem Zug geleert hatte, schaut er nun direkt in Frankas Augen. Tatsächlich schien das Blau seiner Augen heller und strahlender als zuvor. Auch seine Stimme klang nun wieder fester: „Und warum erkennt dieser Starrkopf von Baumeister nicht die Möglichkeiten, die sich in Rom auftun? Rom hat die Größe und die Stärke, wogegen Städte wie Florenz und Venedig nur ihre Schönheit haben. Dies vereinen kann man nur in Rom. Hierfür jedoch braucht es wegweisende Künstler. Hier in Rom können sie Zeichen setzen, neue Zeiten begründen und sich durch Bauwerke unsterblich machen."

„Ich denke, der alte Fuchs hat das inzwischen erkannt. Doch niemals würde er dir gegenüber dies eingestehen. Daher werde ich mit ihm reden und ein wenig nachhelfen."

„Und wie bekomme ich den Papst dazu, Michelangelo fortzujagen und Bramante die Aufgabe als Baumeister zu übertragen?" In dem Moment, als er diesen Satz gesprochen hatte, war aus der Frage bereits eine Herausforderung an sich selbst geworden. Seine Höhere Aufgabe war ein Teil seines Lebens.

Erneut schien Franka seine Gedanken gelesen zu haben, denn in ihrer Antwort ging sie schon nicht mehr ernsthaft auf Luigis Frage ein: „Das mit Michelangelo bleibt dein Problem. Ich kümmere mich um Bramante. Heute Abend kommt entweder Bramante zu Alberto, um mit dir über die Höhere Aufgabe zu sprechen, oder ich komme. Dann trinken wir so lange, bis die Welt um uns schöner ist als Florenz und größer als alle deine Kirchenträume. Möge Gott uns bei den Kopfschmerzen beistehen, die daraus folgen."

Wieder endete Luigis nächster Weg vor Barbaras Haustür. Wieder wurde ihm nicht geöffnet. Nach einem Besuch in der Basilika Quattro Coronati ging er zu Alberto und wartete. Entweder auf Bramante oder auf Franka.

War er überrascht, als Bramante kam? War er überrascht über dessen Hochmut, als dieser tat, als würde er Luigi nicht kennen? War er überrascht, dass in ihm derselbe Hochmut steckte, mit dem auch er Bramante ignorierte, obwohl dieser alles tat, sich mit den auf dem Tisch ausgebreiteten Bauplänen als Roms großer Gestalter zu zeigen? Wer weiß, wie lange die beiden das eitle Spiel noch getrieben hätten, obwohl Alberto Luigi immer wieder Zeichen gab, es aufzugeben. Erst Haydi unterbrach es, indem sie zu Bramante ging und ihn ansprach: „Der junge Mann dort drüben lässt fragen, ob Ihr der bekannte Baumeister Bramante seid?"

Als Bramante huldvoll nickte, sammelte Haydi kurz entschlossen seine Pläne ein und trug sie mitsamt dem Krug Wein an Luigis Tisch. Damit hatte Haydi die Mauern zwischen ihnen niedergerissen, und die Starrköpfe wurden sich erstaunlich schnell einig. Luigi versprach Bramante, ihm die Aufgabe als Baumeister für den Neubau von St.

Peter zu verschaffen, wenn dieser im Gegenzug den Architekten Flavio Bratoni, Donna Annas Ehemann, nach Rom holte, um am Dom mitzuarbeiten. Luigi wusste, dass er in Mailand für Bramante arbeitete und Donna Anna ständiges Heimweh nach Rom plagte. Den letzten Krug Wein, den beide darauf leerten, bevor man sich zum nächsten Treffen verabredete, spendierte der erleichterte Alberto, der das zähe Ringen beobachtet hatte.

Nun lag es an Luigi, Papst Julius und Michelangelo von Bramantes Mitarbeit zu überzeugen. Diesmal widerstand Luigi Albertos Drängen, sofort beim Papst vorzusprechen. Er kannte ihn gut genug, um zu wissen, dass die Stellung als Bittsteller bei ihm seine Chancen von vornherein verschlechtert hätte. Als jedoch auch der zweite Tag verstrichen war, ohne dass man Luigi gerufen hatte, kamen ihm Zweifel. Am Mittag des dritten Tages war Luigi fast so weit, zu ihm zu gehen. Doch da brachte ein Bote ihm direkt an den Mittagstisch bei Alberto die Nachricht, dass der Heilige Vater ihn zu sprechen wünsche. Offenbar verfügte der Papst immer noch über ein gutes Netz von Informanten. Auf dem Weg in den Vatikan legte Luigi sich seinen Plan zurecht. Er hatte inzwischen gelernt, wie ein erfolgreicher Plan aussehen musste: einfach, schnell und nur das Ziel vor Augen.

Der Raum, in dem er auf Papst Julius wartete, war derselbe, in dem damals Luigi und Gianni Cesare und seinen Vater belauscht hatten. Verstohlen suchte er nach der verborgenen Tür. Doch er konnte sie ebenso wenig entdecken wie den unbekannt gebliebenen Türöffner. Ob Papst Julius von der Tür wusste? Aus diesen Gedanken wurde Luigi gerissen, als der Heilige Vater und ein erstaunlich gut gelaunter Michelangelo den Raum betraten. Luigi wartete geduldig den Augenblick seines Angriffs gegen Michelangelos Grabmal ab. Als man ihm die schon sehr detaillierten Pläne stolz präsentierte, anerkannte Luigi, dass über die weniger teuren Ausbaupläne der Chorerweiterung mehr finanzieller Spielraum für das Grabmal bliebe. Dazu murmelte er den Satz, den er seinerzeit im Vatikan von Cesare gehörte hatte: „Mors certa, hora incerta. Der Tod ist gewiss, ungewiss seine Stunde."

Seine Zustimmung ergänzte Luigi mit einem Vorschlag, der eingewickelt war in verführerische Süße: Damit dem Meister genügend Zeit für das Grabmal bleibe, solle man ihn von den lästigen Arbeiten der Erweiterung entlasten und damit einen anderen Baumeister beauftragen. Luigi erinnerte Michelangelo an seinen eigenen Satz, mit dem er ihn in Florenz barsch zurechtgewiesen hatte. Der Meister hatte erklärt, lieber Holzfiguren schnitzen als einen Dom bauen zu wollen. Michelangelo war zu stolz, seinen Satz abzustreiten, was Papst Julius augenblicklich die Laune zu verderben drohte. Doch bevor es dazu kam, verkündete Luigi nun eilfertig, dass Bramante bereit wäre, diese Bauleitung zu übernehmen. Eine simple Erweiterung sei für Bramante nichts anderes, als mit Holzfiguren zu spielen.

Obwohl Luigi ihn zuvor düpiert hatte, war Michelangelo über den Vorschlag so erfreut, dass er beinahe freundschaftlich Luigis kleine Hand schüttelte und umgehend nach Carrara reiste, um Marmorblöcke zu ernten, wie er es nannte. Auch Papst Julius stimmte Luigis Vorschlag zu, obwohl tief in ihm ein dumpfes Misstrauen blieb. Erst Jahre später wird er den Grund für sein Misstrauen erkennen. Luigi und Franka war von Beginn an klar, dass es auch einem Mann wie Bramante niemals ausreichen wird, mit Holzfiguren zu spielen.

Am Abend trafen sich Luigi und Bramante bei Alberto. Der Meister, voll der ungeduldigen Schaffenskraft, saß bereits über ersten Skizzen, die er jedoch alle verwarf. Luigi traf weit nach der vereinbarten Zeit ein und hielt stolz zwei Pläne hoch: „Pläne für den neuen Baumeister Bramante."

Einen davon legte er direkt vor ihm auf den Tisch. Es war der Plan der großzügigen Erweiterung von Alt St. Peter, die der Papst verworfen hatte. Bramante beugte sich tief darüber und studierte ihn kurz aber intensiv. „Hochinteressant", murmelte er und warf Luigi einen eher misstrauischen Blick aus den Augenwinkeln zu, ohne den Kopf zu heben. Danach versank er wieder tief in dem Plan. Dann begann er, Teile davon mit einigen wenigen Strichen auf einen seiner Papierbögen zu übertragen. Luigi schaute fasziniert zu, wie es Bramante gelang, mit wenigen Strichen die wesentlichen Formen und Grundrisse zu übernehmen. Dann unterbrach Bramante seine Arbeit, hob seinen Kopf und schaute Luigi ungewöhnlich scharf an. „Wenn wir das übernehmen, bleibt von Sankt Peter nicht viel mehr übrig als sein Name."

„Deshalb hat der Papst diesen Plan auch gestoppt. Jetzt soll nach diesem Plan gebaut werden." Luigi legte nun den Nikolausplan für die Chorerweiterung auf den Tisch. Nach nur einem kurzen Blick schob Bramante das Papier missmutig zur Seite.

„Uninteressant." Seine Antwort war ebenso ablehnend wie der Blick, den er Luigi zuwarf.

„Jedoch nicht für den Heiligen Vater. Ihn interessiert nur, wo er das monumentale Grabmal unterbringt, das Michelangelo für ihn erstellen will." Luigi begleitete seine Antwort mit einem Schulterzucken.

„Zumindest kennt Michelangelo seine Grenzen. Er ist Maler und Bildhauer, aber kein Baumeister. Wie ich niemals Bildhauer sein werde", murmelte Bramante. Nachdem er sich mit missmutigem Gesichtsausdruck erneut über die Pläne gebeugt hatte, hob er seinen Blick zu Luigi: „Warum beschäftigt der Papst sich so intensiv mit seinem Grabmal?"

„Weil er Angst vor dem Tod hat?" Luigi ließ seinen Blick auf Bramante gerichtet, obwohl dieser bereits wieder in die Plänen vertieft schien.

„Hat er das gesagt?" Auch wenn Bramante weiter auf die Pläne starrte, lauerte in seiner Stimme deutliches Interesse.

„Nicht direkt", antwortete Luigi und schien zu spüren, dass seine Antwort zu oberflächlich war. Also fuhr er fort: „Er fürchtet, die Fertigstellung nicht zu erleben."

„Hat er das gesagt?" Bramante hob seinen Kopf, schob gleichzeitig die Pläne beiseite und entließ Luigi nicht mehr aus seinem scharfen Blick.

„Auch nicht direkt." Luigi hielt Bramantes Blick stand.

„Aber gemeint?"

„Er träumt davon, vor seinem Tod die Säulen von Sankt Peter in den Himmel wachsen zu sehen."

Dies endlich schien eine Antwort zu sein, mit der Bramante etwas anfangen konnte. Auf seinem Gesicht lag das erste Mal so etwas wie ein zufriedenes Lächeln, und er begann erneut, konzentriert zu zeichnen. Luigi ließ ihn ungestört arbeiten und gab erst Haydi, dann Alberto Zeichen, sich nicht dem Tisch zu nähern, um die inzwischen leeren Krüge auszutauschen. Erst als Bramante die Fundamente von vier mächtigen Kuppelpfeilern auf durchsichtiges Pergament gezeichnet hatte, legte er zufrieden den Stift nieder. Luigi fiel auf, dass darauf die Grundrisse lediglich angedeutet waren. „Der Heilige Vater soll seine Säulen bekommen, und sein Gott möge es ihm erlauben, sie zum Himmel wachsen zu sehen", murmelte Bramante.

Auf dem Tisch lagen nun die beiden Pläne, die Luigi mitgebracht hatte, sowie das Pergament mit den kraftvollen Säulen. Während Bramante zufrieden schien, schaute Luigi ziemlich ratlos auf die verschiedenartigen Pläne.

„Unsere Pläne halten wir zum Beginn noch imperfetto, ein wenig unvollständig. Schließlich wollen wir den Heiligen Vater nicht mit Nebensächlichkeiten eines kompletten Grundrisses belasten." Damit beendete Bramante seine Arbeit für diesen Abend, und Luigi gab Haydi ein Zeichen, das Abendessen aufzutragen und die Weinkrüge zu füllen. Um hierfür auf dem Tisch Platz zu schaffen, nahm Haydi die Pläne auf, um sie zusammenlegen. Doch plötzlich stutzte sie und ließ ihre schielenden Augen nachdenklich über die verschiedenen Pläne gleiten. Dann nahm sie das Pergament mit den Säulen und legte es abwechselnd auf die beiden anderen Pläne. Nun erkannten auch Bramante und Luigi, dass die Säulen auf beide Pläne passten. Sie schauten sich kurz an und wollten spontan mit ihren Bechern anstoßen. Dabei übersahen sie, dass sie die Becher bereits abgestellt hatten und sich lediglich ihre flachen Hände klatschend berührten. Nachdem Luigi seine Finger rasch durchgezählt hatte, stießen sie mit ihren inzwischen von der aufmerksamen Haydi gefüllten Bechern auf ihre Pläne und ihren neuen Gruß an, den Luigi ‚Cinque' nannte.

Diese Pläne präsentierten sie alsbald Papst Julius. Michelangelo nahm nicht mehr an den Treffen teil, weil er sich ausschließlich mit dem Grabmal beschäftigte. Bramante legte das Pergament mit seinen Säulen auf die Ausbaupläne der Chorerweiterung und fand damit die unumschränkte Begeisterung des Heiligen Vaters. Nicht einmal Bramante selber wird zu diesem Zeitpunkt geahnt haben, dass diese Säulen fortan sein Markenzeichen und das des neuen Petersdoms sein sollten. Sein Versprechen, diese Säulen bald schon zum Himmel wachsen zu lassen, ließ den Papst seit langem wieder vom Leben anstatt vom Tod träumen. Auch Luigi war zufrieden. Hatte er doch erkannt, wie Bramantes Säulen Michelangelos Grabkapelle regelrecht pulverisiert hatten.

AM ABGRUND DER VERSUCHUNG

„Nein, Karim."

Die Stimme kam von der anderen Seite von Domenicos Zimmer. Sein Bett war ungemacht und leer, wie er es am Morgen verlassen hatte. „Ich bin dein Zimmerkollege. Domenico, nehme ich an?"

Mechanisch erwiderte er den sympathisch kräftigen Händedruck des ihn freundlich anlächelnden jungen Mannes. Dessen weiße Zähne stachen vom dunklen Teint seines schön geschnittenen Gesichts ab. Wegen seiner tiefbraunen Augen und der pechschwarzen Haare vermutete Domenico, dass er wie Karima aus Marokko stammte. Sein athletischer Körper erinnerte ihn daran, dass sein Zimmerkollege Sportstudent war. „Sorry, Karim. Ich bin Domenico. Ich hatte ganz vergessen, dass du heute ankommst. Seit wann bist du hier?"

Karim war am Nachmittag in Rom eingetroffen. Seine Sachen hatte er bereits eingeräumt und wollte gerade essen gehen. Da auch Domenico inzwischen wieder so etwas wie Hunger verspürte, führte er seinen neuen Zimmerkollegen in die Uni-Mensa. Dort erfuhr er, dass Karim aus Afghanistan stammte. Seine Mutter, eine Journalistin aus Kabul, hatte einen Amerikaner geheiratet. Karim war in den USA aufgewachsen, hatte in Dallas sein Sportstudium begonnen und für sein College einige Medaillen für die Schwimmstaffel gewonnen. Als die Mutter nach ihrer Scheidung zurück nach Afghanistan gegangen war, hatte er sich bei verschiedenen Universitäten in Europa beworben, wo er schließlich ein Stipendium von der Universität Rom erhielt. Während des Gesprächs dachte Domenico immer wieder an Karima. Da Karim müde war von seinem langen Flug, gingen sie zeitig in ihr jetzt gemeinsames Zimmer.

Domenico war zum Lesen zu müde und schlief sofort ein. Dennoch schlief er schlecht und unruhig und war am nächsten Morgen wie gerädert. Karim hatte das Zimmer schon verlassen, ohne dass Domenico ihn gehört hatte. Zu gerne hätte er jetzt mit Carlotta telefoniert, doch er hatte vergessen, sein Telefon aufzuladen. In der Uni-Bibliothek fiel es ihm einigermaßen schwer, sich auf seine Arbeit zu konzentrieren. Zumindest hatte er einen Platz direkt neben einer Steckdose gefunden und konnte dort sein Telefon aufladen. Den Nachmittag verbrachte er im Park der Villa Medici damit, nicht an Karima zu denken und viel zu oft bei Carlotta anzurufen. Jeder Anruf endete auf ihrer Mailbox.

Er war sich sicher, Karima ausschließlich in die Augen geschaut zu haben. Dennoch konnte er deutlich ihren Körper vor sich sehen, wenn er seine Augen schloss. Ohne auf die Uhr zu schauen, wusste er genau, wie spät es war, als er sich vom Park zur Piazza del Popolo aufmachte. Ein erneuter Anruf strandete wie die vorangegangenen auf Carlottas Mailbox.

„Ich wusste, dass du kommst. Sag jetzt nur nicht, dass du zufällig hier bist." Karimas Augen funkelten und ihr Körper war in Wirklichkeit noch verlockender als in Domenicos Vorstellung.

„Zufälle gibt es nicht. Mit Zufall bezeichnen wir Menschen immer nur das, was wir nicht begreifen." Domenicos Mund war trocken, das Blut pochte in seinen Schläfen, als er in seiner Hilflosigkeit diesen Satz herauskrächzte.

„Setz dich doch. Ich beiße bestimmt nicht." Im Gegensatz zu seiner eigenen klang Karimas Stimme warm und weich.

Domenico setzte sich neben sie und war augenblicklich froh, nicht mehr ihren Augen ausgesetzt zu sein. Dafür war er ihr jetzt so nah, dass er ihren Herzschlag zu spüren glaubte. Sie zu berühren, glich einer Sehnsucht, in einen tiefen Abgrund zu springen, um danach ewig und gemeinsam mit ihr im leichten Nichts zu schweben.

DIE ZEIT REIßT DIE DINGE MIT SICH

Nach ihrem Gespräch beim Papst, das alle zufriedengestellt hatte, erklärte Bramante Luigi seine weitere Vorgehensweise: Mit den nun vom Papst genehmigten Lebenssäulen wäre bereits mehr erreicht, als es den Anschein habe. „Wichtig ist es jetzt, so schnell wie möglich mit dem Bau dieser Säulen zu beginnen und sie baldmöglichst fertigzustellen. Damit schaffen wir Fakten, an denen in den nächsten hundert Jahren niemand mehr vorbeikommen wird."

Hätte man Bramante aufgefordert, statt der spontan genannten hundert Jahre eine genaue Zeitspanne zu kalkulieren, wäre diese ganz sicher um einiges niedriger ausgefallen. Wie hätte er auch wissen können, dass er dem tatsächlichen Zeitraum sehr nahe gekommen war.

Bramante hatte mit den Lebenssäulen für Papst Julius ganz offensichtlich auch selber an Lebenskraft gewonnen. Denn derart aufgeschlossen und redselig hatte Luigi ihn zuvore nie erlebt. Geduldig gab der Meister ihm kurze Einblicke in seine Vorstellungen von Architektur, untermauert von Plänen, die er mit wenigen Strichen zeichnete. „Über den Grundriss und auch über die Bauform des Domes wird erst viel später entschieden. Diese Säulen halten uns alle Bauformen offen: Zentralbau, Kompositbau und Langbau." Bramante holte aus seinem großen Leinensack einen kleineren Lederbeutel, den er bedächtig öffnete. „Man nennt mich Bramante Maestro Dominante, weil man mir fälschlicherweise vorwirft, meine Auftraggeber zu beeinflussen. Dabei versuche ich lediglich, deren Vorstellungskraft mit meinen Ideen zu erreichen."

Aus dem Lederbeutel schüttete er viele schwarze Holztäfelchen, die geräuschvoll auf dem Tisch aufschlugen. Luigi hatte bereits davon gehört, dass er damit in kürzester Zeit Modelle seiner geplanten Bauwerke erstellen konnte. Die rechteckigen Steine hatten auf den zwei Seiten in der Länge unterschiedliche weiße Markierungspunkte. So konnte er die Steine in die richtige Reihenfolge bringen, wenn er das Modell auf Plänen vorgezeichnet hatte. Diesmal hatte er keinen Plan vorbereitet, sondern stellte die Steine in der Länge nach oben hintereinander auf den Tisch. Dabei achtete er darauf, dass der Abstand etwas geringer war als die Höhe der Steine. Es waren so viele Steine, dass sich eine Kette gebildet hatte, die über den ganzen Tisch reichte. „Das Wichtigste auf dieser Erde ist die Zeit. Denn die Zeit reißt alles mit sich", murmelte Bramante bedeutungs- schwer, als er den letzten Stein aufgestellt hatte.

Haydi, die neue Getränke brachte, wurde von Bramante aufgefordert, den ersten Stein umzustoßen. Hintereinander fiel nun jeder Stein auf den nächsten, der dadurch ebenfalls umfiel und die umstürzende Reihe fortsetzte. Gerade als ein Teil umgefallen war, zog Luigi einen Stein fort, so dass der Sturz gestoppt wurde. Erst als Luigi den ersten Stein der verbliebenen Kette umwarf, fielen auch die letzten, von Haydis Applaus und Bramantes und Luigis neuem Gruß ‚Cinque' gefeiert.

Nachdem Bramante zufrieden das Lokal verlassen hatte, sammelte Luigi die Holzsteinchen ein. Bei jedem überlegte er, für welche einzelne Tätigkeit, welchen Planungsschritt, welche Baumaßnahme der Zukunft er stehen könne. Oder war jeder Stein eine Zeiteinheit? Wie viele dieser Steine werden notwendig sein, den Dom fertigzustellen? Sicher war nur, der erste Stein war gefallen und viele weitere würden folgen. Auf Haydis Frage nach dem Namen dieser Steinchen zuckte Luigi mit den Schultern und murmelte: „Blocco dominante." Dann verließ auch er müde das Lokal.

Auf Albertos Frage nach dem Namen der schwarzen Steine, erinnerte Haydi sich nur noch an die Worte „Blocco Domino".

DIE RÜCKKEHR

Es war die New Yorker Polizeisirene, der Klingelton seines Mobiltelefons, der Domenico vor dem Absprung mit Karima bewahrte. Das musste Carlotta sein. Ohne auf das Display zu sehen, nahm er hastig das Gespräch an. „Ja? Ach Karim, du bist das."

Karim war auf dem Weg zur Piazza del Popolo, und es dauerte nur wenige Minuten, bis Domenico Karima mit ihm bekannt machte. Kurz darauf kam tatsächlich Carlottas Anruf: „Wann kommst du, Liebes?"

„Klingt dramatisch. Ist was passiert?"

„Du fehlst mir einfach."

„Du, meine Mutter und ich wollen noch in Mailand bleiben. Höchstens zwei Tage. Wäre das ok für dich?"

„Und warum fragst du mich? Du bist erwachsen, und deine Mutter muss das mit Enzo klären." Domenico machte sich keine Mühe, seinen Ärger zu verbergen.

„Ich frage dich nochmal. Hast du irgendetwas oder bist du nur schlecht drauf?"

„Wenn schlecht drauf, dann wegen meiner Telefonrechnung. Die ist echt Horror! Ruf mich an, wenn du wieder in Rom bist. Grüß deine Mutter von mir. Wenn du willst, auch Eljero."

Domenico war so aufgebracht, dass er nicht einmal wusste, wer das Gespräch abgebrochen hatte. Seine Laune sank noch tiefer, als er sah, dass Karima und Karim gemeinsam den Platz verlassen hatten. In diesem Moment wäre ihm kein Abgrund zu tief gewesen. Nur mühsam widerstand er dem Drang, ihnen zu folgen.

In der Nacht hatte er das Zimmer für sich allein. Trotzdem konnte er nicht einschlafen. Etwas Ablenkung fand er in seinem Buch, in dem er bis in den Morgen las. Am Vormittag würde er sich bei Enzo melden.

Erst gegen Mittag wachte er auf. Karim war nicht gekommen. Da er so kurz vor dem Umzug in sein neues Zimmer nicht mehr eingekauft hatte, fand er nur noch ein trockenes Brötchen, zu dem er sich eine Tasse Kaffee kochte. Er würde endgültig am Nachmittag bei

Enzo anrufen. Vielleicht wusste dieser inzwischen, wann Carlotta und ihre Mutter zurückkommen würden. Eher wollte er an dem trockenen Brötchen ersticken, als nochmal bei ihr anzurufen.

„Hi, Domenico. Ist das dein Frühstück oder Mittagessen?" Ganz anders als Domenico war Karim bester Laune.

„Hi, Karim, alles klar?"

„Alles bestens, muss gleich los zum ersten Training, bin spät dran. Und bei dir? Siehst irgendwie Scheiße aus." Karims mitfühlendes Gesicht zeigte Domenico, dass er es ehrlich meinte.

„Geht schon. Ich mach heute blau, keine Uni. Kommst du heute Abend?"

„Klar, ich muss doch irgendwo pennen."

Domenico verkniff sich die Frage, wo er die vergangene Nacht geschlafen hatte. Er glaubte, dass Karim einen Hauch von Karima mit ins Zimmer gebracht hatte, der noch den Raum tränkte, als er wieder allein war. Immer noch unentschlossen, wie er durch diesen Tag kommen sollte, blätterte er in einer Ausgabe des Magazins Der Spiegel. Da fiel sein Blick auf eine Anzeige, auf der ein Porsche Cabriolet abgebildet war. „Deshalb kam die Dame mir so bekannt vor. Geiler Porsche, geile Braut, Herr Professor. Das war's, Karima vögelt mit meinem Prof und jetzt mit Karim."

Doch was sollte ihn dies tangieren? Er hatte nicht vor, auf der Warteliste vor ihrem Bett im Bunde der Dritte zu sein. Dennoch hatte seine Laune sich noch um einige Grade verschlechtert. Nicht zuletzt mit Rücksicht auf seine Finanzen gab er die Idee auf, essen zu gehen. Missmutig kaute er auf der kalten Pizza vom Pizzastand, die er mit einem Rest von Carlottas Rotwein runterspülte. Sie hatte nicht angerufen. Er widerstand dem Wunsch, die geleerte Flasche vom Bett aus direkt in seinen Papierkorb zu werfen. Seinen Glückswurf, mit dem er die Zeitschrift mit der Porscheanzeige dorthin befördert hatte, konnte er sicher nicht wiederholen. Bei Enzo würde er sich endgültig am Abend melden. Über sein Buch und nach dem Rotwein war Domenico fest eingeschlafen. War es ein Traum oder war es Realität, dass ihn jemand auf den Mund küsste?

„Carlotta! Lass mich nie wieder zu lange allein."

Und Erstaunen ergreifet das Volk umher,
In den Armen liegen sich beide
Und weinen vor Schmerzen und Freude
Da sieht man kein Auge tränenleer

Schon wieder hatte Domenico Schiller im Kopf. Er schämte sich nicht seiner Tränen. Es waren die Tränen von heute, von gestern und vorgestern. Erst als sie völlig erschöpft aus ihrem Liebesrausch aufgetaucht waren, erinnerte Carlotta sich, dass Domenico jetzt einen Mitbewohner hatte. „Und wenn er jetzt plötzlich reinkommt?"

„Ist jetzt auch egal", antwortete er müde. „Karim ist sicher mit seiner Freundin unterwegs. Und morgen ziehe ich in mein neues Zimmer."

„Gestern angekommen und heute schon eine Freundin? Nicht schlecht. Männer können ganz schön schnell sein."

„Und wer ist dieser Eljero?"

„Ein alter Schulfreund. Er studiert in den USA."

Bildete Domenico es sich nur ein, oder kam Carlottas Antwort ungewöhnlich schnell?

„Wusstest du vor deiner Fahrt, dass ihr euch trefft?"

„Nicht direkt. Wir hatten uns beim Klassentreffen gesehen. Ich hatte erzählt, wohin ich mit meiner Mutter fahre. Er sagte daraufhin, dass auch er in dieser Zeit möglicherweise in Mailand sei. Dann hat er mich angerufen, dass er Opernkarten für die Mailänder Scala habe. Mehr war nicht."

„Was studiert er in Amerika?"

„Jura."

„Wie du."

„Wie ich."

„Wie lange noch?"

„Keine Ahnung. Er macht zurzeit sein Examen."

„Wie du."

„Wie ich. Bevor du fragst, ja, auch ich habe damals überlegt, in den USA zu studieren. Noch Fragen, Commissario Domenico Brunetti?" Carlottas Stimme klang derart gereizt, dass Domenico nicht in ihr Gesicht sehen wollte.

„Nein, entschuldige, Carlotta. Dies ist kein Verhör, und ich will hier nicht rumzicken. Nur eine Frage hätte ich noch."

„Eine einzige. Danach entführe ich dich zu einer Einladung zum Abendessen ohne Möglichkeit des Einspruchs und des Zickens. Wie also lautet die letzte Frage?"

„War Eljero in der Schule hinter dir her?"

„Fast alle Jungen waren hinter mir her. Auch er. Ja."

„Und du, warst du an Eljero interessiert?"

„Jedenfalls nicht so, wie du meinst. Soweit war ich damals noch nicht. Alle haben ihn belächelt. Er wollte immer der Beste sein. Aber er hat uns auch beeindruckt. Er hat ständig an sich gearbeitet."

„Jeden Tag ein bisschen besser. Ein Perfektionierer. Hast du ihn auch bewundert?"

„Perfektionierer? Klingt deutsch. Das Wort kenne ich nicht."

„Ich auch nicht. Vergessen wir das Wort, vergessen wir Eljero." In diesem Moment wünschte Domenico sich nichts mehr, als ein guter Maler zu sein, um Carlottas nachdenklichen Gesichtsausdruck in Widerspruch zu ihren blitzenden Augen zu setzen.

„Der erste Junge, hinter dem ich her war, warst du. Im Kindergarten, wo alle hinter dir her waren. Den anderen Mädchen haben deine Haare und dein Gesicht mit den dunklen Augen gefallen. Mir dagegen deine Hände. Ich wollte sie immer berühren. Dafür habe ich die anderen Mädchen weggeschubst." Carlottas Stimme war plötzlich so weich wie ihre Hände.

„Du hast was?" Dieses Portrait, das Domenico so gerne malen würde, könnte bei Carlottas augenblicklichem Gesichtsausdruck locker mit Leonardo da Vincis Mona Lisa konkurrieren.

„Weggeschubst, sagt man so in Deutsch? Ich wollte immer an deiner Hand gehen, wenn wir uns an die Hand nehmen sollten. Ist dir das nie aufgefallen?"

„Nein, nie! Ist nicht wahr jetzt Carlotta, oder?" Domenico versuchte sich an die Kindergartenzeit zu erinnern. Doch dafür lag sie mit mehr als zwanzig Jahren zu weit zurück. Er schloss seine Augen, fühlte ihre Hand und träumte sich als Kind an ihre Seite. Wo ist der Unterschied zwischen einer wirklichen Erinnerung und einem wohligen Traum? Dem Traum, für immer neben Carlotta zu liegen. Nach einem weiteren Bad in der Tiefe der Liebe nahm er ohne Einspruch ihre Einladung zum Abendessen an. Ohne zu zicken, folgte er ihrem Vorschlag, vorher über die Via del Corso zu bummeln. Ohne Einspruch blieb er mit ihr vor beinahe jedem Schaufenster stehen. Ohne zu zicken, begleitete er sie, die gefühlt Millionen Paar Schuhe anzuprobieren.

Darüber war es sieben Uhr geworden, als sie die Piazza del Popolo erreichten. Domenico hatte sich für ihr Eis angestellt, während Carlotta schon weiter zum Obelisk Flaminio gegangen war. Domenico war so mit den tropfenden Eishörnchen beschäftigt, dass er beinahe an Carlotta vorbeigegangen wäre. Es war jedoch nicht ihre Stimme, die ihn stoppte.

„Hallo, Domenico." Für ihn gab es erst einmal nichts Wichtigeres, als Carlotta ihr Eis zu geben. Deshalb konnte Karima weitersprechen: „Dann bist du sicher Carlotta. Hi, ich bin Karima." Sie hatte seine Verlegenheit offenbar gespürt. „Ich bin Domenicos Kommilitonin. Wir studieren beim selben Prof."

„Und das ist Karim, mein Zimmerkollege." Domenico hatte seine Fassung rechtzeitig wiedergefunden, um nun Carlotta mit Karim bekannt zu machen, der ebenfalls mit zwei tropfenden Eishörnchen zu ihnen kam.

Ihr anschließendes Gespräch war ausgelassen und locker, dem angenehm warmen Abend angemessen. Hauptsächlich führten Karima und Carlotta das Gespräch. Sie verstanden sich ausgesprochen gut. Domenico bekam dadurch ausreichend Gelegenheit, beide intensiv anzusehen. Der Blick auf Karima verursachte unter seiner Haut ein ungewöhnliches Kribbeln. Als sie vorschlug, gemeinsam noch etwas zu unternehmen, lehnte Domenico mit Hinweis auf ihr geplantes Abendessen schnell ab, bevor Carlotta vielleicht doch zusagen würde. Als sie die Piazza verließen, wunderte Carlotta sich erneut darüber, dass Karim so schnell eine so interessante und schöne Freundin gefunden hatte. „Oder findest du sie nicht schön?"

„Attraktiv. Schönheit ist für mich ein umfassender Begriff. Dafür kenne ich sie zu wenig. Aber du hast Recht, sie ist sehr attraktiv." So, als müsste er sich nochmal davon überzeugen, drehte er sich zu ihr um und sah, dass auch sie sich in diesem Moment zu ihnen umwandte.

WEIL ZEIT NICHT NUR VERGEHT

Bramante machte seinem Namen Maestro Dominante nun alle Ehre und begann unverzüglich mit den Vorbereitungen für den Bau. Zuerst machte er sein Versprechen wahr und überließ dem nach Rom beorderten Flavio Bratoni die Bildung einer Gruppe von Mitarbeitern. Auch die Grundsteinlegung sollte in Kürze erfolgen. Für einen schnellen Baubeginn hatte Bramante beim Papst dafür den 18. April 1506 festgelegt. Luigi war an diesen vorbereitenden Maßnahmen nicht beteiligt. So fiel wohl zufällig dieser Tag auf seinen 27. Geburtstag. Luigi hatte sich nach der Dominonacht, wie er sie nannte, vollständig zurückgezogen. Barbara hatte er aufgegeben, und der traurige Tag des Zerwürfnisses mit seinem Bruder würde sich an seinem Geburtstag zum zweiten Male jähren.

Nur dem Umstand, dass Luca Cordelo wieder den Dienst in seiner Bank angetreten hatte, war es zu verdanken, dass Luigi nicht länger in seiner Traurigkeit verharrte. Nachdem dieser ihn freudig an einem Nachmittag in seiner Bank begrüßt hatte, erfuhr Luigi, was bereits sämtliche Tauben von den Dächern Roms gurrten: Dem Heiligen Vater geht das Geld aus. Die tatsächliche Höhe der Geldsummen, die Michelangelo, aber auch Bramante beherzt von ihm forderten, überraschte Luigi. Offensichtlich gehörte der Finanzbedarf ebenso zu den Nebensächlichkeiten, mit denen Bramante den Papst nicht belasten wollte. „Er wird sich entscheiden müssen. Michelangelos Grabmal oder Bramantes Säulen", brachte Luca die heikle Finanzlage auf den Punkt.

Bramante, den Luigi noch am selben Abend aufsuchte, wollte diese Sorgen zuerst nicht teilen, pflichtete ihm dann aber doch bei. Um das Wachstum der Säulen zu gewährleisten, sei der Papst zumindest für eine gewisse Zeit vom Weiterbau des Grabmals abzubringen. Dies gelang ihnen beim nächsten Gespräch erstaunlich schnell. Einige von Bramante kraftvoll zelebrierte Zeichnungen der Säulen und ein kleiner Hinweis reichten aus. Es sei ein schlechtes Omen, schon zu Lebzeiten mit allzu viel Hingabe das eigene Grabmal zu planen. Auch Luigis Idee, eine Gedenkmünze zur Grundsteinlegung zu prägen, gefiel Papst Julius. Entscheidend war hier sicher die Rechnung auf höhere Einnahmen, wählte man anstatt Gold eine weniger wertvolle Legierung.

Von diesen Veränderungen ahnte Michelangelo nichts, als endlich die Marmorblöcke in Rom angeliefert wurden. Um die Schiffer zu bezahlen, verlangte er wie gewohnt, direkt zum Heiligen Vater vorgelassen zu werden. Dies jedoch brachte ihn nur bis an die Tür des Saales, in dem dieser mit einigen Goldschmieden sprach. So konnte der Meister deutlich dessen abschlägige Aussage aus der Ferne mithören, er sei nicht mehr bereit, auch nur einen einzigen Scudo für Marmor auszugeben, seien die Stücke nun groß oder klein. Michelangelo wurde von dem eifrigen Diensthabenden des Papstes auch dann nicht vorgelassen, als ein hoher Geistlicher diesen anfuhr, ob er etwa den Meister nicht erkenne. Der Diener jedoch antwortete kühl, er sei nicht für sein Wissen angestellt, sondern dafür, das zu tun, was man ihm auftrage.

„So denn trage ich Euch auf, dem Papst meine Antwort mitzuteilen: Wenn er mich in Zukunft brauche, möge er mich dort suchen, wo ich zu finden bin." Nach diesen wütenden Worten verließ Michelangelo erst den päpstlichen Palast und dann auch Rom, nachdem er sein gesamtes dortiges Hab und Gut verkauft hatte. Dieser Aufbruch geschah so plötzlich, dass die eilends hinterher gesandten Boten des Papstes den Meister, der wie entfesselt und ohne Pause gerittenen war, erst in Poggibonsi einholten. Zwar präsentierten sie ihm den schriftlichen Befehl des Papstes, sofort nach Rom zurückzukehren, jedoch mussten sie es dabei belassen. Da sie sich bereits auf florentinischem Boden befanden und Michelangelo florentinischer Bürger war, konnte der ihnen sogar noch androhen, sie zusammenhauen zu lassen, sollten sie versuchen, ihn anzurühren. Darüber war das Verhältnis zwischen dem Heiligen Vater und dem Meister völlig zerrüttet, an dem auch ein folgender Schriftverkehr zwischen den beiden Streitenden vorerst nichts änderte. Zurück blieben die riesigen Marmorblöcke aus Carrara, die Michelangelo unter den Fenstern des Heiligen Vaters aufgetürmt hatte.

Anders als Bramante hatte Luigi ein derartig tiefes Zerwürfnis nicht gewollt, auch wenn er zugeben musste, Michelangelo wegen dessen harscher Abweisung in Florenz immer noch zu grollen. Neben einem gewissen Mitleid mit dem Gedemütigten und der offenen Hochachtung vor dessen Genie und seiner enormen Willensstärke verspürte er eine nicht näher zu bestimmende Verbundenheit.

Obwohl Luigis Erfolge und der nun unmittelbar bevorstehende Baubeginn ihn eigentlich hätten beflügeln müssen, fühlte er sich am Abend vor der Grundsteinlegung wie ein verkohltes Holzstückchen in seinem erkalteten Kamin. Warum fand er keinen Trost darin, dass die Dinge gut liefen? Warum fühlte er sich seltsam unbeteiligt, obwohl seine Höhere Aufgabe auf einem guten Weg war? Warum fühlte er sich vom Lob des Papstes und sogar von Bramante so wenig angesprochen? Warum weigerte sich alles in ihm, an der feierlichen Grundsteinlegung teilzunehmen? Mit einem Becher Wein spülte er das trockene Stück Brot als Abendessen hinunter. Da er in der Nacht zuvor wenig Schlaf gefunden hatte, schlief er ein, noch kaum, dass er sich niedergelegt hatte. Wie in den Nächten zuvor träumte er von Barbara. Doch dann waren es wirklich ihre warmen weichen Lippen, die nach seinem Mund bald seinen gesamten Körper mit begehrenden Küssen bedeckten.

Einer wichtigen Angelegenheit wegen hatte sie Rom für einige Zeit verlassen müssen. Luigis Niedergeschlagenheit konnte sie in der folgenden lebhaften und innigen Nacht ebenso vertreiben wie seine Zweifel an ihrer persönlichen Integrität. Stets nur den Philosophen verbunden, würde sie niemals engstirnigen Menschen folgen, die sich selber zum Kaiser und Gott ausrufen, um die Menschen zu retten. Gemeinsam sinnierten sie darüber, warum es oft die bestenfalls geistig mittelmäßig Begabten sind, die sich im Besitz der absoluten Wahrheit wähnen.

Luigi nutzte die ersten Sonnenstrahlen, sich das Gesicht der schlafenden Barbara einzuprägen. War es im Traum gewesen oder hatte er tatsächlich in der vergangenen Nacht mit ihr über Konstantinopel gesprochen? Obwohl er sich nichts mehr wünschte, als jeden Morgen neben ihr zu erwachen, war ihm von diesem Moment an klar, dass sein Platz hier in Rom ist, ihrer dagegen in Byzanz. Sollte es sich denn je so fügen, wird man einander wieder treffen. Plötzlich erinnerte Luigi sich wieder genau an die vergangene Nacht. Barbara war nach dem Liebesakt in einen seltsam abwesenden Zustand zwischen Wachen und Traum geraten. Dennoch hatte er ihre Worte klar und deutlich vernommen:

„Es gibt keine vorgegebene absolute Wahrheit. Sie muss herausgefunden werden und gilt auch dann niemals für die Ewigkeit. Bis Du Deine Wahrheit findest, liegt noch ein langer Weg vor Dir. Erst wenn Du dort angekommen bist, wofür Du Dich berufen fühlst, findest Du sie. Die Zeit, ich kann sie für Dich nicht erkennen. Es ist, als hätte sie für Dich keine Gültigkeit, als hätte man sie für Dich aufgehalten."

Auch wenn Luigi sich am Morgen noch genau an jedes Wort erinnern konnte, verstand er immer noch nicht deren genauen Sinn. Auch Barbara war ihm bei der Klärung keine Hilfe. Sie konnte sich nicht einmal mehr erinnern, dass sie derart zu ihm gesprochen hatte. Mit wenigen Worten jedoch überredete sie Luigi, zur Grundsteinlegung zu gehen. Zumal sie ihm dort eine Überraschung prophezeite.

Tatsächlich waren dort alle seine Freunde versammelt: Luca Cordelo mit seiner Frau, Franka und Geraldo Franguinetti, Donna Anna mit ihrem Ehemann, obgleich sie kurz vor der Geburt ihrer Tochter stand. Bramante hatte dafür gesorgt, dass auch Alberto, Maria und Haydi eingeladen waren. Doch wer war dieser Mann neben Papst Julius? Luigi fühlte sich an einen Traum erinnert, den er immer wieder geträumt hatte. Doch diesmal erwachte Luigi nicht ausgerechnet in dem Moment, als dieser Mann sich zu ihm umdrehte.

Gianni! Franka hatte Barbara ins ferne Deutschland gesandt, um ihn zur Grundsteinlegung nach Rom zu holen. Wortlos musste ihre Umarmung bleiben, denn die Zeit war zu kurz, die Sprache zu erfinden, um das auszudrücken, was die Brüder füreinander fühlten.

In der Rede, die Papst Julius II. zur feierlichen Grundsteinlegung hielt, erklärte dieser seinen Lebenswunsch, die Säulen in den Himmel wachsen zu sehen. „Sollte dies Gott gefallen. Die Fertigstellung des Ortes werde ich nicht mehr erleben, und nur Gott entscheidet, wem von uns dies vergönnt sein wird."

Luigi dachte an Bramantes Worte der fallenden Dominosteine: „Denn die Zeit reißt alles mit sich." Ebenso erinnerte er sich an Barbaras Worte der Nacht über die aufgehaltene Zeit. Dabei fühlte er sich befreit wie lange nicht mehr. Befreit von der Last der Zeit. „Wenngleich die Zeit alles mit sich reißt, hinterlässt sie doch ihre Spuren, weil Zeit nicht nur vergeht!"

VORAUSSCHAU AUF BAND 2 DER BAUGESCHICHTE DES PETERSDOMS

Für die beiden Protagonisten Luigi Piemonte und Domenico zeigt sich, dass offensichtlich wichtige Grundsteine ihrer Lebensplanung gelegt sind, damit jedoch Arbeit, Lust und Frust erst richtig beginnen.

Sind Domenicos Auseinandersetzungen mit seinem Professor nicht eher ein Kampf um Carlotta, die sich irgendwann zwischen dem Perfektionierer Eljero oder dem Träumer Domenico entscheiden muss? Kann davon die schöne Karima profitieren? Findet sie, die bislang eher eine Genießerin der vielfältig-lockeren Erotik war, Erwiderung für die auch für sie unerklärlichen Liebe zu Domenico?

Ist es für Luigi wirklich wichtig, dass am 18. November 1626 der Petersdom geweiht wird? Bringt die Erfüllung der Höheren Aufgabe auch den Sinn seines Lebens und damit die Nähe zu dem Gott, der für ihn immer nur der Gott der anderen war? Sicher ist, Luigi wird mehr denn je die bekannten Protagonisten Europas Kunst-, Kultur- und Glaubensgeschichte listig für seine Zwecke einspannen: Neben 16 weiteren Päpsten bis hin zu Papst Urban VIII. zahlreiche Baumeister wie Sangallo, sein Lieblingsgegner Raffael, Baldassare, Peruzzi und einmal mehr Michelangelo. Die Dinge ändern sich, als Luigi erkennt, dass er vom Alterungsprozess entbunden ist und offenbar die Lebensjahre bekommt, die für seine Höhere Aufgabe notwendig sind. Um mehr Lebenszeit für sich und das römische Dolce Vita zu gewinnen, verzögert er listig den Baufortschritt. Unter anderem mit Hilfe eines bislang unbekannten Rom-Pilgers Martin Luther, den er zum großen Reformator macht. Alles ändert sich erneut, als Luigi endlich die große Liebe seines Lebens findet und sich nichts mehr wünscht, als mit ihr gemeinsam alt zu werden. Doch hierfür muss der Petersdom fertiggestellt werden. Kann seine Höhere Aufgabe nur mit Michelangelos Genialität gelingen oder muss Luigi nicht vielmehr fürchten, dem Meister nicht gewachsen zu sein? Tatsächlich entdeckt Michelangelo Luigis Geheimnis des begrenzt Ewigen Lebens und zwischen ihnen kommt es zum tödlichen Spiel Römisch Roulette: In einer denkwürdigen Nacht – zwischen persönlicher Tragik und komischer Spannung – soll Gott entscheiden, wer von beiden die Höhere Aufgabe zu Ende bringen und wer stattdessen sterben soll.